U0134977

大陸地區博士論文叢刊

關漢卿研究

徐 子 方 著

文津出版社印行

作者簡介

　　徐子方，男，1955年生，江蘇省灌雲縣人，1993年6月畢業於陝西師範大學，獲文學博士學位，現爲東南大學中國文化系教師、中國古代戲曲學會會員、中國關漢卿研究會會員。從事中國古代文學、古典戲曲以及中西文化比較等方面的研究和教學工作多年，代表作有《中國悲怨文學的生命透視》、《戲曲小説與中外文化》等等。

　　（圖爲本文作者[右]與導師霍松林教授）

序

霍松林

　　奉獻在讀者面前的《關漢卿研究》，是徐子方君的博士學位論文。

　　關漢卿在過去被列爲「元曲四大家」之首，到現代更被推爲「世界文化名人」，《簡明不列顚百科全書》稱他爲「文藝評論界公認的中國最偉大戲劇作家」。正因爲如此，關漢卿研究並不冷落，僅本世紀以來海內外發表的有關論著已達六百來種。大陸的田漢，台灣的陳萬鼐、柳無忌諸先生，都將關漢卿和莎士比亞相提並論，認爲正如在英國有關於莎士比亞研究的「莎學」一樣，我們也應建立自己的「關學」。然而直到今天，可與「莎學」相媲美的「關學」還未真正建立起來。究其原因，大體有三：第一、缺乏全面、系統的總體性研究。此前發表的研究論著儘管爲數不少，卻零星分散，不成格局。第二，沒有把關漢卿放到中國，乃至世界戲劇史和文學史的理論構架中進行研究。長期以來，本來應該互相結合的文藝創作研究和文藝理論研究，卻分疆而治，這在關漢卿研究領域表現得尤爲突出；研究方法的局促限制了研究結論的宏通。第三，關漢卿史料，乃至整個元代戲曲史料都十分缺乏，給研究者帶來極大困難。基於這些原因，關漢卿研究難以出現新的重大突破，便是可以理解的了。

　　徐子方君從事中國戲曲研究已有多年。上大學時，即發表過《關於洪昇和〈長生殿〉的若干問題》的長文。1984年，他考取我的元明清文學碩士研究生，便自然而然把研究重點放在古代戲曲方面。他的碩士學位論文是《論明雜劇》，按照我的安排，先通讀《元曲選》、《元曲選外編》和《元刊雜劇三十種》，後讀明清戲曲，

並逐步延伸到中外戲劇史和戲劇理論的研究，以此打好基礎、拓寬視野。獲得碩士學位後在淮海大學任教期間，參加了第三屆全國戲曲學術討論會暨關漢卿創作730周年紀念大會。此會在河北安國召開，安國即古祁州，有關漢卿墓、關漢卿故居遺跡和關於關漢卿的種種民間傳說。子方利用出席會議的機會進行實地考察，跟有關專家商討，並在會上作了兩次發言，引起重視。有些刊物的編輯向他約稿，他於會後撰寫《關漢卿在世界戲劇和文學史上的地位》（《河北學刊》1990年第3期）、《「初爲雜劇之始」符合歷史真實：關漢卿行年史料辨析》（《江海學刊》1990年第5期）兩篇論文，發表後引起較大反響，《新華文摘》等多種刊物或摘要介紹，或全文轉載。稍後，他又考取我的博士研究生，完成了這篇博士學位論文。

鑒於子方對中國古代戲曲，對關漢卿及其創作已有比較廣泛深入的了解，所以當他提出以關漢卿爲研究對象撰寫學位論文時，我即表示同意。但如何寫，卻頗費斟酌。我一貫認爲：寫學術論文，宜「小題大作」，不宜「大題小作」。而關漢卿的史料極缺，不論從那一方面確定「小題」，都很難「大作」，即很難有較大幅度的突破。更何況，博士論文的題目也不宜太小，如果搞點小考證，即使有創獲，也不足以獲得博士學位。再三考慮，確定先對古今中外關於關漢卿的研究成果進行全面的辨析梳理，然後將關漢卿及其創作放在中國，乃至世界戲劇史、文學史的理論構架中作全面而系統的考論，力求在總結已有研究成果的基礎上有所開拓。論文題目，便定爲《關漢卿研究》。這當然是個「大題」，子方爲了避免「大題小作」的缺失，的確下了苦功！從擬訂大綱到論文完成，多次修改，花了近兩年的時間，夜以繼日，無間寒暑。

不難看出，這篇博士學位論文的突出特點是它的全面性和系

統性。範圍，從關氏生平到包括雜劇、散曲在内的全部創作；方法，從具體作品的剖析到總體風格的綜論；角度，從立足國内到推向國外；舉凡涉及關漢卿的各個方面，都未迴避。全文八章，實際上即爲關漢卿研究領域的八大問題。第一章《生平考辨》，從關氏的名、字、號到他的籍貫、身份、生卒年和一生行蹤，都詳述前人、今人的各種説法，考證、辨析，提出自己的見解，持之有故，言之成理。第二章《創作分期及編年初探》，帶有拓荒性和冒險性，但也顯示了著者的功力。第三章至第七章，對關氏全部作品進行歸類、分析；第八章則對關氏的創作風格作了總體考察。這兩大部分，充分吸收了前人和當代學者的研究成果，或發揮、擴展，或補其不足，或糾偏救弊，獨抒己見，頗富理論色彩。《餘論》部分，將關氏的研究由國内推到國外，從世界戲劇史、文學史的高度考察了關氏的卓越成就和重要地位，視野開闊，新意迭出，體現了著者的當代意識和跨越國界的眼光。以南開大學教授、博士研究生導師王達津先生爲主席的答辯委員會對這篇論文給予充分肯定，認爲它「在總結已有研究成果的基礎上開拓創新，是一篇高質量的學位論文，也是近年來研究關漢卿的一部力作」，一致同意授予著者文學博士學位。

答辯委員會的高度評價，當然含有對青年研究者多加鼓勵的意思，作爲導師，從嚴要求，我認爲這篇論文在取得可喜成就的同時還存在若干不足之處。比如著者通過從作品中找内證等方法，試圖將《西廂記》的創作權歸於關漢卿，雖經我質疑，作過修改，但仍不能説即爲定論。又比如，元代雜劇自有特點，按現代戲劇理論將關氏的所有劇作一一歸類，雖然大多比較恰當，有的則不無削足適履之嫌。然而這一切，又是不避難點，敢於拓荒、力求論文臻於全面系統並富於理論色彩而付出的代價。同時，就不足之處本身而言，著者畢竟作了「初探」，或可備一説，或可

引起爭論，啓發讀者認真的思考，有助於把海內外關漢卿的研究推向全面，引向深入。

這是徐子方君在古代戲曲方面的第一部學術著作。希望他再接再勵，自強不息，爲弘揚中華文化作出更大的成績。

1993年仲夏寫於西安陝西師範大學文學研究所

目　錄

引　言

　　關漢卿研究，是我國古代文學研究中一個比較特殊的領域。自王國維、青木正兒以來，具有近代科學意義上的專題研究祇不過經歷了數十個年頭，但至今海內外發表的這方面論著已近600種（篇）。方法上從宏觀到微觀，從表層到深層，範圍上從生平到作品，從考證到賞析；影響上從大陸舉辦關漢卿創作700週年的全民紀念活動到不久前臺灣舉辦「關漢卿戲劇節」，從1958年蘇聯文化界對關漢卿的紀念到不久前越南電視臺推出關漢卿電視劇系列。可以毫不誇張地說，作爲「世界文化名人」，關漢卿的研究和宣傳，超過了中國古代任何一位戲劇家，在整個古代文學領域也是屈指可數的。

　　然而這絕不是說對關漢卿的研究已經窮盡。早在1958年，我國戲劇界前輩田漢就曾呼籲建立我們自己的「關學」。此後，1960年代和1970年代，臺灣的陳萬鼐、柳無忌等學者再次先後提出這樣的呼籲。時至今日，我們不得不看到，儘管關漢卿研究取得了空前巨大的成就，關漢卿也成了「文藝評論界公認的中國最偉大的戲劇作家」（《簡明不列顛百科全書》詞條），但其研究規模和達到的深廣度，不僅不能和「古今中外最偉大的戲劇家」（同上引）英國莎士比亞研究的「莎學」相比，即和國內《紅樓夢》、《金瓶梅》研究的「紅學」、「曹學」、「金學」比較亦相形見絀。在此之前，我們連關漢卿生平和創作的一些基本問題都還未能真正搞清，發表成果儘管數量很多但質量尚待進一步提高，將關氏生平創作進行總體研究的真正有份量的專著目前尚不多見。一句話，作爲專門性的學科——關學，至今尚未真正建立

起來。

　　當然，關漢卿研究的進一步深入目前已有相當困難。規模巨大和資料匱乏是關漢卿研究的兩大特徵。一方面，由於聲名顯赫，關漢卿從元代以來即受到人們的廣泛重視，近數十年更吸引了大量的研究者，爲之作了大量的文章。但另一方面，就關漢卿研究的基本資料而言，目前可以說真的已到了窮盡的地步。人們就爲數不多的資料發表了許許多多創見，有的即使資料不足也已作出了許許多多推論，這樣，關漢卿研究難以出現新的重大突破便是可以理解的了。

　　但這也並不意味著關漢卿研究已走入死胡同。就資料而言，匯總性工作已全面展開，除了多種關漢卿作品總集以外，海内外還出版了多種關氏研究資料專著，從而爲總體研究打下了堅實的基礎。此外，觀念的更新、方式的突破，更使人們有了綜合利用資料，在作家作品之間作雙向乃至多向推求的立體研究之可能。從而擺脫了以往人自爲戰、抱殘守缺的小家局面。從這個意義上說，這不能不是一個難得的機遇。

　　知難而上，把握機遇，力求在關漢卿研究領域有新的突破，爲中國乃至國際「關學」的建立推波助瀾，是本文寫作的動因和追求的基本目標。

　　在具體作法上，本文擬分三大部分，第一、二章係對關氏生平及創作道路所作的考論，屬全文之基礎。第三章至第七章爲全文的第二大部分，係對關漢卿全部作品所作的理論概括和歸類分析。第八章爲最後一部分，係對關氏創作風格所作的總體考察。「餘論」則將關漢卿研究由國內推向國外，力求在世界大文化系統的縱向橫向比較中科學地確定關漢卿的成就與地位。

　　系統性和全面性是著者尊奉的研究指南，而前輩學者巨人般的肩頭則爲以下即將開始的研究起點和入口處。當然最終是否真

的由此達到了本文追求的基本目標，我相信讀者大衆雪亮的眼睛。

緒論：關漢卿的歷史地位

提及關漢卿的地位，人們馬上會想到公元1958年世界和平理事會將關漢卿作爲世界文化名人以及由此而來的大規模紀念活動，近年來有論者更將此和當時大陸的政治氣候聯繫起來，認爲純係狂熱時代的產物，因而需要「降溫」、「重新評價」等等。

其實這些觀點忽視了一個基本事實，即關漢卿首先是作爲一個歷史人物而出現的，五十年代的紀念活動固然不無政治因素，但也並非憑空而起，說到底它還是由關氏歷史上的重要地位所決定的。這一點尤爲重要，它作爲一個客觀存在，是任何政治或其它因素所掩蓋不了的。這也是我們目前研究和評價關漢卿的基礎和出發點。

一 獨領風騷──元

關漢卿的歷史地位首先取決於他生活過並在曲壇獨領風騷的元代。

誰都知道，元代是我國古代文化歷史上一個比較特殊的朝代，北方少數民族第一次奪得並掌握了全國政權。由於自身文化的落後，在亡金滅宋統一全國的過程中，他們的武力客觀上給以儒學爲中心的中國傳統文化帶來前所未有的沖擊，也引起新的社會結構的改變，以致出現了對全國民眾強分等級，甚至出現了「一官二吏」到「七獵八娼」、「九儒十丐」的說法，知識分子即儒生實際上落到了與娼妓、乞丐爲伍的低賤境地。時人郑經哀嘆「世運中否，士失其業，志則鬱矣，酗酒載嚴，詩禍叵測，何

以紓其愁乎？」❶然而，正是傳統儒家觀念的淡薄和「士失其業」，即科舉制度的中斷促成了文人和表演伎藝的高度結合，「禍兮福所倚」，從中誕生了有元一代的主流文學——元曲，而關漢卿則成了當時公認的成就最高也最負盛名的作家。

現存元人著述中最早涉及關漢卿的是貫云石的《陽春白雪序》，其中對關氏散曲風格作了歸納，稱之爲「造語妖嬌，適如少美臨盃，使人不忍對滯」❷。這種歸納當然有些道理，它指出了關漢卿一部分言情散曲的藝術特徵。但它畢竟不是對關氏創作的總體評價，甚至亦非關氏散曲總體風格的科學剖析，它之所以值得重視，是因爲最早透露了關漢卿作品在元代的信息。據今人考證，貫氏此序作於元仁宗皇慶二年至延祐元年（公元1313～1314）之間❸，這就是説早在元代中期，關漢卿的散曲就已經受到人們的注意了。過去一般不多論及關漢卿的散曲，他在這方面的成就被雜劇的光輝掩蓋了，從貫氏此序看來，起碼在元人的眼中，關漢卿的散曲藝術同樣不能忽視。

元人對關漢卿創作最全面的評價是周德清。作爲一個音韻學家兼曲學家，周德清的地位是人所公認的，時人即謂「德清之韻，不獨中原，乃天下之正音也」❹，可見其在當時曲壇的地位和影響。正是周氏在其《中原音韻自序》中對元曲成就作出這樣的評價：

> 樂府之盛、之備、之難，莫如今時。其盛，則自縉紳及閭閻歌詠者眾；其備，則自關、鄭、白、馬，一新製作，韻共守自然之音，字能通天下之語，字暢語俊，韻促音調。觀其所述，曰忠曰孝，有補於世；其難，則有六字三韻，「忽聽，一聲、猛驚」是也。諸公已矣，后學莫及。

這裡的「樂府」既包括散曲，更包括雜劇，可以説是對元曲的全面評價。這段話的歷史價值在於：首先，末二句爲後人判定關漢

卿等元曲大家的生卒年提供了第一手資料，可謂不可多得。其
次，也是最重要的是，它爲後世了解元人對於北曲主要作家的評
價提供了第一手資料，同樣不可多得。其中「關、鄭、白、馬」
分別是指元曲主要作家關漢卿、鄭光祖❺、白樸和馬致遠，此亦
即後世所稱「元曲四大家」的基本緣由。周氏這裡明白無誤地將
關漢卿置於元代曲壇執牛耳的地位。

　　目前的問題是，周德清這段評論是他經過周密考證分析之後
的慎重結論還是偶而率意所爲，是僅代表他個人看法還是當時人
們的普遍結論？

　　要準確回答這個問題，就必須到周德清本人和《中原音韻》本
身去尋求答案。

　　細讀上面那段話可以看出，周氏談論元曲主要是就之盛、之
備和之難三個角度展開的。「之盛」談的是「自縉紳及閭閻歌咏
者眾」，「之難」則引述了《西廂記》雜劇中的一句「六字三
韻」，在此二項中，前者爲集體無須多言，後者雖具體落實到作
品，但《西廂》作者向來有分歧，故周氏祇點作品而未涉及作者，
惟「之備」一項提出「關、鄭、白、馬」一説，僅列姓氏未及名
號，然此並不意味著作者不懂這些人的姓名，因其在「定格」一
類中即曾提及鄭德輝和馬致遠。亦並非作者已在其它地方作了説
明，今遍查《中原音韻》均不及此（否則即不會發生鄭廷玉還是鄭
德輝的糾纏問題），故唯一的解釋是這種提法爲當時人們所熟
知，周氏不過是映證了當時已經流行了很廣的説法而已。這一點
我們還可以在《中原音韻》中找到根據。作者對需要自己解釋説明
的問題是決不含糊的，如《定格》第五首〔一半兒‧春粧〕，作者即
注明爲「臨川陳克明所作」。即使馬致遠，因其個別作品一時流
行還不太廣泛，故書中也同樣加以説明。如《定格》最後一首套數
〔雙調‧夜行船‧秋思〕即注明爲「此詞乃東籬馬致遠先生所作

也」，而對其他諸家即未加注明，因爲人所共知，無須饒舌。

當然，這樣說亦並非意味著周德清這段話毫無個人所感。因爲衆所周知，《中原音韻》一書即爲周氏廣泛而深入地分析當時曲壇名作後的產物。《自序》所言自然也決非人云亦云。這一點我們祇需認真分析語中所述元曲四大家排列順序的根據即可看出。

首先，可以肯定，周氏所謂四家之順序必非按他們生活的時代先後排列，因爲誰都知道鄭德輝時代在後，然卻排在白樸之前，僅此即可看出端倪。其次，這種順序亦並非以各家作品多寡爲根據，因爲雜劇、散曲諸家作品數量多寡各有不同，無法統一。剩下的唯一根據即爲諸家在內容和形式方面達到的成就。所謂「字暢語俊，韻促音調」（形式），「有補於世」（內容），這方面作者說得是很清楚的。

我們不妨再分析一下周氏書中「作詞十法」、「定格」對上述諸家的評語。鄭德輝之評已如前文注中所引，茲不贅述。對白樸、馬致遠評語亦佳，所謂「俱好」、「妙」、「俊語」，乃至「萬中無一」，對關漢卿則更使用了「如此方是樂府」、「冠絕諸詞」❻的最佳贊語，可謂絕無僅有。雖然這些多就作品的語言藝術而發，但聯繫上面各點，其蘊含內容是不難體味的。可以這樣認爲，周德清《自序》中關於元曲大家的提法和排列順序既是他個人的研究成果，也代表了當時人們的普遍看法，決非率意爲之！進一步說，正因爲周氏所述包括了散曲，也包括了雜劇，既涉及了形式，又注意了內容，所以我們還可以認爲，《中原音韻自序》是我國戲曲史上對元曲家成就最早和最全面的權威性評價，關漢卿在其中成就最高，影響最大，作爲「元曲四大家」之首，這是人們不能否認也否認不了的事實。

與《中原音韻》同時稍後的鍾嗣成《錄鬼簿》是戲曲史上又一部權威性著作，也是人們考定關漢卿在元代曲壇地位的另一個重要

依據。

　　關於《錄鬼簿》體例，歷來人們已經談論了許多。由於鍾氏書中並未對元曲諸家的成就進行正面的比較分析，故只能從書中作家排列的先後名次和爲數極少的評語加以推斷。而對這，特別是作家的排列名次依據，不同版本的《錄鬼簿》各自有著程度不等的差異。然而有一點可以肯定，將關漢卿排在「有所編傳奇行於世者」之首位這是共同的。個中原因，歷來解釋不同，有的認爲是由於關氏年輩最高，有的則認爲是由於關氏創作最富，分析起來都各有理由，但同樣有一點人們沒有給予充分的注意，這就是《錄鬼簿》卷上「前輩已死名公，有樂府行於世者」欄（這裡的「樂府」係指散曲，與前面的「傳奇」即雜劇相對），其中以《西廂記諸宮調》的作者董解元名列第一，鍾氏對此解釋爲「以其創始，故列諸首」，看來這似乎爲《錄鬼簿》的編撰體例，因其已在卷首標明，以下無須重複，故關氏名下無此專門解釋，此亦爲編書常例，讀者當能理解。這樣，《錄鬼簿》關氏名列榜首，又多了一層解釋。後人自明初朱權開始認定關漢卿「初爲雜劇之始」，其根據或可追溯到這裡。

　　除了將關氏列名榜首之外，鍾氏此書還從其它角度透露了關漢卿在當時的地位和影響，這方面如人們經常提到的高文秀、沈和甫的情況。高乃北方東平人，創作豐富但早夭，稱爲「小漢卿」，沈爲南方杭州人，「天性風流，兼明音律」，創南北合套曲「極爲工巧」，故稱爲「蠻子漢卿」。正如已故鄭振鐸先生所言：「關漢卿幾乎和『戲曲』這個名稱成爲同義字」❼了，名望之高，可以想見。鍾氏這樣處理，雖然未作評價而評價自見，其謹慎和客觀是無言自明的。

　　《中原音韻》和《錄鬼簿》而外，元人其它著述也不同程度地傳達了關漢卿在時人心目中地位的信息。元末人陶宗儀《南邨輟耕

錄》一書記載關漢卿和另一曲家王和卿之間嘲謔的佚事，並稱關
爲「高才風流人」❽，另一元人熊自得則在其歷史著作《析津志》
關漢卿小傳❾中對關作了如下的評價：

> 生而倜儻，博學能文，滑稽多智，蘊藉風流，為一時之
> 冠。

「一時之冠」四字形象地道出了關漢卿在當時的名望和地位，和
上面周、鍾兩家撰述，有著不約而同之處，顯然都不是無由而
發。

　　楊維楨是元代後期著名的詩文作家，他除了在《元宮詞》中稱
關漢卿爲「大金優諫」，從而爲人們探討關漢卿身世提供資料❿
外，還在其《周月湖今樂府序》一文中對關氏散曲風格作了描述，
稱其「以今樂府鳴」（以散曲出名），爲「奇巧」⓫一派的代表
人物。楊氏的這段評論恰恰和我們前面提及的貫云石《陽春白雪
序》中的評價前後相襯。不管他們的結論在多大程度上符合實
際，但都表現了關漢卿在散曲領域重要地位這一點卻是共同的，
也是值得重視的。

　　用不著再多作列舉。即此我們即很容易看出，關漢卿在元代
曲壇上獨領風騷的地位在當時即爲人們所公認，不管是在雜劇領
域還是在散曲範疇，人們都可以感受到關漢卿的巨大聲望和影
響。這種歷史地位不是後世某個什麼階段由於政治或其它因素所
能夠人爲地鼓吹起來的，亦不會隨著社會和文化的發展變遷而完
全消聲匿跡。正因爲元人對關漢卿的評述是當時人的普遍看法，
是最直接的第一手資料，因而亦即最具權威性。如果把關漢卿研
究比作一座大廈的話，則元人資料無疑即爲支撐這座大廈不可或
缺的基石。當然，關漢卿的全部成就則構成了這塊基石的真正價
值，舍此即談不上任何關漢卿研究和關學的建立。

二　來自時代的挑戰——明

　　隨著時代和社會文化的向前發展，關漢卿的聲望和地位開始遇到了強有力的挑戰。從明初開始，戲曲界在這個問題上即分成了尊關和貶關截然不同的兩派。

　　貶關的始作俑者是明初權傾一時、曾經「帶甲八萬，威鎮大寧」的寧王朱權。作爲天潢貴胄，朱權在其父明太祖朱元璋死後的皇位爭奪戰中一度不無政治野心，然而隨著乃兄朱棣奪取皇位成功，他在政治上即不可避免地走了下坡路，只好以從事戲曲活動聊度餘生，並以此「韜晦」避禍。不過，政治上的失意反倒玉成了他。朱權在戲曲創作上成就不大，但他的《太和正音譜》卻是戲曲史上繼《中原音韻》、《錄鬼簿》之後又一部名作。他在這部書所作北曲作家的排列名次順序中，一反元人的看法，將關漢卿由第一名降至第五名，對其散曲，更降至第十名，並作出以下的評論：

> 觀其詞語，乃可上可下之才，蓋所以取者，初爲雜劇之始，故卓以前列。⓬

前面說過，朱權這裡認定關漢卿「初爲雜劇之始」並非他的創造，很可能是受了元人鍾嗣成《錄鬼簿》的影響。由此可以看出這位皇子評品人物成見是如此之深，似乎關漢卿如果不是因爲這點，甚至連第五、第十位都夠不上。在這一點上，朱權算是真的「發前人之所未發」了。

　　無庸置疑，朱權的上述觀點對後世有著不可忽視的影響，明代曲壇即開始掀起了一股否定關漢卿的風氣。明神宗萬曆時人何良俊即稱「關之辭激厲而少蘊藉」，四大家中應該「以鄭（德輝）爲第一」⓭。同時稍後的王驥德更認爲元曲四大家中「漢卿

稍殺一等」，應該以王實甫取而代之，排列爲「王、馬、鄭、白」，即使這樣還是「有幸有不幸」❶。否定派中以自號「三家村老」、「慳吝道人」的徐復祚說得最刻薄，竟至認爲關漢卿「才情學識，雖不堪與王作衙官，設在饗廟，當不免堂廡之隔」，就是說連排在王實甫之後的資格都不夠，「惡得並稱曰『王關』？」❶可說是達到了貶關的極致。

　　應當指出，明代曲壇的貶關風氣雖然在一定程度上給關漢卿的聲望地位造成了挑戰，但並未能從根本上動搖關氏由來已久的地位。這是因爲：首先，以朱權爲代表的貶關派在思想意識和藝術觀念與元人相比已相差了不啻一大截，實際上屬於兩個完全不同的時代，但他們卻沒有意識到這點，不但沒有從元代曲壇以及當時社會情事的實際出發，反而以自己所處的特殊地位和個人偏好來左右自己的評論，給人的感覺是執著一見乃至意氣用事，從而代替了平心靜氣的藝術分析。歷來論者不約而同地指出朱權《太和正音譜》作家排列名次不當特別是對關漢卿的不公，指出何良俊抬高鄭德輝的荒謬即爲顯例。其次，貶關派雖然在貶抑關漢卿這點上意見一致，但始終推不出一個足以取代關漢卿地位的大家。在這方面他們是各執一說而不惜相互矛盾和衝突。如朱權提倡尊馬，《太和正音譜》無論在「古今羣英樂府格勢」（散曲類）還是「羣英所編雜劇」欄都推馬致遠爲首，稱其「如朝陽鳴鳳」、「有振鬣長鳴、萬馬皆暗之意。又若神鳳飛鳴於九霄」，並因此斷言：「豈可與凡鳥共語哉！」❶可謂推崇之極致。然而同樣處於貶關派大家的何良俊則在其《曲論》中冷然稱之，「馬之辭老健而乏姿媚」❶，不同意以馬爲首，而認定「當以鄭第一」。稍後的貶關派大家王驥德、徐復祚則既不同意馬，也不同意鄭，卻提出了王。不僅如此，他們各自的觀亦時常變更，搖擺不定。如在《新校注古本西廂記》「評語」中將關漢卿逐出「四大

家」之列的王驥德，在其《曲律》卷第一《總論南北曲》中又將關漢
卿列爲「四大家」之首，使人感到莫之所適。徐復祚也一樣，他
本來在《花當閣叢談》中追隨朱權尊馬，改周德清《中原音韻自序》
中「關、鄭、白、馬」爲「馬、關、王、鄭」，而到了《南北曲
廣韻選》中卻又狂熱崇拜起王實甫來，同樣令人莫名其妙。

　　正因爲明代曲壇的貶關風潮在理論上缺少穩定嚴密的邏輯
性，加上內部分歧嚴重，不能保持統一的步調，所以無力從根本
上動搖自元代以來形成已久的關漢卿的聲望和地位。也正因爲如
此，此時期曲壇推崇關漢卿的風氣仍然很濃厚。這樣即形成了與
貶關思潮相對立的尊關思潮。

　　與朱權同時稍前的明初曲家賈仲明，可以算作明代尊關思潮
最具權威性的代表。在戲曲創作上，賈仲明的成就遠在朱權之
上；在曲學理論上，賈氏雖沒有《太和正音譜》之類的曲論專著，
但他卻對鍾嗣成的《錄鬼簿》作了卓有成效的整理編定，還對該書
卷上一部分元前期曲家補寫了鍾氏因資料缺乏而空闕的〔凌波仙〕
吊詞，爲後世這方面的研究提供了許多有價值的東西，其成就也
是人所共認的⑱。在爲關漢卿撰寫的〔凌波仙〕吊詞中，他這樣評
價關氏的成就與地位：

　　　　珠璣語唾自然流，金玉詞源即便有。玲瓏肺腑天生就，
　　　風月情，忒慣熟。姓名香，四大神洲。⑲驅梨園領袖，總編
　　　修師首，捻雜劇班頭。

如此高的評價，和前述元人熊自得《析津志》「名宦」傳中對關漢
卿的評語前後輝映，相得益明。而此時卻正是朱權貶關漢卿爲
「可上可下之才」的時候。賈仲明多年在燕王朱棣（即後來的明
成祖）的藩府裡創作與生活，其環境和背景和朱權相比並無太大
的差別，但在處理前代曲家材料問題上卻表現得如此不同，其思
想感情和地位懸殊的因素即突顯出來。歷來人們將其歸因爲朱權

「貴族階級的偏見」，不是沒有道理的。而賈氏由於整理修訂《錄鬼簿》而較朱權更熟悉元代曲壇應當亦為一重要因素。從戲曲史研究本身來說，這一點恐怕更重要。

　　與賈仲明約莫同時且參加了明洪武年間《元史》編纂工作的朱右在其《元史補遺》一書中稱關漢卿「工樂府」❷⓪（精通戲曲），朱氏這段記載之所以值得重視，是因為他以一個封建時代正統史家的身份表現了對傳統上不屑一顧的戲曲家的注意，並為其立傳紀事，而根據現有資料，其他元代曲家即無此殊榮。這個事實本身亦說明了關漢卿的成就和地位在當時的影響。

　　周憲王朱有燉為明前期主要曲家，和朱權一樣，皆為天潢貴冑，但在他身上即不存在朱權式的偏見。他不僅在《元宮詞》中肯定了「初調音律（即創製雜劇）是關漢卿」㉑，而且在其〔白鶴子〕《秋景》引中將關漢卿與《西廂記諸宮調》作者，鍾嗣成作為「創始樂府（散曲）」第一人的董解元相提並論，稱他們為「知音之士」，並留下比較客觀的記載。文中說他們：

　　　　體南曲而更以北腔，然後歌曲出自北方，中原盛行之㉒。

同樣是皇子，在關漢卿問題上卻表現出如此鮮明地不同。

　　除了朱右、賈仲明、朱有燉這些文化上層人物，明代士大夫中推尊關漢卿最具代表性的是明嘉靖時人韓邦奇，他在為其弟邦靖死後作傳中竟發出這樣的慨嘆：

　　　　世安有司馬遷（欲其作傳）、關漢卿（欲以作記）之筆乎！能為吾寫吾弟、痛吾弟之情，吾當以此身終世報之。

據《明史》記載，韓邦奇字汝節，陝西朝邑人，明武宗正德三年舉進士，官至遼東巡撫、南京兵部尚書、參贊機務，嘉靖三十四年卒，贈太子少保，諡恭簡。史稱其「為政嚴肅」、「素有威望」㉓，可見邦奇在當時並非無德無名的小人物。此外，他還「性嗜

學，自諸經、子、史及天文、地理、樂律、術數、兵法之書，無不通究」㉔，此又可見他的學識過人，特別是他還通音律，著有《樂律舉要》並有作品傳世㉕。足見他在曲學方面又並非一門外漢。至於其弟韓邦靖，與之同年舉進士，歷官工部主事、山西左參議，早卒。他們兄弟情義深篤。史書曾有這樣一段記載：

> 邦奇曾廬居，病歲餘不能起，邦靖藥必分嘗，食飲皆手進。後邦靖病亟，邦奇日夜持弟泣，不解衣者三月。及歿，衰經蔬食，終喪弗懈。鄉人為立孝弟碑㉖。

由此可知邦奇為亡弟作傳，純係出於兄弟情誼深厚，態度至為嚴肅，決無嘻笑怒罵、玩世不恭之意。他在傳中將關漢卿和士大夫心目中赫赫有名的太史公並提，這在戲曲史上可說是絕無僅有的。當然在今天看來並不使人感到意外，因為他們一為紀傳體史書的創始者，一為古典戲曲的奠基人，儘管分屬歷史和文學兩個不同的領域，但他們在文化史上卻有著同樣高的地位。值得我們注意的是，作為長期受著正統文化教育，又處於理學泛濫時期的明朝士大夫，韓邦奇能有這樣的膽識，的確是令人驚異的。它至少表明關漢卿的聲望地位已經突破了歷史上鄙視戲曲而形成的士大夫心理防線，而其他元曲家同樣無此殊榮，這也證實了我們前面所說的明代曲壇的貶關思潮並未能在根本上動搖關漢卿在人們心目中地位的結論。

此外，在明代曲家著述中，推崇關漢卿及其成就的還有胡侍、蔣一葵、孟稱舜、劉楫、諸葛元聲、徐慶卿、顧簡等人，其中尤以孟稱舜最具影響力。作為明後期一位頗有成就的戲曲名家，孟稱舜在所編《古今名劇合選》作品品評中表達了過人的學識，對於關漢卿他有如下的評價：

> 漢卿曲如繁絃促調，風雨驟集，讀之音覺韻冷冷，不離耳上，所以稱為大家㉗。

又云：

>俗語韻語，徹頭徹骨，說得快性盡情，此漢卿不可及處。㉘

《古今名劇合選》爲孟稱舜所編的元明雜劇選本，他按作品風格的陽剛陰柔分爲《酹江集》和《柳枝集》二本。正如我們現在稱古希臘神話爲「不可企及的範本」一樣，孟稱舜在評價關漢卿創作成就時也使用了「不可及」的概念，並形象地稱其如「繁絃促調，風雨驟集」、「徹頭徹骨，快性盡情」，可見推崇之高。作爲明後期在雜劇和傳奇領域均取得巨大成就的戲曲名家㉙，孟稱舜在這裡同樣表現了過人的識見。

總而言之，從賈仲明到孟稱舜，我們可以看到貫穿有明一代終始的尊關思潮，並沒有因爲貶關風氣的出現而中斷。尊關和貶關在明代曲壇上同時出現，針鋒相對，一方面固然説明元代關漢卿獨尊的局面受到時代和社會變遷的挑戰，另一方面同樣説明關漢卿聲望和地位之高大牢固以及其不可動搖性。而這一點正由於前者的出現而變得更加鮮明和更具有説服力。

三　舊沈寂和新崛起——清

清代戲曲基本上是承繼著明代餘緒（當然中葉後后興起的地方戲曲「花部」除外），關漢卿研究亦不例外。和明代曲壇上存在著尊關貶關兩種思潮對立一樣，清代戲曲界在對待關漢卿問題上同樣存在著這兩方面的對應，只不過聲勢遠不如明。正如代表傳統雜劇傳奇的「雅部」在清中葉後逐步衰微的命運一樣，承襲傳統曲壇思潮的舊的關漢卿研究同樣沒有新的突破。

貶關方面，清代曲壇的代表人物有凌廷堪、李調元、李玉、黃宗羲、楊恩壽、鄒式金、劉熙載等人，數量看起來不少，但都

有一個共同特點，這就是沒有人對元代主要曲家的成就作正面品
評後得出自己的結論，而是僅僅引述附合明人的觀點而已。正因
此，他們在究竟尊誰爲首問題上仍是各有主張，甚至一人多口。
除了原由明人何良俊提出的尊鄭主張，大概由於人們覺得過於荒
謬而不再談論以外，明人其他主張仍舊有著繼承者。

此時期主張尊馬的主要有凌廷堪、李調元等人。在戲曲史
上，凌廷堪以他的《論曲絕句》三十二首出名，這一點無疑是受了
杜甫和元好問的《論詩絕句》的影響，卻在戲曲領域開此一體。其
中第四首對關漢卿、馬致遠這兩位元曲大家作了輕軒：

　　　時人解道漢卿詞，關、馬新聲競一時。振鬣長鳴驚萬
馬，雄才端合讓東籬。❸

詩的前兩句概括關漢卿、馬致遠雜劇在元代的狀況，關還排在馬
的前面，並承認關的名望是家喻戶曉（時人解道）。但詩的下一
聯則完全是朱權的聲口了：「振鬣長鳴驚萬馬」，朱權稱馬東籬
作品有「振鬣長鳴，萬馬皆瘖之意」，二者顯然係出一轍。好像
這還不夠，朱權承認關漢卿「初爲雜劇之始」，凌氏在其《與程
時齋論曲書》中亦云「元興，關漢卿更爲雜劇」❸，根據何在？
無疑襲自朱權之口。時代風氣，即使連凌廷堪這樣的學者名流也
難逃脫。李調元《雨村曲話》中涉及元代曲家的排列同樣是在承襲
朱權而非出自自己的考證研究。

由於明以後《西廂記》劇作的流行，明清兩代尊王的言論較多
（雖然氣勢仍沒有超過尊關），此時期代表人物爲黃宗羲、李
玉、楊恩壽、鄒式金等人，他們同樣在沒有作自己專門研究的情
況下接受了王驥德等人的觀點。如果說，明人尊王貶關是因爲他
們主要分析了《西廂記》，並認定《西廂》前四本爲王、第五本爲
關，因而多少有些心理依據的話，此時清人則完全拾取前人的牙
慧了。

似乎嫌得貶關派主張還不夠亂，在清初詩壇、文壇和詞壇均有聲名卻偏偏在曲壇缺乏建樹的朱彝尊此時也插進來表示意見。他在其《靜志居詩話》中談及「四大家」時尚列關氏爲首㉜，至爲白樸作《天籟集序》時卻又別出以意，說他「心賞仁父〈秋夜梧桐雨〉劇，以爲出關、鄭之上」㉝。真所謂賣什麼吆喝什麼了。此外，晚清時文論家劉熙載在其名著《藝概》一書中涉及元曲作家時亦將白樸排在首位，是受了朱彝尊的影響，還是自己另有研究，抑或其排列本無特別意義？反正不得而知。這樣，貶關派在尊馬、尊鄭、尊王之外，又多了一個尊白，總算使「四大家」中的「白」在明人中大受冷落的狀況稍稍有了改變，也算是一件好事。

然而，事情還不能算完。清人瞿鏞《鐵琴銅劍樓書目》卷二十四中又出新見，竟以貫云石（酸齋）爲首。追本溯源，這種尊貫的觀點還可以在清康熙二年夏煜作《張小山小令序》中找到，稱爲「貫（雲石）、薩（天錫）、關（漢卿）、馬（致遠）」㉞，不過這裡是單指樂府（散曲），並未涉及到對元曲諸家創作（雜劇、散曲）的全面評價問題，此處當可忽略，不予多辨。

與貶關派的情況相類似，尊關一派在清代也沒有作出超越前人貢獻。儘管人數不少（仍舊超過了貶關派），但基本上是沿著明人的路子走下來，許多人並沒有自己作出專門研究，只是在撰述中提及，故仍依前人的説法進行排列。這方面主要有吳梅村、金植、張漢、沈雄、張作楠、阮葵生、張憲漢等人。而紀昀、永瑢等人編撰《四庫全書總目提要》本來不收戲曲，惟在散曲則稍有涉及，其中提到元曲作家時不受明清曲壇貶關思潮影響，仍將關漢卿列爲首位：

> 自五代至宋，詩降而爲詞；自宋至元，詞降而爲曲，文人學士，往往以是擅長。如關漢卿、馬致遠、鄭德輝、宮大

用之類，皆藉以知名於世。㉟

康熙時人張漢爲明代程明善《嘯餘譜》重校本作序中一段話亦值得
注意：

> 靈均之爲聲也，以騷；子雲之爲聲也，以賦；少陵之爲
> 聲也，以詩。……迨騷、賦、詩一變而爲樂府，而關漢卿之
> 流作焉。㊱

將關漢卿和屈原、杜甫等人並提，這較明人比作司馬遷又更進了
一步。然而奇怪的是，明代韓邦奇將關漢卿與司馬遷並提，時人
王世貞譏爲「粗野乃爾」㊲，這裡張漢又進一步與屈原、杜甫相
比，卻沒有聽到譏笑聲，是人不重視，還是時代變遷使得大家對
此已習以爲常了？看來都有可能，無論如何這都應算是時代的一
種進步吧。當然，這在今天看來同樣是再自然不過的。

此時期值得特別重視的倒是有些地方志書中有關關漢卿的記
載，這裡主要指的是雍正、光緒兩朝的《山西通志》、乾隆朝的
《解州全志》、《祁州志》等。它們繼承了元明間《析津志》、《元史
補遺》的傳統，作爲史學著作反映了當時當地人們心目中的關漢
卿情況。當然，這些記載大都僅據傳聞，而且相互矛盾，例如出
現了山西解州和河北祁州兩地分別以關漢卿爲當地名人的記載，
即今人所謂兩地在「爭」關漢卿的問題。無論如何，這至少可以
說明關漢卿的成就、地位和聲望在當地已深入人心，以致衝破了
傳統上鄙視戲曲的心理防線，到了「搶」拉戲曲家爲本地增光的
地步。《祁州志》稱「至今豎子庸夫（指一般百姓）猶能道其遺
事」㊳，更說明關漢卿的聲望已達到家喻戶曉的程度。這在戲曲
史上倒是很少見的。

生於晚清的王國維、吳梅、王季烈在此時期屬於比較特殊的
一類。這是因爲他們的活動都橫跨清和民國兩個時代，其戲曲研
究有相當部分是在清亡之後。這一點在吳梅和王季烈身上表現得

尤爲突出。這樣他們即真正成了時代上的「可上可下之才」，從而給這方面的分期帶來一定的困難。

然而，「文學的分期不同於歷史的分期」，這是治文學史的人們普遍持有的觀點，放在關漢卿研究中同樣適用。從上述三家的研究方式來看，儘管他們程度不同地受到時代風氣的薰陶，在研究的系統性和規模上遠遠超過了前人，但總的說來沒有脫離元明以來重直觀、重評點的曲學傳統，和「五四」以後出現的專題論文以及文學史專著相比有著明顯的區別。正因爲如此，他們的這方面仍屬於傳統的範疇，作爲關學研究基礎的最後完成者，他們是當之無愧的。

吳梅、王季烈主要是從曲學的角度進行關漢卿研究的。他們對曲律都很精通，並且自己還搞創作。吳梅創作最富，今傳有九種雜劇、五種傳奇，曲學研究同樣成果斐然，有《顧曲麈談》、《中國戲曲概論》、《南北詞簡譜》等。王季烈同樣，他不僅創作了雜劇《人獸鑑》等八種，還有曲學專著《集成曲譜》（與劉鳳叔合作）、《螾廬曲談》問世。正因爲此二家在近代曲壇上的成就與地位，他們有關關漢卿的評述即更值得人們重視。王季烈除了根據《元刊雜劇三十種》和《元曲選》極力稱賞關漢卿具體作品《單刀會》「感慨蒼涼，允爲傑作」，《拜月亭》「尤多佳曲」以外，還對元曲總貌作出如下評價：

關、白、馬、鄭四家，爲北曲之泰斗。❸

這樣毫不猶豫地將關漢卿列爲元人第一，雖然貶關論已在曲壇風行了五百年之久。

吳梅則從戲曲創作風格出發，對關漢卿等人作出這樣的分析：

嘗謂元人劇詞，約分三類：喜豪放者學關卿，工研煉者宗實甫，尚輕俊者號東籬。❹

在元曲作家地位的排列方面，吳梅也有自己的看法，除了在具體
評述明清名劇《牡丹亭》、《長生殿》中認爲「源亦出於關、馬、
鄭、白」、「幾合關、馬、鄭、白爲一手」④以外，在總論元雜
劇時，更直接認爲：

> 四家之詞，直如鈞天韶武之音，後有作者，不易及也
> ④。

可謂推崇備至。儘管與其他諸家的排列順序有所不同，但在關漢
卿第一這一點上卻是共同的。

和吳、王兩家主要從曲學入手不同，王國維更多把精力放在
戲曲史角度來研究關劇，他的最大特點還在於不僅繼承了中國古
代曲學重評點，尚考證的悠久傳統，而且吸收了西方叔本華、尼
采等人的哲學、美學理論，這使得他的戲曲研究既具有傳統的沈
厚，又有著現代的思辨，又由於他更致力於從歷史、文學角度進
行研究，這都使得他的結論更具有學術性。他在《錄曲餘談》一書
中認爲應象「意大利人之視唐旦（但丁）、英人之視狹斯丕爾
（莎士比亞）、德人之視格代（歌德）」那樣看待中國戲曲大作
家⑬。在其畢生最後一部戲曲史專著《宋元戲曲考》中，他對關漢
卿的成就作出總結性的評價：

> 關漢卿一空倚傍，自鑄偉詞，而其言曲盡人情，字字本
> 色，故當為元人第一。

對於「元曲四大家」的提法，王國維亦有獨到見解，他認爲：
「以其年代及造詣論之，寧稱關、白、馬、鄭爲妥也」⑭。對於
明初朱權以來曲壇的貶關論調，他也進行了嚴肅、認真地剖析：

> 明寧獻王《曲品》躋馬致遠為第一，而抑漢卿於第十。蓋
> 元中葉以後，曲家多祖馬、鄭，而桃漢卿，故寧王之評如
> 是，其實非篤論也。

正如中國歷史上許多學者和大家一樣，由於歷史條件的局限，王

國維在一些具體問題上可能還存在有這樣那樣的失實及不確之
處，但他對關漢卿成就和地位的評論總的說來還是符合中國戲曲
史實際的。正因爲王國維的關漢卿研究既具備中國曲學的實證傳
統，又帶有西方近代哲學美學的邏輯思辨特點，這就使得他不僅
在中國戲曲史上而且在關漢卿的研究史上都起到了承前啓後、繼
往開來的作用。在王國維身上，我們看到的是爲關學打基礎的舊
時代的結束，代表新興研究方式的現代關漢卿研究也即以他爲標
志起步了。

　　至此，我們對元明清曲壇上的關漢卿研究狀況作了宏觀上的
剖析，可以看出，從元代的周德清、鍾嗣成到近代的王國維、吳
梅，歷代曲學家都爲關漢卿研究作出了自己的貢獻。儘管受到了
一些挑戰，關漢卿的成就和地位還是爲元明清三代的有關人們所
公認。可以說，關漢卿一直爲曲壇內外的人們所重視，而並非如
同近年來一些論者所言，僅僅是五十年代「大躍進」和大搞階級
鬥爭的產物。如果從關漢卿研究作爲一門學科來考慮，那麼它的
源頭和基礎決不是什麼「大躍進」和「階級鬥爭擴大化」，甚至
亦非一頂現代化的「世界文化名人」桂冠，而應該追溯到關漢卿
活動的當時以至整個元明清曲壇，這實際構成了現當代關漢卿研
究——關學的基礎。

清以前曲論諸家批評態度對照表

態度／論者／時代	尊關	尊馬	尊鄭	尊王	尊白	尊貫
元代	周德清 鍾嗣成 熊夢祥					
明代	賈仲明 蔣一葵 胡　侍 朱有燉 劉　楫 王世貞* 諸葛元聲 孟稱舜 韓邦奇 徐慶卿 顧　簡	朱　權 黃正位 卓珂月 徐復祚*	何良俊 沈德符	胡應麟 王驥德 徐復祚* 顧胤光 王思任 袁宏光 陳洪綬		王世貞* 張元徵
清代	朱彝尊* 吳偉業 金　植 張憲漢 張　漢 沈　雄 阮葵生 焦　循* 張作楠 紀　昀 王季烈	凌廷堪 李調元 焦　循*		赤鳳子 李　玉 黃宗羲 澄道人 楊恩壽 鄒式金 孫振栻	劉熙載 朱彝尊*	夏　煜 瞿　鏞

說明：

一、此表係據王鋼《關漢卿研究資料匯考》和李漢秋《關漢卿研究資料》整理編制而成，謹此說明並向二位先生致謝。

二、表中人名後加「＊」字係觀點未確定者。

三、無名氏如清代《燕子箋原敘》撰者本尊關，以其無名，故未列入。

注　釋

❶元、邾經《青樓集序》，載《中國古典戲曲論著集成》第二冊第15頁，北京中國戲劇出版出版社1959年版。

❷元‧楊朝英《新校九卷本陽春白雪》，北京中華書局排印本，第3頁。

❸王鋼《關漢卿研究資料匯考》第63～64頁，北京中國戲劇出版社1988年版。

❹《中國古典戲曲論著集成》第1冊，第179頁。

❺這裡的「鄭」有論者認爲係鄭廷玉而非鄭光祖，然無確證。今查《中原音韻》「作詞十法」和「定格四十首」，周氏稱鄭德輝爲「前輩」，並發出這樣的贊嘆：「美哉，德輝之才，名不虛傳！」真可謂推崇備至。然於鄭廷玉卻不置一辭，故此「鄭」非彼「鄭」明矣！

❻《中國古典戲曲論著集成》第1冊第241頁。

❼鄭振鐸《關漢卿——我國十三世紀的偉大戲曲家》，載《戲劇報》（京），1958年第6期。

❽該書卷二十三「嗓」條。

❾《析津志輯佚‧名宦》，北京古籍出版社1983年版。

❿清‧樓卜瀍《鐵厓逸編注》卷八。

⓫《東維子文集》卷十一。案：楊氏此處稱關氏爲「士大夫」，和前引《宮詞》中「大金優諫」不同，有論者因而懷疑有兩個關漢卿。其實這裡是對一個人的兩種稱呼，其中「優諫」顯係對關氏身爲士子卻「面傳粉墨，躬踐排場，偶倡優而不辭」的貶稱，不能機械地理解即爲俳優。

⓬《太和正音譜》卷上。

⓭《四友齋叢說》卷三十七「詞曲」。

⑭《新校注古本西廂記》卷六「附評語」。

⑮明・徐復祚《南北曲廣韻選》卷三《西廂記》「尺素緘愁」折曲後。

⑯《太和正音譜》卷上「古今羣英樂府格勢」。

⑰《中國古典戲曲論著集成》第4冊，第6頁。

⑱明初另有《錄鬼簿續編》一書，許多論者亦傾向於爲賈仲明所作。

⑲「四大神洲」原作「四大神物」，據今人王鋼的考訂改，見其《關漢卿研究資料匯考》第53頁，中國戲劇出版社1988年版。

⑳轉引自清・姚之駰《元明事類鈔》卷二十二《文學門》二「詞曲」，影印《四庫全書》本。

㉑《叢書集成初編・文學類・宮詞小纂》。

㉒《誠齋樂府》卷上，明宣德原刊本，北京圖書館藏。

㉓《明史》卷二〇一《韓邦奇傳》。

㉔《明史・韓邦奇傳》。

㉕據明・王世貞《曲藻》，引見《中國古典戲曲論著集成》第四冊，第36頁。

㉖《明史・韓邦靖傳》。

㉗《酹江集・竇娥冤眉評》。

㉘《柳枝集・玉鏡臺眉評》。

㉙在雜劇方面，孟稱舜撰有《桃花人面》、《花前一笑》、《眼兒媚》和《英雄成敗》等名作，其中《桃花人面》至今仍活躍在舞臺上。傳奇方面，他的《嬌紅紀》爲我國戲曲史上一部優秀的悲劇名作，另外還有《二胥記》、《貞文記》、《風雲會》等多種，孟氏可以算作比較全面而多產的曲家。

㉚清・凌廷堪《校禮堂詩集》卷二，《安徽叢書》本。

㉛《校禮堂文集》卷二十二，《安徽叢書》本。

㉜《靜志居詩話》卷十五「湯顯祖」。

㉝《曝書亭集》卷三十六。又，《四庫全書》集部十「詞曲類」。

㉞轉自王鋼《關漢卿研究資料匯考》第82頁，北京中國戲劇出版社1988版。

㉟《四庫提要》卷二百《集部・詞曲類存目・張小山小令》，影印文淵閣本。

㊱轉自《關漢卿研究資料匯考》第80～81頁，北京中國戲劇出版社1988年版。

㊲《藝苑巵言》附錄一。

㊳乾隆《祁州志》卷八《紀事》，原刻本，成文出版社影印。

㊴《蟬廬曲談》卷四，《增補曲苑》本。

㊵《中國戲曲概論》卷上「元人雜劇」。

㊶《霜厓曲跋》、《新曲苑》第九冊。

㊷《顧曲塵談》第四章《談曲》。

㊸《王國維戲曲論文集》227頁，北京中國戲劇出版社1984年新版。

㊹《宋元戲曲考》第十二《元劇之文章》、《王國維戲曲論文集》第90頁。

第一章　生平考辨

　　探討關漢卿的生平，這是多年來關漢卿研究中的熱門話題，因爲它涉及到關氏思想歸屬、作品編年以及創作道路等一系列重大問題，所以一直受到學術界的關注，但由於關氏聲名顯赫而資料缺乏，人們窮盡了目前能夠發現的一切資料，提出了種種可能，卻一直未能形成定論，可見難度之大。然而這卻是對關漢卿的任何系統研究所避不開的領域。本章擬就此作一些探考，目的在於爲以下的創作分期以及作品討論提供一些必要的佐證，也希望有助於問題的最後解決。

一　關漢卿之名、字、號點滴

　　關氏之名，目前資料大都語焉不詳，人們在這方面談論得也比較少。最早發現《析津志・名宦》中關漢卿小傳的趙萬里先生，曾懷疑「一齋」也許是關氏之名，又將「一齋」同《錄鬼簿》中的「已齋」聯繫起來。他説：

　　　　或漢卿有二名，《錄鬼簿》和《析津志》各舉一個，這也不
　　　是不可能的。❶

目前學術界一般都不認爲「一齋」或「已齋」是關氏之名，因爲《錄鬼簿》説得很明白，「已齋」爲號而不是名。這一點趙先生自己也推翻了自己的設想，認爲没把握。然而他又懷疑「漢卿」即爲關氏之名，他雖然注意到《析津志》肯定漢卿是字而非名，卻又斷言：「漢卿以字爲名，也是很自然的事。」

　　「以字爲名」，這句話較含糊。是關氏本無名而以字行，還

是原有名而後爲字所掩？看不出來。按中國古人習慣，名則名，字則字，二者不會混淆，也不能混淆。趙萬里所言，當是後一種情況。如此説來，漢卿何名問題仍舊無法解決。

一九八八年十月，在河北安國召開了第三屆全國戲曲學術討論會暨關漢卿創作730周年紀念大會，其間發表了張月中的《關漢卿叢考》一文，受到人們廣泛的注意。安國係古祁州所在地，傳説中的關漢卿故居伍仁村關家園和全國唯一的關漢卿墓即座落在這裡，當地並有許多被解釋爲與關漢卿有關的遺物、遺跡以及種種關漢卿的傳説。清乾隆時編的《祁州志》卷八《紀事》稱此地「豎子庸夫猶能道其（漢卿）遺事」，這種情況至今不衰。張文即根據當地考察所得整理而成，後來並在刊物上發表❷。文中明確地談到了關漢卿的名和字。

> 經過實地考察，關漢卿的名、字、號也基本上得到解決。在伍仁村和關家墳西之間是南北走向的磁河，歷代水滿長流，爲去關家墳方便和利於水陸客貨運輸，關漢卿和其他商賈大戶等集資興建了一座長約六丈的土木磚石結構的大橋——天慶橋，俗稱同濟橋，碑文之首就是「關燦捐銀五十兩」，這位關燦便是關漢卿。

這裡有兩點值得注意：其一，此爲數百年來第一次正面提出並試圖最終解決關漢卿名字的問題；其二，這個結論不是就現有書面資料考辨而成，而是另闢蹊徑、實地調查的結果，方式上和結論上都讓人有一種別開生面的感覺。也正因爲文中「關燦」的名字明明白白地存在於當地天慶橋的碑文之中，所以不存在一般古籍長期流傳中出現的誤傳誤抄的弊病，有其不容忽視的實在性。不僅如此，張文還從名和字的關係上加以論證，認爲「燦」即盛名之意，而天地間最負盛名的莫過於銀河，銀河即天河，在文言中就是「漢」，至於「卿」字，與他字連用即表尊敬，並無實際意

義。「如此，『漢卿』的實際意義就是『漢』；名『燦』字『漢卿』完全
符合我國傳統的名、字相關的常規。」證以他書，張文此說自有
一定道理。

　　然而，問題並沒有因此最終得到解決。將關漢卿之名落實爲
「關燦」，最大的難點即爲「天慶橋碑」本身的可靠性問題，它
源自何方，今藏何處，建碑日期和專家鑒定意見等等必須搞明
白，然張文對此均未涉及，這不能不是一個令人遺憾的漏洞。最
早撰文談及此碑的當爲河北師院元曲研究室的常林炎教授，他在
1985年撰寫《關漢卿故里考察記》一文❸曾談到：

> 　　同濟橋（亦稱天慶橋）遺址：此處原有建橋碑，上刻資
> 助人姓名，如「關燦（據說關氏的親屬或後裔亦有說即關氏
> 本人）捐銀五十兩。」五八年前其碑猶存，今失，或陷於泥
> 土中未知。

據此，則載有「關燦」字樣的天慶橋碑已失，張文之重要論據即
失去了進一步考證落實的可能。況據向當地人調查，上述天慶橋
碑，是爲明末重修時所立，而非元時舊物。這樣一來，問題便更
複雜化了，因爲如果捐款者「關燦」爲明末清初人，則與關漢卿
之名的認定即不會有什麼直接的幫助了。這一推論很快就得到了
證實。查1987年第1期《戲劇》，即載有王強《關漢卿籍貫考》一
文，其中談到他親赴安國考察關氏文物的情況：

> 　　伍仁村位於伍仁橋鎮東部，漢建置，曾名午仁里。我在
> 村東豬圈內發現殘存上半部的碩大石碑，刻有「重修天慶橋
> 記」的銘文，是「大明崇禎六年歲次癸酉孟春吉日立祁州」
> 的文物。

王文這裡最重要之處即透露了張、常二文語焉不詳的《天慶橋碑》
的下落，並坐實此碑爲明末崇禎初年重修該橋時所立，「關燦」
很有可能即爲當時的捐款人。這樣，「關燦說」便出了一個致命

的漏洞。

　　當然，這並不意味著「關燦說」就此可以作罷。因爲既爲重修，必先有舊物，關燦是否爲第一次修橋捐助者亦未可知，又因爲《重修天慶橋記》目前只剩下上半部，字跡且剝蝕不清，無法討論其詳細內容（按通常慣例，重修碑記是不會留出空白讓已死數百年的第一次捐助者再「風光」一次的），在碑記的下半部找到之前，這只能是一個難以排解的疑點。此外，崇禎以前的舊天慶橋具體修建時間亦未搞清，而這都是探討「關燦」與「關漢卿」之間關係所必須解決的基本問題。目前只能說「燦」與「漢卿」之間存在著名和字搭配的可能，尤其是在存在著關漢卿墓及其傳說的情況下，這種可能更不能排除。但可能畢竟只是可能，它需要許多實物及記載來證明，而現有這方面的實物和記載卻無法證明這一點，在這種情況下宣布「關漢卿名燦，已無可疑」❹，就不能說是很嚴密的。

　　漢卿爲關氏的字，這一點已爲學術界大多數人所公認。關漢卿在元代曲壇的影響，也多從此二字的流傳得知，如人們熟知的「小漢卿」「蠻子漢卿」等。元曲前期作家中也有字漢卿的，此即創作《魔合羅》雜劇的孟漢卿，賈仲明在吊詞中即說是因爲「已齋老叟播聲名，表字相同亦漢卿」❺，是孟氏慕漢卿之名而有意取之還是二人之字偶合，現在固然難以考辨，但「漢卿」之傳是藉關氏而非孟氏則是明顯可知的。

　　值得注意的是，漢卿之名還在當時統治集團中留下印跡。《元史》中即有這樣的記載：

　　　　虎都鐵木祿好讀書，與學士大夫游，字之曰「漢卿」。
　　仁宗嘗顧左右曰：「虎都鐵木祿字漢卿，漢名卿不讓也，汝
　　等以漢卿名之宜矣。❻
大概是由於最高統治者「特批」的緣故，《元史》本傳於虎都鐵木

禄徑以「漢卿」名之。虎都本爲蒙古人，他慕「漢卿」之名而拉來作爲自己的字，雖然目前没有資料直接證明所慕之「漢卿」即源自關氏，但即此也是很值得回味的，因爲據目前所知，元人最早取「漢卿」爲字，並產生巨大聲名的還只有這位戲曲大師。

　　問題還在於元仁宗所謂「漢名卿不讓」這句話，有人即據以認爲「元時曾禁漢人名『漢卿』，矢忠漢室，效仿云長」❼，也有論者更直接認爲：

　　　　他（指關漢卿——引者）由金入元，一直生活在異族統治之下。名之爲「漢卿」，也反映了他的反抗意識❽。

這實在是一個誤解，因爲從仁宗這句話來看無此含義，如果按禁止漢人使用「漢卿」爲名來理解，這五個字只能依次解爲「漢（人）名卿（者）不讓（不許）」，即禁止漢人的不是「漢卿」兩字，而是一個「卿」字，據此理解則「漢卿」之名非在禁之列。如果認爲此短語中「漢卿」二字係顛倒互用，應爲「名漢卿不讓」，這同樣説不通，因爲失去了主語，是不讓誰「名漢卿」呢？更看不出來。故仁宗這段話決不能理解爲禁止漢人以「漢卿」爲名（如同禁止漢人收藏武器一樣）。這一點我們在《錄鬼簿》中即可找到許多旁證，除了關漢卿、孟漢卿直接使用「漢卿」二字作表字外，鍾嗣成友人並有作江漢卿的❾。此外，從元初的王和卿、李壽卿到元末的吳仁卿、李顯卿，名字中稱「卿」的更是比比皆是，從未有被禁止的記載。元仁宗這句話的真正含義應當是稱讚虎都鐵木禄「好讀書，與學士大夫游」的話，正因爲如此，他在當時帶有北方少數民族原始氣息的蒙古貴族中比較特殊，而這在極力推行「漢法」的仁宗看來是件很可喜的事。卿：官制，漢人多有「九卿四相」之説；「不讓」，不相讓，即「不下於」之意。稱虎都「漢名卿不讓」，即「不下於漢人名臣」。絕無禁漢人以「漢卿」爲名之意。聯繫起熊自得《析津志》

將關漢卿列爲「名宦」，且稱之爲「一時之冠」，《中原音韻》及《錄鬼簿》中對關漢卿聲望之記載，《元史》及仁宗這段話也許可以作爲漢卿在元時聲望之高的一個旁證。

關於漢卿自號，目前資料記載和説法均不相同，至有「已齋」、「已齋」、「巳齋」、「乙齋」和「一齋」等多種，然細察其來源，即可歸納爲來自《錄鬼簿》和來自《析津志》兩個系統。前者包括《青樓集》及邾經序，後者包括《樂府羣珠》。一般認爲「已齋」、「已齋」均爲「已齋」之誤，「乙齋」則爲今人試圖調和兩系統的折衷辦法，固然不無道理，但無任何文獻根據，只能是一種推測，不能作爲實據。故關於漢卿表字儘管説法頗多，最終還可歸結到「已齋」和「一齋」兩家，今據以作一辨析。

「已齋」既爲各不同版本之《錄鬼簿》和《青樓集》及邾經序所共有，其真實性自不容懷疑，至於「一齋」，因有地方史籍《析津志》加上《樂府羣珠》中五首小令在，亦無可疑，關鍵在於這個「一齋」和上述「已齋」是否爲同一人。

從《析津志》中所收關漢卿小傳來看無明顯矛盾之處，因其明明說「關一齋字漢卿」，與《錄鬼簿》諸書所記姓、字均合（雖然籍貫略異，但亦爲二書之共同毛病，以下還將談及），疑點出自《樂府羣珠》所收一齋的五首小令上面。

五十年代末，胡忌先生發現了明人所輯《樂府羣珠》中收有署名「一齋」的五首小令，隨之將其在《戲劇論叢》1957年第3輯中公開發表出來，在學術界引起了一陣轟動。然論者多有持懷疑態度的，有研究者並具體指出其中第五首《初度述懷》自稱「坐不偏，立不倚，行不右」，此與以「風流浪子」自居的曲家關漢卿生活態度不合。另外，更重要的是該首小令中還有「端冕凝旒，輔翊皇猷」、「宗藩世守，百事無求」的詞句，顯然是一位宗室藩王的口吻。這樣，問題就複雜化了。

　　毫無疑問，如果《樂府羣珠》中創作這一組小令的「一齋」是一位宗室藩王，則定非曲家關漢卿。而且，如果這個「一齋」與《析津志》中的「關一齋」爲同一人的話，則《析津志》名宦傳中有關關漢卿的生平記載即不能作爲關漢卿研究的基本材料，這樣勢必得出結論：元代存在兩個關漢卿，如有的學者已經指出的那樣⑩。

　　爲説明問題起見，我們不嫌麻煩，將這五首五令原文照錄如下：

　　〔中呂・紅繡鞋〕《寫懷》二首：望孤雲悠揚遠岫，嘆逝水浩渺東流，斡璇璣又復幾春秋。逢人權握手，遇事強昂頭，老精神還自有。麥翻浪工勤禾稼，花落錦斷送韶華，莊生遇此也宜嗟。感時思結髮，无坐似僧家，无的不把先生愁悶殺！

　　〔中呂・喜春來〕《新得間葉玉簪》：「異根厚托栽培力，間色深資造化機，小園新得甚希奇。魁衆卉，堪寫入詩題。

　　〔中呂・喜春來〕《夜坐寫懷示子》：風寒不解憂成病，火煖難溫老去情，佳兒慰我孝子誠。愁何逬，香散暗銀燈。

　　〔南呂・馬玉郎過感皇恩採茶歌〕《初度述懷》：對時對景眉頻皺，無才愧列王侯后。持自省己心無疚：坐不偏，立不倚，行不右。端冕凝旒，輔翊皇猷。尚忠誠，敦孝友，秉宣猶。宗藩世守，百事無求。得康強，到知命，屆千秋。望前修，勉潛修，昔時歡會此難酬。悶極悲思嗟在口，糟糠痛憶淚盈眸。

很容易看出，確如論者所言，從第五首來看，小令作者確爲一家藩王，很可能還是一位宗室，而非身處社會下層與青樓歌伎爲伍的關漢卿無疑。

　　然而，認定這一點並未最終解決問題，我們遍查《金史》、

《元史》和《明史》，未發現稱「關一齋，字漢卿」的藩王貴族。按史書編撰通常規則，作爲一位「端冕凝旒」、「宗藩世守」的藩王貴族，是決不會爲史官漏載的。這個發現顯然否定了身爲藩王貴族的「關一齋」存在的可能性。

除了「關一齋」以外，單從「一齋」這個號來看，據今人考證，元及明初取「一齋」爲號另有幾位，元人如林正、童帖木兒、勃羅帖穆爾，明人如朱善、婁諒、陳第等⓫，然此數人一來並非曲家，二來亦非「端冕凝旒」、「輔翊皇猷」的藩府貴族。就寫作這些小令來說，他們較關漢卿更少可能。要找到問題的真正答案，還必須回到作品本身來考察。

細讀上面五首小令，我們可以發現，前四首與第五首存在著明顯的不同之處。作者的生活態度不再是「坐不偏、立不倚，行不右」，而是「逢人權握手，遇事強昂頭，老精神還自有」，就是說，不是四平八穩的貴族派頭，而是虛與周旋、倔強孤傲的不伏老精神。這一點和人們公認的關漢卿的生活態度倒是一致的。

在寫景方面，第二首《新得間葉玉簪》與關漢卿爲數不多的寫景曲〔正宮・白鶴子〕、〔南呂・四塊玉〕《閑適》以及〔南呂・一枝花〕《杭州景》幾可融爲一體。特別是末句「堪寫入詩題」，與漢卿作品《杭州景》中「一陀兒一句詩題」，「縱有丹青下不了筆」。表現了一個完整的藝術風格，很難說是兩個人的作品。有論者認爲此曲首句「異根厚托栽培力」是自我詠嘆，是托物言己，通讀全篇，實在看不出來。此曲爲一純粹寫景之作無疑⓬。和第五首並無感情上的聯繫之處。

前四首與第五首的差異還在於曲牌。我們發現，作者撰此組小令，前四首俱用〔中呂〕宮調，後一首突然變作〔南呂〕過曲，這同樣使人感到突兀，不似一人一時之作。況且漢卿散曲一律不作過曲，查今存所有關氏散曲，其體制除了套數之外，小令中惟有

只曲和聯章體二類，並無過曲。這也與元前期散曲形式相適應，從《全元散曲》所收作品看，早期中均很少有過曲。可見這第五首在署名「一齋」的整個組曲中的明顯不一致。

應該怎樣解釋上述多種不一致呢？唯一的解釋就是第五首和前四首非一人所作，説得具體點就是第五首乃後人作品竄入，非「一齋」原作。《樂府羣珠》爲明無名氏所編，其中多有明人作品，元明作品互相混雜是完全可能的。從第五首中表現的謹小慎微的生活態度來看。它們不似元代那種「得意秋，喧滿鳳凰樓」❸，或「寧可少活十年，休得一日無權」❹的藩王貴族，倒更像整日表白「一心待守禮法不生分外」❺的明初藩府宗室。從這一點來説，小令第五首爲明初藩王作品竄入的可能性最大❻。認識到這一點，再結合關漢卿爲元及明初自號「一齋」的數人中唯一曲家的事實，更加上小令前四首中表現的關氏創作風格，故可推定爲它們爲關作無疑。至於第五首，它純爲明人作品竄入，不能作爲否定關氏創作權的依據。

關漢卿的名、字、號問題，就其本身而言，也許並不重要，但它卻牽涉到某些關氏作品創作權的認定（如《樂府羣珠》所收署名「一齋」的五首小令），某些元明史料的確切所指（如楊維楨、邾經等人提及的「關卿」、「關已齋」等等）。甚至目前所存關氏遺跡真僞的判定（如河北安國的關園、關墓、碑石以及「關燦説」等），的確不容忽視，有進一步挖掘和整理之必要。我們這裡對「關燦説」的獻疑，對「元人曾禁漢人名漢卿」説法的否定以及通過《樂府羣珠》所收小令的辨析確定「一齋」和「已齋」的同一關係即是所作的點滴考索。至於其它問題，有的已無疑議（如關氏字漢卿），有的不妨兩者並存（如「一齋」、「已齋」），因對關氏生平及創作無大影響，先行擱置，這也是完全可以而且應該的事。

二　關漢卿身份考訂

關於關漢卿之身份，目前說法頗雜，然歸納亦可分爲「太醫院尹」和「太醫院戶」兩個系統❼。而這又是出於對《錄鬼簿》「關漢卿」條的認識和理解不同而引起的。

關漢卿身份爲太醫院尹，這個事實自元至清，至民國，直到五十年代都很少有人提出懷疑。五十年代中期以後，隨著新資料的不斷被發現，加上關漢卿研究的逐步深入，人們愈來愈發現這種說法難以接受。早在1954年，王季思先生即指出：

> 《錄鬼簿》說關漢卿是太醫院尹，元時雖有太醫院，但沒有院尹；可能他只是一個通常的醫士，或者在太醫院兼有一些雜差。❽

這是首先根據元代官制對「太醫院尹」說法提出的質疑。一年以後，蔡美彪發表了他的《關於關漢卿的生平》一文❾，更詳盡地對關漢卿的身份進行了分析，駁斥了傳統上「太醫院尹」的說法，提出了「院尹」爲「院戶」訛誤的新觀點。

「院戶」論者認爲：一、金、元兩代均無「太醫院尹」這個官職，而關漢卿如任元代太醫院官，也與邾經《青樓集序》中稱關「不屑仕進」的話相矛盾；二、今存《錄鬼簿》明刊本均作「太醫院戶」。而據《元典章》和《大元通制條格》，元時確有醫家「弟兄孩兒」冒入醫戶以求「減免若干差發賦稅」，而「醫戶」又確由太醫院管領。如果認爲關漢卿身份爲「太醫院戶」，恰恰可以解決《錄鬼簿》與《青樓集序》之間的矛盾。

由於「院戶」說具有一定的版本和文獻依據，又能解釋一些具體問題，故在學術界產生了較大的影響。蔡美彪等人編《中國通史》即將其採入，韓儒林先生主編之《元朝史》，也接受了這個

觀點⑳。

當然，學術界對此持異議的也不在少數，譚正璧、黃克、王
鋼等人均曾撰文進行論辯。其中尤以王鋼之說最爲有力㉑，現引
錄如下：

> 一、現存的三種明本《錄鬼簿》，均爲萬曆以後的鈔本刻
> 本，在版本學上，價值與清代早期版本相等。其中賈本筆誤
> 層出，尤非善本，所錄漢卿雜劇《錢大尹智勘緋衣夢》，
> 「尹」字即誤作「戶」。其二，劉（世衍）本、王（國維）
> 本《錄鬼簿》都曾以另一明鈔本校過，二本於「尹」字皆未置
> 異辭。知此明鈔本亦作「尹」。其三，明嘉靖二十七年胡侍
> 《真珠船》云：「關漢卿入太醫院尹」（李開先《張小山小令
> 序》，王驥德《曲律》卷三、焦循《劇說》卷一引此同）。嘉靖
> 四十一年顧玄緯《增編會真記序》亦稱關漢卿爲「關院尹」。
> 萬曆二十六年蔣一葵《堯山堂外紀》，萬曆四十二年王驥德
> 《王實甫關漢卿考》均言關漢卿爲「太醫院尹」。以上四書，
> 所據大抵皆是《錄鬼簿》，以是知明本《錄鬼簿》亦多作「院
> 尹」。其四，依《錄鬼簿》體例，僅載官職，不錄戶籍。其
> 五，按元代習慣，若爲醫戶，則單稱「醫戶」，如軍戶、民
> 戶、儒戶者，而不稱「太醫院戶」。其六，漢卿確曾出仕，
> 這不僅可以從其散曲看出端倪，《析津志》列之入名宦傳，便
> 是明證。

說理透闢，持之有故，這可以說是對「院戶」說的一次迎頭痛
擊。不足在於僅從版本角度論證，而未涉及「院戶」說的其它論
據，第六點雖然提及關氏散曲及《析津志》記載，卻未正面展開論
辯，令人有只重一點，不及其餘的感覺。

其實，即使從版本學角度討論也還是大有文章可做，今存明
刊本《錄鬼簿》價值不高也不僅僅是因爲它們與清初本沒有二致的

一般版本學意義。更重要的是它們的可靠性不如晚出的曹棟亭本。目前已經確知，清康熙四十五年（1706）「九月重刻於揚州使院」的曹寅校輯《棟亭藏書十二種》所收《錄鬼簿》，是「依據明初時吳門生過錄本重刊」，係「至正五年以後鍾嗣成原著的第二次的訂正本。」㉒正因爲鍾氏生前對所著《錄鬼簿》曾數次修訂，曹本所據爲最後定本，在版本學、校勘學意義上遠遠超過了明代各種刊（鈔）本，所以其可靠性也遠遠超過了明本。明白了這一點，我們對元明清三代及至民國的有關論者儘管看到了各種《錄鬼簿》版本卻對「院尹」說未置異辭也就容易理解了。

除了版本方面不踏實之外，「院戶」說的破綻還在於史實本身。即使根據《大元通制條格》，關漢卿如果屬於「父兄行醫」而本人不通醫術的「弟兄孩兒每」，則關氏先人（父兄）必有在太醫院行醫並頗有點地位，關漢卿才有可能沾得上這個光，然而我們遍查《金史》和《元史》，從中找不出一個關姓名醫來，不僅列傳沒有，連專記醫人等屬的《方伎》一類同樣找不到。唯一一部提及關氏的史書《析津志》卻又將其歸入《名宦傳》。「名宦」者，有名望的官宦及其子弟也。將一個逃避賦役的「醫戶」名列其中該是多麼的不協調！對此又有論者解釋「大概是和關漢卿在雜劇界的巨大聲望有關」㉓，可惜，這只能是「大概」！《析津志》於《名宦傳》前明明寫道，此編是記「故家遺民而入國朝，仕爲美官，樹勛業，貽厥子孫者」㉔，遍查《名宦》一欄內所載人物，看不出可以由於「雜劇界巨大聲望」而被列入的任何理由。「院戶」論者只顧和《青樓集》邾經序文保持一致而忽視了和《析津志》的明顯不合之處，即難免顧此失彼了。

然而，將關漢卿身份定爲太醫院尹也並非毫無問題。首先它得面對金、元兩代的官制以及和《青樓集》邾經序中所稱「不屑仕進」的問題。誰都知道，金、元兩代的正史《百官志》中的確沒有

「太醫院尹」這一官銜，對此人們還可以用「尹，正也」，「謂官正也」❷這種古制來解釋，將「太醫院尹」理解爲太醫院正職官亦未嘗不可（即如明清將大學士稱作宰相一樣），但隨之又產生了一系列新問題，查《元史·百官志》，太醫院正職爲正二品高官，地位優於六部尚書，而與副宰相同。即使至元二十年（1283）太醫院改爲尚醫監，亦爲正四品職官，與六部侍郎同。關漢卿如任此職，則《元史》不會不載。更重要的是，元人邾經《青樓集序》❷中對關氏入元後的身份地位說得很清楚：

> 我朝初並海宇，而金之遺民若杜散人，白蘭谷，關已齋輩皆不屑仕進，乃嘲風弄月，流連光景……

「杜散人」即杜仁傑，「白蘭谷」即白樸，對於他們的「不屑仕進」，有關史籍並有記載。《靈岩志》卷二：「元世祖聞其（仁傑）賢，與大臣議，以翰林承旨授公，累徵不就。」❷白樸亦同樣，王博文《天籟集序》稱：「中統初，開府史公將以所業力薦於朝，再三遜謝，栖遲衡門，視榮利蔑如也。」❷由此可見，邾序的記載相當可靠。關漢卿既然名列「不屑仕進」之中，則說他在元代任正四品乃至正二品高官無論如何是講不通的。更何況還有《析津志》，該書作者雖將關氏列入《名宦傳》，但卻未提他的仕歷，關氏任過何職我們無法明瞭，並且作者還明言「是時文翰晦盲，不能獨振，淹於辭章者久矣。」❷如果關氏在元時任太醫院正職官，這段話同樣沒有著落。很清楚，如果我們認定關漢卿在元時任太醫院尹，就必須先否定邾經《青樓集序》和《析津志·名宦傳》，而事實證明沒有過硬證據，要同時否定這兩種元人文獻的記載是不可能的。「院戶」論者之所以對關漢卿任太醫院尹提出質疑，其主要根據之一也就在這裡。

然而，如果我們轉換一個角度，將關氏任太醫院尹定在金代，則上述一切疑點便都不存在了。因爲既在金代任太醫院官，

《元史》中不予記載即很自然，並且不僅不影響關氏入元後的「不屑仕進」相反，由於有了金代任官的經歷，才爲其改朝換代後「不屑仕進」的遺民身份提供了合理的解釋。至於《金史》中未見有關記載，那是由於金代太醫院官品位太低的緣故。據《金史·百官志》太醫院正職官提點爲僅五品級的技術官員，既非台省要道，又無值得一書的特殊伎藝，故《金史》未將其收入，甚至連《方伎傳》亦未見記載便是自然而然的事。也正因爲如此，作於元末的《析津志》將其列爲「故家遺民而入國朝」的「名宦」而不言其官職，是見其「生而倜儻，博學能文，滑稽多智，蘊藉風流，爲一時之冠」的個性而非「太醫院尹」這個小小的「宦」。當然，話又説回來，畢竟得有這個「宦」才能進那個「傳」，基本條件合格然後才能談及其它，這也是自然而然的事。

剩下的問題是如何理解郟經語中「初並海宇」所指的時間概念。有論者定爲忽必烈滅宋統一，並認爲關漢卿作太醫院尹當在中統時的蒙古時期。這樣即產生矛盾，即作爲金遺民的杜、白、關諸人爲什麼要等到滅宋後方才「不屑仕進」？説具體一點，關氏既然能在蒙古時期做官，到改元以後反而以遺民自居「不屑仕進」了，這顯然是講不通的問題。持此論者機械地看待「我朝」二字，認爲「我朝」即指元朝，而「大元」則是忽必烈至元八年才宣布改建的。事實上這是錯覺。因爲在元人看來，「元朝」指的是從成吉思汗開國後的整個一個朝代，它包括整個蒙古時代，尊成吉思汗爲元太祖即爲一個明顯的例證。而「初並海宇」則是一個長長的過程，它包括成吉思汗西征、滅夏、滅金，直到滅宋等一系列事件。對於原處金統治區域的杜、白、關諸人來説，對其「不屑仕進」有決定影響的當爲滅金而非滅宋，這是顯而易見的，特別是關漢卿，任金太醫院尹，金亡後不仕，更是顯而易見。

　　肯定關漢卿任金太醫院尹還必須解決《錄鬼簿》的編撰體例問題。有論者認爲，《錄鬼簿》只記元代官職，而金代人則需注明，如董解元名下則注明爲「金章宗時人」。這樣的話，則「關漢卿」條的「太醫院尹」即無法理解爲金代官銜，而只能是元代的事了。

　　如果撇開其它因素不談，這樣分析也未嘗没有道理，但事實上不聯繫其它資料如邾經《青樓集序》和《析津志》等記載來孤立論證也是不行的。因爲《錄鬼簿》所記，大抵皆是元代人，由金入元的雖有幾個，如杜善夫、白樸等，但他們在金時並無值得一記之官職，和元人一併處理亦無不便之處。至於董解元，因係前輩，本非由金入元之人，名列其中自當言明，而於關氏則比較困難。說是没有做過官卻又做過金代太醫院尹，說是做過官目前又是白身。況且漢卿作官既在金世，經過金末、宋末數番動亂，加之元初官制混亂，身處元末的鍾嗣成也不會弄得很清楚。他自己也說：「余生也晚，不得預幾席之末，不知出處。」❸⓿材料來源於其友陸仲良，而陸又得之吳仁卿，幾經輾轉，對此原不應苛求的。

　　肯定了關漢卿的金太醫院尹身份之後，我們不禁要問，他是怎麼當上這個五品官的呢？是由科舉正途嗎？多有論者這樣認爲，近人林之棠在其所著《中國文學史》中稱關漢卿「金末以解元貢於鄉，後爲太醫院尹」❸①，這裡的「以解元貢於鄉」完全是林氏根據唐以來科舉制度常規而作的主觀臆測，作爲關漢卿生平資料則無任何根據。惟「解元」二字出自元末人錢孚爲宋人《鬼董》一書所作跋語，其中稱其書爲「關解元所傳」，後世明人蔣一葵、清人鮑廷博、錢大昕、王季烈以至王國維、吳梅等人均相信此說，王國維並在其《宋元戲曲考》中極爲認真地探考了關漢卿中解元的年代。其實這都是對《鬼董》錢孚跋語的誤解。解元一詞宋

元時人已用得很濫，如《西廂諸宮調》作者董解元，《西廂記》雜劇中稱張生爲張解元等等，皆非「貢於鄉」或鄉試第一才得稱之。而臨安傳《鬼董》一書的「關解元」也無任何和關漢卿聯繫的證據，拉在一起是極其牽強的。

「解元」一說既無根據，目前同樣沒有發現關漢卿中過進士的記載，明人沈寵綏在其《度曲須知》中稱關漢卿爲「元進士」㉜，不知何據。不過金代倒有與太醫院有關的醫學科試，《金史》中有這樣的記載：

> 凡醫學十科，大興府學生三十人，餘京府二十人，散府節鎮十六人，防禦州十人。每月試疑難，以所對優劣加懲勸。三年一次試諸太醫，雖不係學生，亦聽試補。㉝

這樣看來，關漢卿經由「醫學十科」考試而入太醫院任職是極有可能的。《元史‧選舉志》亦稱「當時仕進多歧，權衡無定制，其出身於學校者，有國子監學、有蒙古字學、回回國學，有醫學、有陰陽學……廕敍有循常之格，而超擢有選用之科。」㉞於此可爲一旁證。

金代爲官，除科舉外，另有世襲和世蔭二途。漢卿爲漢人，非可世襲猛安謀克之女真舊貴族，至於世蔭，今查遍金、元兩史，均無可以蔭蔽後代的關姓官僚貴族。然漢卿爲官也不排除另一種可能存在，即憑著解州關裔得以照顧入仕這一途徑㉟。關羽於北宋時即被封爲武安王，設廟祭祀。金滅北宋，全盤接收宋朝的禮法制度，至海陵王、金章宗之後，漢化尤甚，對「武聖」關羽當不至反而輕視。在這種情況下，作爲解州關氏一脈的關漢卿被薦出仕即爲很可能的事了。這也許是關漢卿年紀輕輕即使到太醫院正職官的重要原因，否則單從「醫學十科」也不會擢升得這麼快，儘管這種超擢的結果是讓最終作了與文治武功相距甚遠的太醫院頭目㊱。大概這也是因爲關漢卿只是武安王族裔而非直系

的緣故吧�37。

　　關漢卿任金太醫院尹，明萬歷時人蔣一葵、徐士范即有此一
說�38，至清末民初人王季烈著《螾廬曲談》仍對此未置異辭。王國
維《宋元戲曲考》附錄《元曲家小傳》關漢卿名下仍明言關氏爲太醫
院尹，然緊接著發問：「未知其在金世歟？元世歟？」�39可見已
對關氏任職時間產生了懷疑。後來王國維自己找到了答案，他從
楊維楨《元宮詞》中「大金優諫關卿在，伊尹扶湯進劇編」的詩句
出發，認爲關氏「果使金亡不仕，則似無於元代進雜劇之理。寧
視漢卿生於金代，仕元爲太醫院尹，爲稍當也。」�40

　　粗看起來，王國維所言亦不無道理，但細加品味，即可發現
其中的失當之處。依他所見，關漢卿既爲前朝遺民，「金亡不
仕」，即不應該在新朝「進雜劇」，但事實上這中間並無邏輯關
係。作爲前朝遺民，可以不在新朝作官，但也並不妨礙他爲新朝
建言，杜仁傑即多次上書言事，而元好問則曾專程北上朝見忽必
烈，並奉上「儒教大宗師」尊號�41，這些都未能影響他們的「金
之遺民」的身份，更何況關漢卿還只是以在野之身寫作雜劇呢。
用絕對不食周粟來要求關漢卿這樣遺民是不現實的，王國維這裡
是以自己的思想標準去衡量古人了。

　　繼王國維之後否定關漢卿爲金遺民的是胡適。他在1936年三
月發表的一組讀曲小記中，就有一篇題爲《關漢卿不是金遺民》的
短文�42，隨後又在燕京大學出版的《文學年報》第三期上發表《再
談關漢卿年代》重申了他的看法。

　　和王國維不同，胡適主要是從關漢卿的生卒年角度進行論
證，除了根據關氏散曲《杭州景》論證關氏不像金遺老以外，還根
據關作《大德歌》斷定關氏卒年在公元1307年左右，而人不可能太
高壽，故關氏不會是金遺老（顯然胡適將「遺民」和「遺老」混
爲一談了）。胡適以生卒年談身份的論證方式對後世影響很大，

這以後發表的顧隨（苦水）《關漢卿不是金遺民》一文❸，顯然也沿著這條路子走下來。五十年代以後，孫楷第、王季思、馮沅君諸先生論關漢卿身份同樣沒有脫離這條道路。例如孫楷第根據盧摯、馮海粟、王和卿等人，王季思根據胡紫山等人行年來斷定關漢卿的生卒年及身份大抵皆入此入手，而當時學術界與之相應的商榷文章如蘇夷、趙萬里、蔡美彪等人同樣不脫舊路。由於討論對象胡適起即已轉入關漢卿的生卒年問題，此乃本章下一節的論證範圍，這裡不再贅述。

　　通過以上對有關資料的考辨，我們可以對關漢卿身份作出如下結論：一、關漢卿不可能是一個普通醫戶，而應該是太醫院尹。二、關漢卿任太醫院尹應當在金代，金亡後「不屑仕進」專門從事戲曲及散曲創作。只有從這兩點出發，我們才能對目前留存的元代各種關漢卿史料作出最圓滿的解釋。當然問題並不到此即告終結，有些疑點將在下一節「關漢卿生卒年辨正」中加以澄清。

三　關漢卿生卒年辨正

　　關漢卿之生卒年，同樣是歷來爭論最多的話題之一。按論者各自主張的不同，目前大致可以分爲三類。

　　第一類以鄭振鐸、趙萬里的觀點爲代表，他們認爲關漢卿大致生於公元1210年至1214年左右，卒於公元1280年或1300年左右。早在本世紀30年代初，鄭振鐸先生即在其《插圖本中國文學史》一書中這樣談及關漢卿：

　　　　《錄鬼簿》稱漢卿爲已死名公才人，且列之篇首，則其卒
　　年至遲當在1300年以前。其生年至遲當在金亡之前的二十年
　　（即1214年）❹。

　　至50年代，鄭氏仍堅持自己的主張而又略有修正。在一篇論
文裡❹他寫道：

　　　　（關漢卿）約生於1210年左右。當蒙古滅金的時候，他
　　　是二十四、五歲的青年，故有人稱他為金代的遺民。……他
　　　的卒年，約在1298年到1300年之間，但至遲似不能超過1300
　　　年。

由此可以看出，鄭氏所論，大體上是根據邾經《青樓集序》中的
「金氏遺民」說法定生年，而根據關作《大德歌》以及《錄鬼簿》編
排定卒年。因為其說出自文學史著作以及總論關漢卿一生論文中
的片段，體制所關，顯得簡明扼要，但也正是因為非出自專門性
的正面考證，故又顯得過於單薄。

　　五十年代中期，趙萬里先生從不同途徑得出了和鄭振鐸相似
的結論，他是在發現並排比了《析津志‧名宦傳》中關一齋與周圍
人物的名次順序之後而作出的判斷。根據關一齋並列的史秉直降
元的時間（1213年）推算，趙萬里認為：

　　　　暫定關漢卿生於1210年左右，死於1280年左右，想來是
　　　很有可能的。❹

卒年較鄭振鐸觀點提前了二十年。這是因為趙萬里不相信關漢卿
《大德歌》作於元成宗大德年間的緣故。而後來研究不斷深入，包
括《竇娥冤》創作時間（1292年以後）的認定，都證明了趙氏對關
漢卿卒年定得不確。

　　在探討關漢卿生卒年的觀點中，第二類是以胡適、王季思諸
先生為代表，他們認為關氏生年不會在十三世紀初，而在二十年
代後期至金亡以前。吳曉鈴、蔡美彪等先生的觀點大致亦可歸入
此類。

　　在前一節中，我們提到過，胡適對關漢卿生卒年的研究是從
推斷關氏遺民身份著手的。他在關漢卿生平研究方面一個突出之

處就是注意到關作《大德歌》乃元成宗大德年號更定以後的事情，從而爲關氏行年研究提供了一個可靠的證明。然而，這位倡導「大膽假設，小心求證」的學者，在其它方面卻不那麼嚴謹。這裡且不說他將關氏卒年定在大德十一年（1307）大德年號終止之後的根據何在（關氏曲中明明寫道是「新行大德歌」），此外，他又斷定楊維楨《元宮詞》不可靠，理由僅僅是楊的「年代已晚」，而最可相信的元人史料，他認爲只有陶宗儀的《南村輟耕錄》。殊不知楊維楨作爲當時文壇名流，與《青樓集》著者夏伯和、《析津志》「名宦傳」作者梁有俱有交往，陶宗儀亦正是他們的朋友❼，在他們中間捨此就彼，顯然缺乏起碼的依據，真可謂「大膽假設」了。不僅如此，他還不加任何解釋地將邾經《青樓集序》中的「遺民」轉換成「遺老」。他否定關氏遺民身份的唯一根據是他判斷關漢卿「死年至早當在1307年左右，此時上距金亡已七十四年了。」❽其實即使按胡適定的關氏卒年，關漢卿也完全可以活到九十多歲。在現有所知的元代曲家中，侯正卿、白樸均活到了九十歲左右，這是人們所熟知的事實。所以僅憑想當然的「壽數年限」作判斷是不能夠作爲科學根據的。繼胡適後不久撰文否定關漢卿爲金遺民的顧隨（苦水）到了五十年代，也放棄了先前的主張，承認關氏「生存在十三世紀一十年代」了❾。

　　五十年代以後，學術界仍有部分觀點認爲關漢卿生於十三世紀二十年代中期以後或金末，但已不同於胡適的「大膽假設」，而是將關漢卿的作品同元曲其他作家作品進行了認真地比較分析。例如說關劇《詐妮子》中借用了胡紫山《陽春曲》中的名句，《單刀會》中借用了白樸小令〔沈醉東風〕《漁父》中的名句，從而斷定關氏生年當在胡（生於1227年）、白（生於1226年）同時甚至以後，這顯然是「小心求證」的結果。但如果就此作爲定論還是比較困難，因爲這種情況只是一種可能，同時也不排除另一種可

能存在，即胡、白二人借用了漢卿劇中的名句，因爲關氏此二劇作時都較早。退一步說，即使年長作家在作品中借用了新進作家的名句，這也是常有的事，並不能就此把生年也顛倒過來。如果沒有其它理由，僅靠此模稜兩可的孤證來決定關漢卿的生年，則太缺乏可靠性了。尤其是在必須同時否定元人邾經、楊維楨等人有關記載的情況下更是如此。

關於卒年，這一派觀點與前一類人無大不同，大體認爲在公元1300年前後。這大概是因爲關氏有《大德歌》在，只要承認其由「大德」年號而起，在這問題即容易找到共同語言的緣故。

第三類觀點以孫楷第先生爲其代表。孫先生在其《關漢卿行年考》一文中認爲關漢卿既不可能生於十三世紀初，也不可能生於二十年代中期後或金末，而將關氏生年向後推至公元1240年以後。其論據主要是關漢卿和胡紫山、王惲、盧摯、馮海粟諸人一樣，都和當時著名女演員朱簾秀有過交往，元人夏庭芝《青樓集》朱簾秀小傳即將關漢卿和胡、馮等人相提並論。如果說關氏由於作品中存在胡紫山曲句而時代在後的話，則其生年只能和盧、馮等人差不離，大約在1241年至1250年之間。另外，此派還將關氏卒年向後推，除了引用貫雲石《陽春白雪序》謂關氏延祐初（1314年左右）尚在人世以外，還根據《危太僕文續集》所載汴梁王和卿之卒年（1320）來推定關漢卿之卒在此之後（因爲陶宗儀《南村輟耕錄》曾記載王和卿死後關漢卿吊唁時還進行嘲戲），直至周德清《中原音韵自序》（作時在1324年）明言漢卿等人「已矣」爲止。即此認定關漢卿卒年在公元1320年至1324年之間。

應當說，此派觀點既涵蓋了元人記述，又涉及到關氏及同時人的有關作品，同時又另闢蹊徑，發掘了一些新資料。所以看上去較前一派論據比較紮實，論證方式也較全面。因而有學者即認爲在關漢卿生卒年論爭中此類觀點「比較踏實」。❺⓪

　　然而，如果我們綜合現有資料對此進行平心靜氣的比較分析，同樣不難看出這一派觀點仍舊存在著難以彌合的漏洞。

　　即以此派視爲過硬論據的關氏及諸人同朱簾秀的交往一事來看，關氏生年是否一定在紫山之後已見上說，此處可以不論，而同與一個歌妓交往，這在舊時中國是一件司空見慣的事，交往雙方既可以不同輩份，一方內部亦無此硬性規定。更何況目前史料並未言明關氏和其他諸人是同時而往，以此論定各自生年前後似太牽強。

　　或以爲《青樓集》朱簾秀小傳中將關漢卿之名置於胡紫山、馮海粟之後是因爲輩份在後的緣故。這麼看則未免太不了解中國古代社會了。在官本位觀念根深蒂固的中國，至今排名次多以官職大小爲序。身處元代倡家，當然以接名公大人爲榮，側身其間並爲之作傳的夏庭芝（伯和）自不能免俗，傳中大書「胡紫山宣慰」、「馮海粟待制」即爲明證，而「關已齋」呢？不管他以前曾作過什麼，此時卻是「面傅粉墨，偶倡優而不辭」的白身，有什麼資格在名次順序上「僭越」呢？談及此，還得提及邾經《青樓集序》中關漢卿和杜仁傑、白樸的名次先後，有論者依據同樣理由認爲關漢卿名列最後是因爲年紀最小。事實上《序》中明明說是他們「不屑仕進」。按「不屑仕進」的名氣衡量，杜氏曾多次拒絕元世祖忽必烈的徵召，甚至對一般讀書人夢中皆不敢想的翰林院承旨的高官也視若敝屣，「不屑仕進」的名氣可謂非同尋常。白樸也一樣，前引王博文《天籟集序》即記載：「中統初，開府史公將以所業薦之於朝，再三遜謝，栖遲衡門，視榮利蔑如也。」❺而「一心待向煙花路上走」的關漢卿，既無朝廷徵召之榮幸，又無權貴舉薦之佳運，「不屑仕進」的名氣自不能和杜、白二人同日而語。況杜、白又各以子貴，杜氏死後被贈翰林承旨，資善大夫，諡文穆❺，白氏死後被贈嘉議大夫，掌禮儀院太

卿❸，則更非「自甘下賤」的關漢卿所能相比了。在重名望、地位的古代中國，讓同爲文人士大夫的邴經來一次「破格超擢」，該是多麼不現實的事。以此爲準定生年先後，其真實性也就可想而知了。

　　貫雲石的《陽春白雪序》歷來被認爲是否定關漢卿「金之遺民」或「大金優諫」身份的重要論據。這裡我們把其中有關關漢卿的部分全文引述如下：

　　　　蓋士嘗云：東坡之後，便到稼軒。兹評甚矣！然而比來徐子芳滑雅、楊西庵平熟，已有知者；近代疏齋媚嫵，如仙女尋春，自然笑傲。馮海粟豪辣灝爛，不斷古今，心事天與。疏翁不可同舌共談。關漢卿、庾吉甫造語妖嬌，卻如小女臨杯，使人不忍對殢❺。

據今人考證，貫氏此序作於元仁宗皇慶末延祐初（公元1313～1314）之間。而文中「比來」二字，另一十卷本作「北來」，主張將關漢卿生年推後的論者對此一直抓住不放，謂「北來」較「近代」爲先，關漢卿在貫氏作此序時還活著，其實這完全是誤解，要説「北來」，文中諸人皆是，關漢卿晚年南下湖、湘、杭、揚諸地更是盡人皆知的事，這樣理解即毫無意義了。其實「北來」應爲「比來」之誤。比來，即近來。此種用法相當普遍，前有《三國志·徐邈傳》：「比來天下奢靡，轉相仿效」，後有《明史·戚繼光傳》：「比來歲修歲圮，徒費無益。」意義非常明確，貫氏此序將「比來」和「近代」對舉，皆相對於前面「東坡之後，便到稼軒」而言，是對在他之前散曲狀況作一客觀評述，本無在這裡反映曲家時代先後在世與否之意。其中徐子芳即徐琰，生於金興定四年（1220）反而排在比他大二十多歲的楊西庵（生於金明昌五年（1194））❺前面即爲明證。搞清楚這一點，則貫氏此序能否作爲考察關氏生年依據即很明白了，由此證

明關氏在貫序作時還活著更是沒有根據的事。

至於《危太樸文續集》卷四《故承務郎汴梁路通許縣尹王公墓碣銘》中涉及的王鼎，因字和卿，有論者即將其和《輟耕錄》中關漢卿之亡友大名王和卿作爲一人，並以王鼎死年（1320）爲依據，論定關氏之卒在此之後。其實危素《墓碣銘》中說得很明白，王鼎原籍汴梁，出生於蔚州，出仕後歷高唐尉、樂壽尉、深澤主簿、曹州知事，終以通許縣尹，葬在大都宛平縣。考其一生，未見涉足大名一步。可知和《輟耕錄》中的大名王和卿並非一人，況且王鼎平生「淡然簡靜，不樂紛麗，燕閑獨處，事無妄動。」**⑤⑥**和《輟耕錄》中「滑稽佻達，傳播四方」的王和卿性格迥異，二人顯然毫無瓜葛。另外，元人中和王和卿姓字相同的還有王惲《秋澗集》中提到的行中書省架閣庫官太原王和卿**⑤⑦**，俱僅爲同姓字而已。大名則大名，汴梁則汴梁，太原則太原，三地相距何止百里，在毫無其它證據情況下任意揑合，是不能作爲科學的論證依據的。

其實關漢卿的確切卒年僅據《中原音韻》和《錄鬼簿》即可大致推算。周德清於1324年作《中原音韻自序》時敍「關、鄭、白、馬」後稱「諸公已矣」，其中「鄭」即周氏稱爲「前輩」的鄭德輝。由此可知鄭在此前即以去世，而據《錄鬼簿》，鄭氏爲「方今已亡名公才人」，和名列「前輩已死名公」之首的關漢卿相較已是晚了一輩，如果認定關漢卿卒於公元1320至1324年，豈不是與鄭同時？這是無論如何也講不通的，此其一。其二，最重要的是《錄鬼簿》本身已透露出關氏卒年的確切信息。據關漢卿晚年劇作《竇娥冤》創作背景可知，關氏在公元1292年左右尚在揚州，又據徐沁君先生考證，甚至有證據表明他在1299年左右尚沒有離開揚州（否則他不會將大德一年至三年的揚州、淮安大旱寫進劇本**⑤⑧**），然而據《錄鬼簿》卷下「睢景臣」條載，當大德七年

（1303）睢氏自揚州赴杭州後見到了鍾嗣成，竟未傳遞關氏活動的任何信息⑲，則關氏於此前後去世明矣。鍾嗣成將關氏作爲「前輩已死名公」、「不知出處」，是在見到睢景臣之後的事，可見其安排決非無由而爲。這樣，再聯繫關氏曾任金太醫院尹的事實，將其卒年定在公元1300年前後，至遲不超過1305年，顯然是符合史實的。

搞清了關漢卿的卒年，其生年同樣可以通過推考的方式獲得。在前面一節中我們既然已考定關漢卿在金代任太醫院尹，則金亡（公元1234）時其年齡自然不會太小，起碼不會小於二十歲，但也不會太大，因爲我們又已得知漢卿卒年在1300年前後，如此推測，漢卿生年在公元1210年到1214年之間，總共活了九十餘歲。

這樣推測同樣可以通過考證來證實。根據鍾嗣成的《錄鬼簿》可以得知關漢卿交友中有一位梁進之，鍾氏稱他「與漢卿友」⑳，賈仲明吊詞説「關叟相親爲故友」。㉑然據孫楷第先生考證，這位梁進之竟是邾經《青樓集序》中和關漢卿並稱爲「不屑仕進」的杜散人（仁傑）的妹婿，杜氏在其《與楊春卿書》中稱梁爲「醫之翹楚」㉒，可能也在太醫院待過，而曾爲太醫院尹的關漢卿與之交友決非偶然。只是二人後來分手了。大概是由於杜善夫以及仕元後官至奉訓大夫、集賢待制的楊春卿的舉薦，梁進之後來進入了官場，官至縣尹、知州，而關漢卿則「不屑仕進」，以「嘲風弄月」，專事戲曲創作度過一生，這當然是題外話了。

杜仁傑生年，據吳曉鈴先生考證，當在金宣宗泰和元年（公元1201年）㉓。梁進之作爲杜的妹夫，生年當相差不會過大，即以幼十歲計，其生年亦當在公元1210年左右，至遲不會超過1215年。關氏與之交友，且非往年交，按目前所知生年亦不應在其後。這樣，考證的結果與我們上面的推論完全吻合了。唯其如

此，才更增加了我們這裡結論的可靠性。

　　當然，如前所述，鄭振鐸和趙萬里先生在五十年代即已作出了與此大致相同的推論，但他們所據資料太少，其中如鄭先生之推論見於其文學史有關章節以及總論關氏一生之論文，體例所關，非專門性正面考證，而如趙先生所據僅爲《析津志》一條孤證，即此還有將元太祖八年癸酉誤爲元世祖中統四年癸亥的資料錯誤，自然難以服人了。然而從今天看，鄭、趙二位先生的推論還是有其價值的，本文這裡結論與之吻合亦更增添了真實的份量。至此我們可以毫不猶豫地宣布，關漢卿生於公元1210年至1214年間，卒於1300年至1305年之間。應當説，不會去史實很遠。

四　關漢卿籍貫考辨

　　籍貫問題，同樣是關漢卿生平研究中的一個熱點。對於這個問題的探討，牽涉到關漢卿研究領域的一系列敏感性問題。

　　目前資料涉及到關漢卿籍貫的有三處，即人們熟知的大都、解州和祁州。反映在學術界也便是所謂的大都説、解州説和祁州説。

　　誰都知道，「大都説」源出於《錄鬼簿》和《析津志》，前者於關漢卿小傳中徑直稱之爲「大都人」，後者則在同樣的「關一齋（漢卿）」小傳中稱之爲「燕人」，而這裡的「燕」目前一般認爲即爲大都（舊名燕京）。這兩部書，一爲目前最早也最具權威性的元雜劇作家作品資料專著，一爲目前最古老的北京地方志書，同樣最具權威性。正因爲如此，在關漢卿籍貫的各種可能性中，「大都説」亦最早和最具權威性。

　　然而這樣説並不意味著就此已無可研究，相反，目前研究愈

來愈表明「大都説」存在著許多疑點和需要重新考慮的地方。

　　就《錄鬼簿》而言，該書涉及的資料過去和現在都是研究元曲作家作品的第一手資料，不容忽視。但是同時人們也發現它在許多具體問題上的謬誤和不當之處。即以作家籍貫論，據孫楷第先生考證⑭，李好古本爲西平人，卻記爲東平人或保定人，孫文卿並非山西平陽人，而是江蘇溧陽人，李時中本山東曹州人，卻記爲大都人，蕭德祥非杭州人，而爲安徽廬陵人，如此等等。如果説這些考證還只是孫先生一家之言，尚需進一步研究核實的話，則白樸籍貫錯誤則更可説明問題了。《錄鬼簿》於白樸名下稱爲「真定人」，如果今人無其它資料，這個問題就無法弄清了。幸方鍾氏於小傳中又注明白樸爲「文舉之子」，而這個「文舉」即爲金末一度很有地位的白華。根據《金史・白華傳》和元人王博文爲白樸《天籟集》寫的序文，我們才得知白樸乃山西隩州人，而非河北真定人，真定只是金亡數年後白樸隨同其父居住過的一個地方⑮。元統一後，白樸又南下，最後定居於金陵。這樣看來，真定既非白樸的祖籍和出生地，亦非他的歸屬地，無論如何算不上他的籍貫，《錄鬼簿》這樣處理顯然是錯的。藉此我們可以看出，《錄鬼簿》的作家籍貫，並不都是很嚴密的。

　　《析津志》也是這樣。作爲北京最古的地方志書，它的史料無疑是珍貴的，這方面自不待言。然而由於成書於元末，資料來源僅憑三十年前「父師所言」⑯，其確切程度是有折扣可打的。例如杜善夫（止軒）本山東濟南長清人，白樸父白寓齋（華）本山西隩州人，此書皆收入《名宦志》而不加以説明。此外，楊果（西庵）任參知政事是爲中統二年至至元元年，而排名第十的楊果傳卻稱其「至元七年」，不僅存在明顯錯誤，而且和書中排名第二百二十四人的另一楊果傳相互矛盾和重覆。如此等等，皆可證明《析津志・名宦傳》在資料價值方面決非毫無可議之處。

　　「大都說」的致命弱點還在於得不到關漢卿作品資料的支持。因爲目前關漢卿生平籍貫留存資料較少，關漢卿作品即爲一個重要的參考依據。從關漢卿目前作品來看，雜劇中反映的地點有山西、河南、山東以及南方揚州、杭州、湖南等，就是沒有以大都爲背景的。至於散曲，其中明確涉及的地名和雜劇幾乎相同，同樣缺少大都方面的背景資料。惟有〈二十換頭〉〔雙調·新水令〕中有「懷揣著帝宣」字句，似乎和京師有關，然此套又多用女真曲牌，爲今存元曲漢人作家所少見，極有可能爲作者金亡前所作。如此看來，要在漢卿作品中尋找「大都說」的依據，的確是困難的。

　　正是基於上述諸因素，我們認爲，將大都作爲關漢卿籍貫，其根據是不充分的。

　　但是，能不能據此斷定關漢卿一生即於大都無關呢？也不能這樣認爲，因爲我們可以對《錄鬼簿》、《析津志》的一些具體論述提出質疑，甚至可以修改它們留下的具體記載，但總的事實卻無法否定。例如說，我們可以肯定白樸籍貫是隩州而非真定，但卻無法否定白樸曾在真定居住過。同樣，我們可以肯定楊果任參知政事是在中統二年而非至元七年，但卻不能否定其曾任過參知政事這個事實。鍾嗣成稱關漢卿爲大都人，表明關漢卿至少在至元九年忽必烈改中都爲大都這前後即已在此生活且非止一年，這才說得通。儘管沒有必要一定要將這裡同關氏籍貫掛起鉤來。

　　在涉及關漢卿籍貫的觀點中，「解州說」稍後於「大都說」，它最早出自元末明初史學家朱右的筆下。朱右，字伯賢，浙江臨海人。生於元仁宗延祐元年（公元1314），卒於明洪武九年（1376），一生大半在元，與《析津志》作者熊自得以及梁有大約同時。洪武年間，曾因宋濂之薦參與《元史》的編纂，事後不久，因感於前史之未盡善，故又作《元史補遺》一書，其中有這樣

的記載：

> 關漢卿，解州人，工樂府，著北曲六十本。世稱宋詞元
> 曲，然詞在唐人已優爲之，惟曲自元始，有南北十七宮調。

朱右這段話最值得注意之處除了最早透露關漢卿籍貫「解州說」
的信息外，還在於他以一個正統史家的身份爲傳統上被認爲地位
微賤的戲曲家立傳，這在舊史學者中的確少見❻❼（《析津志》雖爲
史籍，但爲地方志，層次略次一級）。《金史‧樂志》輕視除世宗
雅曲之外的全部「散樂」，並以「其俚者不載」❻❽（而恰恰可能
就是這些散樂包含了金院本以及早期北雜劇的資料）。由於其不
載，就使得後世這方面的資料留下了永遠令人遺憾的空白點。其
實何止《金史》，即使《元史》，其《樂志》、《藝文志》又何嘗爲我們
正面留下元雜劇的少許信息？正是在這個意義上，朱右的記載才
更爲可貴。《元史補遺》一書佚於何時不得而知，今所見佚文見於
清人姚之駰所編《元明事類鈔》卷二十二「文學門」。《四庫提要》
稱姚氏此書「皆足補〈元史〉各志之闕」，「亦足裨〈元史〉列傳所
未備」❻❾，由此可知姚氏此書的可靠性，基於此，則書中所引
《元史補遺》文字當爲真實無誤。作者既然參與《元史》編撰，則當
時能夠見到的元代史料必然皆可優先寓目，傳統史家皆重史料可
徵，不輕易相信傳聞，這些都是同時期其他學者包括《錄鬼簿》、
《析津志》等書著者所無法比擬的，也是「解州說」的可信性極爲
可靠的保證。正因爲如此，清人邵遠平《元史類編》、蔡顯《閑漁
閑閑錄》談及關漢卿時都接受了這個觀點，而雍正、光緒兩朝的
《山西通志》、乾隆朝的《解州全志》亦據以將關漢卿收入方志的人
物傳中。

　　「解州說」還具有地域上的優勢，關作即有相當部分地理背
景可與山西及解州掛起鈎來。據有關統計，關漢卿雜劇現存十八
種，其中有七種即與山西有關。在關氏已佚劇目中，目前可判斷

的與山西有關的也有十種以上。而關漢卿劇作題材的地域性是近幾年關學領域一個比較受重視的範疇，李健吾、吳曉鈴、王季思等曲學前輩還特別注意到關漢卿在其《單刀會》雜劇中把關羽寫得威風凜凜、繪聲繪色，而主張關漢卿祖籍是山西，是河東解州，「至少可以助證他以祖籍解州自豪」❼，此皆可説明這一點。不僅如此，還有論者從關氏作品的語言中發現了山西運城一帶（古解州）所特有方言❼。雖然舉例不多，其中還不無可議之處，但「特有方言」還是多少存著的，這個事實無疑給「解州説」增加了相當的砝碼。

　　從元曲發展史的角度看，解州所屬的平陽路是元雜劇的發祥地之一。近年來隨著考古的不斷新發現，大批宋、金、元時代的戲曲文物被作爲研究雜劇以及院本、諸宮調等的第一手資料，而這些文物則大多從平陽地區出土。聯繫起中國古代戲曲發生歷史來看，諸宮調、金院本、元雜劇這三個緊密聯繫著的戲曲發展時期，在平陽地區出土的文物中均有完整的體現，而這是其它號稱元雜劇發祥地的汴梁、真定、東平、大都等地所不具備的。缺乏文物資料僅有作家作品信息的留存只能説明這些地區爲中國戲曲的早期流傳地，而平陽才是元雜劇乃至「中國戲曲的搖籃」❼關漢卿作爲公認的元雜劇奠基人，他的出生並因而其一生雜劇活動與此地結下不解之緣不是偶然的。任何一個偉大作家的產生離不開培養和哺育他的周圍環境，中國戲曲的搖籃和中國戲曲之父的緊密聯繫是自然而然的。山西戲曲界老藝人中至今仍流傳著關漢卿在「平陽大行院」的風流韻事同樣並非偶然❼，它們都爲關漢卿籍貫「解州説」提供了重要的文化歷史學依據。

　　當然，肯定關漢卿爲解州人也不是一點困難沒有，這裡存在的主要是關漢卿和梁進之的關係問題。《錄鬼簿》曹本稱他們爲「世交」，而梁進之亦爲大都人。有論者認爲「如此則兩人父輩

同在大都，才較合理；不然兩人父輩同在解州，二人又同在大都，事則過於偶然。」❼這的確讓人費解，然而既屬偶然，就不是絕對不可能。況且對於曹本所説的「世交」亦不能機械理解。今存《錄鬼簿》諸本，天一閣本作「與漢卿友」，其它各本亦皆無「世交」二字。賈仲明所補梁進之吊詞亦稱「關叟相親爲故友」，同樣沒有「世交」之意。年代久遠，看問題不宜絕對化。關、梁兩家具體情況目前已不可考，但關於他們二人各自的身份，一爲「太醫院尹」、一爲「醫之翹楚」，説他們同在金太醫院共事，入元後方分道揚鑣，這樣理解則「友」、「故友」皆容易接受了。

　　當然，和前面否定關漢卿籍貫「大都説」但並不排除關氏曾在大都居住過一樣，我們肯定關漢卿籍貫解州也並不排除關氏曾在其它地區活動乃至長期居住的可能性。事實上目前留存的關於關漢卿籍貫的資料也從不同途徑證實了這一點，「祁州説」即爲其中最後也最具戲劇性的一種。

　　説「祁州説」產生最後，是因爲它與產生於元末的「大都」、「解州」兩説不同，元明兩代均未見此説的任何一種資料留存（河北安國一些未經證實的所謂關氏遺物除外），目前最早的這方面記載，見於清乾隆二十年羅以桂纂修的《祁州志》，其中有這樣的記載：

關漢卿故里

漢卿，元時祁之伍仁村人也。高才博學而艱於遇，因取《會真記》作《西廂》以寄憤。脱稿未完而死，棺中每作哭涕之聲。狀元董君章往吊，異之，乃檢遺稿，得《西廂》十六出，曰：「所以哭者為此耳！吾為子續之。」攜去，而哭聲遂息。續後四出以行於世。此言雖云無稽，然伍仁村寺旁有高基一所，相傳為漢卿故宅；而《北西廂》中方言多其鄉土語，

至今豎子庸夫猶能道其遺事，故特記之，以俟博考。㊄

這段話將關漢卿籍貫問題同《西廂記》的傳說聯繫起來，其中既無嚴格的考證，又語涉怪異，歷來論者多不予重視，編者自己亦覺「無稽」，故僅入《紀事》一編，而不入該書卷六的《人物志》，其可信程度自當不言而喻了。

然而，能否就此認爲《祁州志》這段紀事毫無價值呢？恐怕不能。因爲第一，它至少表明今天河北安國（古祁州）的關漢卿遺跡和傳説，非只是今人仰慕「世界名人」而創造出的現代古董。從這段記載中可以看出，起碼在乾隆之前，此地的「漢卿故宅」即曾存在過，並且「豎子庸夫猶能道其遺事」。我們知道，清代康熙、乾隆時期正是清王朝統治的全盛時期，統治者提倡程朱理學，傳統文化得到了空前的加強，對戲曲小說的鄙視較以前有過之而無不及。乾隆朝編《四庫全書》一反《永樂大典》傳統而將戲曲排斥在外即爲顯例。而出現在此方志編纂者筆下的《祁州志》「關漢卿故里」紀事，顯然並非迎合統治者喜愛的臨時需要，除了表明關漢卿的聲望地位已突破了時代對戲曲的歧視外，還表明纂修者筆下有關這方面的記載只能是客觀的實錄，身爲士大夫的地方志撰者完全沒有必要拉一個毫不相干而又「偶倡優而不辭」的風流浪子爲本地增光添彩。「故宅」也罷，「豎子庸夫猶能道其遺事」也罷，無疑這是一種民俗文化現象，是一種長時期的文化和心理積淀，非一朝一夕靠外力能得以形成。而持續數百年直至今天流傳不衰，按民俗學和文化社會學的觀點，這背後必有一個最初的原型存在，決非憑空而起。

具體説來，我們可以毫不猶豫地否定關於《西廂記》創作續作的神鬼怪異的傳説，但卻無法將關漢卿的名字和這個地方的聯繫予以斬斷，否則我們必須對「至今豎子庸人猶能道其遺事」這個事實作出合理解釋（因爲他們並不了解中國戲曲史乃至關漢卿作

爲「世界文化名人」的偉大）。更何況，在今天安國伍仁村留存
的還有占地九畝九分的「關家園」（關宅），雖經數百年風雨洗
禮、社會變遷但「高基」尚在。還有關墓，這是目前已知的全國
唯一一座關漢卿墓，同樣經過了數百年歷史變遷仍舊存在，它們
和流傳當地人們口頭的種種傳說加上數百年前的地方志記載共同
構成了一種特殊的文化遺存，如果閉起眼睛給這一切以「應予否
定」四字徹底抹煞，無論如何都是講不通的。

　　由此我們可以肯定地認爲，關漢卿和古祁州的伍仁村有著不
可分割的聯繫，換言之，他肯定在此地居住和生活過，並且死後
歸葬於此。

　　當然，承認這點亦並非全盤接受目前流傳在安國伍仁村周圍
的民間傳說。例如說「關漢卿家在金代是個官宦人家，其祖父和
父親皆爲地方清官」，又稱關漢卿「未及成人，元滅金朝，關家
父子兩代拒不仕元」⑯，這些無疑是民間傳說添枝加葉的結果，
沒有絲毫的史料依據。至於傳爲關漢卿幼年題寫的《蒲水威觀》石
匾以及現今保存的雙獅虎頭硯等遺物，作爲一般文物尚可，但如
果一定要當作研究關漢卿之信史看待，則是極其牽強的，適足把
本來簡單的事情搞亂。

　　關漢卿的籍貫問題，我們已經結合史料，對大都、解州、祁
州三說進行辨析考察，至此可以說已經比較清晰了，用簡單的語
言即可作如下表述：

　　　　關漢卿，解州人，後遷祁州，一生曾長期在大都居住和
　　生活，最後歸葬祁州。

　　當然，這樣歸納看起來還比較粗糙。要仔細考察關氏一生的
行蹤，則是本章下一節的事。

五 關漢卿行跡推考

關漢卿一生行蹤如何，目前這方面資料甚少，或者說竟無直接和正面的記載，但若欲對關氏創作進行深入考察而非泛泛而論，其行蹤探索即爲不可避免的事，今就手頭有關資料，結合關氏作品，對此作一些推論。

在前面的分析中，我們既已考定關漢卿爲山西解州人，公元1210年至1214年間出生，此時正是金帝完顏允濟大安二年至宣宗完顏珣貞祐二年，金都已在1214年南遷汴梁。關漢卿何時離家赴京任職目前不得而知，但總要等到成年之後則是一定的，故可斷定關氏離開解州大約在公元1225年以後，1230年以前這個階段，而這正是解州所屬的平陽地區雜劇演出的繁盛時期。

據今人考證，遠在金都南遷之前，平陽地區的院本雜劇即已十分繁盛。雜劇的前身諸宮調傳說即爲「澤州孔三傳」所創⓱，《西廂記》故事亦發生在該地區的蒲州。從目前出土文物看，有金代前期的稷山縣馬村、化峪、苗圃金墓雜劇磚雕，金代中後期的稷山縣吳城村金墓磚雕等等。特別是山西侯馬市（距解州不遠）牛村出土的金董祀堅墓葬，反映即爲金帝允濟大安二年（1210）雜劇演出狀況，尤爲研究者所重視。其後直至入元從元憲宗六年（1256）到元世祖中統元年（1260）下葬的芮城縣永樂宮舊址潘德沖墓土石棺前壁戲台，仍可看出平陽地區的戲劇演出一直繁盛不衰。關氏出生於此地，自小即受到表演藝術的薰陶，這對他後來豐富的戲劇學識無疑打下了雄厚的基礎。

金哀宗正大九年（1232），由於無法抵禦蒙古軍隊的長期圍攻，金廷不得不放棄汴京，南逃歸德、蔡州，至1234年滅亡爲止，又在蔡州苟延殘喘了兩年。這期間關漢卿的行蹤沒有明確記

載，但推測起來無非有兩種可能，一是如白華那樣事先逃走降宋
降元，一是隨殘金南下。從關漢卿具體情況看，此時年紀尚輕，
又處朝內閑職，對政事的敏感較白華這樣的軍政要員來說反應可
能遲鈍，不會在短時期內作出倒向南宋、蒙古的舉動，也不大可
能逃亡隱居。據《金史》，金室雖然南遷蔡州苟安，許多朝政都無
法正常進行，但太醫院事卻一直正常維持。如直到哀宗天興二年
（1233）八月，即金亡前五個月，《金史》尚有如此記載：

　　　　辛丑，設四隅和糴司及惠民司，以太醫數人更直，病人
　　官給以藥，仍擇年老進士二人為醫藥官。⑱

顯然，太醫院職能一直維持到最後，至被作為維繫人心的重要依
靠。在這種情況下，身為太醫院正職官的關漢卿出走和逃亡都是
不大可能的。

　　如果肯定關漢卿任太醫院尹一直和殘金共命運，則金亡後關
氏自己的命運及政治態度即可想而知了。元人納新有過這樣的一
段記載：

　　　　大抵真定極為繁麗者，蓋國朝與宋約同滅金，蔡城既
　　破，遂以土地歸宋，人民則國朝盡遷於此，故汴梁、鄭州之
　　人多居真定，於是有故都之遺風焉。⑲

由此看來，亡金遺民後大多歸入河北真定，這大概就是為什麼白
華、元好問攜及白樸於金亡後不回嶼州故里而「卜築於滹陽」的
重要原因了。人們的行動有時不是純由自己意願支配的。

　　然而，這次大規模移民畢竟不同於流放囚犯，控制得不可能
太嚴密，只要大致方位不變，具體落腳點也是可以選擇的。根據
前面對關漢卿籍貫的考辨，關氏並未在真定居住過，而此時金甫
亡，蒙古統治者既不准亡金遺民留居金後期都城汴京，也必不允
許他們就此回到原來的金都中都去（忽必烈重建中都並定都於該
地且改名曰大都是至元改元以後的事）。關漢卿新居住點既無回

解州原籍之可能，即可推定他已於此時定居到祁州。祁州距真定不過區區百里之遙，符合遺民流徙的大致方位，況且此地自宋開始即爲「大江以北發兌藥材之總匯」，有「藥都」之稱⑩，關氏擔任「掌諸醫藥」⑪的太醫院尹期間即有可能常至此地，亂後投靠老關係來此隱居便是極有可能的事了。按年齡推算，關漢卿此時不到三十歲，父輩應當健在。今天安國縣伍仁村鎮周圍仍流傳關氏祖父、叔父等事，或可作爲某種參考，但這同關氏祖居該地的傳說構不成因果關係。

中都乃金國故都，宗室南遷後改爲大興府，元世祖至元元年（1264），忽必烈重新營建此地，復名中都，四年後增建新城並遷都於此。又五年（1272）正式定大都，此距金亡，已逾三十年之久。關漢卿也已由一個不到而立之年的青年步入了知命之紀，在此期間他幹了什麼，目前沒有什麼直接資料可供研究。然按諸史實，金亡後不久，志在經略中原的忽必烈即重視「漢法」和對亡金遺民的搜羅任用。從1242年任用劉秉忠（僧子聰）、1244年任用金朝狀元王鶚開始，金遺民事實上已受到了相當程度的優遇，到了公元1252年，亡金名儒，素爲遺民之首的元好問也北上朝見忽必烈，並奉上「儒教大宗師」的尊號⑫，關漢卿雖未出仕，但其活動當不會感到困難。作爲一個天性好動不喜靜的「高才風流人」，他不會甘心數十年局促於一個鄉村而毫無作爲的。解州、汴梁這些他的原籍和長期居留地固不必說，真定即在附近不遠，當亦爲常遊之地。「離了名利場，鑽入安樂窩」⑬，這個「安樂窩」不僅是單純的隱居地，而且還是「嘲風弄月」的另一個代名詞。可以說，關漢卿一人即溝通了平陽、汴梁、真定三個元雜劇早期的集散地。正是經歷的這些環境和條件，他的「初爲雜劇之始」才有了可靠的依據。

正因爲關氏天性不甘寂寞、自老荒野，故至少在燕京（金中

都）重新興建之後，關漢卿即已遷居於彼。至於具體時間，目前
雖無具體資料記載，但據史實，元太宗窩闊台於金亡後第二年已
在燕京置版籍，核定人口，後三年（1238），又在此建書院，文
化重建已由此始，至窩闊台汗十三年（1241）三月，又在燕京設
斷事官，建燕京行省，可以說燕京的復興即由此開始，關漢卿入
燕，亦當在此前後。即使認定燕京行省建後繁盛尚需時日，而關
氏之入燕，至遲不會遲於公元1250年㉞。這樣，自金亡至入燕，
關漢卿在祁州鄉間待了十餘年㉟。對關漢卿來說，這次入燕當然
不是爲了做官，而是「嘲風弄月」、「向煙花路上走」的需要。
事實上他也正是由此走上畢生從事戲曲活動的道路。至於關氏
「不屑仕進」、自甘「面傅粉墨」的原因，歷來研究不多，實際
上僅僅歸結爲「金之遺民」身份恐怕還是不能說明問題，因爲同
是遺民且較之更宜「守節」的元好問、王鶚等人且轉向新統治者
朝拜，何況他一個普普通通的技術官員呢。應當說，憑著解州關
氏的世族聲譽，加上曾任五品官的經歷和「高才風流」的個性，
在官制混亂的蒙古時代，關漢卿是不難弄到一官半職的。他沒有
這樣做，其主要原因恐怕仍是他的家族遺風的緣故，「急切裡倒
不了俺漢家節」，關氏《單刀會》雜劇中爲乃祖關羽設計的這句唱
辭，用來說明他自己「不屑仕進」的原因，大概還是較爲適當
的。

　　經過了祁州和大都生活的磨煉，關漢卿顯然已完成了作爲一
個大戲曲家的成長和成熟過程。從戲曲史的角度看，這一段時間
也是雜劇的形成、成熟和最初繁榮時期，關氏一生戲曲活動大半
也在這個時期。這一點應當說不會違背史實太遠的。

　　元滅南宋統一，這在關漢卿一生中是一個非常重要的事件。
同樣出於好動不喜靜和永不滿足的天性，也出於北人對南方人文
的向往心理，正如當年不甘終老鄉村而入汴求職和遷居大都一

樣，這一次儘管他已年近七十，但仍舊興致勃勃地南下了，從而實際上開了「北雜劇中心南移」的先河。

關於關漢卿北下南下的詳情，學術界一直很感興趣。田漢創作《關漢卿》劇本即處理爲關氏偕同朱簾秀一道南行，並在此之前還安排關、朱爲了創作和演出《竇娥冤》而橫遭迫害終被驅逐的情節，很具戲劇性。雖然僅係創作而非信史，但影響很大，前不久有論者撰文即從這個角度進行論述，認爲「關漢卿的南下杭州，恐是與朱簾秀戲班南流一同前往的。」❽❻事實上這是不大可能的。

朱簾秀的生年沒有明確記載，然《青樓集》小傳中已透露她和胡紫山、馮海粟、關漢卿等人交往的信息。據今人考證，朱簾秀是在揚州和胡紫山、王秋潤等人交往的，時間當在至元二十六年冬至二十七年春（1289～1290），當時胡出任江南浙西道提刑按察使，王出任福建閩海道提刑按察使，二人同行❽❼。胡並有《朱氏詩卷序》，是爲朱簾秀而作，其中有「雖可一唱而三嘆，恐非所以惜芳年而保遐齡」❽❽之句。朱簾秀此時即爲「芳年」，估計不會太大，但既然已有詩集，估計也不會太小，當在三十歲左右。故一般皆以朱簾秀生年爲1260年（中統元年）前後，應當說還是有根據的。而元滅宋時，朱氏剛剛成年，故關漢卿在祁州、大都的這一段戲曲活動她都可能參予。王惲（秋潤）有〔浣溪沙〕詞，是贈朱簾秀的，中有「煙花南部舊知名」句❽❾，可知朱簾秀得名是在揚州，故和關漢卿在北方的戲曲活動不會有什麼聯繫。當然，王惲另有詩《題〈珠簾秀序〉後》，同樣爲朱簾秀而作，稱頌其爲「七竅生香詠洛姝」❾⓪，有論者因而推測朱簾秀原籍爲河南洛陽，後來南下揚州。然而即使如此，仍舊不能證明關、朱結伴南下，因爲據關漢卿的《杭州景》套曲，他稱杭州爲「大元朝新附國，亡宋家舊華夷」，可見在宋亡後不久即到該城。而據史實，

揚州陷落是在臨安（杭州）陷落之後，這之前該城一直是兵端紛爭、戰亂不休，朱簾秀南遷揚州決不會在此之前，可以肯定是在宋亡至該地重新繁榮之後，而在此之前關漢卿早已到達杭州。二人結伴南下顯然不可能。或以爲關、朱結伴南來，朱至揚州即留居，關則徑赴杭州，如此則過於偶然，且不合情理，因目前留存唯一證明關、朱交往的關氏散曲爲〔南呂・一枝花〕《贈朱簾秀》，其中明明寫著「十里揚州風物妍，出落著神仙。」顯然，關見到朱時，朱已在揚州多年，故關、朱結伴南行的説法是不符合實際的。

有可能和關漢卿結伴南行的首先應當是他的好友楊顯之。《錄鬼簿》稱楊爲「關漢卿莫逆交，凡有珠玉，與公較之」⑨，就是說楊顯之可以稱得上關氏創作上的最好助手。這從現存的關氏劇作也可以看出來，不僅早期劇作如《調風月》、《救風塵》、《魯齋郎》都有楊顯之劇《酷寒亭》的文辭痕跡，即使其晚年劇作《竇娥冤》，人們照樣可以看出與楊劇《瀟湘雨》存在著明顯的相通之處（特別是作爲蕭政廉訪使的父親最終爲女兒申冤的情節構思），由此可見二人的合作是有始有終的，這只有在他們一直都在一起的情況下才有互相切磋的可能。

其次，有可能和關漢卿結伴南行的還可能是他另一個老友費君祥。《錄鬼簿》卷上「前輩已死名公」一欄將其收入，且明確稱其「與漢卿交」，賈仲明吊詞説得更明白：

　　　君祥前輩效圖南，關已相從看老耽，將楚雲湘雨親把勘。⑫

「關已」當即關已齋，因詞格限制故省一「齋」字。同樣「關已相從」即「相從關已」，以句式平仄需要而顛倒。賈氏吊詞雖不見於鍾嗣成原書，但賈本人生於元末，一般論者皆公認其補《錄鬼簿》卷上（凌波仙）吊詞可信程度較高。這樣，關漢卿南行

（「圖南」）之伴即明明白白地斷定了。

　　然而，賈仲明吊詞沒有提到去杭州、揚州之事，如此即產生疑問，關氏決定南行，其東線（揚、杭）和西線（楚、湘）是不是一次總體行動的組成部分？

　　回答應當是肯定的。根據現有資料，關漢卿一生南行只能有這一次，它既包括東線（杭、揚），也包括西線（楚、湘）。此從內容上涉及南方背景的作品創作時代也可以看出來，諸如《竇娥冤》、《望江亭》等劇和《杭州景》、《贈朱簾秀》等散曲皆爲關氏晚年作品。顯然，垂暮之年，兩次南行輾轉往返是不大可能的。由此我們還可以對關氏南行路線亦即其晚年蹤跡作一大致的勾勒。

　　關漢卿此次南行，顯然並非如有論者所言，是沿古運河從河北、山東進入江浙的。因爲「隋煬帝開鑿溝通南北的大運河，宋金時，早已淤塞不通」❾❸，元代重修是在至元二十六年（1289）開始的，直到至元二十八年（1291）開掘「通惠河」成，南北交通才算是暢通無阻。而遠在此之前，關漢卿早已在南方了。無疑他走的是另一條路線。

　　根據現有資料推測，關漢卿離開大都出行，很可能在宋亡以前即已開始了。因爲經常「面傅粉墨，躬踐排場」的他，既然全身心投身於戲劇活動，即不可能老在大都，他得參與戲班的流動演出，而元前期戲曲演出最盛的，莫過於山西平陽以及河北真定（山東東平雖然戲曲演出也很活躍，但關氏對該地區不熟，可置不論）。故可設想關漢卿一行離開大都，經由真定，然後轉入山西、河南，此皆關氏曾經度過年華的幾個居住地，其中還有著他的原籍和家園，故他們在這些地方創作和演出是很方便的，也容易站住腳和打開局面，關劇多以這些地區爲背景絕非偶然。在任何時候，演出只有結合當地人文特點，才會特別受歡迎。

　　當然，這不是說關氏一行離開大都即沒有再回去過。事實上恐怕直到宋亡後南下之前，他們在上述幾個地區的活動都是隨意流動的，大都並沒有因而失掉他們基本立足點的地位。

　　元滅南宋時，關漢卿一行可能正在河南一帶，他們南下第一站當是沿陸上驛道直接進入湖北、湖南，而潭州（今長沙）是他們最重視的一個落腳點。據史載，至元十三年（1276）正月，潭州先於臨安被元兵攻破，湖南大部旋被平定。次年，元朝廷在此設立荊湖等路行中書省，其城市繁榮可知。關氏名劇《望江亭》即可能作於此時。另外，他們還當在湖南各地流動，並曾到過湘南的衡州（有他的《關盼盼鬧衡州》一劇可證）。

　　湖南並非關漢卿南行的最後一站，甚至在此停留的時間也不會太長。因為在元軍平定湖南的同時，南宋都城臨安也已為元軍攻破，不久，南宋即宣告滅亡，天下完全統一。「江南佳麗地」在強烈地吸引著他們，於是隨即向東經過江西進入浙江，最後到達杭州，此時應當是公元1280年以後了。從關曲〔南呂・一枝花〕《杭州景》來看，關漢卿對此地有著強烈的興趣，儘管年事已高，還是興致勃勃，所謂「水秀山奇，一到處堪遊戲」，「看了這壁，覷了那壁，縱有丹青下不了筆」❾④，正是這種心情的迫切流露。

　　應當說，關漢卿在杭州待的時間比較長，和當地的戲曲界也多有往來。目前所見《元刊雜劇三十種》中即收入關劇四種，其中《單刀會》則徑稱為「古杭新刊」，可見關氏劇本已在南方流行。另一杭州曲家沈和甫，還被尊為「蠻子漢卿」，此都可以看出關漢卿在當地的影響。

　　然而，關氏並未因此而在杭州終老。此時的他已是八十多歲的老人了，古代中國人「人老還鄉」、「歸葬故園」的傳統心理促使他決定北返故里。此時，南北運河已開通，在內河乘船旅行

既可免受陸路顛簸之苦，又可飽覽沿岸風光。這對於雖然年邁但又從「不伏老」的關漢卿來説，當是樂意而且可以勝任的。也許正因爲如此，關氏在北返途中還在揚州停留了一段時間。

最能證明關漢卿在揚州停留的當然首先是他的散曲〔南呂‧一枝花〕《贈朱簾秀》，其中「十里揚州風物妍，出落著神仙」一句，很清楚地表明關、朱此次會面地點是在揚州，而朱在揚州看來已居住了許多年頭了。至於以前他（她）們是否會過面，目前沒有資料可考，但朱簾秀既爲洛陽人，並且宋亡前後成年（以生於1260年左右計算，朱氏至1276年即已年滿二八），且正是青春年華、藝術精進之際。我們又已考定，關氏其時亦在河南諸地活動，二人當有會面之機。而此次會面，關漢卿固已垂垂老矣，朱簾秀也已適人，故關曲中有「你個守戶的先生肯相戀」句。這裡的「先生」當是指錢塘道士洪舟谷。元‧無名氏《綠窗紀事》記載：

> 錢塘道士洪舟谷與一妓通，因娶爲室。……先是，故（胡）紫山以此妓爲朱簾秀，嘗以〔沈醉東風〕曲以贈之。馮海粟先生亦〔有鷓鴣天〕云：（略）皆詠簾以寓意也 ㊺。

陶宗儀《輟耕錄》卷十五亦記此事，且有洪道士於朱氏死前應其要求所作曲一首，中云：「二十年前我共伊，只因彼此太痴迷」，可見朱嫁洪二十載而卒。至於始嫁於何時目前亦無直接史料，然據今人考證，朱簾秀於至元二十六年至二十七年（1289～1290）在揚州與胡紫山，王秋澗等人交往，至大德元年（1297）還一度到過湖南，與盧疏齋（摯）有過交往。其《答盧疏齋》小令有云：「恨不得隨大江東去」㊻，可見感情之真摯。很可能此後不久，即真的「隨大江東去」，回到了揚州，而這位「玉堂人物」盧大人不過是一時逢場作戲，朱簾秀最終嫁給了洪道士，關漢卿此次到揚州。見到的朱簾秀這位「守護的先生」當然即爲洪舟谷了，

由此可證關、朱這次會面以及關曲《贈朱簾秀》均爲其晚年的事，時間當在公元1298年到1299年之間。此與學術界公認的關氏最後一個劇作（也是以揚州爲背景的唯一劇作）《竇娥冤》的創作時間（1292～1299）也大致吻合❾。這一點我們在下一章談及關漢卿作品編年時還將正面論述。

　　關漢卿離開揚州繼續北返後還幹了些什麼，目前資料不足，難以確論。但此時他已年近九旬，按常理他也已不久於人世了，目前河北安國留存的關漢卿墓表明他沿古運河北返後即歸葬於此地。一代戲劇大師即在這裡找到了他的歸宿。

　　然而這裡產生了一個問題，就是關漢卿爲什麼沒有返回他的出生地山西解州，反而在河北祁州終老？

　　這個問題首先應當從關氏此時的年紀和精力進行考慮。我們已經考定，關漢卿生於公元1210年公元1214年間，離開揚州時即有可能已是1300年前後了，此時的關漢卿已是年近九旬，從杭州一路北上由於是乘船，問題倒是不大，但如果再換陸路由河北轉入山西，再到晉西南的解州，山路崎嶇，車馬顛簸，對於一個九旬老人來說，無疑是難以想像的。其次，祁州雖非關氏出生地，但年青時即已遷入，如前所述，其父輩可能亦在此地終老。況老宅子還在，移民紮根這裡的山西人亦不在少數，鄉音鄉風隨處可聽可見❾，對關漢卿來說這裡可以算作是第二個故鄉，故歸葬於此亦無不可。這樣，他決定留在這裡終老亦便毫不足怪了。

　　通過以上的考證分析，關漢卿解州出生、汴梁做官、祁州隱居、大都嘲風弄月以及晚年南下楚、湘、江、浙，最後歸葬祁州，他的一生行蹤至此已經顯示得比較清楚，以此爲基礎，我們即可以對關漢卿的現有作品作一個分期乃至編年的探考了。當然，這是本文下一章的事。

注　釋

❶《戲劇論叢》1957年第2輯。

❷《河北學刊》1989年第1期。

❸《河北師院學報》1985年第4期。

❹張月中《關漢卿叢考》。

❺天一閣本《錄鬼簿》卷上「孟漢卿」條。

❻《元史》卷一二二《虎都鐵木祿傳》。

❼王強《關漢卿籍貫考》，載《戲劇》1987年第1期。

❽黃克《關漢卿戲劇人物論》第14頁，人民文學出版社1984年版。該頁
注❹且云：「元人禁漢人取『漢卿』爲名，見《元史》卷一二二《鐵邁爾
傳》。」今查《元史》，鐵邁爾和前引虎都合爲一傳，故名爲二，實爲
一也。

❾《錄鬼簿》卷下「廖毅」條。

❿黃天驥《關一齋和關漢卿》，《文學評論叢刊》第九輯（1981年）。

⓫王鋼《關漢卿研究資料匯考》第三二七頁。其中朱善、婁諒，《明史》
皆有傳，惟傳中無「一齋」名號。

⓬同樣，首曲中「斡璇璣」句純爲慨嘆時光飛逝（所謂斗轉星移）別
無深意。

⓭元・張弘范〔中呂・喜春來〕，《全元散曲》上册第五十九頁。

⓮元・嚴忠濟〔越調・天淨沙〕，同上，第七十頁。

⓯明・朱有燉劇《得騶虞》第四折中語。

⓰明前期藩王朱權、朱有燉、朱憲橺等皆工曲。朱有燉自號「誠
齋」，一度曾和南宋詩人楊萬里（亦號誠齋）相混。

⓱也有論者（如徐沁君先生等）懷疑「太醫院尹」乃「大興縣尹」之
誤，以無確證，今不取。

⓲《關漢卿研究論文集》第五二～五三頁，古典文學出版社1958年版。

⓳《戲劇論叢》1957年第2期。

⓴《元朝史》第二九四頁，人民出版社1986年版。

㉑《關漢卿研究資料匯考》第六～七頁。

㉒《中國古典戲曲論著集成》第二冊《〈錄鬼簿〉提要》。

㉓鍾林斌《關漢卿戲劇論稿》第五十八頁，陝西人民出版社1986年版。

㉔《析津志輯佚》第一四五頁，北京古籍出版社1983年版。

㉕《爾雅·釋言》：「尹，正也。」邢《疏》：「正，長也。郭云『謂官正』也，言爲一官之長也。」

㉖《中國古典戲曲論著集成》第二冊。

㉗轉引自王鋼《關漢卿研究資料匯考》第十五頁。

㉘《欽定四庫全書》集部十「詞曲類」，影印文淵閣本。

㉙《析津志輯佚》第一四五頁。

㉚《錄鬼簿》卷上跋。

㉛該書第四十一章第二節，華盛書局1934年版。

㉜《中國古典戲曲論著集成》第五冊，第一九一頁。

㉝《金史·選舉一》。

㉞《元史》卷八十一，選舉一。

㉟關漢卿籍貫爲解州，參見以下第四節「關漢卿籍貫考辨」。

㊱值得玩味的是，據《析津志》記載，燕京的武安王廟其一即在「太醫院前」，關氏任太醫院尹，似乎並非純屬偶然。

㊲《三國志·關羽傳》裴松之注引《蜀書》云：「龐德子會，隨鍾、鄧伐蜀，蜀破，盡滅關氏家」。由此可知關羽無直系後裔。

㊳徐士范《重刻西廂記序》、蔣一葵《堯山堂外紀》可參看。

㊴《王國維戲劇論文集》第一一三頁，第六十三頁，中國戲劇出版社1984年版。

㊵《宋元戲曲考》九：「元劇之時地」。

㊶《中國通史》第七册第七十二頁，人民出版社1983年版。

㊷《益世報》（津）「讀書周刊」第四十期。

㊸《益世報》（津）「讀書周刊」第七十五期。

㊹該書第四十六章《雜劇的鼎盛》。

㊺《關漢卿——我國十三世紀的偉大戲曲家》，載《戲劇報》1958年第六期。

㊻《關漢卿研究論文集》第四十二頁，古典文學出版社1958年版。

㊼楊維楨作過夏伯和的家庭塾師，其時陶宗儀與夏伯和過往甚密，其《南村詩集》曾多處記有他們的會集分韻。此外，楊氏還和梁有俱爲當時曲家名流顧阿瑛玉山草堂雅集的常客，其熟可知。這一點參見幺書儀《關於〈析津志〉和其中關一齋小傳的作者》一文，載《文史》第二十七輯。

㊽胡適《關漢卿不是金遺民》，《益世報》（津），「讀書周刊」第四十期。

㊾顧隨《關漢卿和他的雜劇》，《河北日報》1958年6月29日。

㊿羅沆烈《兩小山齋論文集》第二〇五頁，中華書局1982年版。

(51)《欽定四庫全書》集部十「詞曲類」，影印文淵閣本。

(52)事見《金詩選》卷首《名字爵里錄》，《元詩選》三集同。

(53)《錄鬼簿》卷上的白樸小傳。

(54)《新校九卷本陽春白雪》第三頁，中華書局排印本。

(55)參見《元史・楊果傳》和《析津志・名宦傳》。

(56)《危太僕文續集》卷四。

(57)王惲《秋澗先生大全集》卷八十《中堂事記》，四部叢刊本。

(58)徐沁君《〈竇娥冤〉三考》，載《黃石師院學報》1983年第4期。

(59)參閱《中國古典戲曲論著集成》第二册第一二七頁。

(60)天一閣本《錄鬼簿》卷上「梁進之」條。

(61)參見天一閣本《錄鬼簿》卷上「梁進之」條。

(62)《元曲家考略》第六十四頁，上海古籍出版社1981年版。

(63)吳曉鈴《杜仁傑生卒新考》，載《河北師院學報》1989年第2期。

(64)孫楷第《元曲家考略》。

(65)元・王博文《天籟集原序》：「甫七歲，遭壬辰之難。……無何，父子卜築於滹陽」。這裡的「滹陽」即代真定。

(66)《析津志輯佚》第一五二頁，北京古籍出版社1983年版。

(67)朱右史學著作，另有《春秋傳類編》、《三史鉤玄》、《歷代統紀要覽》以及《元史編年》（未成）等，其事見《明史》本傳。

(68)《金史》卷三十九。

(69)清・紀昀等《欽定四庫全書・元明事類鈔提要》，影印文淵閣本。

(70)王季思《關於關漢卿人道主義思想及里籍問題的通信》、《河北師院學報》1988年第3期。

(71)王雪樵《爲「關漢卿祖籍河東」說援一例》、《戲曲研究》第八輯。

(72)劉念茲《戲曲文物叢考》第四十八頁，中國戲劇出版社1986年版。

(73)趙景瑜《關漢卿籍貫考辨》，《戲友》（太原）1984年第2期。

(74)王鋼《關漢卿研究資料匯考》第十三頁。

(75)該書卷八《紀事》。

(76)引自張月中、楊國瑞《關漢卿的故鄉：河北安國伍仁村訪問記，載《戲曲研究》第十六輯。

(77)宋・王灼《碧雞漫志》卷二。澤州，屬金平陽府，元平陽路。

(78)《金史・哀宗下》。

(79)《河溯訪古記》卷上，《四庫全書》史部第十一，影印文淵閣本。

(80)《藥王廟碑銘》，引自王強《關漢卿籍貫考》，載《戲劇》1987年第1期。

(81)《金史》卷五十六，志第三十七，《百官二》。

(82)蔡美彪等《中國通史》第七册第七十二頁，人民出版社1983年版。

(83)《關漢卿散曲集》第九十四頁，上海古籍出版社1990年版。

(84)《元史・世祖紀》載：「壬子（1252年）……，憲宗令斷事官牙魯瓦

赤與不只兒等總天下財賦予燕」。由此可知，這前後燕京已相當繁榮。

(85)關漢卿此次入燕，可能並非舉家遷入，因爲祁州距燕京並不遠，他在彼處只能算是客居，而且並不排除他有時也回祁州老宅住一階段，這從他晚年自南方返回後仍舊葬祁州即可以看出（安國今天尚存關氏宅基墓地遺跡即爲最好證明）。

(86)孔繁信《關朱戲班南流臆測》，載《山東師大學報》1989年第3期。

(87)李修生《元代雜劇演員朱簾秀》，載《戲曲研究》第五輯。

(88)《紫山先生大全集》卷八，影印《四庫全書》本。

(89)(90)《秋澗先生大全集》卷七十七，卷二十一，《四部叢刊》本。

(91)《中國古典戲曲論著集成》第二册第一八二頁。

(92)《中國古典戲曲論著集成》㈡第二〇一頁。

(93)《中國通史》第七册第二一〇頁，人民出版社1983年版。

(94)《關漢卿散曲集》第二十一頁。

(95)李修生《元代雜劇演員朱廉秀》。

(96)《全元散曲》上册第三五四頁。

(97)參見徐沁君《〈竇娥冤〉三考》，載《黄石師院學報》1983年第4期。

(98)據今人調查：「祁州一九七個自然村，明代山西移民建村凡九十三個」，「明前遷徙軌跡（宋建村十四個、元八個）（見王强《關漢卿籍貫考》，載《戲劇》1987年第1期）。

附關漢卿南行路線示意圖

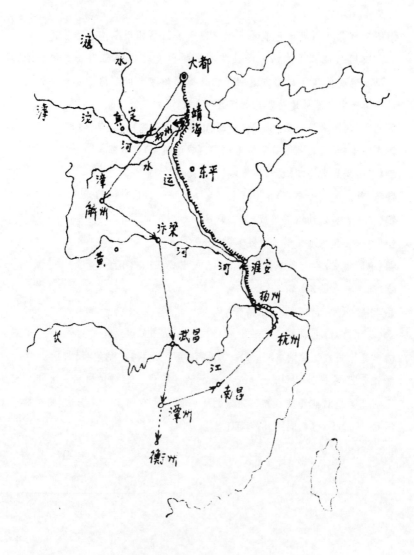

第二章　創作分期及編年初探

　　對關漢卿一生創作作一個時代上的分期以及對作品編年作一個嘗試性的探索，這是長期以來關學研究者所一直追求的目標。早在五十年代，吳曉鈴先生等在編纂《關漢卿戲曲集》時，即曾根據當時掌握的點滴資料對關氏作品如《望江亭》、《竇娥冤》等劇的編次分類作了一些工作❶，但可惜沒有進一步深入下去。近年來也有論者就所謂關漢卿的幾個早期劇作提出看法，由於資料不足，顯得粗疏而缺乏說服力。然而，儘管如此，隨著關漢卿研究的不斷深入，對這方面的要求顯得愈來愈強烈。以下，我們打算在前面已經理清的關漢卿生平和一生蹤跡線索的基礎上，對這方面問題作一點較爲系統的探考。

　　從宏觀上看，關漢卿的創作可以分爲三期，具體說即爲早期（十三世紀四十年代以前），中期（十三世紀五十年代至七十年代末）、晚期（十三世紀七十年代至世紀末），其中中期根據作品類型及時代先後又可分爲兩個階段。由於資料有限，作品編年只能結合時代分期粗略涉及。論述當以雜劇爲主，同時兼顧散曲。

一　早期：散曲階段

　　關漢卿戲劇創作的上限，目前難以確考。據前一章分析，一方面，關漢卿在金亡前即已步入成年，並做到太醫院尹這樣的中層官吏，有著參與創作的年齡基礎。另一方面，據目前所見晉西南出土的戲曲文物可考知，金末已有比較完備的雜劇演出條件

❷，對關漢卿來說，參與雜劇活動的環境基礎也已具備。但如果因此斷定關氏在金亡前即已投入戲曲活動卻是一個難以得到證實的問題。這是因爲：第一，目前學術界一般認爲，北雜劇的產生和成熟不會太早，最近且有論者將其定於元世祖「至元三年至十三年之間（1266～1276）」❸。這也許太保守了點，但最早似乎不至早到金亡之前。表演形式的成熟到作家作品的大量投入之間存在著一定的時間差，這原是中國古代戲曲發展史上的一個盡人皆知的特點，北雜劇當然亦不例外。第二，關漢卿在金代任太醫院尹，雖然只是一個不由正途的中層技術官員，但畢竟也是一位朝官，待遇和其他文武職官基本上沒有區別。由於金後期漢化現象比較嚴重，儒家思想同樣貫穿於金代朝野，傳統上重詩文輕戲曲的觀點並未得到根本改變，此時若讓關漢卿「面傅粉墨，躬踐排場，偶倡優而不辭」，無論如何都是難以設想的事。凡此種種，都可證明關氏在金代參與戲曲活動實不可能。

　　然而，否定關漢卿在金代參與戲曲活動並不意味著他在金代的經歷與他一生的戲曲活動無關。如前所述，關漢卿出生地的山西解州和作官待過的河南汴梁，都是北雜劇的最早發源地。現存早期的金元戲曲文物又多與關氏祖籍所在的平陽地區有關。如此繁盛的戲曲活動不能不在關漢卿的心目中產生影響，可以這樣認爲，他的戲曲知識和才能正是由此打下基礎的。不僅如此，他的非正途出身決定了在他身上儒家正統文藝思想（重詩文輕戲曲）的影響必定相當淡薄，他在太醫院任職本人又非職業醫生這一點也有助於他對「雜學」的吸收。這一切都可以説是無形中爲他後來畢生的戲曲活動作好了準備。

　　雜劇如此，散曲方面則略有不同。曲學界一般認爲散曲產生的時代比較早，金末人元好問，楊果、孫梁等人俱已有作品傳世，而元好問生於金章宗明昌元年（1190），楊果生於明昌五年

（1194），固然他們的晚年都跨入了元代，但其散曲作品有許多顯然是作於金末，如元好問的〔仙呂·後庭花破子〕、楊果的〔仙呂·賞花時〕套數等等。和他們相比，關漢卿固然已是後輩，但金亡時已是年望而立，他的戲曲發源地的原籍，他的非正途出身以及他的雜學都決定了他接受作曲這一事物決不會後於同時代其他人，金亡以前即有散曲作品傳世則是可以肯定的。

有可能確定爲關漢卿早期作品的首先應當考慮（二十換頭）〔雙調·新水令〕這首套曲❹。此曲最早見於元·無名氏輯《梨園按試樂府新聲》，明初朱權《太和正音譜》因之，俱作關漢卿撰，是知確爲關作無疑。其所以定爲早期關作，理由有二，首先，這是一首以女真曲調譜寫出來的曲子，在現存元散曲中比較少見。就〔雙調〕換頭這一格而言，李直夫《虎頭牌》雜劇有十七換頭，王實甫《麗春堂》雜劇中有十二換頭。皆屬女真曲調範圍，然李本爲女真人，王亦有論者認爲係由金入元者，與關漢卿時代相伴，不過還有一點應當指出的是，李和王所作皆爲代言體戲曲，因題材背景即爲金源，故以金時曲調譜入當然是自然而然的事，而關作是敘唱體散曲，本無「題材決定」之限，而所作規模又超過他二人，像〔阿那忽〕〔相公愛〕〔風流體〕〔大拜門〕〔也不羅〕〔忽都白〕〔唐兀歹〕這些傳統的女真曲牌，關氏作爲一個漢人使用起來卻是得心應手，不能不從作品的創作時代上去考慮。

其次，從這首套曲的内容也可窺知一點信息，其中有一曲〔石竹子〕云：

夜夜嬉游賽上元，朝朝宴樂賞禁煙。

密愛幽歡不能戀，無奈被名韁利鎖牽。

曲中前二句顯然表現的是京都生活，後二句則道出了因貪圖名利不能和愛人團聚的幽怨，這裡的「名」和「利」一般應認爲作者此時正混跡官場。如果說這還表露得比較含糊的話，則另一曲

〔大拜門〕說得即更加明白了：

> 玉兔鶻牌懸，懷揣著帝宣，稱了俺男兒深願。

有「玉兔鶻牌」懸帶，且又「懷揣著帝宣」，顯非一般文士所能
達到，關漢卿此時正在作官可說是無庸置疑的。而這裡的「帝
宣」當然不是元朝皇帝的宣令，因金亡後他已是「不屑仕進」，
事實上他也沒有再做官，這支曲子只能說的是他在金末任太醫院
尹的事。由於太醫院官雖權勢不能同顯貴要職相比，但總是經常
接受「帝宣」的朝官，故這首套曲表現的應當是真實情況。聯繫
起作者使用女真曲調得應手的因素，此曲作於金末則是顯而易見
的。

與此主題相接近的還有〔雙調・碧玉簫〕十首，其中有云：

> 官極品，到底成何濟！歸，學取他淵明醉。

顯然這裡說的仍舊是作者在金代為官的事，作者此時的心態與前
一首所表現的基本相同。

另外，此十首小令內容上也與（二十換頭）〔雙調・新水令〕
相近，同樣是以言情為主，惟此曲描寫的是尚未獲得良姻的追求
和苦悶，如曲中所言：「天，甚時節成姻眷！」如果兩作情愛對
象為同一人的話，則此曲必作於上一首之前無疑。

有可能為關漢卿早期作品的還應該包括〔越調・斗鵪鶉〕《女
校尉》二首。所謂「女校尉」，據李漢秋先生考證，當為宋金圓
社中踢毬伎藝高超的女藝人，故此套曲有題作「蹴鞠」（踢球）
的。作品最早見於元人楊朝英輯《朝野新聲太平樂府》卷七，明署
「關漢卿作」，可靠性當無可疑。從第二套首曲「鳴珂巷裡」來
看，作者寫作此曲地點背景當亦為京都，曲中有〔天淨沙〕一支：

> 平生肥馬輕裘，何須錦帶吳鉤？百歲光陰轉首，休閑生
> 受，嘆功名似水上浮漚。

顯然，作者此時仍在京都作官，厭倦功名的態度和（二十換頭）

〔雙調〕套數基本一致，可大致斷定爲差不多同時所作。

　　有論者認爲，金末元初爲詞向曲的過渡時期，故此時期散曲如詞，並以元好問作品爲例，認爲不可能出現長篇大套。實際上這只是時代文風的一個方面，不能用以強求一律。元好問爲金代詩詞大家，受傳統詩文及宋詞的影響較深，且具有較高的造詣，故其曲辭帶有詞的特色便不足怪，其他人未必皆如此。如楊果的〔仙呂・賞花時〕套數，明係作於金天興三年（1234）❻，其中即有這樣的曲辭：

　　　　〔么〕一自檀郎共錦衾，再不曾暗擲金錢卜遠人。香臉笑
　　　生春，舊時衣裄，寬放出二三分。〔賺煞尾〕調養就舊精神，
　　　妝點出嬌風韻，將息劃損苔墻玉筍。拂掉了香冷粧奩寶鑑
　　　尖，舒開糸柬風兩葉眉頻……

似此韻味，即使置於元代中期以後的曲集也難以截然分開。所以用單一的標準去要求一個時代顯然難以説明問題。況且在北曲形成過程中「套數成立在先，小令獨立在後」❼，這個事實已越來越爲人們所廣泛接受。就關漢卿而言，從目前沒有留存他一首傳統詩詞來看，傳統文藝思想及形式對他的影響更比元、楊諸人要淡薄，故他此時寫出（二十換頭）以及〔越調・斗鵪鶉〕這些長套即不足爲怪了。

　　應當指出，作爲關漢卿一生創作活動準備階段的早期並未隨著金亡入元而馬上結束，因爲金末元初中國北方的社會大動亂實際上延緩了雜劇的形成和繁榮進程，目前出土的平陽地區戲曲文物在此時期出現空白即形象地説明了這一點。對於關氏本人來説這同樣不例外，我們已經知道他於金亡後被作爲亡金遺民遷移到河北至祁州定居，這樣一個偏僻的鄉村無疑是不會有什麼繁盛的戲劇活動的，儘管後來由於局勢的緩和安定他得以外出旅行，甚至有可能回解州探親、汴京訪舊，但可以肯定，在進入大都生活

之前他是不可能有多大作爲的。

　　當然，同樣不能說關漢卿金亡後的祁州生活與創作無緣。雖然由於客觀因素，他無由趨向代言體戲劇活動，但敍唱體的散曲既然在亡金任職時即已染指，此時用來「自娛」，可以説是必不可少的。

　　能夠大致確定爲這一階段作品的，首先應該是他的〔南呂・四塊玉〕《閑適》四首。在這一組小令中，作者表現了金亡後離開都市脫離官場紛擾的恬淡和愉悅的情緒，其中第三首寫道：

　　　　意馬收，心猿鎖，跳出紅塵惡風波，槐蔭午夢誰驚破？
　　離了名利場，鑽入安樂窩，閑快活！

在其它幾首，這種心緒同樣隨處可見，如「適意行，安心坐」（其一），「老瓦盆邊笑呵呵，共山僧野叟閑吟和」（其二），如此等等。有時由於個人經歷了許多社會興亡、人世滄桑，這種心緒變得比較消沈，年齡不大的他此時卻整天和和尚及老叟泡在一起，説明他此刻的心也變得蒼老了。初看起來，這會令人感到不相稱以至於奇怪，但人們只要聯想起他在不久前還和殘金榮辱與共以及此後「不屑仕進」的事實，對此就會容易理解。

　　當然，有時這種消沈也會爆出憤激的火花：

　　　　世態人情經歷多，閑將往事思量過。賢的是他，愚的是我，爭甚麼！

　　　　　　　　　　　　　　　　　　　　　　　　　　　　　其四

應當説，一時消沈並不是關漢卿性格的本質，即使經過了國破君亡的身家巨變之後，作者也很快從消沈苦悶中解脫出來，從而積極地面對新的生活。這在他此時期另一組小令〔正宮・白鶴子〕四首中表現得尤爲明顯：

　　　　四時春富貴，萬物酒風流。澄澄水如藍，灼灼花如綉。
　　　　花邊停駿馬，柳外纜輕舟。湖內畫船交，湖上驊騮驟。

在作者的筆下，自然風光是那樣的美好，湖水、鮮花、畫船、楊柳、駿馬這一切都構成了一幅北國江南圖，令人神往。應當説，這並不都是作者純粹的筆下生花，而是有著相當的生活基礎的。最近的有關考證已將這些同河北安國（即古祁州）伍仁村關家園附近的自然風物聯繫起來❽，顯然這在某些程度上也是此時期作者生活的實錄。

　　自然界的大好風光，也使關漢卿變得早枯的心田有了很大的復蘇，風流才子的天性似乎又回到了他的身上。在同一首組曲裡作者寫道：

　　　　鳥啼花影裡，人立粉墻頭。春意兩絲牽，秋水雙波留。

　　　　香焚金鴨鼎，閑傍小紅樓。月在柳梢頭，人約黃昏後。

是真摯的愛情，還是一般的風流韻事，目前已無資料證明，但關漢卿此時年屆而立，按人生常規，是應該到了相親成家的時期了。從他晚年寫的〔中呂・喜春來〕「感時思結髮」的真摯感情看，關漢卿是有過美滿的愛情生活的。有論者將此曲中風物同安國關家園遺跡聯繫起來，如認爲曲中的「小紅樓」即傳説中的關漢卿書房「一齋樓」❾，雖然尚無確證，但作者這裡表現了自己此時的生活情趣卻是可以肯定的。

　　沿著關漢卿這條感情脈絡，我們還會注意到他另一組小令〔仙呂・一半兒〕《題情》四首。和作者散曲中存在大量的嘲風弄月乃至尋花問柳的情辭不同，這一組名爲「題情」的作品所表現的感情生活卻是正常的家庭所具有的。作者在第一支曲中即申明他所歌詠的「淺露金蓮蔽絳紗」的女性「不比等閑牆外花」，那麼其身份只能是結髮愛妻。以關氏目前所處的年齡層次判斷，所謂「碧紗窗外靜無人，跪在床前忙要親」，「一半兒推辭一半兒肯」，另如「一半兒難當一半兒耍」，「一半兒真實一半兒假」，出現在組曲中的這種男女相悅相戀只能出自少夫嬌婦的閨

房之樂。

關氏散曲中另有一首〔中呂・朝天子〕《書所見》❿，目前創作權頗有爭議，作品描寫家中一個陪嫁的婢女：

> 鬢鴉、臉霞，屈殺了將陪嫁。規模全是大人家，不在紅娘下。笑眼偷瞧，文談回話，真如解語花。若咱，得他，倒了蒲萄架。

其中流露出作者對這位可愛的女孩的憐惜，乃至產生了一種想要追求的戀情。如果果爲關漢卿所作，時間亦當在此時期前後。吳梅《顧曲麈談》第四章《談曲》中曾據此演繹爲關漢卿欲納之爲妾，爲夫人所阻的故事，並還有所謂夫人詩一首，警告「金屋若將阿嬌貯，爲君唱徹醋葫蘆」❶，歷來論者均認爲這並無根據，然細細品味上引小令，可知這種演繹也並非毫無根據。明人楊慎《詞品》卷一，蔣一葵《堯山堂外紀》以及清人褚人獲《堅瓠十集》卷三俱有此曲著錄及類似理解。另外，《太平樂府》、《詞林摘艷》以及清人夏煜《張小山小令選・附錄》又作「周德清」作，可見此曲作者還需進一步研究。應當指出的是，即使這小令爲關所作，也符合關氏作爲「高才風流人」的個性，一夫多妻乃古代中國的婚姻傳統，承認關漢卿欲納妾也並不就此損害他的基本人格，何況此曲末尾一句還顯示出對夫人的尊重，固不能以「愛情不專」深責，更不能以「懼內」視之。

至此，我們不難發現，此時期關漢卿散曲創作也大致有脈絡可尋，這就是內容上一般以閒適退隱爲主，言情則比較平淡，且局限在家庭範圍之內；形式上亦較少變化，有的如〔正宮・白鶴子〕則更接近傳統詩歌，體現了作家此時期所處的特有的環境和心緒。另外，我們還可發現此時期作者更喜歡用四首小令並列的連章體形式，這在關氏散曲中都是比較少見的，這也可以作爲它們都作於同一時期的一個不能忽視的因素。

　　目前的問題是，必須對關漢卿金亡前後散曲創作的不同風格作出解釋。因爲稍加比較人們就會發現，和金亡後所作皆爲小令短篇不同，關氏於金亡以前所作散曲大多爲長套巨制，其中（二十換頭）〔雙調・新水令〕至有二十一支曲牌，其〔雙調・碧玉簫〕雖爲小令，卻亦一連用了十支曲牌，在連章體中僅次於中期後所作〔中呂・普天樂〕《崔張十六事》。在内容方面，表現女藝人高超技藝的題材固然已爲閒適和退隱所取代，即使言情也有潑辣和含蓄的明顯區別，而這先後的情愛是同一個人，還是另有其他？

　　回答這個問題，我們必須抓住關氏在金亡前後經歷了巨大社會人生變動這個事實。金亡之前，他爲太醫院正職官，雖然和那些由科舉正途出身或由權貴世襲的方面大員不同，但畢竟是經常在朝供奉，京都的繁盛、宮廷的奢華以及風月場所燈紅酒綠的排場，這些都在作者周圍形成了適於舖陳誇張的生活及創作環境。就散曲形式而論，套數較小令更適合於這種生活題材是顯而易見的，言情的狂放潑辣也可由此找到根據。而金亡後漢卿已由京都轉入鄉村隱居，上述生活環境已不存在，故多採用小令形式當屬自然而然，況言情對象既不出家庭及鄉間範疇，自無表現都市風月場所那種狂放潑辣了。至於金亡前後作者的情愛對象是否爲同一人，當然無確切記載，可能是，也可能不是。如果屬前者，則關氏金亡前後的言情散曲即系統地表現他婚姻生活的前後過程，當然也不排除鄉村隱居時對村姑、婢女產生的「春意」、「秋水」等感情漣漪。如係後者，則關氏金亡前京都生活中即不排除風月場所的冶游，這種冶游生活至祁州隱居時已爲真摯的愛情及新婚生活所代替，其表現形式自然是不同於風月場所的狂放恣肆了。隱居生活使得作者身上的士大夫雅趣得到了陶冶，故其作品較多帶有傳統上的詩情畫意便是可理解的了。

　　總之，關漢卿的早期創作在他一生中有著非常重要的意義。

這一方面我們可以藉此了解他早年的生活及思想狀況，從而構成研究關氏生平的重要的資料依據；另一方面，這個時期的生活經歷和創作也對關氏今後的全部活動產生較大的影響，如前所論，它實際上是爲此後畢生的戲曲活動作了思想、生活和創作經驗的準備。一句話，這是一個奠定基礎的階段。

二　中期（上）：歷史劇階段

關漢卿創作的中期當從公元13世紀中葉作者入燕後開始，至七十年代後期南下湖湘江浙之前止，大約三十年左右。這實際上構成了關漢卿整個創作（雜劇、散曲）的主體時期。由於面廣量大，加之作品類型和創作時代也有所不同，故分爲兩個階段來談。

顧名思義，所謂歷史劇，就是以歷史事件和人物作爲題材的劇作。對其性質和創作原則，歷來有不同看法，歸結起來即可分爲兩種。一種觀點認爲歷史劇必須嚴格地再現歷史，所謂「確考時地，全無假借」⓬，容不得半點虛構；另一種觀點則認爲歷史劇可以在大致符合歷史真實的情況下進行一定的藝術虛構。就前者而言，顯然違背了藝術的自身規律，歷史劇畢竟是一種藝術，而不是歷史教科書，這一點誰都清楚。事實上即使主張絕對再現歷史的人例如清代戲曲家孔尚任，其名劇《桃花扇》也並沒有做到「確考時地，全無假借」，其中藝術虛構也是很多的，捨此可能成不了現在我們所見的《桃花扇》。今天人們談論的歷史劇，實際上都是由後一類觀點所規範的，然而即使在這一類觀點內部，同樣存在著意見分歧，這就是歷史劇允許藝術虛構的成分佔多少比例的問題。一部分論者認爲歷史劇只能在歷史真實事件和人物的框架內進行一些細節上的虛構，另一部分論者則認爲借用歷史事

件和歷史人物的名字進行再創造同樣也屬於歷史劇的範疇。這兩部分允許有虛構的歷史劇作在中外藝術史上都有不同程度的存在，習慣上稱前者爲歷史劇，後者爲歷史故事劇⑬。它們在關漢卿作品中都有其表現，這裡我們主要討論前者。

　　首先應提到的關漢卿的歷史劇自然是他的《單刀會》，該劇以三國時期蜀、吳二國爭奪荊州爲背景，描寫吳將魯肅爲奪荊州，暗設計謀邀蜀國荊州守將關羽赴宴，欲就宴間以武力迫其就範。關羽識破其計，慷然單刀赴會，席間折服魯肅，凱旋而歸。一般認爲，這是關作也是元曲流傳最爲深廣的一部歷史劇，其題材來源於《三國志·魯肅傳》：

　　　　備既定益州，權求長沙、零、桂，備不承旨，權遣呂蒙率眾進取。備聞，自還公安，遣羽爭三郡。肅住益陽，與羽相拒。肅邀羽相見，各駐兵馬百步上，但諸將軍單刀俱會。

此即所謂「單刀會」的由來。《魯肅傳》還具體記述了會間兩方唇槍舌戰的情況，並有「羽操刀起」的場面，戲劇性比較強。南朝劉宋時人裴松之爲《三國志》作注，曾引《吳書》一段，說法略異：

　　　　肅欲與羽會語，諸將疑恐有變，議不可往。肅曰：「今日之事，宜相開譬。劉備負國，是非未決，羽亦何敢重欲干命！」乃趨羽。

《吳書》所言，雖係同一事件，但自趨險地的無疑不是關羽而是魯肅。然而明眼人容易看出《吳書》的自相矛盾之處，既云「肅欲與羽會語」，可知「單刀會」的主導權在肅不在羽。後又稱肅「乃趨就羽，儼然變主爲客。明人胡應麟所謂「吳書乃自尊其國，其實錄也」⑭，洵爲確論！故陳壽著《三國志》參考過《吳書》而不信從，亦當有其根據。關漢卿創作此劇，對這段歷史顯然經過了認真的考證分析，表明作者有著嚴肅的歷史觀。在此基礎上進行藝術虛構，便也不會破壞歷史的本質真實。這也許是此劇獲得成功

的一個主要原因。

關於此劇創作時間，歷來說法不同，有論者認爲作於關漢卿晚年南下杭州之後，理由是元刊本此劇題爲「古杭新刊」，因係在杭州刊出，故可能即在杭州寫成，況且元代推尊關羽亦爲元代中後期的事。今天看來，此說不確。既稱「新刊」，則可能存在舊刊本，以刊地證明作處顯覺乏力。元代大規模推崇關羽固晚至文宗天歷元年（1328），但關羽在北宋時即已受封爲武安王，元初大都即已立武安王祭祀，《析津誌》並云係奉「世祖皇帝詔」❺，故以尊關年代將此劇作時推後亦爲無據。

又有論者認爲此劇作於宋亡前後，且具體定爲影射至元十二年（1275）六月，南宋水軍在焦山因遭元軍火攻而覆没事。此說亦缺乏可靠依據。關氏此劇元刊本第三折較明刊本多出〔柳青娘〕和〔道和〕二曲，中有「教仙音院奏笙簧」句，查《元史·百官志》，仙音院已於至元八年（1271）改爲玉宸院，顯然此劇作時不會在此之後。況據前引《析津志·儀祭》，元初既有關羽祭祀，且有一碑正立於太醫院門前，可以推知爲由來已久，有論者推想此劇爲民間祭祀活動「關王會」而作，雖無確證，亦不無可能。據此將此劇作時定爲關漢卿之早年，應當說是符合實際的。

與《單刀會》題材時代相近的是《關張雙赴西蜀夢》一作《雙赴夢》，描寫三國時蜀漢政權劉備、諸葛亮等人在獲知關羽敗死，張飛遇害前後的心理狀況，並表現了關、張魂返故國，要求復仇的場面。此雖屬傳聞不經，但總是在歷史的框架內點染而成。按據史實，漢獻帝建安二十四年，劉備進位漢中王，「拜關羽爲前將軍，假節鉞」❻，「時關羽攻曹公（操）將曹仁，擒于禁於樊。俄而孫權襲殺羽，取荆州，」「先主忿孫權之襲關羽，將東征，秋七月，遂帥諸軍伐吳」❼，「先主伐吳，（張）飛當率兵萬人，自閬中會江州。監發，其帳下將張達、範彊殺飛，持其

首，順流而奔孫權」⑱。這些都是關漢卿創作此劇所依據的歷史背景。

歷史上，劉備和關羽及張飛的關係一直被傳爲君臣義氣的美談。所謂「桃園三結義」的故事雖屬後世小説虛構，自不足信，但《三國志》既稱劉備和關、張的關係「寢則同床，思若兄弟」，又稱張飛「少與關羽俱事先主，羽年長數歲，飛兄事之」⑲，由此可見劉、關、張情義之非常。歷史上，劉備憤東吳襲殺關羽，奪取荆州，且又收容刺殺張飛的主凶，故不惜破壞諸葛亮「聯孫攻曹」的戰略計劃，怒而征吳，最終導致猇亭慘敗，這也可以説明歷史上此方面的種種關係。貫穿在《西蜀夢》全劇的悲憤復仇氣氛顯然是符合歷史真實的，故雖然此劇藝術虛構成分居多，且有鬼魂出場並爲主唱角色，但不能據以否定其作爲歷史劇的本質。

此劇創作時代，目前缺乏直接資料可證，然元刊本既明言「大都新編」，可見其創作演出均與大都有關，考慮到關漢卿南下返回後不可能再入大都活動的事實，將此劇創作定爲關氏南下之前想來不致有誤。另外，此劇第四折末尾一曲有此二句：「飽諳世事慵開口，會盡人間只點頭」，殊與前後曲中强烈的復仇精神不類，顯係作者此時心態的不自覺流露，似乎此時期作者尚未完全擺脫金亡後厭倦世事的消沈心境，此劇作時之早據此亦可推知。不過，根據作品第一折〔金盞兒〕曲：「關將軍但相持，無一個敢欺敵，素衣白馬單刀會，覷敵軍如兒戲」，所用皆爲《單刀會》中語言，又可推知此劇所作當略後於《單刀會》。

《敬德降唐》係關漢卿「三國戰」之外又一部歷史劇，劇本以隋末唐初羣雄蜂起逐鹿中原爲題材，描寫原劉武周部將尉遲敬德，爲唐秦王李世民及軍師徐茂公設計勸降，後敬德遭齊王李元吉等人誣陷囚禁，又得秦王救之。最後洛陽榆科園之戰，秦王爲敵將單雄信所窘，幸得尉遲敬德相救脫險。此劇一作《單鞭奪槊》

有論者根據《古名家雜劇》本及《元曲選》本之署名定爲尚仲賢作，然據《錄鬼簿》和《太和正音譜》，尚作名爲《尉遲恭三奪槊》，今尚存《元刊雜劇三十種》之中，驗之與此劇迥異，可知此劇非尚作無疑。故今據明脈望館鈔本定爲關漢卿作（《敬德降唐》和《單鞭奪槊》實際爲一劇之兩名），可能更符合實際。

此劇本事亦見諸正史。《舊唐書·尉遲敬德傳》：「武德三年，太宗討武周於柏壁，武周令敬德與宋金剛來拒王師於介休。金剛戰敗，奔於突厥。敬德收其餘衆，城守介休。太宗遣任城王道宗、宇文士及往諭之，敬德與尋相舉城來降。太宗大悅，賜以曲宴，引爲右一府統軍，從擊王世充於東都。既而尋相與武周下降將背叛，諸將疑敬德必叛，囚於軍中。……太宗曰：『寡人所見，有異於此，敬德若懷翻背之計，豈在尋相之後耶？』遂命釋之。」是日，因從獵於榆窠，遇王世充領步騎數萬來戰。世充驍將單雄信領騎直趨太宗，敬德躍馬大呼，橫刺雄信墜馬」，《新唐書》本傳因之。將上述劇情與此相較，不難看出，作者基本上是依據史實展開故事情節的，對史實的遵從甚至嚴於其三國戲。

關氏現存歷史劇中以唐史人物爲題材的還有《裴度還帶》一劇。劇本以中唐憲宗時名相裴度爲主人公，描寫他未發跡前曾貧困潦倒，至被姨父母所逐，相士趙野鶴且相其命不入貴，必死於亂磚石之下，後因在山神廟撿得犯官之女韓瓊英遺落之玉帶，還之，救其一家性命。相士因而相其面轉貴，後果如其言，裴終於狀元及第。

此劇題名據《錄鬼簿》應爲《晉國公裴度還帶》，或《香山扇（寺）裴度還帶》，然劇情並未衍至裴度封晉國公事，且無「香山扇（寺）」之說，而明初賈仲明則有《山神廟裴度還帶》一劇，有論者因而將此劇歸之於賈。今天看來，上述疑點不無道理，但元雜劇題目正名與內容不合，屢屢可見。即如今存漢卿名劇《望

江亭》，題目正名作：「洞庭湖夜半賺金牌，望江亭中秋切鱠
旦」，然遍檢全劇，竟無一字涉及洞庭湖與望江亭者，然卻不能
據此即否定爲關作。況今存本《裴度還帶》劇明署爲「元・關漢卿
作」，未有一點涉及賈仲明的字樣，在沒有發現直接證據之前，
僅靠推測即否定關漢卿的創作權，似乎不盡科學。

　　今查，此劇本事源自五代人王定保《唐摭言》，其中這樣記
載：

　　　　裴晉公質狀眇小，相不入貴。既屢屈名場，頗亦自惑。
　　會有相者在洛中，大爲縉紳所神。公時造之問命，相者曰：
　　「郎君形神稍異於人，不入相書，若不至貴，即當餓死。然
　　今則殊未見貴處，可別日垂訪，勿以粗糲相鄙。候旬日，爲
　　郎君相看。」公然之，凡數住矣。無何，阻朝客在彼，因退
　　游香山佛寺，徘徊廊廡之下，忽有一素衣婦人，致一緱於僧
　　伽和尚欄楯之上，祈祝良久，復取筊擲之，叩頭瞻拜而去。
　　少頃，度方見其所致，意彼遺忘，既不可追，然料其必再
　　至，因爲收取。蹰躇至暮，婦人竟不至。度不得已，攜之歸
　　所止。詰旦，復攜就彼。時寺門始辟，俄睹向者素衣疾趨而
　　至，逡巡撫膺悁嘆，若有非橫。度從而訊之，婦人曰：「新
　　婦阿父無罪被繫，昨告之，假得玉帶二，犀帶一，直千餘
　　緡，以遺津要。不幸遺失於此。今老父不測之禍無所逃
　　矣。」度憫然，復細詰其物色，因而授之。婦人拜泣，請留
　　其一。度不願而去。尋詣相者，相者審度聲色頓異，大言
　　曰：「此必有陰德及物。此後前途萬里，非某所知也。」再
　　三詰之，度偶以此言之，相者曰：「只此便是陰功矣，他日
　　無相忘。勉旃、勉旃！」度果位極人臣。

將此所引史料與前述該劇情節進行比較，可以看出二者的相合之
處，雖然有些劇情細節如裴度姨父姨母之出現，失玉帶婦人即後

來成爲裴妻的韓瓊英，以及贈玉帶者李邦彥，相士趙野鶴之名確定等等，皆屬作家創造，但基本上是在歷史故事框架内展開的。

晚唐五代史事在關漢卿歷史劇中也頗有表現，這方面最著名的是他的《哭存孝》一劇，劇本描寫晚唐晉王李克用部將李存孝，多立戰功，然屢遭小人康君立、李存信的搆陷，最終慘遭車裂。此劇本事亦源自正史，《新五代史》卷三十六《李存孝傳》即記述「存存取潞州功爲多，而太祖（克用）別以大將康君立爲潞州留後，存孝爲汾州刺史。存孝負其功，不食者數日」。又云「存孝素與存信有隙，存信譖之曰：「存孝有二心，常避趙不擊，存孝不自安，乃附梁通趙，自歸於唐。……太祖自將兵傅其城，掘塹以圍之。……縛載後車，至太原，車裂以徇。」由此可見此劇題材和史實的對應關係。即使劇中屢屢出現康君立、李存信狼狽爲奸，讒害李存孝的情節以及他們自己的結局，同樣可以在正史中找到來龍去脈：「康君立素與存信相善，方二人之交惡也，君立每左右存信以傾之。存孝已死，太祖與諸將博，語及存孝，流涕不已，君立以爲不然，太祖怒，酖殺君立。」❷⓿此皆爲作者整理後採用劇中。

當然，關氏此劇於史實亦有較大變動，除了將康君立之死提前且由「酖殺」改爲「車裂」之外，更重要的還是將李存孝「附梁通趙，自歸於唐」的反叛行跡刪削不書，這一點學術界自清人王季烈爲此劇撰寫「提要」時即已注意到。然關氏如此構思，目的在於完成李存孝作爲主要正面人物的悲劇人格塑造，而非率意所爲，此亦爲歷史劇藝術所允許。

題材與《哭存孝》同時稍後的歷史劇還有《五侯宴》，此劇今存明脈望館校鈔内府本，全名爲《劉夫人慶賞五侯宴》。有論者以《錄鬼簿》關漢卿名下無此劇著錄而卻有《曹太后死哭劉夫人》一目，從而認定脈望館本署名乃編者趙清常僅據《太和正音譜》簡名

所誤題。今天看來，這種懷疑亦同前述對《單鞭奪槊》的懷疑一樣，均缺乏過硬的證據。即如脈望館本的題署，一般認爲趙清常整理校鈔內府本所據參考資料頗豐，《錄鬼簿》和《太和正音譜》均曾爲其寓目，決不會僅據後者判斷。今試舉二例：《劉玄德獨赴襄陽會》末即有趙跋：「〈錄鬼簿〉有〈劉先主襄陽會〉，是高文秀作，意即此劇乎？當查。」又，《司馬相如題橋記》亦有跋：「〈錄鬼簿〉有關漢卿〈升仙橋相如題柱〉，當不是此册」。由此可知趙氏署名非僅參考《太和正音譜》，而是包括《錄鬼簿》在內，並且亦非人云亦云，而是經過自己的細致考查，其署名亦並非如論者所臆測的那麼孟浪。同樣，如果沒有直接的證據，僅憑推想即否定今存本的題署，也是缺乏科學性的。

《五侯宴》以五代時後唐廢帝李從珂爲主人公，描寫他的母親李氏原爲潞州富豪趙姓的乳母，趙某私改其典身文書的爲賣身文書，逼其終身爲奴並丟棄身子王阿三。後阿三爲李嗣源（後唐明宗）所救，認爲義子，改名李從珂，長大後亦爲大將，征途偶遇其母，救之，並疑己身世，即就養祖母劉夫人設五侯宴犒勞衆將時問詢，經過一番曲折，終獲查明，結果母子得以相會。劇中第三折梁將葛從周道日稱「他（指李克用）倚存孝之威，數年侵擾俺鄰境，如今無了存孝，更待甘罷。」由此來看，此劇竟可以看到《哭存孝》之續篇，是作者有意而爲之。其中李嗣源由白兔引路得救王阿三之情節也爲南戲《白兔記》所吸收，可見此劇在曲壇之影響。

此劇題材同樣有所本，《新五代史·廢帝紀》記載：「廢帝，鎮州平山人也。本姓王氏，其世微賤，母魏氏，少寡，明宗爲騎將，過平山，掠得子。魏氏有子阿三，已十餘歲，明宗養以爲子，名從珂。及長，狀貌雄偉，謹信寡言，而驍勇善戰，明宗甚愛之。」與上述關氏劇情相較，大致吻合。然而阿三爲棄子，後

由明宗白兔相引獲救，以及在五侯宴上得知真相等曲折故事，皆爲作者之所創，寫法上有意在歷史框架內展開藝術虛構，使其更具有戲劇性，此劇可算是運用得比較好的。

至此，我們不厭其煩地將上述六劇的題材來源、創作時代以及作者真僞進行了列舉和排比分析，其用意當然不僅僅在於排列了這些材料，甚至所涉及的題材來源、創作時代和作者真僞等問題在考據界已有論者在不同程度上進行了挖掘，這裡所做的工作除了對已有的各種原始資料進行必要的整理分析以外，還在於可以進行下面的歸納。

首先，我們注意到，上述六劇除了都具有在歷史框架內展開藝術虛構這一歷史劇共同特點外，它們的題材背景都不出山西的範疇，或者說都與山西有關。例如《敬德降唐》地點發生在山西介休，《哭存孝》地點發生在山西邢州、汾州、代州諸地，《五侯宴》背景爲山西的潞州。此外，《裴度還帶》中主人公裴度爲山西聞喜人，《單刀會》和《西蜀夢》中主要人物關羽爲山西解州人，如此等等，皆可說明這幾部關劇不光在寫法而且在選材方面所具有的共同特點，而探討這些劇作即必須就這些共同點作出解釋。

除了歷史劇創作方式和題材的地理背景以外，我們從劇本的結構體制也可以找到許多共同點，這就是這幾個劇本多非元雜劇的成熟體制。如《單刀會》中正末扮演喬公、司馬徽和關羽三個角色，《西蜀夢》中正末扮演使臣、諸葛亮和張飛三個角色，《敬德降唐》中正末除扮李世民以外，第三折還扮演通風報信的探子。末本如此，旦本也不例外，《五侯宴》體制爲五折，正旦除了扮演主要角色王嫂以外，第四折還改扮劉夫人，《哭存孝》劇更較特別，正旦除了扮演女性角色鄧夫人外，第三折竟然還改扮了一個男性角色小校。由此可見，在上述六劇中，除了著作權有爭議的《裴度還帶》以外，其餘各劇正末（正旦）扮演大多不固定，在許

多場合並非劇中主要人物，顯然和成熟的元雜劇演唱體制有一定距離。

在劇作的表現方式上，這幾個歷史劇還有一個比較突出的特點，這就是第三者出面描述性的敍唱體成分還佔有相當比重。例如《單刀會》中的喬公和司馬徽的唱辭多爲描述關羽的神威，《西蜀夢》中的使臣，諸葛亮的唱辭也爲主角張飛、關羽的出場作舖墊，至於《敬德降唐》中的探子，《哭存孝》中的小校，他們的出現更是作爲第三者直接出面作描述性的敍唱了，這些都是關漢卿其它劇作所沒有的，由此可以看出它們作爲代言體戲曲體制的不成熟。

根據上述幾方面分析，我們還可以對此六劇作出進一步推斷：第一，根據它們共同遵循在歷史框架內進行藝術虛構的創作原則可以將其歸入一個獨立的類型，而與關漢卿其它劇作分開；第二，根據它們共同的地理背景可以斷定它們的創作和演出都和山西有著密不可分的關係，因爲它們體現了戲曲演出必須結合當地的人文特徵才能更受歡迎的時代特點；第三，根據它們在體制上的不成熟以及帶有敍唱體痕跡判斷它們在時代上屬於關漢卿也屬於元雜劇的早期創作。

綜合來看，上述這三條之間還有著相互映證的有機關係。例如就劇作類型分析，中外戲劇史上許多劇作家都是從歷史劇入手開始他們的戲劇創作的（莎士比亞即是一個比較典型的例子），作爲一個戲劇大師，關漢卿自然亦不例外。又如，從關氏此六劇的地理背景俱爲山西這一點同樣可以判斷它們都是關漢卿的早期劇作，因爲前一章我們即曾分析過，關氏戲劇流動路線是以西線由北而南，即離開大都之後，即進入山西，然後才進入河南及湖湘江浙等地，故僅據地理背景同樣可以判斷這些劇作的創作時代。這樣，以上前兩點分析即同第三點完全統一起來了。反之也

一樣，通過第三點創作時代較早亦可反證此時期作家創作多依賴歷史題材較少社會生活基礎以及地域上局限於一地眼界不夠開闊等等。由此更可以證實上述諸點分析的實在性。

確定了這些之後，我們還可以對關氏一部分已佚劇作的時代作出歸納。由於它們已佚，我們無法推知它們的體制結構和演唱方式，但根據是否具有歷史劇創作特點和地理背景是否與山西有關同樣可以分析和歸類。以此我們可以斷定《伊尹扶湯》、《薄太后走馬救周勃》、《藏闍會》、《唐明皇哭香囊》、《武則天肉醉王皇后》、《風雪狄梁公》、《劉夫人救啞子》、《曹太后死哭劉夫人》、《孟良盜骨》等佚劇亦屬此時期作品㉑。

應當指出，確定關漢卿此階段歷史劇創作多與山西有關並不排除其中有些作品創作和演出在其它地方。例如人們熟知的《伊尹扶湯》一劇即曾在蒙元開國之初在京師宮廷裡演出過，元末人楊維楨和明初人朱有燉的《元宮詞》都曾透露過這方面的信息，況且我們既已知道在元滅南宋之前大都並未因爲關漢卿他們的外出流動而失掉雜劇中心的地位，而在關氏南下之前也還是他的主要立足點之一。理解了這一點，我們同樣可以對關漢卿其它一些佚劇（如《進西施》、《立宣帝》、《哭昭君》、《哭魏征》等）的時代歸屬問題作出推斷，它們的地理背景雖然與山西無關，但其歷史劇性質決定它們可能俱爲此時期作品。當然，要在這方面作出更深入和更具體的分析，尚有待於新材料的發現，這裡僅是推測而已。

散曲方面，此時期亦顯示了自己的特點和規律。我們知道，關漢卿創作的中期是以他十三世紀中葉入燕爲標誌開始的，由於脫離了純粹的農村隱居生活，再次進入生活色彩豐富的都市，加之此時「不屑仕進」，亦即無官一身輕，無「自玷官箴」之虞，關氏此次入燕走向「煙花路上」、「嘲風弄月」便是再自然不過

的。其散曲創作既擺脫了祁州隱居時的閒適、嘆隱和逸情，亦和
金亡前初涉情場但又受「名韁利牽」的汴京散曲有所不同，而是
充滿了「花月酒家樓，可追歡亦可悲秋」❷的狂放恣肆。這方面
首先如他的〔雙調・新水令〕「楚台雲雨會巫峽」套曲，作品描寫
一對青年男女「色膽天來大」的偷情，所謂「懷兒裡摟抱著俏冤
家」、「興轉佳，地權為床榻」的描寫，在早期散曲中我們是極
少看到的。另如小令〔仙呂・醉扶歸〕《禿指甲》對彈箏女藝人因職
業關係磨禿指甲的描寫，所謂「十指如枯筍，和袖捧金樽，攧殺
銀箏字不真」，可見作者對這種妓家生活的熟悉，而「縱有相思
淚，索把拳頭搵」的嘲戲，則體現了關氏身上沾有的尋花問柳的
風流浪子習氣。亦為此時期他都市生活的一個典型表現。

　　正面表現此時期都市生活的還有他的殘套〔大石調・六國朝〕
「律管灰飛」，其中這樣鋪敘：

　　　　萬里無雲，月明風沙，畫竿相照。青紅碧綠，刻玉雕
　　金，象生燈兒，排門兒吊。轉燈兒巧，壁燈兒笑。最喜夜
　　景，水幻紗窗燈哀燈鬧，六街上綺羅香飄。

當然，即使在此時作者也沒忘記「人鬧處，忽見一多嬌。一點櫻
桃樊素口，半圍楊柳小蠻腰」，和宋人辛棄疾《青玉案、元夕》詞
中「驀然回首，那人卻在，燈火闌柵處」句意恰好是相反映襯，
也許這正是關氏化用了辛詞意境的結果。關漢卿另一殘套〔般涉
調・哨遍〕「百歲」，可能屬於此時期同一類題材，所謂「月為
燭，雲為幔」〔么篇〕，也正是此時期關曲所表露的意境，和「地
權為床榻」之類描寫想來不僅僅是出於偶合。

　　關氏散曲中還有一批「閨怨」以及抒寫離情別恨的作品，它
們大多為作者後來隨戲班外出漫游前後所作。當然其中有些亦不
排除作於此時期都市生活期間，但一來時間上難以確考，二來數
量亦不會很多，況與其他多數作品屬於同一題材內容，為論述方

便起見，即將其作爲一個整體放入以下章節去論述。

　　總的來說，關漢卿此時期的散曲創作是繼承了早期的成就而又有了新的發展，而雜劇方面，則以歷史劇爲其基本特徵。由於它顯示的不僅是關漢卿本人早期劇作特色，而且顯示了元雜劇的早期特色，所以尤其值得重視，將關氏此階段創作定爲歷史劇階段，應當說是比較恰當的。

三　中期（下）：歷史故事劇階段

　　前面說過，廣義的歷史劇除了在歷史框架內進行藝術虛構的一類外，還有借用歷史事件和歷史人物的名字進行再創造的一類，而以嚴格的標準衡量，這已不是特定意義的歷史劇了，故理論界一般稱之爲歷史故事劇。此時期關漢卿另一部分劇作，在性質上即可歸入這一類。

　　在關氏此類劇作中首先應當提到的是他的《陳母教子》一劇，劇本以宋初陳堯叟、陳堯佐、陳堯咨兄弟「一門樞相」爲題材，一方面，描寫陳母馮氏嚴於教子，不圖僥倖，家中院墻掘出藏金，遽命掩埋如故；幼子中狀元後受人蜀錦，即行杖責示罰，表明作品沒有完全脫離歷史的框架；而另一方面，劇中對馮氏過於迷戀科舉功名，以致强配狀元、趨逐親子的勢利行爲也充滿嘲諷之意，顯示了作者戲劇性的構造能力。清人王季烈評述此劇時謂：「金末科目甚寬，至元初驟停科舉，及皇慶二年而始復，其間無狀元者八十年。漢卿生於斯時，殆以不得科名爲憾，有所羨而爲茲劇歟？」㉓從劇中陳家三子一婿，一門四狀元喜慶作結這一點看，王氏歸納自然不無所據。作爲一個在傳統文化熏陶下成長起來的漢族文人，關漢卿是不會對儒家「學而優則仕」的既定道路公開表示反對的。然而說關氏「以不得科名爲憾，有所羨而

爲茲劇」則未免引申過遠。須知漢卿在金末任太醫院尹即未由科
舉正途，且對「名韁利名牽」深抱厭倦之感，金亡後又「不屑仕
進」，公開聲言「離了名利場，躱入安樂窩」❷，可見其並非迷
戀功名，這才是劇中對陳家「一門四狀元」於肯定中又有所嘲弄
的根本原因。

　　此劇創作時代，目前可知爲關劇中較早。元代前期雜劇作家
岳伯川、王伯成都在劇中引用了此劇的情節和語言，如岳作《呂
洞賓度鐵拐李岳》第二折〔二煞〕：「你爲孩兒呵，似陳母般埋金
恰是賢」。王劇《李太白貶夜郎》第三折〔三煞〕：「人貧賤也親子
離，不求金玉重重貴」❷，用的就是《陳母教子》第一折中的馮氏
白。岳、王二人與漢卿同屬《錄鬼簿》中「前輩已死名公才人」一
類，他們在作品中將漢卿此劇情節和語言當作典故和成語使用，
可知此劇作時之早。這一點從漢卿自己的劇作中也可看出。《蝴
蝶夢》算是關劇中作時較早的一種，有論者竟論證其可能作於十
三世紀四十年代，雖然未必早至此時，但終究不會太遲。此劇第
二折包拯曰：「想當日孟母教子，居必擇鄰；陶母教子，剪發待
賓，陳母教子，衣紫腰銀」，第三折〔滾繡球〕：「正按著陳婆婆
古語常言，他不求金玉重重貴，卻甚子孫個個賢？」也是將《陳》
劇作爲典故和成語來使用，可見此劇必作於《蝴蝶夢》之前。

　　由於作時較早，此劇還帶有前一階段歷史劇的傳統，即基本
上是在歷史框架內展開故事情節的。陳堯叟兄弟三人「一門樞
相」事，《宋史》均有確切記載，同時並謂其「母馮氏，性嚴」，
「家本富，祿賜且厚，馮氏不許諸子事華侈」❷。宋人羅燁《醉
翁談錄》並記有馮氏因第三子堯咨「不務仁政善化」而「以杖擊
之，金魚墜地」的故事，同時贊嘆「馮氏嚴於教子矣」❷，可見
此劇所云教子事顯然並非作者所杜撰。然而此劇虛構成分亦極
大，首先，劇作將歷史上的堯叟、堯佐、堯咨改爲良資、良叟、

良佐，有意不用歷史真實名姓。其次，據《宋史‧王拱辰傳》，拱辰生活年代晚陳氏昆仲數十年，且無娶陳氏女之事，劇作則拉來作陳家貴婿，顯係編造。至於馮氏掘金封藏、良佐受人蜀錦以及貫穿全劇的輪番科考情節均於史無徵，似此虛構均爲前階段歷史劇所少見。所以我們說此劇屬於歷史劇向歷史故事劇過渡時期的產物，這也同劇本創作時代較早相符。

　　關劇時代較早且具有典型的歷史故事劇形式的是《蝴蝶夢》，這也是關劇中人們談論較多的一種。劇本描寫王姓有子三人，因其父爲皇親葛彪打死，爲了復仇，三子又尋機將葛彪毆殺。開封府尹包拯審理此案，欲以其中一人爲葛償命，在申辨不准的情況下，三兄弟皆欲自認人命，而其母僅爲長子次子求情，包公以爲偏愛親子，責之，後乃弄清王母是真正忍痛割愛，包公因而義且憐之，終於設法以偷馬賊代王三死，並爲申報朝廷，奉旨封贈作結。

　　眾所周知，包拯在歷史上實有其人，《宋史》本傳說他「性峭直，惡吏苛刻，務敦厚」。然此劇表現之審理此案，卻爲本傳所無，亦未見其它記載。至於賢母義舍親子的故事，倒是流傳久遠。漢朝劉向《古列女傳》卷五即載有《齊義繼母》之事，與此劇情節大致相類。看來關漢卿創作此劇即採用了這一古老的傳說，又借用了包拯這一歷史人物的名姓，二者捏合因而成之，成了一個名符其實的歷史故事劇。

　　此劇創作年代，目前雖無直接記載，但據劇情所提供的線索尚可大略推得。前已提及，此劇第三折用《陳母教子》中語，可知作於其後。而根據劇中以偷馬賊趙頑驢代王三死的情節安排，則其時律法定有偷馬者處死之條。今查《元史》，果於窩闊台汗六年（1234）明載：「但盜馬一二者，即論死」㉓，論者多以此律令至元滅宋統一後才改爲「初犯爲首八十七，徒二年；爲從七十

七，徒一年半，再犯加其罪，止一百七，出軍」❷。事實上早在
元憲宗蒙哥汗元年（1251）即有斷事官將一盜馬者「既杖復
斬」，因而受到忽必烈斥責之記載❸，可見其時對盜馬者已不再
一概加以死罪了。有論者因而斷此劇作於此前當然有點匆忙，因
法律既無明令廢止，儘管實際判決時已多變通執行，但推廣流行
以至反映在劇作家筆下尚需一定時日，加之考慮到元雜劇的形成
時代，定此劇作於1251年以後至六十年代初較爲合適。

　　關劇中以包公斷案爲題材框架的還有《魯齋郎》，此劇今存脈
望館校鈔《古名家雜劇》本和《元曲選》本，皆明署爲「元關漢卿
作」。劇本描寫一個類似《蝴蝶夢》中葛皇親的花花太歲魯齋郎，
白晝搶劫婦女。銀匠李四的妻子被強迫帶走且不說，連頗有點威
勢的鄭州六案都孔目張珪，懾於他的權勢，在一聲吩咐之後，即
乖乖地將妻子送上門去供其蹂躪。而素有不畏權貴的清官包待
制，要想懲辦這個惡棍，也不得不耍個花招，將其名字改作「魚
齊即」，才算是達到了目的。這一點又和《蝴蝶夢》中以趙頑驢代
死同屬一個路子。由此可以推知此劇作時當和《蝴蝶夢》大致相
近。

　　在劇本表現手法方面，此劇亦較有特色，如果説《陳母教
子》、《蝴蝶夢》中情節還可以在歷史上找到一點本事來源的話，
則魯齋郎故事完全不見於前代文獻，包待制審理此案顯然亦爲作
家所獨運，僅僅借用歷史人物包拯的名字而已。從這個意義上
説，此劇較《陳母教子》、《蝴蝶夢》更具有歷史故事劇的特色。

　　有論者以此劇不見《錄鬼簿》和《太和正音譜》著錄而對關漢卿
創作權產生懷疑，認爲可能係元代後期作品。今天看來，這種觀
點未免過於拘泥，明清以來，根據陸續發現的資料，《錄鬼簿》和
《太和正音譜》中未著錄的劇目已發現了許多，其中如《五侯宴》、
《孟良盜骨》，甚至包括人們經常提及的曾在元宮中演出的《伊尹

扶湯》，都爲關漢卿的作品，總不能因上述二書未著錄而一概加以否定。又有論者根據包公故事流傳不應早於元代中期，而此劇塑造的正面人物過於軟弱且又是關氏素來不喜表現的吏來進行否定論證。考察起來同樣缺乏論據，因爲今已證明爲元前期包公戲的除關漢卿《蝴蝶夢》之外，尚有鄭廷玉的《包待制智勘後庭花》，李潛夫的《包待制智勘灰欄記》等，其創作權從未有人提出懷疑。至於説正面人物過於軟弱，這在關劇中也不乏見，典型如《錢大尹智寵謝天香》中的謝天香，其卑微軟弱已爲人們所熟知。説到吏爲關漢卿所不喜表現的人物，也不能絕對化，關氏佚作中即有《風流孔目春衫記》一目，據《資治通鑒》卷二一六胡注：「孔目，官衙前吏職也。」和此劇角色張珪恰好相同。故凡此種種，皆不能成爲否定此劇今存本署名的理由。

　　《錢大尹智勘緋衣夢》爲關作中兼有風情和公案兩種題材特點的歷史故事劇。劇本描寫李、王兩家世交，一對兒女指腹爲婚，後來李家敗落，王父勢利欲悔親，其女閨香則情義愈篤，她與未婚夫李慶安在後花園相會，約其夜間來此，準備讓丫環梅香轉送若干珠寶首飾，助其作迎娶財禮，誰知有一凶犯裴炎夜來偷盜，恰遇梅香，遂將其殺死，攜物而逃，案發後牽連慶安，幸得錢大尹明斷，經過一番曲折，終獲辨明。

　　此劇本事未見其它記載，當亦爲作者獨運。惟錢大尹本名錢勰，《宋史》卷三一七有傳，稱其曾以「龍圖閣待制知開封府，老吏畏其敏」，「宗室貴戚爲之斂手」，後加龍圖閣直學士，和包拯官既相同，審案明斷亦復相近。由此亦可推想此劇與前述包公戲大約作於同時或先後。關於這點，作品本身也可提供旁證，例如劇中第一折王員外明云「俺兩個當初指腹成親」，而據《元典章》：「至元六年，准中書省議，有依前指腹及割衫襟等爲親者，今並行革去」❸，朝廷既已明禁，不管民間執行如何，劇作

家在舞台上再公開渲染則不可能。由此可知此劇作時一般不得在
至元六年（1269）之後，而此時正是作者創作的中期，與我們這
裡所論剛好相合，有論懷疑此劇非關作，但論據多不充分。如言
劇中第一折〔點絳唇〕和〔混江龍〕二曲襲用白樸《梧桐雨》第二折
〔粉蝶兒〕曲，故應在白作之後。這在前面我們即已論及，年代久
遠，誰襲誰在字面上難以判斷，況關、白皆爲前期作家，即使襲
用也不能據以否定全劇的創作權。另外，也有人稱水滸故事流傳
於元代中後期，而此劇第三折〔調笑令〕則出現了「王矮虎」、
「一丈青」字樣，故當非關作。此又僅憑臆測，無可靠依據。水
滸故事究竟流傳於何時，目前未有定論，就漢卿作品而言，另一
歷史劇《哭存孝》第三折即有稱「雙尾蝎」、「兩頭蛇」的話語，
此爲梁山泊好漢解珍、解寶的綽號，可與此劇中「王矮虎」、
「一丈青」互證。再就《緋衣夢》劇本身而論，劇目既見於《錄鬼
簿》、《太和正音譜》等書著錄，又有《古雜劇》本，脈望館藏《古名
家雜劇》本明確題署，故不應有任何懷疑。

　　以錢大尹爲劇中人物的，關作中尚有《錢大尹智寵謝天香》一
劇。劇本描寫北宋詞人柳永和名妓謝天香相戀，後柳赴京趕考，
行前托友人錢大尹代爲照看謝，錢出於友情而以娶爲己妾的名義
將謝天香保護在家裡，後柳科舉高中，錢即助二人重圓。

　　此劇本事來源不詳。據明代《鉅野縣志》，謝天香爲宋時名
妓，然與柳永無涉，錢大尹亦非柳永同窗�932，劇中情事，當亦爲
漢卿所獨運，顯然完全符合前述歷史故事劇之創作規則。至於其
創作時代，劇中稱柳永於汴梁遇天香，後遠別進京應試，三年不
返。而北宋京師，實爲汴梁，這種情節上的粗疏一方面可以看出
作者杜撰痕跡，另一方面也不自覺地透露出此劇的創作時代。我
們已經知道，關氏創作中期後一階段正是在由山西向河南等地漫
游，根據關劇創作多與演出及流傳地點有關之特點，可推知此劇

多係作者在汴梁逗留時創作。而此時汴梁的確已非京師，故作家在不自覺中犯了地理上的錯誤。另外，元前期雜劇家石君寶《曲江池》第三折〔二煞〕曲文中已將劇中李亞仙和鄭元和相戀比作柳耆卿和謝天香，由此可見此劇創作時代一定不會晚至後期。又從此劇與《緋衣夢》同爲以錢大尹入劇的僅有兩部關劇來看，它們作時相近，且與上述兩個包公戲亦約略同時，而它以妓女爲主要人物又可以使它與另外兩個妓女戲聯繫起來。

　　關劇中以妓女爲主人公的作品除了《謝天香》以外，尚有《金線池》和《救風塵》，其中《金錢池》情節與《謝天香》更爲接近。

　　《金線池》全名爲《杜蕊娘智賞金線池》，劇本描寫書生韓輔臣與妓女杜蕊娘相愛，由於鴇母間阻，二人誤會難釋，後得韓之友人石府尹從中設法調護，終於和好如初。此劇不僅情節本事不見有關記載，甚至主要人物名姓亦爲漢卿虛構，故創作時代難以確切考證，惟從書生妓女相戀受阻，賴與書生有朋友關係的官員從中調護這一構思框架來判斷，當和《謝天香》差不多同時而作，以此，二劇的情節構思無意中竟相互滲透和起作用了。而劇中一些細節描寫如第四折杜蕊娘見石府尹的場面與《謝天香》中謝天香見錢大尹的場面幾乎類同更可證明這點。因爲除了有意抄襲外，一般只有同一作家同一時期內的創作才會出現這些完全近似的表現手法。

　　此時期關劇中另一個妓女戲《救風塵》則又有不同特色。劇情描寫汴梁妓女宋引章，原與秀才安秀實相戀，後爲浮浪子弟周舍所騙娶，終於遭受殘酷虐待，而其舊時同伴，另一妓女趙盼兒則挺身而出，設計將宋救出，重與安和好。此劇本事不見其它記載，劇末出現之鄭州州守李公弼，其名雖見於明人柯維騏《宋史新編》卷一二四《李熙清傳》❸❸，然觀其行事，未有稍合，可知亦都爲作者獨運，惟借名姓而已。

和《謝天香》、《金線池》兩劇相比，此劇與之同中有異，即同為妓女題材，且同為文人妓女戀愛，後遭阻礙因得友人相助終於團圓，這種構思框架為三劇所共有，宋引章之易受騙亦同謝、杜二人有相通之處。惟《救風塵》一劇一反前二劇以文士一方男性友人相助的舊例，塑造了俠妓趙盼兒的形象，這不僅在關劇中即使在元曲中也是比較突出的。這都表明作者觀察的細致和反映生活的多樣化。

以金朝情事為背景的關劇今存有《調風月》和《拜月亭》兩種，同樣處於歷史劇和現實劇之間。就作者當時所處時代環境而言，作為歷史故事劇，二者都最大限度地接近了社會現實。在這一點上，它們都具有較為特殊的意義。

《調風月》描寫婢女燕燕，為貴族青年小千戶所誘奸，不久就發現小千戶另有新歡，始覺悟自己受騙，憤而抗拒，且在小千戶婚禮上揭露其事實真相，最終小千戶家長不得不認可她的「小夫人」身份，燕燕因而獲得了自由人的地位。此劇今僅存元刊本，賓白殘缺，故情節理解多有分歧，然大致脈絡尚可推知。

此劇創作時代亦可大致考定。元前期曲家石君寶《曲江池》第三折〔粉蝶兒〕曲已有此劇「鶯鶯燕燕」作典故，故可知此劇作時不應過後。又，劇中第四折所描寫女真族婚禮「拜門」一事，元世祖至元八年（1271）曾明令革除㉞，漢卿創作時代多半與世祖朝相終始，新出禁令，當不致反而在舞台上炫耀。以此可知此劇作時當在1271年之前，這也可與我們將其歸入的創作階段大致吻合。

《拜月亭》的時代背景與《詐妮子》大致相同，然情節線索更為清楚。從劇情發展可知故事發生在金失中都、宣宗南遷汴梁前後。對關漢卿來說，此段史實未親身經歷，故亦可入歷史故事劇範疇。劇本描寫金臣王鎮有女瑞蘭，因戰亂逃難中與母失散，遇

書生蔣世隆照顧，結爲夫妻，後爲其父强行拆散，但瑞蘭仍思念不已，碰巧世隆考中狀元，二人終獲團圓。今按史實，此劇本事無其它記載，即金臣亦無王鎮其人，可見亦爲漢卿所獨創。因此劇今僅存元刊本，故亦難知其詳，論者衆説紛紜。其寫作時間，關漢卿另一劇《玉鏡台》第二折〔煞尾〕有「伴添香，拜月亭」一句，顯示用此劇作典，據此則可斷定作於《玉鏡台》之前，與《詐妮子》作時相近。

以上就此時期關漢卿的九個劇作作了總括性的敍述分析，容易看出它們也都有著共同的創作傾向，這就是除了個別以外，它們都借用歷史的一點影子進行再創作，其藝術虛構成分遠遠超過了前階段六個歷史劇，這也是我們將其歸入歷史故事劇範疇的一個重要因素。

不僅如此，根據歷史因素和虛構成分所占份量的不同，我們也可以在上述九劇的内部發現這樣一個規律，即歷史因素逐漸淡化、虛構成分逐漸增强。例如從《陳母教子》中我們還可以在《宋史》等書中找到作家依據創作的痕跡，《蝴蝶夢》中這種痕跡即難以在正史中發現，但在傳統上的義母舍子故事中也可依稀搜求，至《魯齋郎》中即僅剩下包公斷案的框架了。以錢大尹審案爲解決矛盾契機的《緋衣夢》劇和上述包公戲略同，而《謝天香》中涉及柳耆卿故事則僅借用了歷史人物的名字，《金線池》中甚至連歷史人物名字也不再出現。《救風塵》中歷史人物名字出現純屬偶合。以金代時事爲背景的《詐妮子》和《拜月亭》，對於剛經歷金元改朝易代的社會大變動的元前期觀衆來説，更具有現實劇的意義。理解了這一點，我們即可以將它同此九劇按時代先後排列聯繫起來，雖然這仍係推論的結果，但也可能較接近事實。

除了劇本性質和類型外，上述九劇在地理背景方面也有著相通之處。這方面如《陳母教子》、《蝴蝶夢》、《謝天香》、《緋衣夢》

和《拜月亭》等五劇地點均在汴梁，《魯齋郎》、《救風塵》地點在鄭州，《調風月》地點在洛陽，《金線池》地點雖在濟南，但主要人物韓輔臣卻是洛陽人。歸結起來不難看出又一個演變趨勢，即此九劇的地理背景已由前階段的不出山西變為此階段的不出河南（個別除外）。而根據前章分析關漢卿南下前行蹤可知，由山西向河南再南下湖湘是一自然順序，故此階段劇作的地理背景同樣證明作品創作的時代。

在體制結構方面，此九劇則顯得相當成熟。我們知道，在前階段六種歷史劇中，主唱角色並非都是主要角色，主唱角色可以在一劇中改扮幾個人物，這種主唱角色和主要人物脫節的情況在此階段劇作中已不復存在。此外，在上述九劇中，由第三者出面作描述性的敍唱體成分已消失殆盡，這些都確定無疑地表明此階段關劇體制已進入了完全成熟的階段。

毫無疑問，從此階段歷史故事劇的性質和手法，從不出河南的地理背景以及成熟的演唱體制，我們很容易將它們同前階段的歷史劇區分開來，也會很自然地將它們歸入繼歷史劇之後的關作中期的第二階段。同樣，這一點不僅由上述三方面各自獨立地予以證明，而把它們結合起來，相互映襯。具體說即性質上由歷史劇至歷史故事劇，地理上由山西進入河南、體制上由不成熟到成熟，它們共同構成了此時期關氏雜劇創作的基本特徵。

據此我們還可以對關劇中另一批佚目作出大致上的歸納，它們是：《呂蒙正風雪破窯記》、《晏叔元風月鷗鷺天》、《秦少游花酒惜春堂》、《宋上皇御斷姻緣簿》、《開封府蕭王勘龍衣》、《董解元醉走柳絲亭》、《風流孔目春衫記》、《金銀交鈔三告狀》、《風月郎君三負心》以及《雙提屍鬼報汴河冤》等十種，雖然它們的詳細劇情和演出體制已不可考，但作為歷史故事劇的性質以及地理背景都與河南有關這兩點還是容易看出的。

　　散曲方面，此階段最突出的即爲一批抒寫離情別緒的風月之作。我們知道，關漢卿一生大半時期都是在漫游中度過的，和他一道的還有一批志同道合的劇作家和演員，他們自中期以後即開始在河北、山西、河南等地流動。由於行蹤不定，難免產生種種悲歡離合，故反映在散曲創作中自然較多離愁別恨。在此之前，雖然也會有環境變動，如由解州到汴梁，由汴梁遷祁州，又由祁州入大都等等，其間亦不無離愁別恨，但總的說來那還是一個比較穩定的階段，安居多於遷徙。而此階段則不同了，流動成了此階段關漢卿行蹤的主要特徵，故散曲創作以離情別緒作爲主旋律即可理解。正因爲如此，我們將關氏散曲這方面題材的作品多在這裡論述，也是比較容易理解的。

　　這方面首先提到的應該是三首「別情」曲，其中如：「自送別，心難捨，一點相思幾時絕」〔南呂‧四塊玉〕，又如：「咫尺的天南地北，霎時間月缺花飛」、「痛煞煞教人捨不得，好去者望前程萬里」〔雙調‧沉醉東風〕，感情真摯動人。而〔商調‧梧葉兒〕一首則更爲著名：

　　　　別離易，相見難，何處鎖雕鞍？春去也，人未還。這其
　　間，殃及煞愁眉淚服。

語言形象，感情深沈。周德清《中原音韻》稱此曲「音如破竹，語盡意盡，冠絕諸詞」❸❺，可說是當時所能達到的最高評價了。

　　別情而外，此階段關氏散曲中值得注意的還有一些閨怨與相思曲，如：

　　　　天付兩風流，翻成南北悠悠。　　　　〔大石調‧青杏子〕
　　　　爲甚憂，爲甚愁，爲蕭郎一去經今久。〔仙呂‧翠裙腰〕
　　　　您那裡歡娛嫌夜短，俺寂寞恨長更。　〔雙調‧新水令〕

顯然，這裡的風月情緣，是關漢卿爲自己傾訴衷腸的同時，也爲具有相同命運的風塵中人洒下的一掬同情之淚，沒有他那「嘲風

弄月」、「尋花問柳」的煙花路上生活，是寫不出來的。

在一些怨曲中，我們還可以體會到作者感情生活的另一面，即早期散曲中表現的家庭婚姻式的離愁別緒。這方面如他的套數〔黃鍾・侍香金童〕中「柔腸脈脈，新愁千萬疊」的閨中少婦，深夜拜月祝告：「不求富貴豪奢，只願得夫妻每早早圓備者。」又如另一套數〔中呂・古調石榴花〕中「守香閨，鎮日情如醉」的少婦，白日里「呼侍婢將繡簾低放，把重門深閉，怕鶯花笑人憔悴」。這裡是不是透露出作者的家庭思念，如同老杜《月夜》詩那樣塑造了一個「香霧雲鬟濕，清輝玉臂寒」的妻子形象？這只能靠想象來完成了。風流浪子畢竟也有家庭生活，何況關漢卿並不就是一個真正迷戀風月妓家的老嫖客，從他晚年所作小令「感時思結髮」㊱來看，我們的推想不是沒有根據的。

總的來說，中期第二階段是關漢卿一生創作的重要時期。此時期不僅散曲藝術在以前已有題材範圍內有新的拓展，在雜劇方面，無論在劇作性質還是內容的創新，都較前有了相當的發展，在體制上更是達到完全成熟的階段。可以說，關氏此階段在雜劇領域達到的成就足以奠定此時期藝術探索的地位，故以歷史故事劇作為此階段創作成就的代表也是名符其實的。

四　晚期：社會問題劇階段

如前所述，回顧關漢卿劇作發展過程，我們不難發現這樣一個趨勢，即由歷史劇過渡為歷史故事劇，最突出的特點就是歷史因素減少而虛構成分增加。這一方面固然說明了作者運用的戲劇性質和類型有了變化，是戲劇觀的拓展問題；另一方面也說明了作者把握題材的觀念也發生了變化。所謂虛構成分增加說到底也就是社會現實的刻劃逐漸取代了對歷史和傳說的演繹。這無疑表

明了隨著作者戲劇創作能力的不斷提高，作品中的寫實主義精神
也不斷增強。

值得注意的是，這種發展勢頭到了關漢卿創作晚期並未隨著
作家年邁體衰而有所減弱，相反卻有了進一步地加強。如果說中
期第二階段以歷史故事劇取代第一階段歷史劇還保留了歷史的一
點影子的話，則此時期的關劇即完全將目光投向了社會和人生，
其劇作類型也由歷史劇、歷史故事劇變成了完全的社會問題劇。

作爲中晚期過渡的作品應當是《玉鏡台》，這也是現存關漢卿
劇作中爭議最多的作品之一。

劇本描寫素有才名的翰林學士溫嶠，到了被稱爲「老子」的
年紀，卻在教表妹劉倩英彈琴寫字的時候愛上了她，隨後詐言爲
劉保媒說親，卻以皇帝御賜的玉鏡台爲定物，偷梁換柱，爲己求
婚，其間雖然倩英反抗，以致大鬧洞房，然由於溫之友人王府尹
相助，設水墨宴調合，終成眷屬。

此劇本身不無所據。溫嶠爲晉代實有其人，以玉鏡台詐娶表
妹劉女之事亦見於《世說新語・假譎第二十七》，從這個意義上說
此劇具有歷史劇的某些特點。然《世說新語》於記溫嶠娶婦同時載
有劉孝標注，卻否定了此事的真實性：

> 按《溫氏譜》：「嶠初取高平李恆女，中取琅玡王詡女，
> 後取廬江何邃女」，都不聞取劉氏，便爲虛謬。

顯然，《世說》所載來自無稽傳言。今查《晉書》本傳，亦無謀娶劉
氏之事。關漢卿創作此劇，即使未查《晉書》，則《世說》中與此段
記載同時並存的劉孝標注不會看不到。明知虛謬而用之，與前述
歷史劇嚴守歷史框架的創作態度顯然有明顯的不合之處。同樣，
渲染歷史人物莫須有的「騙婚」行徑並在舞台上演出，也與前階
段歷史劇歌頌當地歷史人物的慣例有所不合，故亦難以將此劇簡
單地歸入關氏歷史劇的範疇。

事實上，關氏此劇對他自己來說卻是一個不折不扣的現實劇。劇本描寫溫嶠才華出眾且爲翰林學士，僅因「多的幾歲」即討不得所愛女子的歡心，這與關漢卿的經歷不能説沒有關係。須知此時期關氏已年過六旬，還「一心向煙花路上走」，風月場中難免出現類似情況，他的散曲〔南呂・一枝花〕《不伏老》無疑即由此而發。他對「你道我老也，暫休」的説法很不服氣，自稱在這些方面「不曾落人後」。王季思先生談及此劇曾經指出：「溫嶠所唱的〔耍孩兒〕套曲，也可以看作是這種特定條件下的漢卿對所愛者的自白。不過漢卿自身的結局恐怕未必能如溫嶠幸運」❸❼。的確是這樣，漢卿散曲中對此也時有透露，所謂「時間相敬愛，端的怎團圓？白没事教人笑，惹人怨」，「花月約，鳳鸞友，半世疏狂，總做了一場懊」❸❽，如此等等，皆可作爲此劇和關漢卿生活經歷緊密相關的例證。是用以説服所愛者的精神武器，還是作者滿足自我的太虛幻境，這都無關緊要，反正此劇乃關氏周圍現實生活之反映這一點是可以肯定的。

將此劇定爲作者晚年所作的證據在作品中也可以找到。如前所述，此劇第二折〔煞尾〕有「伴添香，拜月亭」一句，《拜》劇既作於中期第二階段，此劇又以其作典，作時之後無言自明。正由於《玉鏡台》劇既有著歷史的痕跡，又具備强烈的現實性，所以將其作爲此時期關劇中的過渡性作品還是合適的。

關作中典型的社會問題劇首先應當提到的是《望江亭》。劇本描寫已故學士夫人譚記兒，在清安觀主的撮合下，再嫁將赴潭州爲官的書生白士中。有權豪勢要楊衙内，因貪記兒美色，欲占爲己有，即在朝中誣陷白士中，並得到皇帝同意，親攜勢劍金牌去潭州取白首級。記兒得知後，即化裝漁婦迎去江邊，用計灌醉楊及隨從，盜得勢劍金牌並文書，白士中因獲保全。後逢府官李秉忠來審理此案，楊遭削職問罪，白氏夫妻終得偕老團圓。

　　此劇本事無考,顯係作者自運。其中反映寡婦命運、權豪勢
要橫行以及中下層漢人官員仕途的險惡,確是關漢卿所處元代極
爲普遍的社會問題。惟劇本稱記兒亡夫爲學士李希顔,查元代名
李希顔的有數人,然皆爲元代後期人,且無任學士者,可知非劇
中李希顔,僅爲同姓名而已㊴。劇名《望江亭中秋切鱠旦》,其望
江亭歷史上在揚州,金海陵王完顔亮南下侵宋,曾至此題詩,有
論者因而認爲此劇作於揚州,今天看來似有未確。望江亭爲歷史
所熟知,故任何弄文學之人皆可移入筆下,並不能以此定寫作地
點,況其僅存於劇名,内容卻明明講的是潭州。而潭州即今湖南
長沙市。據史載,元軍於至元十三年正月破潭州,次年即以此地
爲荊湖等路行中書省治所。明初賈仲明爲《錄鬼簿》補寫吊詞既明
言漢卿有和費君祥「圖南」、「將楚雲湘雨親把勘」㊵的經歷,
潭州乃其必經之路,作爲行省所在地,更是漢卿一行所樂意在此
創作並演出的理想地點,認定《望江亭》作於此也符合關劇多結合
當地人文的慣例。

　　關漢卿筆下社會問題劇中成就最高也最負盛名的是《竇娥
冤》。劇本描寫女主人公竇娥守寡後和同樣守寡的婆婆蔡氏相依
度日,誰知蔡氏因討債差點被害,雖得張驢兒父子相救,但張家
父子卻乘機要挾搬入她家,企圖霸占她們。竇娥不從,卻中了張
驢兒的圈套,被誣毒死人命。楚州貪官不加細辨,將其屈斬,刑
前血濺白練,六月飛雪,此後楚州大旱三年。竇父科舉得官來巡
此地,竇娥鬼魂訴冤,始獲昭雪。

　　此劇題材來源,一般認爲本自《漢書・于定國傳》等書記載的
「東海孝婦」故事,然劇中竇娥臨刑前明言:「也只爲東海曾經
孝婦冤,如今輪到你山陽縣」(第三折〔一煞〕)。第四折竇天章
復審此案時對楚州州官亦講過「東海孝婦」的故事,顯然特地説
明此劇所述與「東海孝婦」傳説只是情節相似,而爲一起新案。

作爲同時期創作的作品，此劇與《望江亭》有相通之處，這就是它們都反映了寡婦的命運問題，只是一爲喜劇，一爲悲劇，權豪勢要在此劇中變成了地痞惡棍和貪官污吏狼狽爲奸。由於係悲劇，劇本在揭示社會問題的廣度和深度方面都超過了《望江亭》，因而爲歷來論者所重視。

此劇創作地點在揚州，自無可疑。至於創作時代，目前亦較明朗。因劇中明言竇父任肅政廉訪使來揚州復審案件，而元代提刑按察使改肅政廉訪使時間爲至元二十八年（1291），江北淮東肅政廉訪司由淮安遷揚州時間則爲至元二十九年，故此劇作時無疑是在此後。又有論者據元成宗大德元年至三年（1291～1299）之間揚州、淮安確曾發生旱災事，以其與劇中「亢旱三年」聯繫起來，因將此劇作時推至1299年之後⓭。聯繫起關劇多與地方人文有關的特點，這樣推測不是沒有道理。然而「之後」恐怕也後不到哪裡去，因爲據《錄鬼簿》記載，大德七年（1303），睢景臣由揚至杭，鍾嗣成與之見面相識，即未聽到有關關漢卿的事，故在後來編纂《錄鬼簿》時，仍將關氏作爲「不知出處，故不敢作傳以吊」的人物，而「姑敍其姓名」⓮，如果真的其時關漢卿仍在揚州，並創作《竇娥冤》劇，同爲曲家且爲揚州人的睢景臣不會一點也不知道，由此可知關氏在揚州作劇必在1300年以前。

由於年老體衰，加之到處流動以及其它原因⓯，關漢卿晚期劇作數量並不很多，但卻具有鮮明特色。通過以上分析，很容易看出作家的藝術目光已由早期中期的面向歷史轉向此時期的面對現實，社會問題劇取代了此前的歷史劇和歷史故事劇。在具體表現上則既有所繼承而又有所拓展。《玉鏡台》中王府尹身爲官府卻出面撮合友人溫嶠的婚事，採取軟硬兼施的手段強迫劉倩英就範，這一點對中期歷史故事劇的《謝天香》、《金線池》的繼承是顯而易見的，而老夫少妻問題以及由此造成的種種糾葛卻爲作者所

新創。至於《望江亭》和《竇娥冤》中出現的權豪勢要、地痞惡棍、
貪官污吏、高利貸以及寡婦再嫁等等社會問題，更代表了此時期
作家觀察的敏銳和筆力的強健。正由於處於創作晚期，作家的生
活閱歷和藝術經驗都已非常成熟，故其作品無論題材内容還是藝
術形式都達到了前所未有的高度，特別是《竇娥冤》，作爲關漢卿
的絕筆劇，在藝術上更是達到爐火純青的地步。

　　在地理背景方面，此時期劇作亦有規律可尋。這就是除了過
渡之作《玉鏡台》，作者沒有涉及其時代和地點之外，其餘兩劇，
一在潭州，一在揚州，顯然都在南方，這就和中期不出山西、河
南的歷史劇、歷史故事劇形成鮮明的對照。這樣，再結合此時期
的社會問題劇性質以及作家對題材領域的新開拓，關漢卿晚期雜
劇創作的特點便異常鮮明地凸現出來了。據此我們亦可確定關漢
卿另一部分佚劇的歸屬。

　　具體説來，與《玉鏡台》主題略同的《老女婿金馬玉堂春》、地
理背景與《望江亭》略同的《劉盼盼鬧衡州》（衡州即今湖南衡陽）
大致即可判斷爲此時期作品。而另一佚劇《柳花亭李婉復落娼》，
據明初賈仲明《玉壺春》第二折卜兒道白：「李婉兒爲甚復落娼？
皆因爲李府尹的兒子也姓李的緣故」㊹。今查《大元通制條格》，
其卷三《戶令》即明載至元二十五年尚書省奉旨：「從今後同姓爲
夫妻的每，交禁約者。」㊺據此，關氏此佚劇定作於至元二十五
年（1283）以後，則亦爲此時期作品無疑。至於其它關劇佚目，
如《盧亭亭擔水挑花旦》、《荒墳梅竹鬼團圓》、《萱草堂玉簪記》、
《月落江梅怨》、《醉娘子三撇嵌》、《風雪賢婦雙駕車》、《沒興風
雪瘸馬記》、《呂無雙銅瓦記》等數種，今既無本事來源，即非歷
史劇或歷史故事劇，亦可歸入此時期之作。

　　散曲方面，此時期亦有脈絡可尋。〔南呂・一枝花〕《贈朱簾
秀》我們都知道是作者在揚州時贈給著名演員朱簾秀的，是一首

題贈之作。而另一首〔南呂・一枝花〕《不伏老》則表現了此時期關漢卿典型的心態，這從他年過古稀仍在南方逗留並且還在藝術上作不懈追求也可看出來。故對關氏「不伏老」的夫子自道亦應從人生觀藝術觀作多方面理解，不宜機械地僅停留在風月場中。同樣，對套曲中「恰不道『人到中年萬事休』」一句也應作普通引喻理解，不應拘泥於漢卿此時尚在中年，這樣才不致於和曲中另一句「一世里眠花臥柳」發生衝突。另外，漢卿之不伏老心態還可見其〔中呂・紅繡鞋〕《寫懷》，所謂「逢人權握手，遇事強昂頭，老精神還自有」。從這一組〔中呂・喜春來〕《新得間葉玉簪》和《夜坐寫懷示子》來看，極有可能爲關漢卿南下返回故園後所作，此時作者已接近了他的人生盡頭，但仍舊體現著這種不伏老的精神。由此也可知漢卿不伏老並非在創作中偶一爲之，而是此時期貫穿始終的生活態度。

　　除了表現不伏老的生活態度外，此時期關氏散曲中還有以自然景觀爲題的。這方面除了人們熟知的〔南呂・一枝花〕《杭州景》以外，晚年所作〔雙調・大德歌〕也有題爲「春」、「夏」、「秋」、「冬」四首的。作者於其中既描繪了「雙燕斗銜泥」、「綠楊堪繫馬」、「雨瀟瀟」、「雪紛紛」的自然風物，又抒發了「幾時添憔悴」、「數對清風想念他」的懷人之情，可説是情景交融了。而前面提到的《新得間葉玉簪》更是一首清新秀麗的抒情和寫景小曲：

　　　　異根厚托栽培力，間色深資造化機，小園新得甚稀奇，
　　魁眾卉，堪寫入詩題。

由此可見，作者對生活的熱愛直到暮年仍然非常熱烈。

　　當然，由於一生的坎坷，此時期關漢卿散曲也充滿了感慨嘆世之作，這方面如〔雙調・橋牌兒〕中的「人生貴適意」、「休爭閑氣」，〔雙調・大德歌〕中所謂「想人生能幾何，十分淡薄隨緣

過」，〔雙調‧新水令〕中的「依錢塘夢魂初覺」等等。從這些作品中，皆可看出作者晚年對人世紛爭的憤激乃至厭倦。

　　關漢卿散曲中尚有一首〔仙呂‧桂枝香〕套數，從其中「不知風流浪子，何處溫柔」曲辭以及全曲表現內容來看，這是一首思遠懷人的戀情曲。因體制係南曲，故輯者多存疑。實際上當爲此時期作者在南方受南曲影響的產物，因四處流動，離恨別情亦所難免，況且關氏熟悉南戲，這從《望江亭》第三折末楊衙內和張千、李稍合唱一支〔馬鞍兒〕南曲也可得到證明，故不能以體制非北曲而將其逐出關氏散曲的領地。

　　〔中呂‧普天樂〕《崔張十六事》在關漢卿散曲中應當說是一個特殊的作品。因其牽涉到關漢卿對《西廂記》的著作權，著者將在第六章《西廂記‧考論》中專門論及，這裡不再贅言。

　　歸結起來，關漢卿此時期創作取得了相當的成就。如前所言，雖然由於年邁體衰，作品數量已不及從前，但質量上卻已達到了藝術的頂峯。雜劇如此，散曲同樣如此，數量雖未超過早期、中期，但舉凡寫景、贈人、嘆世、述懷，種種題材均有涉及，抒情寫意的深度和廣度皆大大超過了以前任何一個時期。可以認爲，和文學史上向來筆力愈健的大家屈原、庾信、李白、杜甫等人一樣，關漢卿晚期創作也爲他獻身藝術的一生劃上了一個光輝的句號。

注　　釋

❶ 參見吳曉鈴《關漢卿戲曲集‧編校後記》，中國戲劇出版社1958年版。

❷ 劉念兹先生指出：「金代早期磚雕，是淨丑居中（見稷山馬村金代段氏墓羣雜劇磚雕），而金晚期磚雕則以末色居中（見侯馬董氏金

墓戲俑），與山西洪洞明應王殿元雜劇壁畫相似。」（《中國大百科全書·戲曲曲藝》「戲曲文物」條）。

❸王鋼《關於元雜劇產生的年代》，載《中州學刊》1991年第2期。

❹本文所引關氏散曲，俱見李漢秋等輯《關漢卿散曲集》（上海古籍出版社1990年版），不再一一注出。

❺鳴珂巷，亦作鳴珂里。指貴公子車馬出入之熱鬧場所。《新唐書·張嘉貞傳》：「昆弟每上朝，軒蓋騶導盈閭巷，時號所居坊曰『鳴珂里』。」

❻楊果北曲中明言「十載區區已四旬」，顯然作曲時已四十歲了。《元史》本傳及《析津志·名宦》均言楊果卒於至元六年（1269），時年七十五，是知其生年爲1194年。准此，此曲作時即不難推算矣。

❼李昌集《中國古代散曲史》第168頁，華東師大出版社1991年版。

❽張月中《關漢卿叢考》，載《河北學刊》1989年第1期。

❾張月中《關漢卿叢考》。

❿一作《從嫁媵婢》，見《堯山堂外紀》卷六八。

⓫《吳梅戲曲論文集》第80頁，中國戲劇出版社1983年版。

⓬清·孔尚任《桃花扇凡例》，引自王季思、蘇寰中合注本，人民文學出版社版。

⓭有論者認爲，歷史劇是指有著重大政治、歷史題材，且有正史記載爲依據的劇作，其餘皆爲歷史故事劇。規定較嚴，然亦可供這裡參考。

⓮《少室山房筆叢》卷四十一，辛部《莊岳委談》下，《明清筆記叢刊》本。

⓯《析津志輯佚·祠廟儀祭》，北京古籍出版社1983年版。

⓰《三國志·蜀書·關羽傳》。

⓱同上，《先主傳》。

⓲同此，《張飛傳》。

⑲《三國志・蜀書・關張馬黃趙列傳》。

⑳《新五代史》卷三十六《李存孝傳》。

㉑參見王雪樵《關漢卿劇作題材地域性淺析》一文，載《山西師大學報》1989年第1期。

㉒李漢秋等輯《關漢卿散曲集》第8頁。

㉓王季烈《孤本元明雜劇・提要》，中國戲劇出版社1957年版。

㉔《關漢卿散曲集》第94頁。

㉕此二劇均見《元曲選》和《元刊雜劇三十種》。

㉖《宋史》卷二八四《陳堯佐傳》。

㉗《醉翁談錄》庚集卷一「閨房賢淑，賢於教子」。又，宋人王辟之《澠水燕談錄》卷九「雜錄」亦有類似記載，可參看。

㉘《元史・太宗本紀》。

㉙《元史・刑法三》。

㉚《元史・世祖本紀》。

㉛《元典章》卷三十「指腹割衫爲親革去」條。

㉜明・梅鼎祚《青泥蓮花記》卷七「謝天香」條引。又，馮夢龍《情史》卷二十二「情媒類」所引大略相同。

㉝轉引自《關漢卿研究資料匯考》第185頁。

㉞《元典章》卷三十《禮部》卷之三《禮制・婚禮》。

㉟該書《定格》所此曲評語。

㊱〔中呂・喜春來〕「寫懷」。

㊲王季思《關漢卿〈玉鏡台〉雜劇的再評價》、《河北師院學報》1990年第2期。

㊳〔雙調・新水令〕四首之一、之四，原載《陽春白雪》後集卷五。

㊴參見王鋼《關漢卿研究資料匯考》第181頁。

㊵《中國古典戲曲論著集成》㈡第116頁。

㊶徐沁君《〈竇娥寃〉三考》，載《黃石師院學報》1983年第4期。

㊷《錄鬼簿》卷上跋及卷下「睢景臣」條。

㊸很可能與長篇巨制《西廂記》創作有關，詳見後面有關章節。

㊹賈氏此劇見《元曲選》，題作「武漢臣撰」，今據《錄鬼簿續編》改。

㊺《大元通制條格》今可見影印明初墨格寫本。

第三章　悲劇研究

關漢卿創作的悲劇問題，自本世紀初王國維認爲《竇娥冤》等
「即列之於世界大悲劇中亦無愧色」以來，學術界涉及這方面已
有大半個世紀的歷史了，但除了《竇娥冤》等少數作品外，眞正以
此爲題正面展開系統論述的並不多見。就關漢節研究現狀來看，
應當說這是一個薄弱環節，而關學要邁出國門，面向世界，這是
必須克服的障礙。

　　目前理論界一般認爲，悲劇按其性質、內容和表現手法，可
分爲英雄悲劇、抒情悲劇、性格悲劇和社會悲劇等多種。以下我
們擬就關漢卿劇作實際，結合理論進行比較深入的剖析。

一　抒情悲劇：《西蜀夢》

　　抒情悲劇爲中國古代戲曲所獨有，其主要特徵爲：抒情性極
强，具體說來即場上人物的主觀抒情構成此類劇作主要的外在形
態，「這樣的悲劇，並無多少複雜的情節和事件的糾葛。戲劇動
作缺乏外在因素，更多的是內在意向」❶。正因爲如此，一般意
義上的戲劇行動、戲劇衝突、情節發展及人物性格等諸多因素在
此類劇中表現多不明顯，這在現代心理劇、散文劇和荒誕劇產生
之前的世界戲劇史上的確比較少見，而在文學領域長於抒情的中
國古代戲曲中倒不乏佳作。元劇除了馬致遠的《漢宮秋》和白樸的
《梧桐雨》以外，關漢卿的這部《西蜀夢》可算較具代表性的一種。

　　此劇全稱《關張雙赴西蜀夢》，今僅存元刊本，賓白俱無，理
解起來頗費周折。第一折上場的主唱人物是蜀國使臣，從他的唱

辭中我們得知，蜀帝劉備目前正刻骨思念著在外地鎮守的「關、張仁弟」，「每日家作念煞關雲長、張翼德」，故使臣奉命登程就道，前往荊州和閬州，宣取二人回京「龍虎風雲會」。前面我們已經分析過，作者這樣敍寫是有其歷史根據的，正史即稱劉備同關羽、張飛「恩若兄弟」❷，顯然此折構思絕非出自矯情，因而劇情一開始即建立在合理的基礎之上。

此折戲的下半部，情況發生了變化。從前五支曲子看，使臣是在赴荊、閬兩州的途中，而第六、七兩支曲子〔金盞兒〕和〔醉中天〕即已道出關羽、張飛雙雙被害的消息，所謂「殺曹仁七萬軍，刺顏良萬萬威，今日被不（歹）人將你算」，這說的是關羽，而「當陽橋喝回個曹孟德，倒大個張車騎，今日被人死羊兒般剁了首級」，則顯然指的是張飛被害事。使臣滿腔悲憤，決心速回奏報，滅吳報仇，由於賓白不全，不知使臣緣何得知二人不幸消息。然荊州既已失陷，閬州又已發生了劇變，可以推知使臣不必到彼二處，即在途中獲得情報。按據史實，關羽荊州敗死時爲漢獻帝建安二十四年（公元219年），第三年，即劉備稱帝後的章武元年（公元221年），「先主伐吳，（張）飛當率兵萬人，自閬中會江州。臨發，其帳下將張達、範彊殺飛，持其首，順流而奔孫權」❸，是可知劉備先知關羽敗死，後知張飛身亡，其間相隔兩年。劇作此處將其處理爲先後同時，在不違背基本史實情況下使得劇情集中，造成了一開始即悲劇氣氛濃烈的特殊效果，從而彌補了外在衝突不明顯的不足。

第二折上場的主唱人物是蜀相諸葛亮。從時間上判斷，此時使臣尚未返回，然而善於「占易理」、「觀乾象」的孔明卻已預知了二人的不幸。從國家前途考慮，這位賢相自然是憂心如焚：

　　　再靠誰挾人捉將，再靠誰展土開疆！

歷史上，和統治北部中國，「戰將如雲，謀臣如雨」的曹操不

同，偏居西川一隅的劉備集團勢力是比較弱小的，甚至和雄踞江東八十一座軍州的孫權集團相比也是相形見絀，所謂文只靠諸葛亮，武不過關、張、趙、馬、黃，其中關羽和張飛，一爲前將軍、假節鉞、董督荊州事，一爲車騎將軍、領司隸校尉，加之和劉備之間關係非同尋常，作爲蜀漢政權軍事上的兩大支柱，可以說是真正的「架海紫金梁」。這一次同時折殞，對劉備集團來說，損失之慘重是顯而易見的。正因爲如此，身爲宰相的諸葛亮甚至覺得作官已沒有意義了；「做宰相幾曾做卿相？」他還設想劉備目前境況亦如此：「做君王的那個做君王？」然而從現實角度考慮，此時的諸葛亮還僅是憑著卜卦而獲得的預示，所以他儘管內心憂憤但尚未就此貿然奏知劉備徒增其憂，正打算「索君王行醖釀個謊。」這些無疑都顯示了諸葛一生惟謹慎的特點。

　　使臣的到來，證實了諸葛亮的預見❹。此時孔明悲憤填膺，爆發的情感已不是先前的內憂，而是不可遏止的外憤，他決心征吳復仇；

　　　　我直交金破震腥人膽，土雨灕的日無光，馬啼兒蹋碎金
　　陵府，鞭梢兒蘸乾揚子江。

應當說，作者這裡描寫和渲染諸葛亮的憤怒還是有其充分根據的。這不僅是關羽、張飛的地位和作用對蜀漢政權至關重要，更讓諸葛亮難以容忍的是東吳此次侵吞荊州。我們知道，早在諸葛亮出山伊始的《隆中對》中他就指出：「荊州北據漢、沔，利盡南海，東連吳會，西通巴蜀，此用武之國」，並提出設想：「天下有變，則命一上將將荊州之軍以向宛、洛」，「誠如是，則霸業可成，漢室可興矣」❺。荊州的失守，使得這一戰略宏圖受到了致命的破壞，孔明對此又怎能不憤恨萬分呢。

　　和前折一樣，此折亦爲主唱角色正末的獨角戲。儘管身份由使臣換成了諸葛亮，並且中間還穿插了有人報告使臣回歸和劉備

惡夢的消息，但場上的外部行動是很平淡的。作家把重點放在關
張身亡、荊襄失守對諸葛亮造成的巨大沖擊上，內心情緒的激蕩
構成了戲劇形象內部的劇烈衝突，這就使得這一折戲貌似平淡實
質上卻是扣人心弦。在開掘人物的情緒和心理方面，作家顯示了
自己的扎實功力。

從劇本第三折開始，即已轉入了非寫實情境，上場的是張飛
和關羽的鬼魂。他們被害後，一靈不滅，駕陰雲徑回西川，要面
見既是君王又是兄長的劉備傾訴別情，並要求代爲報仇雪恨。儘
管這些都出自虛構，但作家卻有意通過寫實的筆觸將其表現出
來，讀者和觀衆可以看到和聽到魂張飛「憶當年鐵馬金戈」的曲
辭：

〔醉春風〕安喜縣把督郵鞭，當陽橋將曹操喝，共呂溫侯
配戰九十合，那其間也是我。我，壯志消磨，暮年折刼，今
日向匹夫行伏落。

慷慨，悲壯！這是齎志而歿、死不瞑目的壯士之鬼，是當年「萬
人敵」活張飛精神不死的象徵，表現的是英雄末路之悲。魂張飛
的上場使劇中悲劇氣氛達到了高潮。

不僅如此，作者還通過魂張飛之口描繪了同爲悲劇人物的魂
關羽：「九尺軀陰雲黑，偺大三縷髯把玉帶垂過」，正是當年
「上陣處赤力力三絡美髯飄」❻的活關羽的變相。魂張飛不知他
這位「荊州的二哥哥」和他一樣，也成了刀下之鬼，出於「陰鬼
將不利於生人」的傳統心理，超初尚欲「向陰雲中」躲避，後經
過觀察，方瞧出破綻：「居在人間世，則合把路上經過，向陰雲
中步行因甚麼？」顯然也是陰魂。此時魂關羽同樣有此心理，他
已見到了魂張飛，爲怕傷害心目中的活愛弟，他也「行行裡恐懼
明聞破，省可裡到把虎軀挪。」由此表現關、張二人即使死後亦
仍篤於兄弟情誼。劇中這樣描寫無疑有其歷史依據，《三國志・

張飛傳》記張飛「少與關羽俱事先主，羽年長數歲，飛兄事
之」。作者於此表現了以寫實筆調出虛幻情境的創作特點。

　　强烈的復仇精神是此劇內容上的重要特徵。關、張二魂於陰
雲中會合並互相弄明情況後，仍舊徑赴西蜀，他們要「先驚覺與
軍師諸葛，後入宮廷托夢於哥哥」，要求發兵征吳，「軍臨漢上
（荊、襄一帶）馬嘶風，屍堰滿江心血流波〔哨遍〕，「直取了漢
上纔還國，不殺了賊臣不講和」〔耍孩兒〕。他們的目的有兩個，
一個是收復失地，一個是懲辦兇犯，所謂「檻車裡囚著三個」
〔二〕，「得那腔子裡的熱血往空潑，超度了哥哥發奠我」〔收
尾〕，復仇情緒超乎尋常的強烈。雖然由於體制因素，這些內容
都由主唱角色正末扮演的張飛抒發出來，但無疑也是他們的共同
心聲。

　　第四折的上場人物和主唱角色沒有多大變化，仍舊以關、張
二魂的角度寫出。然而地點已由途中轉到蜀漢宮廷內部，死難在
外的關羽、張飛，終於以鬼魂的身份見到了也在朝夕思念他們的
「官裡」兄長，他們的情緒也由前一折的悲憤變成了此一折的淒
涼。我們看到，在前一折中，關、張二魂急急趕到西川，希望盡
早見到劉備和諸葛亮，發兵征吳，收復失地，討還血債。其時由
於新亡，他們不可能馬上意識到生與死的巨大界限，決定他們情
緒和行動的仍是生前指揮千軍萬馬的英雄豪氣。他們不甘心就此
「向匹夫行伏落」，報仇雪恥的情緒支配著他們的一切，故不可
能也顧不上有其它想法。然而，到了這一折，兄長劉備的宮殿就
在目前，而且「正是帝王的天壽，列丹墀宰相王侯」，宮中正在
慶賀劉備的壽辰，但他們卻不能像往常一樣由門口光明正大地進
去：

　　　〔倘秀才〕往常真戶尉見咱當胸叉手，今日見紙判官趨前
　　退後。元來這做鬼的比陽人不自由！〔叨叨令〕早朝靴趿不響

玻璃甃，白象笏打不響黃金獸，元來咱死了也么哥，咱死了
也么哥！

按迷信說法，陰鬼不得晝現，即夜間出遊也有門神戶尉鎮住，所
以魂張飛悲嘆「做鬼的比陽人不自由」，又因爲陰鬼乃虛無之
物，故行動無聲，直到此時他們纔真正意識到生命早已離開自己
了。這對於不久前還勇冠三軍、威鎮敵膽的關、張二魂來說，再
沒有比這更痛苦的事了。他們只好「駕一片愁雲在殿角頭，痛淚
交流。」正因爲如此，他們情緒抒發充滿了淒涼，場上氣氛也由
前一折的激昂變成了此一折的壓抑。

　　終於，他們在夜深人定後見到了兄長，但見面情況也與以往
大不相同：「官裡向龍床上高聲問候，臣向燈影內悽惶頓首」。
劉備尚不知他們已是陰魂，仍像往常一樣「歡容兒抖擻」，但魂
張飛和魂關羽卻「躲避著君王，倒退著走」，其原因無疑仍出於
兄弟情誼，怕自己的陰氣傷犯了仍活著的兄長。他們相敍起「三
十年交契」和「心相愛意相投」的友誼，並像普通人一樣拜托照
看自己的後裔，所謂「來日交諸葛將二愚男將引，丁寧（叮嚀）
奏。」顯得人情味極濃。當然，他們最終並未忘卻此來的目的，
要求「活拿住糜芳共糜竺，閬州裡張達檻車裡囚」，從而和前面
各折的復仇情緒呼應起來。

　　應當指出，作者在史實方面犯了一個小小的錯誤。據史載，
叛迎孫權、導致關羽敗亡的是南郡太守糜芳，而糜竺雖爲其兄
長，實未參予，並在事後「面縛請罪，先主慰諭以兄弟罪不相
及，崇待如初。竺慚恚發病，歲餘卒」❼。由此可見，糜竺實非
害關羽的元兇，而此劇數次提及仇人乃「糜芳糜竺共張達」，可
能以其兄弟，未加細考，即作一丘之貉看待，其實是寃枉了一個
無辜者。好在是一個歷史劇，此類小失誤並未造成太大的損害。

　　關、張死後魂返西蜀托夢報仇的傳說在元以前的史料中尚不

多見。晚唐詩人李商隱《無題》詩中「益德寃魂終報主」❽一句為目前所僅見,然亦只涉及魂張飛之事,況詩語太簡,無法考知詳情。元代平話《三分事略》及《全相平話三國志》均無相應衍述,惟明初羅貫中《三國志通俗演義》中「玉泉山關公顯聖」一節有關羽魂返西川托夢劉備要求報仇之事,然時已遠在此劇之後了,況亦並非兩魂並赴之事,此劇這方面在很大程度上為自己的藝術虛構,由於這種虛構符合歷史上劉、關、張之間「恩若兄弟」的關係,故並未破壞該劇作為歷史劇的基本素質。

鬼魂問題曾是關劇中爭議較多的一個問題,有論者認為鬼魂的出現客觀上宣傳了封建迷信,應予否定,也有論者則認為鬼魂代表著悲劇人物的復仇精神,應予肯定。在今天,我們從世界戲劇史的角度來看,這個問題不獨存在於關劇,甚至也不獨存在於中國戲曲,西方悲劇從埃斯庫羅斯《復仇神》到莎士比亞的《哈姆雷特》,「鬼魂的戲劇效果和帝王主人公的戲劇效果一樣,都是以觀眾的相信為轉移」❾。《西蜀夢》中關羽、張飛鬼魂的出現也一樣,無論作者關漢卿還是元代的勾欄觀眾,都是真正將他們作活生生的人物形象看待的,劇中兩個鬼魂實際上具有悲劇人物的一切實體素質,這不僅是那個時代人們相信鬼魂的實在性,也是作者力圖以寫實的筆調予以刻劃的緣故,所謂以實筆寫虛境,因而無法將他們排除在悲劇人物之外。即在今天,人們已不再相信鬼魂的任何實在性,但作為一種文化現象,或者說將其作為一種復仇意志的象徵,這兩個鬼魂形象完全有理由在舞臺上繼續存在下去。

在較為詳細地分析了《西蜀夢》的四折內容之後,不難發現,強烈的抒情是此劇創作最顯著的特徵。這首先當然為劇情發展所必須,另一方面卻由此構成了此劇性質和形態的決定性因素。

從作品的選材來看,作者把藝術目光定位於蜀漢政權慘痛巨

變的關鍵時刻。如前所析，關羽、張飛的被害，漢上九郡的丟失，對劉備集團來說，即使不是致命的，起碼也是傷筋動骨的損失，諸葛亮所言「單注著東吳國一員驍將，砍折俺西蜀家兩條金樑」〔第二折〕，作爲一個精明的戰略家，他是看到這一點的。即如劉備，其傷心震慟，一方面固然出於兄弟義氣，另一方面同樣由於事業的蒙受挫折（第一折使臣的悲憤實際上也是傳遞了劉備的心聲）。對於關羽、張飛來說，由勇冠三軍、威鎮敵膽的「萬人敵」上將一下子變爲百無一能的冤魂，感情的落差更是異常巨大的。此劇正是選擇在這一係列事件的臨界點，這就決定了緊隨而來的必然是不可遏止的情感爆發。

正由於抒情因素在作品中佔了主導地位，作者將戲劇創作的其它因素都作出淡化處理。這裡包括了西方戲劇理論家特別重視的戲劇行動、主要人物以及戲劇衝突。

就戲劇行動而言，亞里士多德稱「悲劇是對於一個嚴肅、完整、有一定長度的行動的摹仿」，又云：「在悲劇中，情節乃第一要素」❿。衆所周知，戲劇情節和戲劇行動乃不可分割的二位一體，傳統劇論因而將行動（主要爲外在動作）的集中強化作爲舞臺劇的一個重要特質，美國人勞遜則乾脆認爲：「戲劇性動作是一種結合著形體運動和話語的活動」⓫。然關漢卿此劇的外在動作並不劇烈，從上面的分析中不難看出，無論是第一折使臣的激憤，第二折諸葛亮的憂悶，還是第三、四折關、張鬼魂的悲涼，其情節並不複雜，作者安排的是大段唱腔以作人物的抒情，而複雜的劇情和劇烈的形體動作適足是削弱而不是加強這種抒情的氣氛，故作淡化處理乃是自然而然的事。

在悲劇人物安排上，此劇似乎也沒有一個貫穿始終的主要的悲劇角色。劇名《關張雙赴西蜀夢》，但悲劇人物關羽沒有唱腔，張飛的唱腔至第三折之後纔出現。第一折蜀國使臣代表了劉備，

第二折主唱角色乃蜀相諸葛亮。以情理論，在此次悲劇事件中，關張固爲悲劇人物，但劉備和諸葛亮的心理挫折同樣相當嚴重，作者沒有正面描寫關羽夜走麥城、張飛閬中過害也正是出於不致忽略劉備、諸葛亮悲劇心理刻劃的考慮，顯然作者意在表現一個完整的悲劇性事件。正是在這個意義上我們説此劇有「一個嚴肅，完整，有一定長度」的悲劇性行動，借用一句理論術語來概括，這是一個「事件悲劇」。如果只强調關張或者張飛爲劇中主要人物反倒破壞了此劇「行動的整一性」。

　　既然此劇重在事件整體而不是專門突出某個人物，所以人物性格亦非作者所關注的重點。一人主唱本有助於主要人物性格的刻劃，但作者卻讓其扮演三個人物，第一折無名的使臣固然無法見其性格，第二折諸葛亮的幾段曲辭也不足以完成對其性格的刻劃，後兩折雖以魂張飛作爲主唱角色，但從其因百無一能而變得悲憤壓抑的情緒渲洩也看不到明顯的性格特徵。因爲這並非作者爲自己規定的任務。亞里士多德論劇將情節放在第一位，而關氏此劇處於第一位的則是事件及人物抒情的場面。這也是此劇給讀者和觀衆留下的「印象的整一性」。

　　在戲劇衝突方面，此劇同樣顯示了外在淡化的特點。「所有的戲劇基本上都產生於衝突」⑫，英國學者尼珂爾的這句話當然是不錯的，沒有衝突即沒有戲劇，這已成了當今人們的共識。然而傳統劇論在相當程度上側重於人與人之間的對立面雙方的矛盾衝突，並以此作爲激發舞臺效果的藝術力量，如勞遜所表達的那樣：「戲劇的基本特徵是社會性衝突——人與人之間、個人與集體之間、集體與集體之間、個人或集體與社會或自然力量之間的衝突。」⑬《關張雙赴西蜀夢》則不同，無論哪一折戲，我們都沒有發立對立雙方的矛盾衝突。當時衝突雙方爲西蜀和東吳，適於表現這方面内容的不是沒有，例如關羽夜走麥城、張飛閬中被害

都具有相當的外在衝突性，然作者皆捨棄不用，僅取西蜀一方，主唱角色更換數次，但都不在同一場中出現，由於皆出於同一營壘，又構不成矛盾衝突。每一折表現形態且同爲單一的抒情，故如果單從人與人之間對立衝突角度考量，此劇最缺乏衝突的力量，因而也最少戲劇性，有論者認爲此劇「衝突結構不完整」⓮，不是完全無因而發的。

但是，能否根據戲劇行動、戲劇衝突外在的淡化以及主要人物消融在事件之中而否定此劇爲悲劇呢？顯然不能，因爲戲劇的性質和類型既可以由主要人物也可以由貫穿全劇的行動和事件來決定。以此劇論，對蜀漢政權來說，大將關羽、張飛幾乎同時被害和戰略要地荊州、閬州「兩座磚城換做土丘」不啻一個令人震驚的大悲劇，劇本描寫悲劇中各種人物，從皇帝劉備、宰相諸葛亮到已爲冤魂的關羽和張飛，悲劇的氣氛隨著劇情展開一層深似一層，直到最後亦未出現中國古典戲曲特有的「亮色」。劇本第四折末尾還出現這樣的曲辭：

〔二〕相逐著古道狂風走，趕定湘江雪浪流，痛哭悲涼，
少添儍愁。

正如王國維所言，此劇「初無所謂先離後合，始困終亨之事也」⓯。顯然是不折不扣的悲劇。

至於戲劇行動和戲劇衝突，目前一般認爲它既包括外在形體方面也包括内在精神方面。由於此劇將藝術焦距定位於慘痛巨變的沖擊之時，由此產生的巨大爆發力即構成了此劇悲劇力量的主要來源，其主要表現形式當然是内在的、精神上的，情感活動本身即爲戲劇行動的構成部分。即就外在行動來看，此劇從使臣奉命起程到中途返回，從諸葛占卜先知到終得證實，從關張鬼魂相遇到西川托夢，雖然賓白俱無但仍有大致脈落可尋，構成「一個嚴肅、完整、有一定長度的行動」，應該說不成問題。

　　行動如此，衝突亦不例外。此劇雖然在人與人之間矛盾衝突方面不很明顯，但内在衝突卻是激烈的。就劉備而言，衝突表現在結義兄弟「長存終始」的願望和眼前生死分離的現實之間，對諸葛亮來説，衝突即在於依靠關、張這兩條「金樑」和荊、閬等戰略要地圖王霸業的計劃和這些計劃霎時成空之間，至於關、張的鬼魂，同樣存在著内在精神上的衝突，這就是不久前還是叱咤疆場的猛將和突然變成百無一能的宽鬼之間的心理反差，而差别本身就是衝突之源，此劇雖然没有表現對立雙方劍拔弩張的外在衝突但仍舊顯示了震撼人心的悲劇力量，其原因也正是在這些方面。

　　這樣，外在戲劇行動和衝突的淡化處理即爲悲劇人物的抒情開闢了一個廣闊的空間，事實上這也是元雜劇乃至中國古代抒情悲劇的共同特點。可以這樣假設，如若此劇選材角度爲走麥城和閬州遇刺，則肯定有利於表現蜀吳雙方的矛盾衝突，外在行動性肯定更加劇烈，情節和場面也肯定愈加曲折熱鬧，這樣，雖然同樣塑造關、張二人的悲劇形象，但劇作的性質和類型則會有根本的改變。當然其中仍不排除抒情因素的存在，不過它只能作爲人物性格塑造和情節發展的副產品，而不能如目前這樣作爲表現式的主體和戲劇衝突的外在形態，故此劇雖然表現英雄末路之悲但卻不能歸入通常意義上的英雄悲劇範疇。同樣，儘管抒情本身即爲人物心理活動的外在形態，也不能就此將此歸入近代意義的心理劇疇，爲了恰當反映此劇的創作特徵，稱其爲抒情悲劇還是較爲恰當的。

　　關漢卿此劇作爲抒情悲劇的上述特點也是時代造成的。我們已經知道，此劇作於作家雜劇創作的早期，體制上還帶有諸宮調等説唱藝術的痕跡，故大段的紋唱抒情佔了主導的地位，而有利於代言的外在動作和正面衝突皆不爲作者所重，重在事件過程的

刻劃而不突出某個主要人物也是由正末輪換扮演角色的體制所決定。所有這些，在雜劇體制上看固屬不成熟的表現，但若從抒情悲劇這個角度考慮，上述諸因素卻又爲創作所必須，因而也是理所當然的。站到世界戲劇發展史的高度衡量，即使西方古希臘悲劇的外在行動和衝突亦並不比此劇更複雜和更多，何況他們也同樣不重視人物性格的塑造。肯定這點，今天我們就更沒有必要根據傳統上重情節、性格和外在行動及衝突的戲劇對此劇妄自菲薄，甚至橫加指責了。

二 英雄悲劇：《哭存孝》

英雄悲劇，顧名思義就是以英雄人物及其事跡爲題材的悲劇。在世界戲劇發展史上它出現得最早，古希臘悲劇題材除了神話以外，最主要的就是出身高貴、聲名顯赫的英雄人物了。亞里士多德因而總結悲劇人物應該是「名聲顯赫，生活幸福」⑯，並列舉了俄狄浦斯、堤厄斯忒斯這些國王或貴族作例證，亞氏理論對西方古典戲劇有著廣泛而深遠的影響，以致成了不可逾越的軌範。這種軌範對關漢卿來說當然沒有任何約束力，但其《哭存孝》一劇卻暗合了西方劇論於悲劇人物身份的要求。

《哭存孝》全名應該爲《鄧夫人苦痛哭存孝》，和《西蜀夢》一樣，都是關漢卿早期的作品。劇本從開始即交待了事件發生前的歷史背景：唐朝末年，北方沙陀族軍閥李克用，乘黃巢起事天下大亂之際，擴充地盤，發兵擊敗了黃巢，使得搖搖欲墜的唐帝國得以苟延殘喘。由於此項功勞，唐廷即允許其部下鎮守所奪佔的城池，悲劇即以此爲基礎展開。

李存孝是李克用部下的一員驍將，原名安敬思，後被李克用收爲義子，跟隨李克用轉戰南北，立下赫赫戰功，劇本通過李克

用之口說他「擒拿了鄧天王，活挾了孟截海，撾打了張歸霸；十八騎誤入長安，大破黃巢，復奪了長安」。然而就是這樣的李存孝，卻在分配鎮守城池時受到了不公正的待遇。先是，以其功大，李克用安排他去鎮守最富饒的潞州，後竟為另外兩個義兒家將李存信和康君立奪去，而李、康兩人此前了無寸功，只會在李克用面前唱曲跳舞獻媚，深得後者信任。這就為以下李存孝的進一步遭讒埋下了伏筆。

我們看到，在這一折中，此劇主要人物皆已出場亮相，除了就此交待事件的歷史背景外，人物身份及相互關係亦已點明，更重要的是，貫穿全劇的矛盾衝突也已展開，這就是李存孝夫婦和李存信、康君立之間的正邪衝突。本來，李、康二人「不會開弓蹬弩，也不會廝殺相持」，寸功皆無，無法構成和功臣李存孝對立的勢均力敵的一方，但由於他們善於逢迎諂媚，李克用此時又已近暮年，銳氣全無，整日昏醉，喜好奉承拍馬的小人，又以「太平無事，全不想用人得這之際」，因而客觀上成了小人們施展陰謀的靠山，李克用妻劉夫人是個和事佬，關鍵時刻不能仗義直言，而存孝妻鄧夫人雖然聰明，但其地位和輩份都不允許她有所作為。這樣，劇本從一開始即注定了李存孝悲劇的不可避免性。

此折末尾，李存信、康君立排擠李存孝，奪得潞州鎮守權尚不就此罷休，他們猜疑存孝為此事「必然有些見怪」，竟一不做二不休，索性下決心「別尋取存孝一樁事，調唆阿馬（克用）殺壞了存孝，方稱平生之願」，這就自然將劇情過渡到了第二折。

劇本第二折悲劇進一步發展。李存孝夫婦被排擠到兇險之地邢州鎮守，然「操練軍卒有法，撫安百姓無私；殺王彥章，不敢正眼視之，鎮朱全忠，不敢侵擾其境」，他是依舊克盡職守，不以受屈懈怠，唯獨不防著小人暗算。康君立和李存孝按其罪惡計

劃，又開始讒害的第二步，他們假傳李克用之命，讓李存孝改爲原來的安姓，正直的李存孝立即照辦，儘管其妻鄧夫人提醒他這其中可能有詐，雖然他本人對此也感到不快！「今日個嫌俺辱末你家門，當初你將俺真心廝認！」而且由此體會到李克用的個性已今非昔比！「俺這裡忠言不信，他則把讒言信」，但他太輕看了李存信、康君立這樣的小人，不認爲他們會幹出什麼樣的大事。然而事實證明他錯了，因爲所謂小人正是那些好事不能壞事有餘的無賴之徒。比如他們剛騙李存孝改姓，旋即回到李克用那裡進讒，稱李存孝私自改姓是要反叛，昏庸的李克用立即信以爲真，馬上要「點番兵，擒拿牧羊子（存孝）」，後爲劉夫人勸阻，稱她將親往察聽虛實。

　　直到此時，情勢的發展還沒有出現對李存孝致命的威脅，因爲「和事佬」劉夫人儘管在前折中表現不能仗義直言，但此次主動要求前往調查，真相大白還是大有希望的。況且如果證實李存信、康君立是在假傳令旨，此二小人的陰謀就會徹底破敗，則此劇也就不成其爲悲劇。事實上以下此折的發展也是沿著這條路子走下去，劉夫人赴邢州，很快即弄清李存孝改姓的真相，並要李存孝隨她親赴李克用處與李存信二人對質，「白那兩個醜生的謊來」，以致連精明的鄧夫人也轉憂爲喜，她叮囑丈夫：一旦弄明真相，「你把那康君立、李存信，用著你那打大蟲的拳頭著一頓」，「可與你那爭潞州寃仇證了本」。劇至此，對李存孝來說，完全可以算作是亞里士多德所稱的悲劇「順境」。

　　可惜好景不長，「順境」很快即轉入了「逆境」，其轉機是在劉夫人領李存孝剛入李克用府門之時，他們未及當面言明真相，即落入小人設下的圈套。李存信謊報劉夫人親生兒李亞子打圍落馬，命在須臾，劉在慌急中不待替存孝解除危難即匆匆離去，李存信因得繼續施展陰謀，乘李克用醉中自說「五裂葅送」

（蒙古語，意指喝醉了），即傳假旨，將李存孝車裂。

分析至此不難看出，此折戲在結構上存在著值得注意的特殊之處，這就是悲劇人物由順境向逆境「突轉」得太快，轉變過程完成的同時也是悲劇結局的完成之時。突轉和結局二位一體，這在中外古典悲劇中的確是不多見的。

還應該指出，按一般規律，悲劇主人公的受難之極即為悲劇的高潮。但在此劇此折李存孝被冤死前不久還處於即將勝利的順境，儘管第一折以不得潞州而只好赴邢州鎮守爲失意，但那稱不上受難，況且那還只是悲劇的開始。當然，李存孝死前亦曾有過幾句臺詞和動作，如質問李存信殺他之故，又將衣甲武器除下托人帶給鄧夫人作訣別意念，並慘呼「英雄屈死黃泉下，忠義孝義下場頭」，但這些僅爲一匆忙過場，主唱角色既非悲劇人物本人，則其間抒發感情本來即爲一弱項，更何況作者並未專門爲此安排專場，結束匆忙便是很自然的了。

同樣，按一般規律，悲劇結局的出現也就意味著全劇的終結，西方劇論家有的甚至認爲高潮一過就應該結束全劇⓱，此劇則不然，作者於李存孝被車裂後仍安排兩折戲，相當於全劇一半的篇幅來表現李存孝死後的情節。

似乎作者自己也感到處理悲劇人物李存孝之死太匆忙了，於是在第三折又專門安排番卒「忙古歹」向劉夫人報告李存孝被車裂的詳情。然已如前章所言，這實際上是早期雜劇仍舊不脫說唱藝術的痕跡，是敍唱體向代言體過渡的一種形式，這在元前期劇作中並不乏見。關漢卿在劇中如此安排，顯然是由時代舞臺的演出體制所決定，並非劇情發展所必須。當然，劉夫人派小番去打探存孝情況這一舉動，在一定程度上改變了她偏狹自私的形象。讀者應當記得第二折她將李存孝領到李克用門口，僅因李存信謊報一句「亞子打圍落馬」便立即拋開急需她幫助擺脫危境的李克

用不顧，致使二賊的陰謀得逞。事實上以劉的身份地位，幫助存孝剖明真相只是三言兩語的事。這一點連憨直的李存孝也有所知，他哭求劉講明白再走不遲，卻反遭後者「打推科」。於是李存孝只有悲嘆：「亞子終是親骨肉，我是四海與他人。」應當說，對於李存孝之死，劉氏有著不可推諉的道義責任。她看到親子無事，方悟爲李存孝所誑，轉而纔爲李存孝擔心，小番來報存孝被害的經過，這個只顧自己的老婦人心中自然也湧上一種內疚之意，轉而這種歉意又轉化爲對李存信、康君立的憤怒，這一方面也爲自己也受到這兩個小人的誑騙，自尊心大遭損害的緣故。這樣也即爲以下一折力促李克用勸善懲惡之舉打下了基礎。

當然，就關漢卿的本意而言，第二折讓劉夫人聽到李存信誑報後即不顧存孝而匆忙離開，顯然是爲了使悲劇得以完全而故意作出的一種延宕，否則劉夫人順利說出真相，李克用及時醒悟懲辦小人，悲劇的性質即遭到破壞，這是作者所不願看到的。也極力避免使此劇中途蛻變爲喜悲劇或喜劇，這樣處理自然有其合理之處，也爲劇情發展所必需，但問題在於這種處理太匆忙，以致留下了人爲的痕跡，本來作爲正義一方監護人的劉夫人形象受到了不應有的損害，留給讀者和觀衆印象的也是缺乏同情心的「任人唯親」，這恐怕是作者關漢卿所始料未及的。

有了前三折，則第四折內容即爲順風推舟的事。李存信和康君立的陰謀實際上只是一些淺薄的伎倆，只有在李克用的昏庸糊塗以及酒醉狀態下才能得逞。如果說他們假傳令旨讓李存孝改姓事後因死無對證尚可混賴的話，則重複同一伎倆讒殺李存孝的作法即太不高明，隨著李克用酒醒、劉夫人得知實情，查問起來自然會不攻自破。所以，從這個意義上說，第四折較第三折更缺乏戲劇性，懲治李存信、康君立並爲李存孝祭靈昭雪固然沒有對已經形成的悲劇氣氛造成根本上的破壞，但始終抹不掉讀者和觀衆

心目中的「蛇足」印象。

　　然而，關漢卿畢竟是一代戲劇大師，即使在極其不利的藝術構思中也能見其表現的功力。他在第四折讓存孝妻鄧夫人身背屈死的英雄骨殖，手持引魂旛痛哭登場，這個安排本身即挽救了一場戲：

　　　　〔雙調・新水令〕我將這引魂旛招颭到兩三遭，存孝也，則你這一靈兒休忘了陽關大道。我撲簌簌淚似傾，急穰穰意如燒；我避不得水遠山遙，須有一個日頭專到。

　　　　〔水仙子〕我將這引魂旛執定在手中搖，我將這骨殖匣輕輕的自背著。則你這悠悠的魂魄兒無消耗，你可休冥冥杳杳差去了！忍不住痛哭嚎啕。……

慘痛淒厲，催人淚下。清人王季烈評此劇「曲文樸質，自是元人本色」，確有道理，但同時又稱其「俊語無多」❶，如果這指的是前三折缺乏抒情氣氛的曲辭尚可，放在此處評論則顯得不太合乎實際。

　　固然，鄧夫人在此劇中非悲劇主人公，但作為李存孝的妻子，她和丈夫一道經歷了從忍氣吞聲赴邢州到膽戰心驚求對質。她不是個糊塗人，對小人的暗算和李克用的昏瞶，她甚至比李存孝還要清醒，無論是改姓還是去對質，她都曾盡自己所能提醒過丈夫，但最終仍舊挽救不了家破人亡的命運。就這個意義上說，她也是個悲劇人物，並且還是個特殊的悲劇人物。其特殊性除了在四折戲中擔任三折的主唱角色以外，她還是這場悲劇自始至終的經歷者和承受者（明明料到卻不能救，她的痛苦甚至較李存孝亦毫不遜色）。正因為如此，第四折中她的上場弔旛痛哭讒具有震撼人心的悲劇力量，這位聰明而不幸的女性沒有同任何人道辭（她看透了），獨自一人背負丈夫骨殖引魂還鄉，此時她的哭聲牽動了讀者和觀眾的心。

　　李克用這個形象同樣值得注意，歷來論者都沒有把他作爲悲劇人物看待，其實在這一齣戲只有他纔更符合亞里士多德所規定的悲劇人物定義，即所謂地位高貴，名聲顯赫，「他之所以陷於厄運，不是由於他爲非作惡，而是由於他犯了錯誤。」⓳事實上也正是這樣。歷史上的李克用，在唐末社會大動亂中曾以狡詐多謀、狠勇善戰著稱。他由一個割據一方的少數民族軍閥逐步擴充力量和地盤，終於奠定了後唐王朝的基礎，説他「地位高貴，名聲顯赫」是再合適不過的。然而此劇中出現的李克用，已接近暮年，耽於安樂，整日昏醉。他對李存孝的功勞自然比誰都清楚，論功行賞分配鎮守地時，超初倒也不失公道，將條件最好的潞州派給李存孝鎮守，但卻當不住李存信、康君立二人的奉承諂媚，又出爾反爾變了卦，使得存孝失望以至寒心，即使周德威這樣的老將都覺得不合理。除此而外，李克用還不辨賢愚，讓李存信、康君立這樣的小人牽著鼻子走，聽到所謂李存孝改姓反叛的謊報，立即要出兵攻殺。爲他打天下立下汗馬功勞的李存孝終於在他的酒醉糊塗中被害，他當然負有不可推卸的責任。

　　然而，李克用又並非存心「爲非作惡」的惡人。作爲一軍之主和義父，他當然知道李存孝的神勇在他一生事業中所起的作用，他的主觀安排儘管有不當之處，但卻不是致命的。即就第一折分配鎮守城池上看，他將李存孝派去條件相對較差的邢州鎮守，而把條件最好（富庶、無戰事）的潞州分給了無寸功只會諂媚奉承的小人固然是他的糊塗之處，但實事求是地分析，刑州既地近強敵：「是朱溫（梁太祖，克用之宿敵）後門，終日與他相持」，派李存孝這樣的一等大將去鎮守確屬必要，否則邊境不寧，爲禍不小。聽到謊報即欲率兵去攻殺李存孝固然表明他不辨賢愚，但當劉夫人出面勸阻時，他也就收回成命了。更重要的是，他在聽到劉夫人回報説「不是我去呵，險些兒送了孩兒也」

一句囫圇話，雖然未便就能充分理解，況且在醉中，他的確也没有下達處死存孝的命令，而是推説「我五裂箋送」（醉了），想要休息。李存孝之死，在他的確没有直接責任。正因爲如此，他酒醒後對李存孝被害的震驚和痛心便具有一定的真實性。對李存信之流的小人陷害，壞他柱石的行徑更不能容忍，同時也爲了安定軍心，撫慰將士，他最後斬殺二賊，親祭李存孝並恩養鄧夫人便是再自然不過的。

然而，人死不能復生，李克用的悔恨也罷，採取補救措施也罷，這場自毀長城的悲劇是鑄定了：

> （做哭科，云）哎喲，存孝兒也！（念）我聽説罷淚千行，過如刀攪我心腸，義兒家將都悲戚，只因帶酒損忠良。
> ……

作爲客觀上的悲劇製造者，李克用自身的悲劇在於「無意識的錯誤與未加思慮的愚蠢」[20]。然而話雖如此，失掉愛將的痛苦只好由他自己慢慢地品嘗了。

一般認爲李存孝形象是此劇作者全力刻劃的悲劇主人公，事實上整個劇情主要是圍繞他的受屈乃至遭小人誣害這個中心事件展開的，儘管第二折末他的生命已經結束，後來也没有鬼魂上場復仇等事，然第三折的忙古歹講述和第四折鄧夫人的引旛痛哭以及李克用等人拜祭，其對象都没有脱離這個中心，爲了使這個人物形象更加高大完美，作者甚至不惜對史實作較大改動，從前一章考論此劇中我們即已清楚，歷史上的李存孝被車裂，一方面固然由於李存信、康君立的進讒，另一方面與他自己的爭功偏狹以至「附梁通趙，自歸於唐」的謀叛行徑也有著不可分割的聯繫。對這些作家一概刪削不書，甚至史書上記載較爲詳實的李存孝叛後又降，向李克用「泥首請罪」，結果仍被處死的頗具戲劇性的細節，作者概不採用，其偏愛之心灼然可感。

　　當然，作品中的李存孝形象亦並非完全高大完美，嚴格的現實主義精神促使作者力避筆下出現扁形人物，對於李存孝，則忠實地劇劃他正直達到近乎顢頇的地步。劇本第一折描寫存孝被告知去鎮守最差地面邢州的時候，他不同李克用據理力爭，並爭取老將軍周德威以及劉夫人的支持促使李克用改變主意，反而盯住李存信大吵（他理應知道這樣吵是不會有任何結果的），這也罷了，第二折李存信、康君立前來假傳李克用命令讓復安姓，此事何等重大，牽涉到他同主帥之間的根本關係，以這種方式出現決無可能，連鄧夫人都說這不可信，他卻深信不疑，並不想想不久前為潞州事和李存信已吵到互相中傷的地步，轉眼間竟對之半點芥蒂皆無，全無防範，令人莫名其妙。如果說是秉性正直、寬厚待人，則此前即不必為鎮守地條件優厚與否斤斤計較，以致大動肝火。不僅如此，當劉夫人怒氣沖沖地前來質問改姓原因的時候，李存孝理應馬上理直氣壯地講明，但他卻避開話題，只是一味向劉勸酒，反而需要妻子的一再催逼：「你不說等什麼那？」這就使人感到不是膽虛便是個窩囊廢，縱觀前後，李存孝的悲劇，一方面固然由於小人的讒毀和李克用的昏瞶，另一方面也是他自己失於輕信以及在政治、人際關係上的不成熟等弱點造成的。在這個意義上我們說，李存孝也是一個犯了錯誤的悲劇人物。

　　正由於李存孝、李克用、鄧夫人等都具出身高貴、聲名顯赫的地位，他們的悲劇又非因本人的「為非作惡」，而是犯了錯誤所致，此劇表現形態於抒情的同時也注重情節和人物性格的刻劃，與前面分析過的《西蜀夢》同中有異，將此劇歸入英雄悲劇範疇應當說還是符合實際的。

　　此劇在類型和體制結構上還有其獨到之處。仔細考察劇本即可發現，其中最突出之點就是主唱角色鄧夫人非悲劇主人公，而

李存孝作爲悲劇主人公卻又不是主唱角色。誰都知道，元雜劇一人主唱本來即有利於主要人物的塑造，李存孝既非主唱角色，則許多關鍵場合其心理、情緒即無法淋漓盡致地表達出來，從而影響了對他形象的全力塑造。其次，李存孝之死安排在第二折而不是末折，甚至亦非元劇通常出現的第三折。如前所言，悲劇主人公的死即代表著悲劇的高潮和結局，作者不會不知道，但他還是這樣安排了，這就造成了悲劇的一半無悲劇主人公的局面，而體現正邪之爭的悲劇衝突實際上在第二折存孝死後已不復存在，這樣，悲劇中的衝突也呈現著殘缺不全的狀況。人們不禁要問，作者這樣處理，是布局不當還另有用意呢？

　　解釋這個問題，我們首先必須回到前節已論及的關漢卿早期悲劇的性質和特點上來。我們説《西蜀夢》是一個事件悲劇，作者重在表現一個悲劇性的事件而不專門突出某個主要人物。正因爲如此，重點表現劉備、諸葛亮心態的該劇第一、二折同樣構成悲劇整體的有機部分。對此劇亦應同樣看待，作者意在表現李存孝遭讒被害前後的歷史事件。當然，李存孝作爲這一悲劇事件的中心人物是無可置疑的，但並非通常人們理解的悲劇主人公，此劇中悲劇人物是一個系列，李存孝之外尚有李克用、鄧夫人等，嚴格説來，李存孝只是悲劇人物中比較引人注目的一個。把握住了這一點，我們對關漢卿此劇角色安排和人物塑造以及戲劇衝突中出現的上述問題，即不會簡單地將其歸因於作家創作布局的失誤，而應看作是時代劇場和作家本人藝術觀雙重支配下的產物。

　　站到世界戲劇史的角度觀察，這裡所説的事件悲劇與西方早期的情節劇有相似之處，阿·尼柯爾《西歐戲劇理論》一書談到情節劇時即云：「最早的時候，它只是指那些引進許多抒情歌曲的嚴肅劇，在某些方面，它類似歌劇。在此情況下，埃斯庫羅斯的悲劇和梅塔斯達肖的劇作都可以包括在情節劇內。」㉑與此相

近，事件悲劇也出現在關漢卿雜劇創作的早期，當時雜劇藝術剛從諸宮調、金院本等領域脫胎而來，在各方面都還保留著叙唱體的痕跡，這一點我們在前面已經分析過了。《哭存孝》的體製，雖然主唱角色在四折戲中有三折均由一人扮演，較之《西蜀夢》中正末輪扮三個人物的情況要前進了一步，但第三折臨時拉上一個連姓名也沒有更非悲劇人物的「忙古歹」主唱，以叙述李存孝被害經過，這個事實本身即説明此劇仍帶有説唱藝術的深深痕跡，而與當時的劇場演出體制有較强的適應關係。

我們知道，元雜劇前身來源於諸宮調（音樂體制）和金院本（演出體制），而最初形成雜劇劇本即不可避免地保留了舊體制的痕跡。作爲公認的雜劇主要創始人的關漢卿，他的早期創作與元雜劇早期曲壇有著同步的關係，而諸宮調等講唱藝術又並不隨著雜劇的出現而銷聲匿跡，在很多情況下是同臺演出，有的甚至混淆不清，如前期雜劇作家石君寶的《風月紫雲亭》劇即明標爲「諸宮調」，元初人胡祇遹（紫山）並有《諸宮調》詩：「唱到至元供奉曲，篆煙風細藹春和」、「通著才情風調曲，緩歌中統至元年」㉒，由此可知直至世祖中統、至元年諸宮調仍舊演出不衰。在此時期同類劇場中，帶有説唱成分的關漢卿此劇出現便是再自然不過的。作者的藝術觀念同樣帶有時代的鮮明特色。正是在這個意義上我們説，此劇是時代劇場和作家藝術觀念雙重支配下的產物。

總而言之，不管作者有意還是無意，此劇塑造了一個悲劇人物系列，特別是李存孝和李克用這兩位處於末路的悲劇英雄，更具有典型意義，和《西蜀夢》中的關羽、張飛、劉備、諸葛亮等形象一道，爲我國早期悲劇畫廊提供了第一批富有色彩的人物造型。儘管在表現形態上還存在著這樣或那樣的不成熟之處，但其開創之功是不可抹煞的。無論如何，作爲一部以事件爲其中心的

英雄悲劇，它們的經驗教訓對後世都是有益的昭示。

三　性格悲劇：《魯齋郎》

在戲劇理論史上，性格悲劇包括廣義和狹義的兩種，廣義的性格悲劇即指以刻劃人物性格爲主的悲劇，相對於事件悲劇或西方早期的情節劇而言，由於這個概念涉及的戲劇種類太多，故在實際應用中價值並不大，故很少有人討論，就研究而言，應用價值最大的應該是狹義的性格悲劇，也就是一般所指的性格悲劇。

關於這種性格悲劇，德國美學家里普斯解釋爲「災難是由主人公本身的邪惡招惹出來的」[23]，這種説法本身並沒有錯，但不完善，而且容易產生歧義。例如「邪惡」二字很容易同壞蛋、惡人聯繫起來，而這些人的災難並不能構成悲劇。亞里士多德説過，悲劇「不應寫極惡的人由順境轉入逆境，因爲這種布局雖能打動慈善之心，但不能引起憐憫或恐懼之情」[24]，而憐憫和恐懼恰是亞氏認定悲劇所能激發的基本情感。其次，即使將「邪惡」二字改換爲「犯了錯誤」[25]，也不能認爲就是性格悲劇，因爲如我們分析《哭存孝》中的李存孝和李克用，他們儘管一個正直的近乎顢頇，一個老邁昏庸，以致讓惡人鑽了空子，鑄成悲劇，但那屬於識見上的局限和生理上的一時昏瞶，而非性格使然。俄羅斯美學家別林斯基曾經指出，性格「悲劇裡的流血災變，不是偶然的和外部的東西，而是内在必然」[26]，這裡所謂「内在的必然」，即爲性格方面的弱點構成的悲劇因素。在關漢卿劇作中，《魯齋郎》較具有代表性。

此劇全名爲《包待制智斬魯齋郎》，表面上看這是傳統上的包公戲，屬於古代公案劇中常見的一種，在具體理解上也是見仁見智，衆説紛紜，甚至是否爲關劇都有過爭議（這一點前章已有論

及），但它卻為人們公認的元雜劇的早期悲劇，研究它對於把握
中國古代性格悲劇的特點，對於了解關氏戲劇觀的演變，都有一
定的實際意義。

　　劇本四折一楔子，屬元雜劇體制的成熟類型。《楔子》描寫自
稱「花花太歲為第一」的權豪勢要魯齋郎，無法無天，無惡不
作。看到銀匠李四妻子漂亮，竟借李為其整修酒壺之機，公然將
李妻搶走，臨行還吩咐「你不（隨便）揀哪個大衙門裡告我
去」。李四不甘心，果然告到「大衙門」鄭州都孔目張珪的門
上，發病為張所救，於是因禍得福，得認張妻為姐，兩下作親眷
往來，李四以為告狀有門，因為「姐夫」身為鄭州六案都孔目，
權勢不小，自稱「誰不知我張珪的名兒」，然而當李四訴以前因
提及魯齋郎時，這位本來氣壯如牛的張孔目立即驚叫「諕殺我
也」，連忙捂住「大舅子」的嘴巴叮囑「這言語你再也休
題」，視魯齋郎如同食人怪獸。「楔子」類似於此劇序幕，作者
先聲奪人，渲染了魯齋郎的熏天氣焰，說他「嫌官小不做，嫌馬
瘦不騎」，他白日劫財物、搶婦女，橫行無忌，連平日頗有威勢
的鄭州六案都孔目聽聞他的名字都怕。至於魯齋郎的官職，張珪
說是「大的忒希詫」，然「齋郎」乃宋以前朝內職官之一種，據
宋人高承考證：

> 魏始有太常齋郎，唐有太廟、郊社之別。唐洎國家，其
> 久次者，太廟又補室長，郊社即補掌坐，掌次，謂之黃衣選
> 人。祖宗以來，又以為朝臣子弟起家之官。㉗

是此，則齋郎僅為國家管理祭祀的一般官員，原不應有如此威
權，只是有一條，宋代齋郎即多為「朝臣子弟起家之官」，實際
上可以看作貴家子弟（衙內）的代名詞。這些飛揚跋扈的惡少宋
代即有，如《水滸傳》中高俅之子高衙內之類，至關漢卿所處的元
代，這些被稱作「齋郎」的朝臣子弟已脫離了原來所指特定的任

職範圍。而實際上暗指那些無惡不作的特權階層。這一點並非作者杜撰，而是確有所據，元帝國統治者明令將全國分爲四個等級，漢人爲主的南人最低，位於四等級之首的蒙古貴族享有許多法定的特權。史籍記載：

> 旣平江南，以兵戍列城，其長軍之官，皆世守不易，故多與富民結黨，因奪民田宅居室，盡有司政事。㉘

魯齋郎這些可以橫行不法的特權階層，只有放在元代社會背景下纔更具現實性。關漢卿這裡的渲染雖然出自藝術虛構，但仍體現了歷史的本質真實。在楔子中，貫穿全劇的衝突（張珪、李四和魯齋郎之間以及張珪性格的內在衝突等）雖然尚未全面展開，但其中對魯齋郎熏天氣焰的渲染即爲以下張珪的悲劇奠定了社會背角色心理的基礎。

劇本第一折描寫張珪帶妻子兒女於寒食節上墳，恰好魯齋郎也來效外踏青遊玩，路過張家墳地，因發彈弓打鳥，卻將張珪兒子的頭打破。孩子無故被傷，妻子未免嚷罵幾句，張珪也沒想到在自己的屬地上會有人敢欺凌他，於是怒氣沖沖地奔出去大耍威風：

> （正末云）這個村弟子孩兒無禮！我家墳院裡打過彈子來，你敢是不知我的名兒？

這樣，作者即將魯齋郎和張珪這一對貫穿全劇的矛盾衝突推到了讀者和觀衆面前。

我們記得，在楔子中張珪欺軟怕硬的性格已略有表現，如一聽到義舅受欺即發大言：「誰欺負你來，我便著人拿去！」但一聽到魯齋郎的名字即諕矮了半截，連忙捂住李四的口，讓他趕快回去「再也休題」，氣壯如牛卻又膽小如鼠，如此矛盾的性格徵於此表現得活靈活現。

然而命運也真與張珪開玩笑，愈是怕事則事偏偏找上門來。

發生在李四身上的搶妻事轉眼間又落到身爲六案都孔目，並有
「大衙門」作恃的張珪頭上，「冒支國俸，濫取人錢」的權勢並
未能保護他免遭凌辱。魯齋郎的出現並質問他「罵誰」一下子使
得張珪慣有的優越感消失殆盡，由老太爺變成了三孫子。劇本寫
他「恰便似墜深淵，把不定心驚膽戰」，連忙「做跪科」，魯齋
郎要他「近前將耳朵來」，他也只好湊上去，聽到的是：「把你
媳婦明日送到我宅子裡來」，這對張珪來說，作爲一個男兒，他
的遭遇較李四更爲不堪。如果說李四失妻還得到十兩銀子作「盤
纏」和「肯酒」三壺，並且還是強力奪走的話，則張珪竟被命令
第二天親自將妻子送到魯齋郎住宅裡去以供蹂躪，而這對張珪看
來竟如同聖旨到了一般，所謂「附耳低言，一句話似親蒙帝王
宣」。悲劇主人公性格中怯懦卑弱的一面得到了真實的表現。

應當承認，和無權無勢的銀匠不同，身爲六案都孔目的張珪
在鄭州當地的確還是頗有威風的。此折戲中張珪的幾段曲辭即自
己道出了這點：

〔仙侶・點絳唇〕則俺這令史當權，案房裡關文卷，但有
半點兒牽連，那子蹬無良善。〔油葫蘆〕只待置下莊房買下
田，家私積有數千，那裡管三親六眷盡埋冤。逼的人賣了銀
頭面，我戴著金頭面；送得人典了舊宅院，我住著新宅院
……

顯然，這是在當地包攬詞訟、作威作福的胥吏形象，元代有許多
地方政權實際上即由他們這些人在把持著。正史記載「當時仕進
多歧，銓衡無定制」，「而刀筆下吏，遂致竊權勢，舞文法矣」
㉙。由於職業習慣，在這種人平日裡即造就了欺下瞞上、欺軟怕
硬的雙重性格特徵。對待打官司的平民百姓，他們是狼，對恃有
權主宰他們命運的權勢來說，他們又是狗。這種雙重性格特徵在
張珪身上均有體現。

　　然而，作者並沒有將張珪作爲一個十足的惡人看待。張對魯齋郎懼怕固然說明他性格卑弱，另一方面也表明他畢竟和「花花太歲」不是一類人，他也是受害者。而且，劇本寫他當街搭救病倒的素昧平生的李四並扶回家醫治表明他富有同情心，並非只認金錢不認人的惡吏。此折開端張珪的幾段曲辭固然表明他爲吏的貪婪兇狠，但其中也不無歉仄和苦悶之處，例如他自認「俺這爲吏的多不存公道」，並且自責「銜一片害人心，勒揹了些養家綠」〔混江龍〕，這些都表明他即使在履行吏職中也並非完全喪失天地良心。

　　正因爲張珪良心未泯卻又性格卑弱，魯齋郎讓他親自送妻子上門以供踐躪使得他的悲劇又進了一層，「少不得把屎做糕糜咽」的個性決定了他在抗拒凌辱方面不可能有更大的作爲。這樣，劇情即自然而然過渡到了第二折。

　　劇本以下表現張珪瞞著妻子親自將她送往魯齋郎住宅。這個情節安排使得悲劇進入了高潮：

　　　　幾曾見夫主婚，妻招婿？今日個妻嫁人，夫做媒。

的確是這樣，世界上奪人女者有之，壞人家庭者有之，因勢單力薄或秉性懦弱在妻女受辱後忍氣吞聲不敢張揚者亦有之，但就是沒有聽說過作丈夫的親自送妻子上門明明白白交與別人淫污之事。這對於一個血性男兒來說，是一件活不如死的奇恥大辱。假如張珪是一個喪盡天良的無賴子，爲了巴結權貴向上爬而不顧起碼的人倫道德，這種事對他也許不算什麼，關鍵在於張珪還有良知，他們夫妻之間還有感情，更何況他還有一對兒女離不開親娘。對此張珪自然比誰都清楚：

　　　　我不送去，我是個死；我待送去，兩個孩兒久後尋他母親，我也是個死。

然而這些心事又不能對外吐露。對魯齋郎及其下屬固然不敢，對

妻子同樣不敢，一來是無法說出口，二來又怕她知道了不肯合作，於是採取了暫時隱瞞了辦法。然而這種獨自承受屈辱痛苦所造成的內心衝突更加難以遏止，他讓妻子先行一步後，被壓抑著的憤懣情感一下子爆發出來了：

〔南呂・一枝花〕全失了人倫天地心，倚仗著惡黨兇徒勢，活支剌娘兒雙折散，生各扎夫婦兩分離。〔梁州第七〕他憑著惡狠狠威風糾糾，全不怕碧澄澄天網恢恢。……平地起風波三千尺，一家兒瓦解星飛。

如此的嘶聲哭喊將衝突推向了高潮。在張珪身上，集中了兩類矛盾衝突，一個是他和魯齋郎之間，這是此劇的外在衝突。雖然張珪在作吏時並非良善之輩，但那並非作者所要表現的重點，在保護妻子和家庭以及自己免遭權勢者凌辱這一點上，張珪應當說還是屬於懦善的一類。魯齋郎有著無比權威作後盾，「動不動挑人眼，剔人骨，剝人皮」，他的惡同樣具有強大的能量。劇本此折一開始寫他做好準備，張珪夫婦「若來遲了，就把他全家盡行殺壞」，表明他對張珪的威脅並非虛聲恫嚇，對張珪來說這種矛盾的確是生死攸關的。這種善與惡的較量，張珪無疑不是對手，他失敗了，敗得很慘，以致「把屎做糕縻咽」。但在另一方面，張珪的天倫良知又和畏懼權勢的卑活性格發生了衝突，這當然是悲劇主人公的內心衝突。這種衝突的結果是天倫良知被畏懼權勢的卑下心理所壓倒，其結果張珪同樣是個失敗者，同樣敗得很慘，以致於親手拆散了這個家庭，弄得個「一家兒瓦解星飛」。也正是由於張珪一身集中了兩類矛盾，如此重負決非他的懦弱卑下的性格所能承受。作為一個雙重的失敗者，張珪的悲劇具有特殊的意義。劇本於此折描寫張珪在獻妻後拼命吃酒：「我乞求得醉似泥，喚不歸」，「我只圖別離時，不記得」，便是這種不甘心但又無可奈何的失敗者心理的外在表現。

　　但是，如此嚴酷的現實靠隱瞞是擺脫不了的，酒醉中也不會有張珪的極樂世界。無辜的妻子終於知道了事情的真相，從某種意義上說，她的悲劇命運較張珪更殘酷，因為作為一個活生生的女性，在毫無所知的情況下被轉送他人姦淫，並且一下子要拋棄兒女，拆毀家庭，更是她所難以接受的。如果說張珪對這一切還有著心理轉換過程的話，則妻子連這點可憐的權利都被剝奪了，其痛苦可想而知。這情感氣氛當然也反過來感染了張珪，在和結髮妻子生離死別之際，他再也壓抑不住自己的情感，不顧可能為魯齋郎聽知而「同掩泣科」，此時的張珪，可以說天理人倫的良知已在他的性格衝突中佔了上風。也許這是處於悲劇高潮中他所能表現的唯一「出格」的外在行動吧。

　　然而，一個人的性格一旦形成，在短時間內即不會輕易發生根本改變。張珪的感情衝動只是一剎那的事，魯齋郎一聲責問「只管裡說甚麼」立即將它拉回現實中來，此刻的張珪馬上又回到了怯懦卑弱的軀殼之中，魯齋郎把自己已經玩膩了的李四老婆賞給了他，他也就屈辱地接受了。劇作家在任何時候都沒有忘記他筆下人物的性格特徵，正如美國著名戲劇理論家貝克指出的那樣：「一個人的性格，並不表現在他是怎麼想的，而終歸是表現在他面臨緊要關頭時怎樣本能地，不加思索地採取什麼行動」❸⓿。此折末尾寫張珪離開魯齋郎住宅時還「扭回身體，遙望著後堂內養家的人，賢惠的妻」，其不甘心卻又無可奈何的心情表現得淋漓盡致，他的怯懦卑弱的性格再一次得到充分的體現。

　　劇本第三折為悲劇的結局部分。我們知道，在前兩折中，張珪無論在同魯齋郎惡勢力的外在衝突還是在自身性格的內在衝突中都是個失敗者（在已有的衝突中他恭恭敬敬地將自己感情深厚的髮妻送到了魯齋郎的後堂，同時屈辱地領回了被魯玩膩了的李四老婆「養家」），而到此一折。悲劇也就到了該結束的時候

了。

　　張珪回到家裡，但他自己也清楚，這算做什麼家。連他的孩子得見悲劇底細後都氣得昏死過去，他卻還準備就這麼和李四老婆湊合過下去

　　　　〔迎仙客〕你把孩兒親覷付，廝抬舉。這兩個不肖孩兒有甚麼福？便做道忒賢達，不狠毒。

更可悲的是直到此時他還相信眼前的李四老婆真的是魯齋郎的妹子（他將魯齋郎捉弄他的話當了真），似乎以妻子換來魯大人的妹子也不算太虧。所以他對剛剛遠道投奔來的李四提起此事時還不無慶幸：「我可也強似你，他與了我一個小姐，叫做嬌娥」。麻木至極，也顢頇至極！至此，張珪這個性格悲劇人物形象在讀者和觀衆心目中又增添了愚昧和麻木的成分。

　　李四再次遠道來奔在張珪是件意外的事，但他領來的「小姐嬌娥」竟是李四被搶去的老婆更大出乎他的意料之外，幾使他難以相信，「早難道君子斷其初，今日個親者便爲疏。人還害你待何如？」〔石榴花〕。另外，孩子又因爲去找他而走失。這樣，張珪苟安的最後一條途徑也被堵死了，剩下來的選擇只有兩個，一是留下來和李四爭妻，這不是沒有可能，因爲「小姐嬌娥」雖然原爲李四老婆，但爲魯齋郎搶走並已轉賞給了張珪；另一是直接去找魯齋郎拼個魚死網破，這在懦弱的張珪顯然做不出來。於是他讓李四夫妻重新團圓，並將全部家私交付後者，自己雲遊出家：「我從今萬事不關心，還戀衾枕歡娛？」當李四不過意，提出：「把我渾家與你罷」。張珪反倒顯示了一點男子漢的血性：

　　　　呸！不識羞閒言長語，他須是你兒女妻夫。

這就在張珪的性格中爆發出了一點崇高的火花。張珪之所以能夠成爲一個悲劇人物，就是因爲他並不是一個完全卑污的人物。

　　至第三折結束時，此劇的悲劇行動和悲劇衝突已經終結，可

以説作家已完成了他的創作意圖。但作者意猶未盡，又增寫了第四折，時間已是十五年後。這實際上全劇的尾聲。

　　包拯的出現顯得比較突兀，因爲這之前作者沒有給我們提供哪怕一點點暗示。這位清官奉命五南採訪，途中救得張珪和李四兩對兒女並撫養成人亦太巧合（果如此，清官成了救世主了）。就此劇中心事件而言，簡直可以説是畫蛇添足。當然，智斬魯齋郎的故事對後世影響頗大，但在今天看來，耍一點添筆改字的花招去糊弄皇帝有點類似兒戲，須知皇帝亦非個個愚不可及，此折中包拯還自敍皇帝曾追查過此事，也曾查閱文書，可見並非愚庸不堪，倘若發覺，則老包欺君之罪又該如何交待？顯然太不現實。固然，悲劇中加進一點誤會巧合或者耍點噱頭這原是中國古代戲曲的特點，但搞得太過分並以其作爲解決問題的根本途徑，不能不對已形成的悲劇氣氛有所削弱。

　　當然，也不能就此將第四折看作作者的敗筆。這一方面畢竟是前三折留下了某些伏線，人們也許關心，張珪出走以後怎麼樣，他們兩家的兒女先後走失了有什麼結果？此外，魯齋郎如此橫行霸道總不能永遠讓他逍遙法外，否則有失天命之公道。這些都在第四折中有了著落，顯然使得劇本給人以有頭有尾的感覺，符合中國古代戲曲觀衆追求完滿的審美心理。另一方面，這一折的主體部分「三不知重會雲臺觀」即張、李兩家在雲臺觀重逢。表面上看是張珪在衆人勸導下還俗，妻子兒女又回到身邊，李四一家同樣合家團圓，但這是已經破碎了的家庭在共同挖掘記憶的墳墓，已經癒合的傷口再一次揭開，無疑，這其中仍舊籠罩著濃重的悲劇氣氛。誰都知道，肉體上的傷口容易癒合，而心靈上的創傷是長期的痛苦。在這個意義上可以説，此劇的末折與其説是喜劇性的大團圓倒不如説是更深一層意義上的悲劇更爲適合。

　　縱觀全劇，作者爲我們塑造了一個心理真實、情感豐富的吏

員形象，這在元雜劇同類題材中，除了孟漢卿的《魔合羅》、孫仲章的《勘頭巾》以及李致遠的《還牢末》等少數幾種外，可以說是寫作最早也是最好的。劇中人物張珪的性格特徵，在這一階層中可以認爲具有相當的典型性。

吏本來即爲中國古代官場的一個特殊階層。說它特殊是因爲：一、他們不是正式官員，甚至連最末一品官都不是。二、作爲各級地方政府的屬員，他們又是官署中日常事務的實際辦理者。由於他們的老練，業務熟悉，深得職官器重。特別是元代前期，職官多由軍功陞轉或爲世家子弟，行政能力很差，許多方面更是依賴刀筆之吏。正因爲吏員身處的特殊地位，他們的性格也有其鮮明特點，由於掌握了相當部分的辦事實權，胥吏大多刻薄貪婪，對下狐假虎威，但由於他們不是職官，其去留都隨上司官的個人好惡，故又形成他們對上奉承巴結的媚骨。正因爲如此，關漢卿此劇中張珪平日任職時貪婪兇狠，但在權勢者的侵暴凌辱面前卻又顯得怯懦卑弱，聽憑宰割。作者入木三分地刻劃了這種人的性格，並且將其歸入悲劇產生的主要根源。固然，魯齋郎作威作福是造成張珪等人悲劇的根本原因，但之所以出現「夫主婚，妻招婿」、「妻嫁人，夫做媒」的人倫慘劇卻不能不與悲劇主人公懦弱卑污的性格有直接關係。例如同爲妻子被擄，銀匠李四是到處設法告狀申冤，而在張珪即只能忍受「屎做糕糜咽」的奇恥大辱了。作爲我國早期悲劇中塑造得最爲成功的性格悲劇人物形象，張珪是當之無愧的。

此劇在表現手法上也有著鮮明的特點。和前面分析過的重抒情的《西蜀夢》和重事件的《哭存孝》不同，《魯齋郎》一劇特別重視人物的性格塑造。張珪不僅是這一悲劇事件的中心人物，同時也是劇中的悲劇主人公。當然，劇中還存在著其他悲劇人物，如張珪妻子以及李四夫妻等等，但他們均非悲劇主人公，其作用和地

位遠不能和張珪相比。在突出主要人物方面，此劇顯然有一個明確的目標。

這一點從此劇的演出體制亦可看出。我們已經知道，《西蜀夢》中主唱角色輪流扮演三個人物，《哭存孝》中主唱旦角還扮男性角色，彼二劇的共同特點是主唱角色和主要人物的脫節，自然只適用於事件悲劇的表現，而此劇則不同，悲劇主人公張珪同時又是四折一貫到底的主唱角色，故皆有利於他的性格的刻劃。從《西蜀夢》、《哭存孝》到《魯齋郎》，我們一方面可以看到作者駕馭雜劇體制的逐步成熟，另一方面也可以看出作者的悲劇表現方式並非一成不變，而是在不斷演進的。

一般戲劇理論均認為，「悲劇主人公在整個悲劇中的地位是舉足輕重的，它的屬性，在某種程度上決定著悲劇的性質」❸。正因為張珪是《魯齋郎》一劇塑造得比較成功的性格悲劇人物，而他同時又具有悲劇主人公的身份，在整個劇作中有著「舉足輕重」的地位，故我們將此劇作為性格悲劇乃是順理成章的事。第四折包拯出場純屬偶然和外來的因素，在此劇「嚴肅、完整、有一定長度」的悲劇行動已基本定型的情況下，它不可能從根本上改變整個悲劇的性質。

四　社會悲劇：《竇娥冤》

顧名思義，所謂社會悲劇即指由社會因素所造成的悲劇，表現的是個人與社會的衝突。劇論界曾有論者從題材範圍出發稱之為生活悲劇或家庭悲劇，今天看來，前者失之太泛，不能揭示此類悲劇的本質。後者則失之太窄，因為此類悲劇中有許多已突破了家庭的範疇，故稱為社會悲劇比較恰當。它表明悲劇的產生既非源自主人公犯了錯誤，亦非主人公性格缺陷所致，在這方面，

社會環境客觀因素佔了主導的地位。關漢卿的《竇娥冤》即爲其中比較典型的一種。

此劇全稱《感天動地竇娥冤》，爲關漢卿晚年的成功之作。其題材來源既非如《西蜀夢》、《哭存孝》那樣取自正史，又非如《魯齋郎》那樣在歷史框架內進行再創作，雖然據考此劇創作吸收了古老的「東海孝婦」的傳說，但作者並不認爲他筆下的悲劇主人公本身即爲東海孝婦。這從此劇第三折竇娥冤臨刑前所唱「也只爲東海曾經孝婦冤，如今輪到你山陽縣」的曲辭也可看出來。至於其它方面更未見歷史的影子。故前一章我們將其歸入與歷史劇、歷史故事劇相並立的社會問題劇還是符合實際的。

《竇娥冤》的戲劇形態屬於元雜劇的標準體制，即四折一楔子。「楔子」描寫窮秀才竇天章，因爲欠下蔡家高利債而無力償還，加上欲進京赴試缺乏路費。遂將女兒端雲（後來改名竇娥）賣與蔡家爲童養媳，一來抵債，二來藉此籌措赴京盤費。這樣，早年喪母的七歲女孩端雲，至此又同父親失散。作爲全劇的序幕，「楔子」雖然情節不太複雜，但卻自有其重要性。首先，它交待了劇中人物各自的身份以及它們的相互關係。蔡婆是個小市民兼高利貸者，貪婪和圖便宜爲其本性，但人比較善良，她真心喜歡竇娥，答應「做親生女兒一般看承」，這就爲後來她們共同相依爲命打下了感情的基礎。至於竇天章，他是窮書生，科舉功名對他來說高於一切，甚至連親生女兒都可以出賣，表現出這個人物被仕途經濟扭曲了的靈魂，他的出走也爲後來得官復回審理此案埋下了伏筆。其次，「楔子」中還間接展示了當時的社會背景，人們看到蔡婆這樣的軟弱善良的老婦人尚在放高利貸進行殘酷剝削，則更壞的人如何胡作非爲就不難推知了。這樣處理即爲後來賽盧醫和張驢兒以及貪官污吏的出現提供了社會現實的基礎。

　　應當指出，此劇「楔子」中展示的社會背景均非作家臆造，它們同樣有著較強的現實依據。史家記載：「元代社會中的色目人，多數是商人」，「他們隨從蒙古皇帝來到中原地區，並且成爲高級官員，倡導以『撲買課程』、『羊羔兒息』等剝削方法。爲蒙古統治者掠奪人民的財富，爲色目商人提供謀生的通途」㉜。這顯然是此劇中「羊羔兒息」的由來，儘管債主已由「色目商人」擴展到蔡婆這樣的小市民。此外，元代的抵債賣身的情況也很普遍：「北方破產的農民，往往因償債典身或賣身爲奴」㉝。破產農民如此，處於「九儒十丐」地位的窮文人當然亦不例外，這就是竇天章爲抵債和籌措盤費將親生女兒賣給蔡家的重要依據，所幸的是蔡婆僅想買竇娥作媳而非爲奴，但即此亦未使她擺脫悲劇的命運，劇本這樣安排清楚地表明作家意在揭露當時的社會的黑暗，並以此作爲他筆下悲劇的社會情勢的客觀依據。

　　劇本第一折時間已是十三年後，「楔子」中的貧苦孤女端雲已長大爲苦命的寡婦竇娥，父親一去杳無音信，丈夫死去又已三年，年齡剛滿二十的她此時對生活已沒有過高的要求，雖然她對「滿腹閒愁，數年禁受」的青春守寡生活感到苦悶，雖然她「悶沈沈展不徹眉尖皺」，但還是下決心要將這個家庭支撐起來：

　　　　我將這婆侍養，我將這服孝守，我言詞須應口。

這就是悲劇主人公爲自己定下並竭力維持的意志行動。如果說在「楔子」中她被賣因而留在蔡家作童養媳是由父親和蔡婆一手包辦而純屬被動的話，則這裡的維護家庭，奉養婆母平安度日則是她主動行爲，「我言詞須應口」一句表明她曾在丈夫死前許下諾言，這成了她不可改移的生活意志。

　　然而，生活偏偏和這個安守本分的苦命寡婦過不去。蔡婆外出討債險些爲借債人賽盧醫勒死，流氓無賴張驢兒父子卻因無意間撞破驚走賽盧醫而以救命恩人自居，硬要霸佔她們婆媳倆。這

個事件的出現對她們一老一少平靜的孀居生活不啻是扔了一枚重磅炸彈，由於蔡婆的軟弱，她實際上已答應了張家父子的要挾，並勸寶娥「不若連你也招了女婿罷」，雖經寶娥極力反對而未得成事，但張驢兒父子卻因而得以搬進蔡家，這就使得寶娥的命運發生了根本性的變化。

　　有觀點認爲，寶娥勸阻婆婆改嫁以及自己拒絕張驢兒是出於從一而終的封建道德，因而不能予以肯定。今天看來，這種批評固有其合理性，作爲「讀盡縹緗萬卷書」的漢族文人的女兒，寶娥自小即受著儒家文化氣氛的熏陶，說她完全沒有傳統倫理道德觀念是不可能的，但如果因此否定她抗暴的正義性無疑同樣缺乏說服力。因爲寶娥和張驢兒之間矛盾衝突的實質並不是願否改嫁的問題，而是是否屈服強暴聽任霸佔的問題。自從蔡婆將張家父子引入家門之日起，這個矛盾即尖銳地展開了。面對突如其來的事變，寶娥只能有兩種選擇，一是甘心從命，讓張驢兒霸佔，一是堅決反抗，拼死維護自己的人格尊嚴，劇中寶娥選擇了第二條道路，這樣的抉擇顯然是具有悲劇性的。因爲甘心順從既婆婆在先，做媳婦的隨波逐流也不礙情理，但堅決反抗首先即得逆著婆婆，能否反抗成功尚難逆料，眼前不孝的罪名卻難以逃避，這在注重道德立身的寶娥來說的確是個艱難而痛苦的選擇。正是在這個意義上我們說寶娥的行動從一開始即帶有強烈的悲劇性。

　　應當指出，此劇第一折展開的戲劇衝突包含著兩個方面的內容，即除了寶娥和張驢兒之間善與惡的衝突以外，還存在著寶娥和蔡婆之間性格上的剛烈抗爭和怯弱妥協的矛盾衝突，寶娥對婆婆的勸阻甚至嘲弄即體現了這方面衝突的激烈程度。但由於蔡婆是一家之主，是長輩，故衝突的結果自然是寶娥的讓步，雖然她並未聽從蔡婆的意見「也招了女婿」，但張驢兒父子卻公然搬了進來共同居住，寶娥勸阻蔡婆的失敗表明在她們之間性格衝突中

已不是勝者。這個事實對整個悲劇的展開和最終完成不啻是一個危險的預兆。這一點我們在以下幾折戲的分析中將看得更加清楚。

　　第二折的時間緊隨在第一折之後，悲劇的衝突並沒有隨著蔡婆的軟弱妥協而稍加緩和，相反卻是更進了一層。對竇娥來說，和蔡婆性格衝突的失敗使她和婆婆一道落入了危險的境地，作爲兩個嫠婦容留一對素不相識的男子在家裡居住，這種不清不渾的局面對她們來說就是頗爲尷尬的，這其中隱藏著的危險性竇娥自己也很清楚：

　　　　我這寡婦人家，凡事也要避些嫌疑，怎好收留那張驢兒
　　父子兩個？非親非眷的，一家兒同住，豈不惹人談論？

當然，這對蔡婆來說也許沒有什麼特別的不便之處，因爲她打定主意是要妥協的，按古名家本，她實際上已經招了張驢兒的老子（所以第一折中竇娥就說她「招著個村老子，領著個半死囚」。此折中張老兒也自稱「老漢自從來到蔡婆家做接腳」），這對竇娥來說即具有危險性，因爲既然蔡婆實際上已經屈服，並幫助張驢兒勸說，則竇娥抗暴就得一人對付來自多方面的算計，所以劇中的矛盾衝突至此又更深入了一層。

　　然而，作者並沒有就此將劇情簡單化，至少在羊肚兒湯事件爆發之前，衝突雙方基本上處於僵持狀態。雖然從抗暴這個角度看，竇娥實際上已在極其不利的情況下孤軍奮戰，但由於在道義上和人格上她是個強者，又因爲蔡婆反對操之過急，主張「慢慢勸轉」，事實上又起了緩衝作用，故張驢兒雖然慾心如焚，且因無禮被竇娥推跌一跤而惱羞成怒，但對竇娥的抗拒一時也無可奈何，而導致張老兒死亡的羊肚兒湯事件爆發則爲打破僵持局面造成悲劇「突轉」的主要動因。

　　作爲惡勢力的代表者，張驢兒不會聽任這種不尷不尬的僵持

局面長時期地維持下去，他要採取主動將矛盾激化，從而達到施暴的目的。他脅迫賽盧醫，爲其合毒藥，然後瞅準機會下手毒死起緩衝作用的蔡婆，從而逼迫竇娥就範。這個陰謀之所以對竇娥有真正的危險性，是因爲目前情況下，無論毒死誰，負責家務飲食的她都難逃干繫，加上她對暗中進行著的陰謀毫無防範，這就使得危險更具有實在性。

　　賽盧醫起初堅持不賣毒藥與張驢兒，作品這方面顯示了極强的時代真實性。《元史》記載「至元二十四年九月，禁市毒藥者」❸，當時刑律還規定：「諸有毒之藥，非醫人輒相賣買，致傷人命者，買者、賣者皆處死」❸，可見刑罰之重。賽盧醫雖自說「太醫出身」，但張驢兒則確「非醫人」，他們的交易無疑觸犯了刑律，其後果賽盧醫比誰都清楚，但由於自己的把柄（曾欲勒死蔡婆）被對方抓住，要拖他見官，故只好屈從，之後逃之夭夭，而張驢兒的陰謀則因此順利進行。

　　張老兒陰錯陽差地被毒死，這在張驢兒當然有點意外，但他馬上意識到這並不影響自己陰謀計劃的實現，或者說這一臨時變故反倒促成了預謀的迅速得以實現。一切問題都變得簡單了。張驢兒向竇娥提出「官休」或「私休」這兩種解決辦法：

　　　　（張驢兒云）你要官休呵，拖你到官司，把你三推六
　　　　問，你這等瘦弱身子，當不過拷打，怕你不招認藥死我老子
　　　　的罪犯！你要私休呵，你早些兒與我做了老婆，倒也便宜了
　　　　你。

應當承認，張驢兒這話除了末一句外還都有其實在性。形勢的確對竇娥已很不利，如果說在此之前她的抗暴行動基本上還處於順境的話，則張老兒喝下她做的羊肚兒湯後嗚呼身死這一突發事件急劇地將她由順境推入了逆境。雖然毒藥確係張驢兒「要鹽醋時，自家傾在湯裡的」，但竇娥卻提不出證據，唯一的見證人賽

盧醫又逃之夭夭，以此打官司，其結果可想而知。更可悲的是涉世未深的竇娥自己並未意識到問題的嚴重性，情願跟張驢兒去見官，這在竇娥寧折不彎的剛烈性格來說當然是必然的行動，但由此她的悲劇命運也就到了關鍵性的一步了。

　　「公堂見官」一場是全劇衝突的高潮。由張驢兒一手造成的羊肚兒湯事件本來審理起來即比較棘手，偏偏又遇到桃杌這樣的昏官兼貪官，則更是雪上加霜。劇中桃杌太守一上場即向告狀者下跪，口稱「衣食父母」，這當然不僅僅是一般的插科打諢。問官的昏而且貪實際上是鑄成悲劇的一個重要因素，這一點已爲一般論者所公認。劇本雖然沒有明指桃杌和張驢兒之間的默契關係，但「要金銀」的他不會不注意到張驢兒勝訴即將吞併的蔡家「百事有」的財產，這是他不分青紅皂白偏向張驢兒的內在原因。儘管竇娥已將事情的原委原原本本地訴告出來，仍舊免不了「一杖下，一道血，一層皮」的非刑拷打：

　　　　〔採茶歌〕打的我肉都飛，血淋漓，腹中寃枉有誰知！

竇娥最後是屈招了，不是捱不過毒刑拷打，在這方面她是寧折不彎的。她的屈招純粹是爲了救年老的婆婆，因爲昏官因她不招準備又要用重刑拷問蔡婆（儘管這軟弱可憐的婆子在審案過程中被嚇得一言不發，但仍舊免不了受刑拷打的厄運），然而這反倒激起了悲劇主人公自我犧牲的崇高精神：

　　　　（正旦忙云）住住住，休打我婆婆！情願我招了罷，是
　　　我藥死公公來。

如此，悲劇的命運即無情地決定了。王國維稱此「劇中雖有惡人交構其間，而其蹈湯赴火者，仍出於其主人翁之意志」㊱，從這個角度看，的確具有一定道理。竇娥以其崇高的人格使此劇體現的悲劇精神得到了進一步的昇華。

　　劇本第三折歷來爲論者所重視，如果說第二折「公堂見官」

一場構成了善與惡的根本衝突，正直善良的竇娥在昏官惡棍的聯
合迫害下終於失敗的話，此折則著重表現了悲劇主人公在慘遭毀
滅之前的情感爆發：

> 〔滾繡球〕有日月朝暮懸，有鬼神掌著生死權。天地也，
> 只合把清濁分辨，可怎生糊塗了盜跖顏淵：為善的受貧窮更
> 命短，造惡的享富貴又壽延。天地也，做得個怕硬欺軟，卻
> 元來也這般順水推船。地也，你不合好歹何為地？天也，你
> 錯勘賢愚枉做天！

真可謂呼天搶地的呐喊。讀者和觀眾也許都還記得，第一折中竇
娥即曾因為自己年青守寡的不幸命運發出「天知否」的慨嘆，但
彼時她還將這同「莫不是八字兒該載著一世憂」即命中注定聯繫
起來，它顯示的是未諳世情的竇娥的天真蒙昧，然這裡的呐喊已
全然不同，此刻的竇娥，經過了抗拒張驢兒的無理糾纏，又經過
了承受昏官的非刑拷打，清白之身居然遭到如此不公正的待遇，
她對社會和人生均有了空前深刻的認識：這不是命運，而是這個
不公正的社會！竇娥這裡對主宰一切的天地鬼神產生了懷疑，她
從自己所受到的不公正待遇聯想起普天下的黑白顛倒：強盜得勢
而正人遭殃，善良受欺而罪惡囂張，這一切都是在號稱天公地道
的社會幌子下出現的，又怎能讓悲劇主人公不強烈感到天地的不
分好歹和錯勘賢愚呢？

當然，正由於這裡將「天地也生埋怨」是出於悲劇主人公在
慘遭毀滅前的情感爆發，所以其中不乏憤激之辭，如果因而斷定
竇娥已衝破時代的局限，上昇到審判天地的高度，這顯然也是不
現實的。竇娥的上述曲辭從根本上還僅僅是對天地鬼神公正性的
懷疑，並未在根本上加以否定。即如最末一句，另一古名家本即
作「地也，你不分好歹難為地；天也，我今日負屈銜冤哀告
天」。有論者因而連同竇娥前面對天地的「生埋怨」一概否定，

不承認她對社會人生認識的本質變化，實際上都是各執一端的片面之辭。理解了竇娥思想昇華的時代高度，這兩種版本在本質上並沒有什麼兩樣，只不過前者表現得更激烈一些罷了。

悲劇精神的昇華並沒有使竇娥失掉了本來的身份，憤激之後，竇娥仍是一個常人，她想到了十三年沒有見面的爹爹，想到了從此年老無助的婆婆，她甚至不敢讓婆婆看到自己披枷帶鎖赴法場滄刀的模樣，爲的是怕老人難受（儘管她對蔡婆不欠什麼，相反倒是蔡婆欠她太多了）。然而最終婆媳還是見面了，竇娥此刻的哭訴除了再次表明自己的清白之外，她要求婆婆在她死後「遇時節將碗涼漿奠」，顯示了她作爲一個平民媳婦的真實心理，這也照應了開頭，她對生活本來沒有過高的要求。

竇娥臨刑前的三樁誓願將劇場的悲劇氣氛推向了高潮。正因爲竇娥對天地的公正只是懷疑而非根本否定，她的生命的最後時刻纔又把伸寃的希望寄托於茫茫的宇宙，她要指著天作證，強加給的十惡不赦的罪名完全是對她的誣陷，她是清白的。血濺白練，六月飛雪這些違背自然之道的非常之態成了同樣悖於常理的寃案的昭示，「亢旱三年」更是蒼天對居然容忍寃案發生和存在的整個地區的懲罰。「浮雲爲我陰，悲風爲我旋」，這是竇娥人格勝利、精神不死的自由歌唱。可以説，這些超自然現象正是顯示著「感天動天」的悲劇效果。

有論者曾對此折上述悲劇效果表示不理解，認爲「從竇娥本身來説，她臨刑前的第二、三兩願不能不説是相當自私的，大大減弱了她的犧牲精神」[37]。這裡所説的「二、三兩願」即六月飛雪、亢旱三年兩種。作者從人道主義出發，認爲「六月飛雪」將損壞莊稼，「亢旱三年」使得整個地區遭殃，認爲竇娥「不應遷怨怒於無辜的百姓」[38]，表面上看，這種指責不無道理，但實際上是論者自己太拘泥，混淆了藝術象徵和摹擬自然之間的界限。

既然悲劇是由社會造成，則社會即應爲此付出代價。這一點古希臘悲劇《俄狄浦斯王》中忒拜城的瘟疫即已開了先例。當然，此劇作者這樣安排，其用意更多在於顯示竇娥的悲劇感天動地的藝術效果，讓生活中的昏官和惡棍們明白「蒼天不可欺」的道理，使之有所戒懼。竇娥發三椿誓願也僅在於向蒼天表白自己的清白無辜，用一句「相當自私」的指責則未免控掘得太牽强了。藝術史的實際告訴我們，對於非自然的藝術象徵只能從象徵意義上去理解，對象徵物的任何吹毛求疵都不是藝術觀察的科學方法。

和《魯齋郎》劇相類似，此劇至第三折末尾時，悲劇的衝突實際上已經終結，整個的悲劇行動應當説亦已基本結束，悲劇人物形象和悲劇效果的創造也已達到了頂期的目的，但作者仍舊意猶未盡，創作了第四折。在結構上，它是全劇的尾聲，或者借用黑格爾的話説，是爲悲劇主人公毀滅之後，所得到的「永恆的正義」❸，這種勸善懲惡的安排恰當與否成了多年來論者爭論的熱門話題之一。

竇天章的上場照應了此劇開頭，「楔子」中埋下的伏線至此算是有了著落。和《魯齋郎》第四折的包拯不同，竇天章不是外加的人物，作爲竇娥的父親，他思念著失散十三年的女兒，「啼哭的眼目昏花」；作爲「朝廷欽差帶牌走馬肅政廉訪使」，他來楚州審囚刷卷，這就爲竇娥冤案的昭雪奠定了感情上的基礎和權力的依據。

更值得注意的是竇娥鬼魂的出現，這使得本來至第三折即已形成的慘厲而崇高的悲劇精神又平添了恐怖的氣氛：

〔雙調‧新水令〕我每日哭啼啼守住望鄉臺，急煎煎把仇人等待。慢騰騰昏地裡走，足律律旋風中來，則被這霧鎖雲埋，擴撥的鬼魂快。

這是一個死不屈服、急欲復仇的冤魂形象，和關漢卿早期悲劇

《西蜀夢》相比，魂竇娥和魂張飛魂關羽形象自有其相通之處。例如魂關、張急欲見到劉備、諸葛亮要求爲自己報仇，魂竇娥同樣有此强烈的願望，只不過她要見的是她多年不見，現已爲兩淮提刑肅政廉訪使的父親。和魂關、張的遭遇一樣，門神戶尉同樣不放竇娥鬼魂進親人的門柱，同樣最終在夜裡夢中訴說。當然，也許和重在抒情的《西蜀夢》不同，此劇這裡出現的竇娥鬼魂由於外在動作刻劃比較細膩，故恐怖氛圍更厚重一些，人們從深夜楚州官衙後廳魂竇娥的「弄燈」、「翻文卷」的過程即可强烈地感受到這點。

　　魂竇娥的最大特點還在於她不僅要求復仇，而且還是復仇行動的參予者。從劇中的實際描寫來看，她向竇天章說明事實真相，提供線索和證詞，並在次日公堂上由於張驢兒狡辯致使審案進行不下去之際親自上場與張驢兒對質。魂竇娥的這些行動在學術界曾引起較大的爭議，有論者即認爲它們削弱了前面業已形成的悲劇氣氛，不足爲訓。今天看來的確如此，而且豈止是削弱，魂竇娥的出現以及參予復仇的實際行動還改變了前面悲劇展開過程中已形成的生活真實，使這部揭示社會問題的悲劇有流於一般鬼戲的危險。在這一點上，作者甚至較《西蜀夢》的處理還後退了一步，的確不宜作過多肯定。

　　然而，正如前折分析三樁誓願時所言，作者重在象徵意義而不專在象徵物本身，這裡對於竇娥鬼魂的出現，同樣也應多從形象背後的意義去理解。從這個意義上我們可以認爲，竇娥的鬼魂實際上是其復仇意志的化身，是她生前剛烈性格的延伸，表明悲劇主人公復仇意志的堅定，甚至超越了生死。固然，關漢卿可以通過其它途徑在魂竇娥不出場的情況下讓竇天章通過類似包公斷案的方式懲治惡人，達到悲劇式平衡的目的，但那樣做勢必要第四折增加新的主唱角色，在悲劇主人公因肉體毀滅無由出場情況

下，也將嚴重損害全劇「行動的整一性」，尤其在割斷悲劇主人公性格聯繫的情況下，「行動的整一性」實際上無法保證。

另一方面，由於「魂旦」是在第三折竇娥死後上場的，雖然她繼承活竇娥的復仇意志，但畢竟不是悲劇主人公本身。之所以這樣說，是因為維護自己獨立的生活選擇是竇娥自覺採取的戲劇行動，正是在此基礎上纔產生出拼死抗暴（張驢兒和貪官）的行為，而隨著法場一折竇娥被斬，她努力維護的生活願望毀滅了，而即使第四場的昭雪也未能使其起死回生。況且，從劇的開始到第三折結束，「嚴肅、完整、有一定長度」的悲劇行動已基本完成，所以（在這個意義上）我們說，第四折的出現並未從根本上改變整個悲劇的性質。竇天章復審此案以及最後弄清真相並懲治昏官和無賴，這一切都是在竇娥鬼魂的努力下並親自參予下纔得以實現，這個情節本身即說明了現實生活中如此解決矛盾的不可能性，適足增加讀者和觀衆的悲劇感受。而魂竇娥上場所形成的恐怖氣氛也是對整個悲劇情感的補充，這些都是一定程度上彌補了作為悲劇尾聲非現實感的不足。

在本書第二章中，我們根據《竇娥冤》題材來源及其類型，將其歸入社會問題劇一類，而通過以上對此劇所作的簡要分析即可看出，除了在題材選擇方面較作為歷史劇的《西蜀夢》、《哭存孝》和作為歷史故事劇的《魯齋郎》有新的突破外，在表現手法上與前述三劇相比，也是同中有異。

例如，和《西蜀夢》一樣，《竇娥冤》一劇也有著鬼魂訴冤要求復仇的情節，如前所指，二劇這方面甚至存在著細節上的相似性：同為門神戶尉所攔，又同在夜深人靜後纔和親人托夢相見；魂張飛悲嘆做鬼「不自由」，魂竇娥則將鬼魂生活比作「無邊苦海」；魂張飛要求嚴懲仇人，「把那廝四肢梢一節節鋼刀挫」，魂竇娥同樣對仇人恨之入骨，「便萬剮了喬才，還道報冤仇不暢

懷」。如此等等，都可看出二劇前後的一致性，所以不同的是魂
竇娥不僅要求復仇，而且親自參予了復仇行動，這在《西蜀夢》中
是沒有的，顯示了作者筆下的復仇意識至晚期愈加急迫。

　　又如，在刻劃悲劇主人公也難免存在的弱點方面，《竇娥冤》
和《哭存孝》也有著相通之處。們曾經指出李存孝的正直近乎顢
頇，他的輕信小人和在處理人際關係方面的不成熟是構成他悲劇
的因素之一。此劇中竇娥的情況也略同，她明明知道作一個寡婦
之家容留兩個素不相識的男人共同居住的危險性，並且已將企圖
對自己非禮的張驢兒推了一跤，但卻未能積極協助婆婆採取措
施。事實上按照當時情勢，張驢兒並非魯齋郎之類「官職大的忒
希詫」的權豪勢要，在其和官府串通一氣之前還是不難對付的，
以竇娥在此前後所表現的智慧和勇氣，或求助鄰里、或主動告
官，擺脫此類尷尬局面當不致太難。可惜沒有任何舉動。而且在
羊肚兒湯事件中，竇娥也不能說沒有可議之處。作爲主婦，她燒
羊肚兒湯竟會忘記放鹽醋，從而給張驢兒支開她放毒藥提供了一
個機會，她同樣輕信張驢兒這個無賴，居然聽其支配而絲毫不存
戒心。她情願同張驢兒「官休」，但官休的結果是她得到了喋血
刑場的悲劇，這裡固然反映了官府和社會的黑暗，但同時也反映
了竇娥對世事看法的幼稚。即使公堂上她爲救蔡婆而屈招，除了
自我犧牲精神之外，也存在著判斷錯誤的因素。第四折魂竇娥即
告訴其父竇天章：「我只道官吏每還覆勘」〔梅花酒〕，她不知
道，「毒死公公」的罪名即犯「十惡」之條，在任何時代都是
「決不待時」，豈能「覆勘」？這些都可說明竇娥作爲悲劇主人
公在識見和判斷方面存在的弱點，或者竟按照亞里士多德的說
法，是「犯了錯誤」。在這一點上，此劇和《哭存孝》中有關李存
孝的輕信和不成熟的刻劃有其相通之處。

　　和《魯齋郎》劇相似，《竇娥冤》在第三折悲劇高潮和結局俱完

成也添上了一段尾聲第四折。包拯以智斬的方式懲治了作惡多端的魯齋郎並促成李四、張珪兩家的重圓，竇天章則通過法律形式懲治了張驢兒、桃杌等惡棍、貪官，爲竇娥伸寃昭雪。清官斷案、懲惡勸善即成了此二劇的共同特點。當然它們之間也存在著細微的不同，如前面已經指出的那樣，包拯出場沒有任何伏筆或暗示，顯得太突兀，而竇天章出現則起到了前後呼應的作用，比較自然。從這一點看，《竇》劇的處理較《魯》劇要成熟得多。

之所以會出現上述情況，其根本原因在於《竇娥寃》爲關漢卿晚年最後一個劇作，無論生活閱歷還是藝術經驗都已達到了相當豐富的程度，作者完全有可能吸收此前創作中被認爲有價值的東西充實新作，這在某種意義上具有總結性和集大成的意義。雖然在某些細節安排如鬼神訴寃以至直接參予復仇行動等方面較同類題材的《西蜀夢》甚至還後退了一步，但就總體而言，作家生活和藝術經驗的總結和集大成的成功還是顯而易見的。《竇娥寃》劇之所以達到關劇乃至「元曲悲劇的第一傑作」❹，「列之於世界大悲劇之中亦無媿色」❹，其根本原因就在於此。

正因爲《竇娥寃》劇既非單純地突出人物抒情（如《西蜀夢》），又非專意塑造歷史上的悲劇英雄（如《哭存孝》），亦非刻劃人物的性格悲劇（如《魯齋郎》），並且從上述分析看，它亦非其它諸如命運悲劇、生活悲劇、家庭悲劇以及心理劇、散文劇等概念所能包括，竇娥的悲劇從根本上說源自社會，是當時社會和官場的黑暗造成的，這不是在給作品貼政治標籤，而是作品表現的客觀實際，正是基於這樣分析，將《竇娥寃》劇歸入社會悲劇的範疇，應當說還是符合作品的實質的。我們從《西蜀夢》、《哭存孝》、《魯齋郎》到此劇的分析研究中，可以發現作者關漢卿悲劇現實性和藝術性同步增強的規律，這充分體現了作家嚴肅、認真而不懈努力的藝術追求。關漢卿之所以成爲一代戲劇大師，其

根本原因也在於此。

注　釋

❶蘇國榮《中國劇詩美學風格》第127頁，上海文藝出版社1986年版。

❷《三國志·蜀書·關羽傳》

❸《三國志·蜀書·張飛傳》

❹使臣到來並報知關、張事，因無賓白，故於今存劇本無法直接得知，惟據下一支〔牧羊關〕曲「張達那賊」可以間接推定。又由於使臣和孔明爲同一角色（正末），故可斷定使臣到來之消息當爲他人轉報。

❺《三國志·蜀書·諸葛亮傳》。

❻關劇《單刀會》第一折〔金盞兒〕。

❼《三國志·蜀書·麋竺傳》。

❽《全唐詩》八函九冊《李商隱》三。

❾〔英〕阿·尼珂爾《西歐戲劇理論》中譯本第129頁，中國戲劇出版社1985年版。

❿《詩學、詩藝》中譯本第二一頁，人民文學出版社1962年版。

⓫《戲劇和電影的劇作理論與技巧》中譯本第220頁，北京中國電影出版社1978年版。

⓬《西歐戲劇理論》中譯本第108頁，北京中國戲劇出版社1985年版。

⓭《戲劇與電影的劇作理論與技巧》中譯本第213頁。

⓮蘇國榮《中國劇詩美學風格》第110頁。

⓯《王國維戲曲論文集》第85頁。

⓰《詩學》第十三章。

⓱〔美〕約翰·霍華德·勞遜《戲劇與電影的劇作理論與技巧》第333頁。原文云：「我曾經一再提到高潮，認爲它是決定戲劇性運動能否獲

得統一的關鍵點。因此，我一直認爲這就是動作的結局，而從來没有提到過下落的動作（在下落的動作中，事件的發展通過結局而告終）。」

⑱《孤本元明雜劇》第一册「提要」。

⑲《詩學》第十三章。

⑳〔英〕阿·尼珂爾《西歐戲劇理論》第184頁。

㉑該書中文版第104頁。

㉒《紫山先生大全集》卷七，四部叢刊本。

㉓《喜劇性與幽默》，《古典文藝理論譯叢》第7輯第89頁，北京人民文學出版社版。

㉔㉕《詩學》第十三章。

㉖《别林斯基選集》中文版第二卷第116頁。

㉗宋·高承《事物紀原》卷五「齋郎」條。

㉘《元史·兵志》

㉙《元史·選舉一》

㉚喬治·貝克《戲劇技巧》中譯本第25～26頁，北京中國戲劇出版社1985年版。

㉛蘇國榮《中國劇詩美學風格》第118頁。

㉜蔡美彪等《中國通史》第七册第173頁，人民出版社1983年版。

㉝同上，第176頁。

㉞《元史·世祖本紀》

㉟《元史·刑法志》

㊱《宋元戲曲考》十二「元劇之文章」

㊲㊳黄美序《〈竇娥冤〉的冤與願》、《中外文學月刊》（臺），1984年第13卷第1期。

㊴〔德〕黑格爾《美學》第三卷（下）「悲劇、喜劇和正劇的原則」

㊵〔日〕青木正兒《元人雜劇概説》第55頁，北京中國戲劇出版社1957年

版。

❹《王國維戲劇論文集》第85頁。

第四章　喜劇研究

　　喜劇，乃關漢卿創作中的一個重要組成部分，在數量上甚至超過了他的悲劇，但傳統上評價卻有所不及。近年來這方面研究已有迅速增長的趨勢，此表明關氏喜劇的價值已越來越爲人們所認識，然而如何把它們放到關漢卿創作整體中進行綜合平衡，再如何將其面向世界，從而在世人所公認的藝術座標中爲其落實一個位置，這在目前是一個很重要的問題。本章這裡將作一試探，倘有一得，是所至願。

　　喜劇分類比較複雜，以下我們按一般觀點並結合關劇實際將其分爲諷刺、幽默和世態三大類進行分別論述。

一　　諷刺喜劇：《陳母敎子》、《玉鏡臺》

　　在喜劇發展史上，諷刺喜劇是最早也是最爲流行的一種。亞里士多德即曾指出：「喜劇是對於比較壞的人的摹仿，然而，『壞』不是指一切惡而言，而是醜而言，其中一種是滑稽。」正因爲喜劇對象是醜和滑稽，亞里士多德使用了「諷刺」的概念，認爲「由於詩固有的性質不同，有的諷刺詩人變成了喜劇詩人」❶。自此以後，西方古典劇論即將「諷刺」作爲喜劇手法的代名詞。然而，在有著一人主唱體制的元雜劇中，除了少數早期作品例外，主唱角色即爲劇中的主要人物，無論是正末還是正旦，很少是諷刺的對象，滑稽角色更多的是插科打諢的次要人物。所以，整體意義上的諷刺喜劇反而不多見。關漢卿作爲元劇代表作家，情況自然亦不會例外。而《陳母敎子》和《玉鏡臺》則是其中較

爲特殊的兩種，其所以特殊，是因爲此二劇都存在著創作目的和實際效果之間的不一致性。

喜劇來自笑，這個古老的命題同樣體現在諷刺喜劇的創作之中。赫茲利特說：「可笑的事物的實質是一個觀念和另一個觀念的不相一致，或一種感情和另一種感情的衝突」❷。此即一般認爲的不一致性或矛盾性，是爲喜劇性的主要因素。而在《陳母教子》和《玉鏡臺》兩劇中，這種不一致性既體現在作家創作的構思裡面，又體現在作品塑造的形象之中。

首先，從《陳母教子》來看，此劇描寫的是一位對科學功名崇拜得五體投地的老太婆陳母督促她的兒子爭奪頭名狀元的故事。根據前章考論，此劇係借用宋代陳家「一門樞相」的逸事進行再創作的。作爲被時人尊爲「聖朝之盛，一家而已」❸的仕宦人家，原故事中的陳母馮氏及其兒子們本不具有喜劇的任何成分，關漢卿在同時稍後的另一歷史故事劇《蝴蝶夢》中曾將其同歷史上傳爲美談的「孟母教子，居必擇鄰」和「陶母教子，剪髮待賓」相提並論，稱爲「陳母教子，衣紫腰銀」，可見作者對這一故事主人公的推崇之情。即在劇中，我們也可以看出作者是力圖以熱情贊頌的態度進行表現的創作用心。例如第一折寫陳母對自家宅牆下掘出金銀一窖毫不動心，遂命兒子們將其掩埋如故，表明這位老婦人並不貪財，她認識到「遺子黃金滿籯，不如教子一經」。雖然這樣觀點今天看來未免陳腐，但教育後代不圖僥倖而靠自己的學識去創造前程，這樣的家教無論如何應當都是正派的。不僅如此，陳母之不貪財還同廉正爲官聯繫起來，劇本第三折描寫她得知三兒陳良佐中狀元後貪受蜀人「孩兒錦」，非常憤怒，斥責：「辱子未曾爲官，可早先受民財」。她不僅行家法打得三兒「金魚墜地」，還要到欽差大臣萊國公寇準那裡去告狀。這樣的描寫同樣表明陳母教子的嚴正，無疑都不是一個該諷刺的

喜劇人物所具有的品性，所以單從這方面衡量，將此劇歸入諷刺喜劇之列確有相當困難。

然而，通觀全劇我們即可發現，上述場面在全劇中所佔份量有限，另外還存在著更多的不一致之處。其中最突出的是塑造了三末陳良佐這樣一位棒哏、逗樂的喜劇人物，一方面使得劇作自始至終妙趣相生，充滿娛樂氣氛；另一方面，他作爲矛盾衝突的一方，其愛吹牛，說大話，貪圖小便宜但屢屢遭窘的個性在推動劇情發展的同時，也使作品充滿了喜劇機趣。例如第一折陳母命令兒子們將掘開的金銀窖「就那裡與我培埋了者」，這位三末即吩咐下去：「下次小的每，將那金銀都埋了者！——有金元寶留下四個，我要打一副網巾環兒帶。」一方在嚴肅認真地告誡，另一方卻在公然地走私，這樣舞臺上即首先出現了不一致性，其結果當然亦即沖淡了場面上的嚴肅氣氛，喜劇機趣油然而生。

三末的作用當然不僅僅只是插科打諢，他還是一個具有鮮明性格特徵的人物。劇本描寫他說大話、愛吹牛，有時竟然不知天高地厚。兄弟之間爭強好勝，這本無可厚非，但這位三末表現的卻是毫無根據地自我意識膨脹，大哥應舉得官，他說是「似那搶風揚谷，你這等粃者先行；瓶內釅茶，俺這濃者在後。」二哥中舉得官，他又說是「我似那靈禽在後，你這等笨鳥先飛。」不僅如此，兩位中狀元的哥哥凱旋後拜見，他居然不還禮，就是「我不拜你，我的文章高似你，拜下去就折殺了你。」然而，當輪到他去應舉施展本領時，這位「靈禽」卻又裝獸賣傻起來。劇本這樣描寫：

> （正旦云）孩兒，今年第三年也，可該你應舉去哩。（三末云）著大哥走一遭！（大末云）俺兩個都做了官也，你可走一遭去。（三末云）二哥走一遭！（二末云）我已是得了官也，你可走一遭也。（三末云）這麼說母親走一遭！

（正旦云）你看他波！（三末云）都不去，我也不去！
就這樣混賴。最後，在實在躲不過去的情況下卻又要：

> 小的每！拿紙墨筆硯來，寫一個帖兒，寄與那今場貢
> 主，說陳三哥家裡忙，把那狀元寄將家裡來我做。

這種前後不一致性構成這個形象強烈的喜劇效果。

殊不料，這位胡攪蠻纏的三末竟然是說了「三椿兒氣概的言
語」後踢上應舉的道路的。他自說應舉中狀元如同「掌上觀紋、
懷中取物，碗裡拏帶靶兒蒸餅」般容易。結果如何呢？據後來他
自己說是考了「天下太平」四字，竟連「下」字都不會寫，「做
了個拐字，無三拐，無兩拐，則一拐就把我拐出來了，做了第三
名探花郎」。至於那「三椿氣概語言」三末倒也沒忘記，不過已
有新的解釋：「掌上觀紋」——手上生瘡不見了；「懷中取物」
——衣服破把來掉了；「碗裡拏帶靶兒蒸餅」——不知哪個饞弟
子孩兒，偷了我的吃了。真可說是眼高手低，志大才疏的典型，
實足令人發噱。更妙的是他還有精神勝利法：

> （三末云）母親，您孩兒雖然不得狀元，也不曾惹得街
> 上人罵娘。（正旦云）怎麼罵我？（三末云）俺大哥頭一年
> 做了官，擺著頭答街上過來，老的每道：「這個是誰？」
> 「是陳媽媽家大的個孩兒。」「嗨！鴉窩裡出了鳳凰。」
> （大末云）這個是好言語。（三末云）甚麼好言語！娘倒是
> 墨老鴉，你倒是鳳凰？第二年二哥也做了官，又罵的娘不
> 好，擺著頭答，街上人道：「這個是誰？」「是陳媽媽第二
> 個孩兒。」「嗨，嗨，嗨，糞堆上長出靈芝草。」（二末
> 云）這個是好言語。（三末云）喋聲！娘倒是糞堆，你倒是
> 靈芝草？您孩兒雖然做了探花郎，不曾連累著娘。我打街上
> 過來，老的每道：「這個是誰？」「是陳媽媽第三個孩
> 兒。」眾人道：「嗨，嗨，嗨，好爺好娘養下這個傻弟子孩

兒！」

真正令人捧腹！

按據史實，陳家老三堯咨雖然「最爲少文」，但卻爲宋眞宗咸平三年狀元及第，官至「知制誥」❹，不至於連一個「下」字都寫不出來，即如劇中所言，既中第三名，固然才學略次於第一和第二，但也不致胸無點墨，連起碼的晉語話味都聽不出來，眞成了「傻弟子孩兒」。不僅如此，劇本最後三末中狀元後即貪污了蜀人的一塊「孩兒錦」，致被其母責罰，打得「金魚墜地」，這個細節也爲作者所獨創，據宋人筆記，陳堯咨雖有爲其母「杖之，碎其金魚」的經歷，但那完全是爲了過於愛好射箭而「不務行仁化」的緣故❺，與貪污蜀錦風馬牛不相及。僅僅將此歸入歷史故事劇的藝術虛構也還是不能令人信服，因爲任何虛構均不應違背歷史本質的眞實，起碼不應發生上述邏輯上荒謬。按照悲劇或正劇的標準，這樣的描寫無疑是不被允許的。正因爲此劇是一個喜劇，而且三末陳良佐又是作爲主要的諷刺和嘲笑對象而出現的，其形象顛倒錯亂以及以虛假的面目出現都爲喜劇性質所必需。作者在這個人物身上主要採用了極度誇張的變形手法，在這種情況下，無論形象與歷史眞實、邏輯眞實有多麼不一致，也無論形象本身的描寫即存在多少矛盾之處，都有助於喜劇性的最大發揮。有論者將「人物形象的虛假性」和「矛盾對比的多維性」❻作爲喜劇的本體特徵，這對理解此劇中的三末形象有很大的作用。

值得注意的是，此劇的喜劇性不但體現在「三末」這個滑稽角色上，甚至在「正旦」這個通常認爲的正經角色身上也充滿了喜劇機趣。這方面當然由於喜劇角色「三末」捧哏、逗樂的緣故。如前面提到過的楔子中陳母剛就埋金事教訓過兒子馬上即出現三末的「走私」，在末折她讓中狀元的三子一婿抬著兜轎去見

寇萊公，路上三末竟叫著：

> 有香錢布施些兒！

這樣，正在擺譜的老太君一下子變成了旱災時被抬著求雨遊行的
土偶神像，真叫人忍俊不禁。

　　然而，作者並沒有濫用這種外加的笑料，作品中大量的篇幅
是通過人物的言行自行展示喜劇的關目。陳母教子固然寬嚴有
法，其目的為了科舉功名這放在當時也無可厚非，最後也的確收
到了全家「衣紫腰銀」的效果，但由於角色對科舉功名目的的追
求過於急切，以致成了教子乃至母子關係的中心，這就使得正常
的追求正常的家教變了形。正因為如此，這位教子有方的陳母在
許多場合即難免「反戴了齊吉斯的金環」❼，顯露出喜劇的面孔
了。

　　這方面的例證不勝枚舉。以楔子中一家無狀元卻大肆鋪排地
起蓋狀元堂開始，這位母親同兒子們的話題即不離科舉一事，她
讓三個兒子輪番出擊，第一年大兒子，第二年二兒子，且喜都不
負母望，各中狀元而歸，陳母自然喜不自禁，然而她把更多的鼓
勵給了專愛調皮搗蛋的三小子。大兒二兒出外應舉，她安慰躍躍
欲試的三兒：「你那做官的日子有哩！」等到第三年這個寶貝蛋
說了「三椿氣概的言語」走了以後，陳母即懷著更大的期望在盼
著佳音：

> 三哥不要你做第三名襯榜，休教我倚門兒專望。哎，兒
> 也，則要俺那狀元紅開徹狀元堂。

有趣的是，明明三末中的恰恰是陳母最不願意看到的「第三名襯
榜」，作者偏偏安排了一個誤報的場面，由此牽動老少狀元迷們
在舞臺上劇烈地運動。人們都該記得，大末中狀元來報時，陳母
命賞報人三兩銀子，二末中狀元來報，賞了二兩銀子，可這一次
三末「中狀元」來報，陳母一下子即賞給報人五兩銀子，等於前

兩個兒子賞銀的總和，惹得大末和二末抱怨「忒偏向」。不僅如此，她還一反過去不親自出門迎接兒子的慣例，風風火火地招呼：「大哥，二哥，咱一同去接孩子去來。」

接錯狀元可說是喜劇性最強的一個場面，陳母領著兒子們在飛快地奔跑，「和我這兒女每可便相逐」。見到狀元跨馬過來，便不分青紅皂白地一把抓住馬籠頭：「攔住紫騮驪」，差點兒把馬驚了，惹得新科狀元王拱辰連喝：「兀那婆婆靠後，休驚著小官馬頭！」直到此時，母子們尚未醒悟過來：

> （大末云）三兄弟是好壯志也。（二末云）母親認得是著。（正旦云）好兒也，不枉了！（唱）可正是男兒得志秋，他在那馬兒上倒大來風流。

等到生了氣的狀元斥責「這婆兒好要便宜也！」這纔使得處於半狂中的老婦人清醒過來。於是，一團喜氣化作了萬種惶惑：「教我緊低了頭，諕的我魂魄可便悠悠。」感情的大起大落強化了場上的喜劇氣氛。

當然，仍舊是科舉功名迷狂的緣故，如此尷尬的場面亦未能阻止陳母讓兒子們請狀元下馬至家來飲狀元酒，並將女兒許配於狀元，從而輕輕地撈回了面子。然後回過頭來對剛中了「第三名襯榜」回來的三末大加撻伐，不稱孩兒稱「兀那廝」，又是罵，又是打，最後索性連同三兒媳一同攆出家門：

> 快離了我眼底，休在我這邊頭！……賊也，你熬了多少家點燈油？

顯而易見，陳母對這個破壞她「狀元紅開徹狀元堂」美妙計劃的「熬油賊」可說是深惡痛絕，直至此後她作生日時，已被趕逐在外的三末及其媳婦回來拜壽，也遭其諷刺、挖苦乃至輪番羞辱。然而當「三末」不堪羞辱終於奪得一個狀元的名頭時，這位「賢母」馬上換了一副面孔。

　　加倍以十兩銀子打發報人且不說，依然是全家老少傾巢出動
歡迎，陳母眼裡的「熬油賊」一下子變得「孝順似那王祥臥
冰」、「恰似伯俞泣杖」、「勝強如兀那老萊子斑衣」。這裡，
什麼骨肉之親，母子之情，一切都淹沒在名利關係的冰水裡。劇
中三末陳良佐得中狀元上場後第一句話便是：「要做狀元有甚麼
難處！下頭（後臺）穿了衣服，便是狀元。」這固然是滑稽角色
的諢語，但也道出了周圍一切的虛假性。至此，貫穿全劇和主要
人物陳母及三末身上的諷刺喜劇氣氛即完全地顯示出來了。

　　此劇之所以由一個嚴肅的題材變成了諷刺喜劇，與作者此刻
的生活觀念有著直接的關係。我們已經知道，此劇爲關漢卿創作
較早的一個歷史故事劇，作爲一個在傳統文化熏陶下成長起來的
漢族文人作家，作者不會也不可能與「學而優則仕」的科舉功名
思想徹底絕裂，即使理智上強欲如此，潛意識也未必完全消失。
然而從另一個角度看，由於作者剛剛經歷了金元易代的人生變幻
和世情滄桑，對名利的失望和厭倦一度佔據了他的全部身心，
「官品極，到底成何濟？」這是尚處於壯盛之年關漢卿的反躬自
省，與長期以來的教育熏陶產生了矛盾，這種矛盾著的生活觀念
在一定時期內構成了作家對生活的總看法，這不能不影響到此類
題材的創作。反映到此劇中即出現了對陳母爲代表的功名思想既
有肯定性讚美又有否定諷刺的矛盾狀況，而這種矛盾和不一致即
構成了此劇以諷刺喜劇面目出現的一個重要因素。

　　關劇中與《陳母教子》相類似的另一個諷刺喜劇是《玉鏡臺》，
與前者略有不同的是，此劇作於關漢卿創作的晚期。按道理，作
者此時的生活閱歷和藝術經驗都已達到非常成熟和非常豐富的階
段，一般不會出現創作觀念和生活表現之間的矛盾，而此劇的特
殊性恰恰在於作家選擇題材和所要表達的創作思想以及實際效果
之間存在著既一致又不相一致的矛盾之處。

　　我們已經知道，《玉鏡臺》劇的題材來源爲《世說新語・假譎篇》中關於溫嶠騙娶表妹劉氏的故事，原故事末尾劉氏稱溫爲「老奴」，固爲真相大白後的戲謔之語，但也表明溫嶠其時已非壯盛之年了。關漢卿選取這樣的題材入劇，其實用意即要從一個嶄新的角度創作一個老夫少妻的故事，表明只要真心相愛，年齡的差別並不是男女雙方結合的障礙，這一點也與作者晚年「不伏老」的生活態度有關。正是由此創作觀念出發，作者精心塑造了溫嶠這樣一位才子形象。作品一開始即寫他將無依無靠的姑母表妹「搬取來京，舊宅居住」，表明這個人物除了「學富五車，才高八斗」之外，還篤於親情，不以位高而勢利，而且由於此係他未與表妹劉倩英睹面之前的事，所以也不存在爲討其歡心而別有用意。後來由於老夫人要他教倩英學書操琴，溫嶠纔得以和倩英相識並狂熱地愛上了她，想方設法終於達到了與他結合的目的。洞房花燭夜，青春貌美的表妹嫌他老，不允和諧，媒婆搬出「違宣抗敕」的罪名企圖壓服，也爲他所阻止，堅信自己的「真實意」能打動芳心，最後終於如願以償。以此可以看出，作者總體上是將溫嶠作爲主要正面人物來描繪的，這裡面顯然寄寓著自己的某些心願，或者有著自身的某些經歷亦未可知。然而，「騙娶表妹」這一故事本身即具有強烈的喜劇性，這一點關漢卿自然比誰都清楚，他據以敷衍成代言體即更是一齣趣味極濃的諷刺喜劇。

　　劇本第一折溫嶠一出場便帶著一副躊躇滿志的神態：

　　　　〔寄生草〕我正行功名運，我正在富貴鄉。俺家聲先世無誹謗，俺書香今世無虛誑，俺功名奕世無謙讓……

也許溫嶠說得都是實情，但如此自誇，伴隨著一連串的「我」和「俺」，這就使得本來一個嚴肅可敬的角色帶上了一些滑稽的意味，喜劇情趣油然而生。

　　以下，溫嶠慨嘆自己「好天良夜成疏曠，臨風對月空惆
悵」。他也有不得意之時，需要什麼呢？曲辭最後一語破的：

　　　　怎能夠可情人消受錦幃鳳凰，把愁懷都打撒在玉枕鴛鴦
　　帳。

原來如此！我們的喜劇主人公功成名遂，「黃金屋」、「千鐘
祿」皆有了，惟有「顏如玉」一事未了，未免有些遺憾。然而，
不爭氣的是，他目前早已過了青春年少的年紀，原故事中劉氏稱
他為「老奴」，此劇中劉倩英稱他「兀那老子」，可見得一把年
紀老是想著小姑娘總讓人覺著有點滑稽，作品的諷刺喜劇機趣正
是建立在這樣的基礎之上的。

　　老夫人讓溫嶠教小姐寫字操琴，這當然是正中溫的下懷，因
為剛一見面他即為小姐的美貌所傾倒，暗喜「是好一個女子也
呵」，於是迫不及待乘著把筆之機「捻手捻腕」，如果這位「好
女子」就此配合倒也罷了，誰知人家卻像蜂蟄了一般叫出來，責
問他「是何道理」，情境一下子緊張起來，幸虧老夫人的糊塗，
加上角色自己的兩片嘴能言善辯，總算未丟大面子，然而再要進
一步發展可就難了。小姐奉命「回繡房去」了，剩下這位多情老
漢除了借口更衣（上廁所）追出去觀看人家的腳印，也幹不成什
麼事。不過，聰明人並未就此失望，正應元雜劇一句俗語：「憑
俺這份好心，天也掉下半條糖兒我喫」，老夫人提起姑娘的親事
並托這位「賢侄」保媒正好幫了他大忙，於是「御賜之物」玉鏡
臺搬了出來，於是保親的成了毛遂自荐，只不過是做了一個圈
套，老眼昏花的老夫人自然不是對手，等到醒悟過來，一切都已
遲了：

　　　　（官媒云）他不是保親的，則他是女婿。（夫人云）何
　　為定物？（官媒云）玉鏡臺便是定禮。（夫人云）有這等
　　事，我把這玉鏡臺摔碎了罷！（官媒云）住住，這玉鏡臺不

打緊，是聖人御賜之物，不爭你摔碎了，做的箇大不敬，為罪不小！

哭笑不得的老夫人只好就範，只掙得一句悻悻語：「噢他瞞過了我也！」剩下唯一可做的事是「選定吉日，送小姐過門去」。這一連串快得令人瞠目結舌的喜劇節奏充分表現了主人公的老謀深算以及手法的狡黠，在這種情況下對方除了曲從別無他法，這簡直讓人想起魯齋郎以修壺銀子及賞酒作「定禮」、「肯酒」，因而霸佔李四妻子的手法，只不過一為真心想娶，一為僅僅玩弄，雖然以此阻止了此劇向真正意義的悲劇發展，但主人公不尊重他人意志而採取近乎訛詐欺騙的手法「求愛」，這與嚴肅正派的文人學士身份無論如何都是不相稱的，可以說也是一種生活的變形，不管作者的創作意圖如何，作品於喜劇式的耍戲後面蘊含著深深的嘲諷卻是可以強烈感受到的。溫嶠這個形象之所以至今仍有其存在價值，根源也許即在這裡。

至於這部喜劇另一個主角劉倩英，劇本寫她雖與溫嶠爲表兄妹關係，但年輕、漂亮，「花比腮龐，花不成妝；玉比肌肪，玉不生光」。她「少年想著風流配」，自然不會情願嫁給一個糟老頭子，甚至對溫嶠教字把筆都很敏感，「不曾將玉筍湯，他又早星眼睜」，然而，以她的出身和教養，在母親已被迫做出決定的情況下也只好曲從。即使内心不滿，甚至在洞房花燭夜還鬧出抓面皮、不圓房，以致將新婚喜酒潑到地下的激烈局面，但大勢已去，這種掙扎也形成不了真正的悲劇性衝突，至多在場上激起一些類似鬧劇的氣氛而已。

當然，僅此還不能使問題得到解決，因爲假如劉倩英始終採取對抗的態度，即使王府尹設水墨宴也不濟事，强行壓制也構不成喜劇。這樣，劉倩英自身的喜劇性即出來幫忙了。

劉倩英形象的喜劇性來自她的虛榮心和妥協性。劇本描寫她

儘管在洞房裡虛張聲勢，但最終卻在溫嶠的一番花言巧語的表白面前啞口無言，最後還得和溫嶠雙雙出席王府尹設下的水墨宴——事實上承認了他們之間的夫妻關係。特別有趣的還是在水墨宴上，王府尹故意要溫嶠吟詩，否則夫人即「頭戴草花，墨烏面皮」，這可嚇壞了這位新夫人。劉倩英不怕在洞房內大鬧，以致合婚不成，可就怕公開場合丟面子：「墨烏面皮，什麼模樣！」於是只好低聲下氣求告「那老子」，一口一口「丈夫」趕著叫。這樣，原來抗婚不成，被迫接受不稱心婚姻的悲劇式人物卻以喜劇角色出現在舞臺上了。劉倩英的虛榮心就是她喜劇性格的一個突出方面。

總之，《玉鏡臺》的諷刺喜劇氣氛還是非常濃厚的，古希臘人把「騙局」作爲喜劇的一個重要來源❽，在此劇中，「騙娶」得以成功主要應歸因於男主角的貪色和狡黠，亦與女主角的虛榮和妥協有著密切的關係。根據《世說新語》所載，溫嶠以玉鏡臺爲媒，騙娶劉氏並未形成太大波瀾，相反，真相大白後，劉女非但沒有生氣，反而「撫掌大笑」，稱「果如所卜」，但到劇中，關漢卿即誇張了二人之間的年齡差別，以及溫嶠的動手動腳、偷看腳印以至設置騙局等喜劇關目，也突出了劉倩英的虛榮和妥協，這些都表明作者創作意圖在劇中有所扭曲。他要通過老夫終得少妻的劇情描寫表現真心愛慕可以超越年齡界限，但「溫公娶婦」故事的確不是理想的題材，故出現了創作出發點和作品藝術效果之間的某種脫節。風情喜劇變成諷刺喜劇。當然，從另一方面看，這也算不得什麼，對於一件風流韻事略加嘲戲，在關漢卿看來本來即無傷大雅，他同友人王和卿之間嘲戲甚至維持到死，可以說此劇也是時代風氣使然。

諷刺分爲善意的嘲諷和辛辣的譏刺兩種。從上面的分析看，《陳母教子》也好，《玉鏡臺》也好，其喜劇主人公一般並非爲非作

牙的反面人物（如關氏悲劇中的李存信、張驢兒、魯齋郎、楊衙
內之類），他（她）們的身上儘管有缺點、有錯誤，但都不是致
命的惡德。元雜劇一人主唱的演出體制也不容出現惡人作喜劇主
人公的情況，因而出現以善意嘲諷爲主的諷刺喜劇成了關劇這方
面的基本特色。

二　幽默喜劇：《謝天香》、《金線池》

　　什麼是幽默？這個問題是理論界爭論較多的一種，以幽默爲
主要特徵的幽默喜劇當然亦不例外。一類觀點認爲，「從幽默中
獲得樂趣源出於我們對笑之對象所產生的優越感。根據這一觀
點，全部幽默均帶有嘲弄性質」❾，另一類觀點則認爲：「幽默
可使我們從順應傳統要求的抑制中解脫出來，這種解脫可能是暫
時的。比如，淫猥故事通常並不是對傳統道德觀念的嚴肅挑戰，
但它確實能夠使人們表達受壓抑的性衝動」❿，今天看來，這兩
種觀點皆不無所據，但弊病在於前者容易同諷刺喜劇混淆起來，
後者只適用於以粗俗、低級的下流社會爲表現對象的喜劇，如古
希臘喜劇等，與真正反映幽默本質還有相當距離。第三類觀點認
爲，幽默存在於發現「恰當中的不恰當」，「不僅僅發現不同事
物中意想不到的聯繫，適當的概念也包括在內」⓫。這種觀點雖
然看起來比較抽象，難於理解，但卻在相當程度上道出了幽默喜
劇的本質，它不是來自嘲弄，也不是僅僅「來自抑制解脫的一種
感情」，而是來自「恰當中的不恰當」，換言之就是和諧中的不
和諧，合理中的不合理。反過來也是一樣：不和諧中的和諧，不
合理中的合理，如此等等。用這種觀點來考察關漢卿喜劇，《謝
天香》和《金線池》即具有相當的典型性。

　　和《陳母教子》以及《玉鏡臺》一樣，《謝》《金》二劇中也不存在

真正爲非作歹的反面人物，構不成生死攸關的悲劇性衝突。但在前二劇中，正面人物還存在著值得嘲諷的「惡德」，如陳母的只認狀元不認親子，三末的吹牛、狂妄和貪財，溫嶠的狡黠和貪色，劉倩英的虛榮等等。而此二劇中即基本上連這種「惡德」也不存在了，有的只是和諧中的不和諧，恰當中的不恰當。

例如《謝天香》劇中的錢大尹，不僅爲官「頗有政聲」，而且篤於友誼，對以前同窗小友柳耆卿（永）一直念念不忘，及至見面，不以官體尊卑，公堂管待，然而他卻因柳永在倡樓妓館廝混不滿，在柳臨赴京前拜託照看要好妓女謝天香時還搶白他一頓，說他「才有餘而德不足」，柳因而滿腹怨恨。但從錢大尹角度看，他的確爲著同窗學友好，希望柳就此振作起來，施才幹，做大官。正是出於這樣的好心，他認爲「歌妓女怎做得大臣姬妾」，所以要想方設法斷絕柳永此念。在柳赴京後，他故意命謝當廳吟唱一首柳詞，中有冒犯大尹名諱字樣，想要借此責打謝天香，認爲刑餘之人，「耆卿再不好往她家去」，然而謝天香臨場改動曲韻，不但避開其中大尹的名諱，而且新成一韻到底，對此錢大尹大爲驚嘆，故改變主意，決心成全他們二人。然而仍出於歌妓做不得大臣姬妾的心理，他出面將謝天香娶來自家，名義上作自己的妾，實際上不讓謝再倚門賣笑重新接客，以成全同窗小友的體面。也正因爲如此，他娶了謝氏三年，竟讓她守了三年空房，直到柳永中狀元回來，纔主動說清原委，完璧歸趙。從這些情節可以看出，劇中的錢大尹爲朋友所做的一切都是合理的，也是恰當的，這方面不存在喜劇的可笑之處。

錢大尹形象的喜劇性來源於幽默，這就是合理中的不合理，恰當中的不恰當。從劇本第一折可以看出，他爲柳耆卿置酒送行後又加以搶白，這當然由於柳永自己不識相，三番五次反覆絮煩的結果，同時也是由於對小友不務正途留連花酒的不滿，但一番

嚴厲的申斥卻客觀上使得朋友窘困萬分，以致發誓要報復：「錢可道，你長保著做大尹，休要和俺軸頭兒廝抹著」，可見好意反而做了惡情。

不僅如此，劇本還描寫錢大尹爲官嚴正，不近女色。新任府尹，官妓依例參見，他只允許上廳行首謝天香一人作代表，而且不假以辭色，使得初次見面的謝驚懼不已：「那官人好個冷臉子也」。他爲同窗學友的功名前途著想，竟不惜採取責打歌妓使之成爲刑餘之人的手段。更爲滑稽的是他竟將友人的相好娶到家裡整整三年，爲的是怕朋友中舉得官後因體制所關娶不得歌妓，可他自己正是由「聖恩」除授的開封府尹，四品黃堂，卻毫無自玷官箴之忌。娶到家後「整三年有名無實」雖可理解，但又不告訴謝自己的真實目的，任其痛苦萬分，以致認定「打我在無底磨牢籠內」。等到三年屆滿，錢又惡作劇地答允要正式立謝爲小夫人，又使後者不知真假罩入雲裡霧裡：

〔煞尾〕我也不敢十分相信的：許來大官員，怎來大職位，發出言詞忒口疾。

的確是這樣。篤於友情的錢大尹並未就此立天香爲小夫人，而是當柳耆卿中狀元凱旋之際立即按原計劃將謝「完璧歸趙」，並講明原委，柳因此盡釋前嫌，且感激他的保護之義。無疑這些都是錢爲朋友所做的再恰當不過的事。但另一方面，同樣作爲一個活生生有感情的妓女謝天香，即在他們的友誼之中變成了一個物，聽憑其娶來贈去，談不上任何人生權利。客觀上說，錢的古道熱腸，正是建立在無辜妓女的心理壓抑和感情痛苦的基礎之上的。此外，錢的義氣作爲，對其自身來說，卻並不總是非常恰當，別的不說，他將朋友戀人關在自家府內三年，其間暗昧清白按常理是難以說清的問題。「朋友妾，不可滅」、「瓜田不納履，李下不整冠」，這些人生避忌都讓錢大尹的古道熱腸觸犯了。以上這

些，無疑都是典型的「恰當中的不恰當」。由於這些「不恰當」並未從根本上損害整個形象的「恰當」，故在錢可道這個人物身上，人們即看不出諷刺意趣的意味，而是「亂點鴛鴦譜」式的幽默。

這種「恰當中的不恰當」在劇中其他人物身上也同樣有所體現。例如謝天香，她是一個聰慧、機敏的女性。對這個形象歷來評價分歧較大，譽之者贊其才藝，貶之者鄙其人格，實際上此皆喜劇人物的兩個不同方面，所謂「恰當中的不恰當」而已。說她聰敏固然有據，第一折她同錢大尹初次見面後即敏感這個人不好說話，柳耆卿不聽她勸阻，來往穿梭說情，結果討了個沒趣。這表明她識人的眼力超過了柳。另外，在柳赴京後，錢大尹為杜絕朋友留連花酒的後路，意欲借故責打她，面對這個情勢，謝處變不驚，憑著天資聰慧，當場改字換韻，從而保護了自己，後來在被錢大尹強娶後又以色子為題，賦詩悲嘆身世，這些都體現了這個人物的絕高才藝。

與此同時，此劇中的謝天香，作家創作時並沒有忘記她的身份。作為一名淪落風塵多年的妓女，迎新送舊的職業習慣造就了她自卑和感情無定的個性（這也人們貶她的依據）。她和柳耆卿作伴，已定終身，柳臨別時還允她等作了官，「那五花官誥，駙馬香車，你便是夫人縣君也」。可是當柳永走後，錢大尹將她娶為小夫人，她沒有表示任何拒絕或者可以說是因為勢不由已，但居然連柳耆卿也不再念起，整日為著有名無實的大尹妻而煩惱：

> 〔俏秀才〕俺若是曾宿睡呵則除非天知地知，相公那鋪蓋兒知他是橫的娶的！比我那初使喚，如今越更稀。想是我出身處本低微，則怕展污了相公貴體。

自卑和自賤的性格在此處表現得非常充分。然而當錢惡作劇地答應將正式立她做小夫人時，她卻感激涕零，「不想道今朝錯愛我

這匪妓，也則是可憐見哭啼啼」〔一煞〕。正如同藝術上她善於隨機應變一樣，感情上她也是隨遇而安，這一點放在一位普通的「上廳行首」的妓女身上無疑是再自然不過，但如作爲劇中特意塑造的與才子柳永相配的佳人，則難免被罵一聲水性楊花、用情不專了。她的由柳移到錢，再由錢回歸柳的窘境，同樣反映了這個人物恰當中的不恰當之處。正是她的這種不恰當，使得她在顯示了悲劇性命運的同時卻露出了喜劇性的面目。

柳耆卿是此劇中所花筆墨不多的一個人物，但他的地位卻不能忽視。從人物關係上看，他既爲錢大尹的同窗學友，又是謝天香的「心上人」，在錢、謝、柳三角關係中他是不可或缺的一個支點。劇本寫他憨厚、老實，對妓女謝天香情真意摯，對朋友錢大尹推心置腹，作爲一個才華橫溢的書生，他出口成章，這些都顯示了這個人物的「恰當」的個性。然而同時作品也揭示了他的不恰當性，劇本第一折他赴京前得知學友錢可道新任此地行政長官，特地趕去相會，錢亦熱情接待，置酒餞行，一切都體現同窗舊誼，無不恰當，可是這位多情種卻臨時想起託老朋友照看情人，錢大尹以爲身爲「一代文章」的同學故友有些什麼嘉言善行要提供，誰知只是一句「好覷謝氏」，大尹又以爲「謝氏」必定是個德行高潔的文人隱士，經隨從張千介紹方知爲妓女，心下已是不然，偏偏這位柳生又不識相，出而復返，連續五次，喋喋不休，總怕自己沒有講清，而越欲細講就越顯得囉嗦，大尹則是一次比一次冷淡，先是「有請」，再是「著他過來」，後來乾脆不見，且將通報的張千臭罵一頓。然而不識相的柳永則更不識相，乾脆不用通報徑入，終於招來了老朋友的翻臉怒斥：

　　　　這裡是官府黃堂，又不是秦樓楚館，則管理謝氏，謝
　　氏！耆卿，我是開封府尹，又不是教坊樂探！

「哥哥看待我比別人不同」，這原是柳永在謝天香面前誇口的

話，可現在卻實實在在地丟了醜，使他陷入如此窘境的是誰呢？歸根到底還是由於他那不識高低、不知進退的傻乎乎的個性，儘管他因而惱羞變怒，賭咒發誓要今後得官再和錢可道算賬，但人們還是不禁要笑出聲來。這方面的喜劇來源就在於他的這些不恰當之處。

「恰當中的不恰當」構成了此劇的主要喜劇機趣，我們從上面三個主要人物的形象剖析中即很容易體會出來。雖然由於劇中沒有反面角色，難以開展激烈的戲劇衝突，正面人物身上又無值得認真諷刺的「惡德」，所以和諷刺喜劇《陳母教子》、《玉鏡臺》相比，可笑的因素略少了一點。但錢大尹熱心助人卻表現近乎捉弄，謝天香聰慧機敏卻在感情上隨遇而安，柳耆卿才高八斗卻表現得直冒傻氣，這些喜劇特徵都足以令人深思。和諷刺喜劇中體現的解剖精神不同，儘管在展示形象「不恰當」一面時不無嘲諷之意，但作者在這裡傾注了更多的善意。阿・尼柯爾說過：「在幽默中，感情和理智結合在一起，敦厚的精神與諷刺的精神結合在一起。」⓬此劇體現的正是這些幽默精神。

同樣的精神在關氏另一喜劇《金線池》也有較爲顯著的體現。和《謝天香》劇相類似，此劇亦表現書生妓女相戀，後遭曲折，終因與書生有舊誼之職官調護下得以重圓。題材略同，表現手法亦頗相近，當然具體作法上各有其特點。

杜蕊娘是此劇的主要人物，和謝天香一樣，她的身份也是妓女中的「上廳行首」。作品描寫她同秀才韓輔臣相戀，後者在石府尹的官廳上與杜見面相識後陷入情網，打定主意在杜家行院住下「一心要娶」，另一方面，和韓輔臣曾有八拜之交的石府尹對義弟留連花酒事不但不制止反而予以資助。由此可見杜和韓相戀既無遠行應舉之憂，又無官府强娶之苦，較謝天香命運要好得多。然而，杜蕊娘多了一個時時干預著她的鴇母，可恠的是這個

狠毒的鴇母竟是杜的親生母親，她把女兒做皮肉生意當成搖錢
樹，堅決反對蕊娘嫁人，當面威脅利誘，軟硬兼施，企圖讓這一
對情人分開。在遭到抵制失敗後，老虔婆即使用挑撥離間的辦
法，先以冷語激走韓輔臣，之後又在女兒面前造謠說韓已另有新
歡，這樣杜和韓之間的愛情裂痕即產生了。

　　俗話說：「小娘愛俏，老鴇愛鈔」，撇開後面體現的畸形賣
淫制度不談，這句話所言還的確是作品反映的現實。杜、韓之間
真摯相愛卻遭到鴇母間阻在當時並無不恰當之處，關漢卿散曲即
有「美姻緣他娘間阻」❸之類的詞句，如果此二人堅決抵制終於
衝破阻礙，達到結合目的，或者說二人終因鴇母阻礙而忍痛分
手，是喜是悲，總非此劇今天模樣，關鍵在於劇情並未按一般的
常規發展。這樣，「恰當中的不恰當」也即產生了。

　　對杜蕊娘來說，以她的高傲剛強的個性，母親的間阻本不難
克服，第一折面對鴇母的板障，她對韓輔臣說：「你則躲在房裡
坐，不要出來，待我和那虔婆頦鬧一場去」，可見她在鴇母面前
決不會發怵，事實上在緊接而來的當面衝突中，鴇母已拿她沒辦
法了。間阻之所以起作用，除了韓輔臣不辭而別之外，杜蕊娘自
己的心高氣傲是為一主要因素。韓雖然因受不了鴇母的「閒言閒
語」負氣出走了二十多日，但終於不捨得舊情而又復還，杜卻不
原諒他了：「咱本是潑賤娼優，怎嫁得你俊俏儒流」〔感皇恩〕，
「我只怕年深了也難收救，倒不如早早丟開，也免得自傃自愁」
〔三煞〕。韓輔臣陪不是，她不理。韓輔臣下跪，她更加反感。

　　　　越顯得你嘴兒甜，膝兒軟，情兒厚。
最後竟是甩袖而去。

　　不僅如此，在石府尹出資讓杜家長輩出面勸合的金線池宴席
上，杜蕊娘酒醉，可是當她發現扶她的是韓輔臣時，立即再次拒
絕：

　　　　你且把這不志誠的心腸與我慢慢等！（做摔閉科）
應當説，韓輔臣已經儘了最大努力補償過失，但得到依舊是如此
決絕的態度。看來如果没有其它因素加入的話，他們之間的愛情
悲劇是不可避免的，而這種局面的造成無疑不能總歸結到虔婆的
間阻上去。當然，如果杜蕊娘就此已不再愛韓輔臣倒也不算什
麼，因爲情侶之間感情轉移乃至分手亦爲常有之事。問題在於杜
蕊娘内心實際上並没有將韓忘懷，用她自己的話説：「這廝閑散
了雖離我眼底，忔憎著又在心頭。」〔梁州第七〕。正因爲如此，
她對韓輔臣不辭而别，又聽聞他已另有所愛纔特别傷心憤怒，她
的決絕態度也是「愛之深也恨之深」的具體表現。這種「愛之
深」以致難以忘懷的心緒不僅存在著内心和人後，有時還在公開
場合不自覺地流露，劇本這樣描寫金線池聚宴：

　　　　（正旦云）待我行個酒令，行的便吃酒，行不的罰金線
　　　　池裡涼水。（眾旦云）俺們都依著姨姨的令行。（正旦云）
　　　　酒中不許題著「韓輔臣」三字，但道著的，將大觥來罰飲一
　　　　大觥。（眾旦云）知道。

理智上想要排開韓輔臣這個「負心短命」，感情上卻是藕斷絲
連，難能自制。宴會上没來由行了個以韓輔臣爲中心的酒令，這
件事本身即已表明了女主人公此刻的心境。「感情和理智結合在
一起」的幽默始終充實看這一場戲。杜蕊娘自己連續兩次犯規，
口口道出韓輔臣的名字，連連受罰以致沉醉。這些都表明她對韓
輔臣仍是一往情深。之所以在看到韓輔臣此刻上場並扶持她時仍
舊拒絕並「做摔閉科」，純粹是由於心高氣傲的個性使得她不願
意一下子軟化下來而已。以下第四折韓輔臣向哥哥石府尹求援：
「公堂上迫其就範」，表面上這倚官仗勢，令人反感，但實際上
至第三折結束，這已是水到渠成的事了。「千求不如一嚇」，這
也是關漢卿創作的常用手法之一。「一嚇」的結果是使杜蕊娘的

理智和感情的矛盾得到順利解決，有何不可！

韓輔臣在此劇中的地位比較特殊。從人物關係上看，他同柳耆卿一樣，同時聯繫著官府和歌妓。作爲一個書生，他在見到杜蕊娘後馬上爲之傾倒，並甘願放棄求取功名留下來與之作伴以致「一心要娶」，可以說是一個愛情至上主義者，在這一點上他甚至比「平生以花酒爲念但捨不得功名二字的柳耆卿更可愛些，然而這種情況在元代及以前的文人作品中並不少見，如張君瑞、鄭元和等，所以說這也算不得什麼不恰當之處。他的心氣高傲，受不得虔婆的「閒言閒語」負氣出走，從「士可殺不可辱」的讀書人傳統信條來看，這也是再洽當不過的。問題在於他對杜蕊娘的不辭而別，即實際上將戀人和鴇母打做一路了，這顯然是極其「不恰當」的事。心高氣傲的他遇上了比他最加氣高的杜蕊娘，這種「不恰當」就更明顯了。

劇本寫他負氣出走二十多日後有點心神不定，欲返回與杜蕊娘重修舊好，然而開始時似乎擺了一點譜，見到杜蕊娘彈奏琵琶，還進行譏諷：

原來你那舊性兒不改，還彈唱哩！

如此不得體的求和，不啻是「撲鄧鄧火上澆油」，立即遭到杜蕊娘十倍於此的回擊，問他：「何勞你貴腳兒又到咱家走？」

至此，在這一對情人的誤會衝突中，韓輔臣開始走了下坡路，他的「元許我嫁」、「盟約在前」以及「出你家門也只有半個多月」等等似乎很充足的理由並不幫他任何忙。於是道歉，於是下跪，然而這一切都不能挽回他的頹勢，甚至金線池宴會上當他巴結地去扶持已酒醉的杜蕊娘，也被後者唱斥「靠後」並且用力「摔開」，這簡直就像竇娥對待癩蛤蟆想喫天鵝肉的張驢兒一樣，令人忍俊不禁。更可笑的是他對杜蕊娘沒了辦法，卻去求助石府尹哥哥「公堂解決」，劇本這樣描寫：

> （石府尹云）他委實不肯便罷了，教我怎生斷理？（韓
> 輔臣云）哥哥，你不肯斷理，你兄弟唱喏。（做揖，石府尹
> 不禮科，云）我不會唱喏那？（韓輔臣云）您兄弟下跪。
> （做跪，石府尹不禮科，云）我不會下跪那？（韓輔臣云）
> 你再四的不肯斷理，我只是死在你府堂上，教你做官不成。
> （做觸階，石府尹忙扯住科，云）那個愛女娘的似你般放刁
> 來？罷，罷，罷！我完成了你兩口兒。

這是真正成了喜劇角色。韓輔臣的放刁以至以死要挾老朋友當然
不是在動真格，否則即令人反感了，正因爲其虛假，纔適足增添
舞臺上「恰當中的不恰當」，幽默氣氛固然更加濃厚。

石府尹也是這齣喜劇中不應忽視的角色。和《謝天香》中的錢
大尹不同，這位五品黃堂對契弟的留連花酒不但不加干預，反而
加以支持。錢大尹和柳耆卿之間雖然具有同窗之誼，但等級的差
別還是明顯的。而石府尹則得平易多了，簡直真正成了韓輔臣寬
厚的大哥哥。劇本第一折描寫他設宴招待韓輔臣，令上廳行首杜
蕊娘勸酒，誰知二人竟然把他這個府尹兼主東忘記了，以致「哥
哥」不免著急起來：

> （正旦與韓連遞三盃科）（府尹云）住，住！兄弟，我
> 也喫一鍾兒。（韓輔臣云）呀，卻忘了送哥哥。（正旦遞府
> 尹酒，飲科）

可以想見場上的喜劇效果是出奇得好。以下劇情，石府尹出兩錠
銀子讓韓輔臣住進杜蕊娘家行院去，樂瘋了的韓輔臣連「別也不
別」即帶著情人一溜煙走開，府尹只好自嘆：「雖然故友情能
密，爭似新歡興更濃。」

然而他卻没有見怪，還準備「且待三朝五日，差人探望」。
寬厚之態實在可愛。劇本第三折寫他資助金線池設宴，第四折寫
他公堂假狠「嚇」和，完全成了韓輔臣的保護人。和「冷臉兒」

加上惡作劇「假娶」的錢大尹相比，石府尹形象要可愛得多。當
然，像這樣不顧官體，和妓女嫖客打成一片的府尹，在儒家傳統
濃厚的官場是不多見的，或者說是「不恰當」的，然而這種官體
上的「不恰當」與交遊上古道熱腸的「恰當」又天衣無縫地聯繫
在一起。惟其如此，纔使得這個人物較錢大尹更具喜劇性。現代
喜劇理論又將「人物形象性的虛假性」作爲喜劇的本體特徵之一
⑭，石府尹這個角色即更爲劇情所必需的了。

　　總的說來，和《謝天香》劇一樣，《金線池》的幽默喜劇特點是
非常明顯的。貫穿全劇的杜蕊娘和韓輔臣這一對戀人之間的矛盾
衝突是由誤會構合而成，不具備生死攸關的嚴肅性。居於中間促
成他們結合的石府尹也是一個富有幽默氣質的人物，雖然在第四
折公堂「逼」和中顯示了通常官府的威勢，但由於本身即爲造成
喜劇性結局的一個契機，故只能加強而非削弱整體的喜劇氣氛。
劇中企圖離間青年男女愛情關係的鴇兒固屬反面人物，但她不佔
重要地位，僅在第一折中一帶而過，是個道具式的角色。她的陰
謀之所以在某種程度上起作用，與其說是陰謀伎倆的高超，倒不
如說是由於杜、韓二人心氣一個比一個高傲。自然，鴇兒在劇中
處於被揭露和諷刺的地位，因而算是一個諷刺喜劇人物，但這種
諷刺恰恰是對全劇「敦厚精神」的一種映襯和補充。而「敦厚的
精神與諷刺的精神結合在一起」，正是幽默喜劇的本質特徵之
一。

　　英國近代喜劇家康格里夫認爲幽默是「一種特殊的，不可避
免的言談舉止的方式，只對某一個人說來它是特有的，自然的，
從而使他的言談舉止與別人相區別」⑮。正是如此，幽默對於喜
劇人物自身來說是恰當的，是性格發展的自然結果，而對他人或
所謂常規來說，卻又是特殊的，不恰當的。前面分析過的《謝天
香》和《金線池》皆是如此，無論是謝天香的聰明自卑還是杜蕊娘

的心氣高超，也無論是錢大尹的工於心計還是石府尹的寬厚待人，或者是柳耆卿的獃頭獃腦和韓輔臣的近乎耍賴，都是由他們的喜劇性格所決定的。從這點來說，它們都是特有的、自然的，不可避免的，每個人的喜劇性格都不會有任何混淆之處，都是在展示某種「恰當中的不恰當」，或者「不恰當中的恰當」，劇情的發展過程也就是這種幽默本質的體現過程。充溢其中的笑總體上說都是「健康的，自由的，沒有尖刻意味，沒有憂鬱之情，絲毫不含惡意的」，體現了一種真正的「喜劇的力量」⓰。

三　世態喜劇：《救風塵》、《望江亭》

世態喜劇又稱風俗喜劇。尼柯爾指出：「這類喜劇——風俗喜劇——之具有這一名稱，不言而喻，主要來源於當代戲劇中所表現的社會風尚、社會愚蠢與傳統習慣。」⓱這個定義準確地指出了世態喜劇的性質和特徵，它既不同於諷刺喜劇，也不同於幽默喜劇，諷刺和幽默作爲喜劇手法在世態喜劇中也許都可以得到運用，但這決不是它的全部。正如有論者所言：「它的重心，卻像其名稱所暗示的那樣，主要指的是一種重在表現社會風俗和人情世態的喜劇類型，就這一點而言，它實際上包含了遠較一般幽默喜劇和諷刺喜劇更爲複雜的創作激情，更爲豐厚的文化意蘊和更加深入地表現社會生活的巨大可能性」⓲。正是出於這點，我們寧願此類喜劇爲世態喜劇而不僅僅稱之爲「風俗喜劇」。因爲一般看來，「世態」中除了風俗之外，還包括其它的社會人生問題，覆蓋面要大得多。

在關漢卿劇作中，具有典型性的世態喜劇是他的《救風塵》和《望江亭》。

《救風塵》全稱《趙盼兒風月救風塵》，和前面分析過的幽默喜

劇《謝天香》《金線池》一樣，都以妓女生活爲題材，亦即屬於所謂的妓女戲，説得更具體一點，此劇中妓女和書生戀愛後遭波折幸而由於友人調護終得團圓這一線索主幹也略同於前述二劇，然其表現手法以及反映社會生活面都遠遠超過了前者。

即以劇中的妓女書生戀愛爲例，宋引章和安秀實這一對情人之間之所以出現陰差陽錯，宋後來嫁給周舍，不是出於鴇兒間阻，也並非由於安秀才外出求助功名三年不歸，而是由於「自小上花臺做子弟」的周舍手段高，而這種高手段又不是倚官仗勢，儘管劇本一開始周舍即自稱爲「周同知的孩兒」，是個宦家子弟，但這個「衙內」卻同魯齋郎不同，他權勢没有達到「嫌官小不做，嫌馬瘦不騎」的地步，卻懂得用小恩小惠，花言巧語買通妓女的心。此劇第一折通過宋引章之口説他：

> 一年四季，夏季我好的一覺晌睡，他替你妹子（她自己）打著扇；冬天替你妹子溫的舖蓋兒暖了，著你妹子歇息；但你妹子那裡人情去，穿的那一套衣服，戴的那一付頭面，替你妹子提領繫，整釵鐶。

正是由於這樣，周舍這個有錢有勢但又不仗著錢和勢凌逼的特殊的第三者，在關劇同類題材的作品中可以稱得上有著鮮明特點的「這一個」。

宋引章形象也是富有特色，劇本描寫她對著趕來詢問原委的姐妹除了談了上述一大段稱贊周舍懂感情會體貼人的話以外，還補充了下面一句：

> 我嫁了安秀才呵，一對兒好打蓮花落。

打蓮花落，即沿街賣唱乞討的意思。宋引章透露她不願嫁安秀實還因爲嫌秀才家窮，顯然作爲「小娘兒」的宋引章也不是不「愛鈔」的。讀者和觀衆大概都還記得《金線池》中有這一樣一句話，鴇兒罵杜蕊娘：「你要嫁韓輔臣，這一千年不長進的，看您打蓮

花落也！」鴇母這句威脅語在《金綫池》爲妓女杜蕊娘所不齒，到
了此劇中卻又成爲同是妓女的宋引章的「正經語」，可見此妓已
非彼妓，藝術的個性化在這裡起了相當作用。

　　然而如果宋引章僅是一個「愛鈔」的賤妓，她後來的遭罪只
會讓人快意，友人趙盼兒的調護以及她和安秀實的最終和好均將
失掉應有的意義。事實上問題並不如此簡單，怕「打蓮花落」在
宋引章僅爲思想中的一個側面，甚至也許只是一個口實，因爲她
嫁周舍明明圖的是「知重」，劇本描寫她對趙盼兒敍述周舍如何
疼愛和關心她的上述那段話以後說：

　　　　只為他這等知重你妹子，因此上一心要嫁他。

看來，追求「知重」也是宋引章愛情理想的一個方面，作爲寫她
前後兩次強調「知重」，顯然意在突出這一點，正因爲如此，宋
引章形象纔不會簡單化。至於安秀實，他是否也如周舍一樣「知
重」宋引章，劇本沒有描寫，我們不得而知，至少他的「知重」
在此刻宋引章心目中沒有周舍突出。情份上既遜周舍一頭，而作
爲一個窮秀才，在錢和勢上與官宦子弟周舍更不能比。「打蓮花
落」在真情相愛的情況下原不可怕，但在情義和權勢皆遜的情況
下即是一個很現實的問題了。既然無論哪方面都是周舍佔優勢，
則原來應嫁安秀實的宋引章現在執意要嫁周舍便是順理成章的事
了。顯然，此劇中表現的妓女愛情糾葛比較前面論及的同類題材
要複雜得多，內涵也要豐富得多。無論是謝天香和柳耆柳，還是
杜蕊娘和韓輔臣，他（她）們的關係都比較簡單，其中出現波折
也是誤會性的，故情節發再緊張也沒有脫離單一的線條。而此劇
中的愛情糾葛，無疑不是來自誤會，而是經過了理智的慎重思
考，因而具有了嚴肅戲劇的某種因素，假如按照這條路子走下去
並得以完成，讀者不會感到任何不合理，更不會爲情場上失意的
安秀才叫屈。

然而關氏畢竟是一代戲劇大師，他並沒有使他的筆觸僅僅停留在這裡，或者僅僅滿足一個較爲新穎的愛情劇（事實上即使到此爲止，此劇仍不失其完整和別致性），而是讓情節朝讀者想像不到的方向發展。

年幼而執著的宋引章堅信自己的眼力，認爲自己挑了個有錢有勢又有情的好夫婿，連義姐趙盼兒經驗之談和好心勸告都聽不進去，最後竟然把話説絕了：

> （趙云）妹子，久以後你受苦呵，休來告我。（外旦云）我便有該死的罪，我也不來央告你！

可事實上是宋引章錯了。她相信了周舍的「知重」，執意嫁了過去，誰知這個原來疼她照顧她如孝子的「可意人」竟翻轉面皮，成了另外一個人。按照宋引章自己的説法是「進得門來，打了我五十殺威棒，朝打暮罵，怕不死在他手裡」。萬般無奈，這位當時執定主意即使犯了「該死的罪，也不來央告」的多情人，只好自食其言，寫信「急急央趙家姐姐來救我。」這樣，嚴肅戲劇又轉化成了喜劇。

「趙家姐姐」趙盼兒的出面相救，因而引出了劇中第二層關係，即趙盼兒同周舍之間的正邪之爭。劇名「救風塵」，這實際上是構成此劇的主體情節。

趙盼兒形象同樣爲此劇所獨創，即在此前的妓女戲中也是絕無僅有。從年齡上看，她大引章幾歲，故稱爲「趙家姐姐」，正由於這樣，她的閱歷豐富而爲人機警，還在宋引章陶醉於周舍虛情假意的「知重」中時，她就看穿周舍之流的真正面目，真心勸導這位執迷的妹子：

> 〔勝葫蘆〕你道這子弟情腸甜似蜜，但娶到他家裡，多無半載周年相棄擲，早努牙突嘴，拳椎腳踢，打的你哭哭啼啼。

後來果真不幸而言中了，宋引章母親搴著救援的書信來找她。當初苦心勸告不成反遭搶白，趙盼兒心中自然很不愉快：「你舖排著鴛衾和鳳幬，指教效天長共地久；鶩入門知滋味便合休。幾番家眼睜睜打乾淨待離了我這手」〔醋葫蘆〕。她完全有理由拒絕，因爲當時宋引章執迷甚至到了狂妄的地步。然而這樣一來，趙盼兒也就脫不了恩來怨往的常人身份，俠妓的趙盼兒也就不存在了，正因爲趙盼兒不僅有著閱歷豐富，爲人機警的一面，還有著一副熱心助人的俠義心腸，所以此劇纔沒有流爲一般的諷刺喜劇，且聽她自我警告：

> （帶云）趙盼兒！（唱）你做的個見死不救，可不羞殺這桃園中殺白馬，宰烏牛？

她是決計要去搭救那倒霉的妹子了。對此她充滿了信心，「不是我說大口，怎出得我這煙月手！」這不是在盲目樂觀，因爲趙盼兒以她識人的眼力，早就看出周舍有一個致命的弱點，就是好色：「那廝愛女娘的心，見的便似驢共狗」，正由於這樣，她早就安排了一個周密的計劃：

> 我到那裡，三言兩句，肯寫休書，萬事皆休；若是不肯寫休書，我將他招一招，拈一拈，摟一摟，抱一抱，著那廝通身酥，遍體麻。將他鼻凹兒抹上一塊砂糖，著那廝舔又舔不著，喫又喫不著。賺得那廝寫了休書，引章將的休書來，淹的撤了。

事實上也是這樣。趙盼兒可算知己知彼了，以此，她的「救風塵」必勝無疑，故而場上並無激烈衝突前的緊張氣息，一切都在輕鬆喜劇的氣氛中進行。

當然，周舍也不是一個凡俗的角色，從上面分析過的騙娶宋引章過程來看，他的確是一個久慣風月、老於世故的傢伙。他騙娶宋引章還未等到家就已經厭倦：「讓她轎子在頭裡走，怕那一

般的舍人説：『周舍娶了宋引章』，被人笑話。」可是他忘了正是
他死乞白賴，費盡心機纔把宋引章騙到手。他這樣信口開河地誣
衊宋：

> 則見那轎子一晃一晃的，……我揭起轎簾一看，則見他
> 精赤條條在裡面打筋斗。來到家中，我説：「你套一床被我
> 蓋。」我到房裡，只見被子倒高似床。我便叫：「那婦人在
> 那裡？」則聽的被子裡答應道：「周舍，我在被子裡面
> 哩。」我道：「在被子裡做什麼？」他道：「我套棉被，把
> 我翻在裡頭了。」我攀起棍來，恰待要打，他道：「周舍，
> 打我不打緊，休打了隔壁王婆婆。」我道：「好也，把鄰舍
> 都翻在被裡面。」

這固然是喜劇角色的插科打諢，但也形象地説明周舍這傢伙不加
思索漫天扯謊的本領，決非等閒小丑可比。此次重新見到趙盼兒
馬上想起她曾經阻止過自己騙娶宋引章，於是氣極敗壞，對趙打
罵趕逐。然而盼兒巧妙地解釋當時的作梗是由於忌妒：「我待嫁
你來，你卻著我保親！」並説這次是「好意將著車輛鞍馬奔房來
尋你」，這樣周舍馬上從精神上解除了武裝，乖乖地答應馬上回
家休了宋引章，雖然這其中還要了一點小聰明，通過讓盼兒賭咒
發誓來「搖撼的實著」，然而色迷了心竅的他連「堂子裡馬踏
殺，燈草打折臁兒骨」這樣的牙疼咒都聽不出來，連同盼兒自帶
的酒、熟羊和大紅羅都認爲是撿了個便宜。他輕而易舉地休了那
個「只有打殺，沒有買休賣休」的「賤人」。盼兒和宋引章姐妹
於是掙脱羅網全勝而歸，等到周舍醒悟過來，一切都已遲了。盼
兒盡情地嘲弄這個「騎馬一世，驢背上失了一腳」的「傻弟子孩
兒」：

> 〔慶東原〕俺須是賣空盧，憑著那説的言咒誓爲活路。
> （帶云）怕你不信呵。（唱）遍花街請到娼家女，那一個不

對著明香寶燭，那一個不指著皇天后土，那一個不賭著鬼戮
神誅？若信這咒盟言，早死的絕門戶。

絕妙的諷刺，真正是「即以其人之道還制其人之身」了。周舍之
流，平時一邊大肆宣揚妓女水性楊花，另一面自己則肆無忌憚地
哄騙涉世不深的風塵少女，時而甜言蜜語，時而翻臉無情，這些
苦果現在都輪到他自己品嘗了。所謂「從前作過事，沒興一齊
來」，喜劇至此達到了大快人心的結果。

從以上分析劇中幾個主要人物來看，作者諷刺的矛頭無意是
對著周舍這個「花臺子弟」，劇本從他開始騙耍宋引章，接著覬
覦趙盼兒，最終「弄得尖擔兩頭脫」，落得「杖六十，與民一體
當差」的下場，可以說在這個人物身上花了許多嘲諷的筆墨，周
舍無疑是個諷刺喜劇人物。

宋引章不聽勸告，害怕「打蓮花落」而拋棄窮秀才安秀實，
執意要嫁淫浪子弟周舍，終於落入「進門打了五十殺威棒」、
「朝打暮罵，看看至死」的窘境，不得不寫信向當時被她話說絕
了的趙盼兒求救，可見也是一個有缺陷的人物，但她之所以陷入
這種窘境，並非由於人格有問題，而是由於幼稚，不諳世故，上
了風月老手的當。事實上我們從前面分析過的她要嫁周舍的動機
看，最多的還是因為得到「知重」即感情滿足的緣故，錢和勢並
未佔多大份量，因而作品對她亦不存在諷刺和嘲弄，而是讓其醒
悟後自食其言寫信救助，從而產生喜劇機趣。悲劇命運以喜劇形
式表現出來，充其量只是一種「恰當中的不恰當」而已，所以嚴
格說來宋引章在劇中應該是一個幽默喜劇人物。

趙盼兒的形象在劇中比較特殊。我們說過，她閱歷豐富，為
人機警而又俠骨凜然，雖然是「救風塵」這一喜劇過程的促成者
和主要參與者，但在她身上，既無值得諷刺和嘲弄之處，又無
「恰當中的不恰當」從而招惹幽默微笑之處，她的性格成熟，語

言犀利而又不缺乏風趣。她的行爲有愛有恨，情感自如，既有主見又不呆板，作品自始至終對她採取的是熱情歌頌，甚至將她比作「桃園中殺白馬，宰烏牛」的劉、關、張，將妓女和這些帝王將相相提並論，這在古代文人作品中的確是少見的，由此可見作者對此贊嘆歌頌的程度。從這個意義上我們說，趙盼兒完全是一個頌劇人物。

劇中其他人物，安秀實雖然屬於與妓女戀愛的書生，但顯得窩囊，劇本開始寫他在宋引章變心情況下，不敢去見宋努力爭取，只好向趙盼兒求告。這一點他不如善於補過、鍥而不捨的韓輔臣，甚至也不如爲情人向大尹求情終遭搶白的柳耆卿。他被宋拋棄無法激起讀者和觀衆過多的同情，在整個鬥敗周舍救出引章過程中他一直龜縮起來，等到最後水到渠成纔出來趕現成。作品對這個人物多少有些漠視，直到最後公堂上宋引章也沒有直接表白願意嫁他，可見屬於一個沒有多大作用的「小丈夫」，在全劇的藝術定位中同樣不起多大作用。至於劇末「清官」李公弼斷案，在內容上爲全劇矛盾解決後的「調料」，在形式上則更是屬於「召之即來，揮之即去」的道具角色，在全劇中的作用僅此而已。

此劇不僅表現手法複雜多樣，在反映社會生活（世態）的廣度和深度上也都超過了關氏以前的任何一部喜劇。就反映的社會生活面而言，此劇雖然沒有脫離妓院的大背景，但卻以此爲軸心，展示了它周圍的大環境，例如從周舍騙娶宋引章的前後過程可以看出當時「宦家子弟」及其家庭生活情況，當時的婚姻制度（「買休賣休」以及所謂的「丈夫打殺老婆，不該償命」等說法 ❶⑨），從安秀實身上可以看出當時下層落魄文人的窘境，不僅如此，劇中周舍對店小二說：「我著你開著這個客店，我那裡希罕你那房錢養家；不問宮妓私科子，只等有好的來你客店裡，你便

來叫我。」由此反映了當時一些客棧的內幕，通過劇情我們還可以看到市井中的幫閒（張小閒），此外，劇末「清官」斷案時還須看周舍「父親面上」，由此也表現了當時「清官」審案時所謂「執法嚴明」的情況。

此劇在反映妓院生活方面更為深刻。作為鴇母，宋引章母親即和《金線池》中杜蕊娘的母親不同，雖然劇末李公弼審理此案判詞中有「老虔婆受賄貪錢」一句，第一折她上場也自白「老身謊徹梢虛」，但通觀全劇，這個鴇兒卻沒有什麼明顯過惡，她在宋引章被周舍騙娶時還告誡：「只怕你久後自家受苦」，後來得到宋引章的求救信又趕忙去央告趙盼兒，以致痛哭流涕：「引章孩兒，則被你痛殺我也」（第二折），由此可見，宋母也可說是此劇塑造得比較特殊的鴇兒。宋引章情況也是這樣，雖然由於幼稚被騙，但她追求「知重」的感情以及怕「打蓮花落」的矛盾心情在當時妓女中較為真實，刻劃亦較以前妓女戲深刻得多。趙盼兒形象更是妓女中少見的俠腸義膽式的人物，這一點論者已多有指明，無需贅言。

關劇中性質地位與此相近的還有《望江亭》，此劇題材和《救風塵》截然不同，作者的晚年除了行蹤已由北方的平原車馬轉為南方的江河舟楫外，其藝術目光也由勾欄行院轉向社會其他階層。就劇情而言，大概由於作時差不多先後的緣故，此劇倒和前面分析過的關氏社會悲劇《竇娥冤》有著某種相通之處，即都是以刻劃寡婦的生活和命運為其歸宿的。

譚記兒是劇中著力刻劃並歌頌的女主角。和出身貧寒且為一般市民寡婦的竇娥不同，她是已故學士李希顏的夫人，作品安排她一上場即出現在道觀中，自稱「自從兒夫亡後，再沒有相隨相伴」，「俺如今罷掃了蛾眉，淨洗了粉臉，卸下了雲鬟」〔村裡迓鼓〕，徹頭徹尾的一副未亡人模樣。然而表面的嫻靜掩蓋不住

青春的寂寞，傳統儒家「從一而終」的教條並沒有支配著譚記兒的靈魂。雖然她「寡居無事，每日只在清安觀和白姑姑攀些閒話」，但她的內心卻從來沒有停止編織她那夢幻的希望，因為她知道「做婦人的沒了丈夫，身無所主，好苦人也呵」。青春守寡的確為人生一大苦事，所以當白道姑勸她考慮改嫁時，她一下子便掏出了心裡話：

> （正旦云）嗨！姑姑，這終身之事，我也曾想來：若有似俺男兒知重我的，便嫁他去也罷。

又是一個「知重」！人們記得《救風塵》中宋引章選擇嫁人，其主要條件也是「知重」，不過宋遇到的是中山狼式的流氓，一個玩弄女性的老手。周的花言巧語的所謂知重不過是欺騙女性的一種手段，因而年幼無知的宋引章上當了，但不能因其上當即否定她追求目標的純潔。知重就是真摯相愛，宋引章遇到的不是真正「知重」她的周舍，因而差點鑄成悲劇，由於趙盼兒仗義相救，故終以喜劇結束，《竇娥冤》中的竇娥遇到的是人面獸心的惡徒張驢兒，她一眼即看穿他不是一個「知重」自己的人物，故不顧一切地拒絕了他，但由於中了後者的姦計，因而鑄成了悲劇。此劇中的譚記兒則不同，「學士夫人」的身份和見識都賦予了她成熟和豁達的生活態度，她對知重的選擇實際上是早有了思想準備（「曾想來」），因而是成竹在胸的。雖然白士中此刻出現，對她來說多少有些意外，但以她的識見是不難看出真假的，所以當白道姑為侄兒求婚，並惡作劇地採用張驢兒對竇娥的辦法以「官休」、「私休」相要挾時，她也就順水推舟地同意了，不過提了一個條件：

> 〔後庭花〕你著他休忘了容易間，則這十個字莫放閒，豈不聞「芳槿無終日，貞松耐歲寒」。……只願他肯，肯，肯做一心人，不轉關，我和他，守，守，守，白頭吟，非浪

侃。

「知重」、「一心人」構成了譚記兒理想的愛情，白士中對此當然是欣然同意，「休道一句話兒，便一百句，我也依的」。

應當指出，譚記兒決非那種「舊恩忘卻，新愛偏宜」❷的輕浮婦女，她對已故丈夫仍是一往情深，這從她選擇「若有似俺男兒知重我的」作爲自己的再嫁標準即可看出來。正因爲如此，她的改嫁白士中纔是一個非同尋常的選擇。同樣因爲如此，她纔像保護自己的眼睛一樣保護著這新建立起來的愛情，不使遭到任何損害。當她得知權豪勢要楊衙內圖謀殺害白士中並要霸佔自己時，立即激起了她那無畏的鬥爭精神：

　　〔十二月〕你道他是花花太歲，要強逼的我步步相隨；我呵，怕甚麼天翻地覆，就順著他雨約雲期。這椿事，你只睜眼兒覷者，看怎生的發付他賴骨頑皮。

和趙盼兒一樣，譚記兒相信自己的智慧，加上抓住對手貪婪好色的弱點，一定能取得勝利。這一點連白士中都堅信：「據著夫人的機謀見識，休著一個楊衙內，便是十個楊衙內，也出不得我夫人之手。」這些都爲以下的智鬥並最終擊敗楊衙內打下了堅實的基礎。

楊衙內是此劇中全力揭露和諷刺的一個形象，如果説譚記兒相當於《救風塵》中趙盼兒的話，楊衙內即相當於周舍，也是一個諷刺喜劇人物，然而周舍的權勢地位比不上楊。劇本第二折楊衙內上場後所念的「花花太歲爲第一」定場詩，簡直就是關氏悲劇《魯齋郎》中的魯齋郎的翻版。二人都稱爲權豪勢要，魯齋郎看中李四和張珪的妻子，可以白晝搶奪，或者讓張珪親自送上門去，但尚未動手殺人。楊衙內更徹底，他看中了譚記兒，「一心要他作個小夫人」，即乾脆在皇帝面前討得勢劍金牌，趕去潭州「標了白士中首級」。其兇惡氣焰使得魯齋郎也瞠乎其後。如果他遇

到的也是張珪、李四之類的人物，則又是一個悲劇無疑。殊不料
這位自稱「浪子喪門也無對」的權豪勢要，卻遇到了一個能制服
他的敵手。被逼得鋌而走險的譚記兒，正是利用他那貪婪好色的
致命弱點，像趙盼兒對待周舍一樣擊敗了他。

　　自然，楊衙内並不愚蠢。他帶著勢劍金牌悄悄南來，爲怕走
漏風聲，只帶著張千和李稍兩個親隨，連地方官也不讓知曉，甚
至連酒也不喫，可見其機警。然而當假扮漁婦張二嫂的譚記兒出
現在他的面前，他立即色迷了心窮：「一個好婦人也！」於是馬
上破例，命親隨「抬過果桌來，我和小娘子飲三盃」。不僅如
此，他還讓李稍作媒，許給「張二嫂」第二個夫人做，在得到後
者允諾後，更加喜不自勝，和「張二嫂」又是作對，又是「填
詞」，直至將勢劍借與「張二嫂」治三日魚，金牌讓「張二嫂」
拏去打副戒指兒，文書也讓「張二嫂」塞進袖裡，而這些御賜物
事的主人卻已不勝酒力，與親隨一道進入了黑沉沉的夢鄉。至
此，「張二嫂」現出了本色，經過這樣長時間表面輕鬆實爲緊張
的艱難智鬥，她終於取得了勝利，臨離開還沒有忘記嘲笑這個正
在做著騙娶「好婦人」美夢的欽差大臣：

　　　〔絡絲娘〕我且回身將楊衙内深深的拜謝，您娘向急颭颭
　　船上去也！
這一折最後還讓楊衙内一伙再次展示醜態：

　　　〔馬鞍兒〕想著想著跌腳兒叫。想著想著我難熬。肚子裡
　　愁腸肚子裡焦。又不敢著傍人知道；則把他這好香燒、好香
　　燒，咒得他熱肉兒跳！
至此，喜劇達到了高潮，楊衙内這個諷刺喜劇人物的塑造也在其
中獲得了極大的成功。

　　除了譚記兒和楊衙内以外，此劇中塑造得較爲成功的人物還
有白道姑，儘管她僅在第一折出現，但作爲次要角色，她同樣富

有個性。劇本寫她身爲談道説法、四大皆空的道姑，但塵緣卻一直未斷。本來寡居的譚記兒經常來她觀中攀話，並提出了有心隨她出家的要求，按照通常的邏輯，作爲觀主的白道姑應當鼓勵和支持才是，這也是她「廣結善緣」的「功果」，可是劇中這位觀主則不然，再三阻止。且聽她的論調：

> 這出家，無過草衣木食、熬枯受淡，那白日裡也還閒可，到晚來獨自一個，好生孤悽！

完全的飲食男女之辭。不僅如此，她還直接出面爲侄兒白士中向譚記兒求婚，所使用的語言同樣令人瞠目結舌：

> 你兩個成就了一對夫妻，把我這座清安觀權做高唐，有何不可？

道觀乃清虛淨地，忽而敞開充作男女歡會之所，這已是讓人忍俊不禁，以下這位道姑竟如同《竇娥冤》中的張驢兒一樣，對譚記兒進行「官休」、「和休」式的「惡叉白賴」，終於做成了「筵席上的撮合山」，以致後者嘲笑她「專覷那枕冷衾寒」。

然而白道姑並非通常意義上的諷刺喜劇人物，她的以上所作所爲也算不上什麼「惡德」。既然譚記兒自己也説：「香閨少女，但生的嫩色嬌顏，都只愛朝雲暮雨，那個肯鳳隻鸞單？」正因爲如此，這位懷春的少婦纔「愁煩便是海來深」，然而當她見白士中出現，並通過白道姑正式向她求婚時，卻又退縮了，指責道姑「卻便引的人來惡心煩」。顯然這是由於事發突然臨時調動心理防禦機制作用的結果，而非出自真心，白道姑的上述作爲客觀上幫助她撕下了一層薄薄的禮教僞妝，這又有什麼不好？況且在當時幫助寡婦改嫁亦不是絕對禁止的事，今天看來更是無可非議。當然，白道姑的「惡叉白賴」，包括關上門不放譚記兒走以及拏官休私休相要挾的方式是不那麼恰當，劇本這方面的處理也覺太倉促了些，但畢竟只是「恰當中的不恰當」，故白道姑作爲

一個幽默喜劇人物，還是十分適宜的。

白士中的形象和《救風塵》中的安秀實有點相似，在劇中同樣沒有起到大的作用。雖然他已不是「白衣卿相」，而是實實在在的現任官員，治理潭州「一郡黎民，各安其業」，但其作爲仍不脫書生氣。清安觀裡認識並與之結合，完全是其姑姑白氏作的主，他僅是配合而已。後來在任上得知楊衙内前來標他首級並圖謀霸佔譚記兒，他卻是一籌莫展，只會納悶，在整個和楊衙内的鬥爭中他沒有起任何主導作用，甚至最後當已被譚記兒完全擊敗了的楊衙内站在他面前，譚記兒假扮的「張三嫂」又來狀告楊調戲民女，他也沒有採取果斷措施，最後還是靠著「巡撫湖南都御史」李秉忠綰定案，可見其懦弱程度。作者這樣處理，除了表現當時漢人下級官員的受壓外，意在突出歌頌他心目中的巾幗英雄，避免喧賓奪主，這是可以理解的，從藝術上看也是應該的。至於因此在一定程度上削弱了譚記兒所全力維護的愛情的價值和意義，這是同時付出的代價，也是作者所始料不及的。

和《救風塵》劇末的清官斷案一樣，此劇末尾也安排了李秉忠斷案一場，由於譚記兒已經制服了楊衙内，劇中矛盾衝突亦已基本解決，這同樣只能算作一個尾聲，因而在全劇的藝術定位方面不起什麼重大作用。

《望江亭》劇反映的社會生活同樣具有相當的深度和廣度。從楊衙内「奏知聖人」領受勢劍金牌南下殺白士中一事可以看出當時朝野官場的真相：一個「頗得眾心」的地方官，皇帝竟然在毫無實據的情況下以「貪花戀酒，不理公事」罪名將其殺害。魯齋郎還有著「齋郎」這個頭銜，楊衙内則什麼也沒有，卻能左右「聖人」的意志，爲所欲爲，最後雖經李秉忠判爲「殺犯」，但卻僅僅「杖八十削職歸田」了事，可見朝政之昏亂。另外，作品還反映了當時的道觀，宗教淨地竟成男女歡會之所，觀主專醫

「枕冷衾寒」，這也是當時傳統教條遭到時代生活衝擊的顯例，從這個角度上説，它可以和《西廂記》中的愛情意義相媲美。如前所述，白士中的遭遇也可反映出當時下層漢人官員在官場受壓的情況。

在愛情題材方面，此劇表現的既非傳統上的妓女士子、秀才小姐的相悅相戀乃至偷香竊玉，亦非老夫少妻、少夫老婦之類的畸形婚姻，而是寡婦改嫁這一新的生活内容，可以説是繼承了歷史上卓文君私奔相如的傳統而又有了新的發展，也間接表明元代這一社會問題的存在及其發展途徑，和稍後的《竇娥冤》劇可以相互映襯。譚記兒以夫人身份能夠敢於改裝夜闖虎穴智鬥權豪勢要，這亦爲歷史所少見，體現了作者所代表的當時人們變化了的生活態度。

總之，不論戲劇人物表現手法的多樣性，還是反映社會生活的深廣性，《望江亭》和《救風塵》一樣，都達到了相當的高度。近代德國學者海特納爾指出：「歷史的或者非歷史的，本來是無所謂的。主要是喜劇應該有一個有意義的題材」[21]，英人尼柯爾談及風俗喜劇時也説：「這類喜劇是現實主義的，因爲它展出一幅色彩鮮明的當代大都會的生活畫面」[22]。應當説，「有意義的題材」和「色彩鮮明的生活畫面」二者之間是相通的。正因爲上述二劇的題材都反映了相當深廣的意義，在創作中不僅有著諷刺喜劇人物（周舍、楊衙内），而且有著幽默喜劇人物（宋引章、白道姑），更有著頌劇人物（趙盼兒、譚記兒），「實際上包含了遠較一般幽默喜劇和諷刺喜劇更爲複雜的創作激情」，所以不能以前述任何一種性質的喜劇來概括，因而歸入世態喜劇的範疇是自然而然的。和悲劇中的抒情悲劇、英雄悲劇、性格悲劇到社會悲劇的過渡一樣，我們從上述諷刺喜劇、幽默喜劇到世態喜劇，同樣可以看出作家在藝術上不懈的追求精神。

注　釋

❶伍蠡甫主編《西方文論選》上冊第55頁，上海譯文出版社1979年版。

❷〔英〕阿·尼柯爾《西歐戲劇理論》第249頁。

❸宋·劉斧《青瑣高議》後集卷八「一門樞相」。

❹《宋史》卷二八四《陳堯佐傳》。

❺宋·王辟之《澠水燕談錄》卷九《雜錄》。

❻周國雄《喜劇本體特徵論》，載《文藝研究》（京）1990年第6期。

❼齊吉斯（Gygès）是公元前七世紀小亞細亞呂底亞的一個國王，相傳
　他有一個金環，戴上以後別人就看不見他。「反戴金環效果則相
　反，結果大家看得見他，而他卻看不見自己」（柏格森《笑》第一章
　第二節）。

❽〔古希臘〕佚名《喜劇論綱》，載《古典文藝理論譯叢》第七冊，人民文
　學出版社1964年版。

❾參見〔美〕D. H. 門羅《幽默理論》，譯自《考利爾百科全書》第12卷第
　355－357頁，1979年美國版。

❿⓫參見〔美〕D. H. 門羅《幽默理論》。

⓬《西歐戲劇理論》中譯本第273頁，中國戲劇出版社1985年版。

⓭〔大石調·青杏子〕《離情》。

⓮參見周國雄《喜劇本體特徵論》，載《文藝研究》（京）1990年第6期。

⓯《論喜劇中的幽默》，載《古典文藝理論譯叢》第7輯第12頁。

⓰法國美學家阿蘭語，引自王編昌編《喜劇理論在當代世界》第58頁。

⓱《西歐戲劇理論》第290頁。

⓲張健《論成形期的中國現代風俗喜劇》，《南京大學學報》1991年第3
　期。

⓳買休賣休，即指買賣休書。《大元通制條格》卷四「嫁賣妻妾」條，

《元典章》卷十八「離異買休妻例」均有明載，而該卷《戶部》「婚姻」條還規定丈夫打罵妻子「邂逅至死」也可「不坐」（不判罪），由此可見關氏此劇反映社會情事皆非向壁虛造。

⑳《竇娥冤》第二折〔梁州第七〕。

㉑《古典文藝理論譯叢》第7輯第50頁。

㉒《西歐戲劇理論》第293頁。

第五章　正劇研究

　　正劇又稱嚴肅戲劇，目前一般也解釋爲悲喜劇的同義語。其實二者之間也有不同，按照黑格爾的觀念，悲喜劇創作最早可追溯到古希臘的「薩提洛斯」（羊人劇）或古羅馬喜劇家普勞圖斯那裡，公開提出「悲喜混雜劇體詩綱領」的瓜里尼也是公元十六世紀到十七世紀初的人，而正劇概念的提出則是十八世紀中葉以後以狄德羅，博馬舍爲代表的啓蒙思想家的事。從戲劇史角度看，正劇爲廣義上的悲喜劇發展到一定歷史時期的產物；而另一方面，還存在著狹義的悲喜劇，其概念內涵較正劇要小得多。如瓜里尼規定悲喜劇「是悲劇和喜劇的兩種快感揉合在一起」❶，而博馬舍則認爲正劇「是位於英雄悲劇和輕快喜劇之間的」❷，或者按照黑格爾的說法，是「處於悲劇和喜劇之間的」「第三種主要體裁」❸。就是說，正劇包括傳統戲劇中除悲劇、喜劇以外的一切劇類，諸如歷史劇、問題劇、感傷劇等等，狹義的悲喜劇亦可包括進去成爲其中的一部份。

　　關漢卿筆下的正劇，按其題材內容和表現手法劃分，可以分爲英雄頌劇、道德劇、感傷喜劇和悲喜劇四大類。

一　英雄頌劇：《單刀會》，《敬德降唐》

　　顧名思義，英雄頌劇是以歌頌英雄人物爲其主要特徵的，戲劇史上通常劃爲歷史劇中的英雄傳奇劇一類，「英雄傳奇劇有時是悲劇，有時是悲喜劇」❹，概念所包含的範圍比較大，其中悲劇就是我們前面分析過的英雄悲劇，悲喜劇即爲我們裡將要分析

的英雄頌劇。《單刀會》和《敬德降唐》即爲關劇中具有代表性的兩種。

　　《單刀會》全稱《關大王單刀會》，爲現存關劇中創作較早的一個作品。如前面第二章所考，此劇描寫的其人其事均以歷史真實爲依據，其中心人物關羽爲漢末三分時蜀漢的大將，生前爵封漢壽亭侯，死後追諡「壯繆」，歷代統治者均爲推崇，至北宋時已晉武安王爵。元時人心思宋，而力扶炎漢，死不屈節的關羽更爲人們所懷念。關漢卿既爲前朝遺民，不屑仕進，本人又係關羽族裔，故在劇中將其大力歌頌乃爲自然而然的事。

　　劇作一開始，作者即將當時政治軍事鬥爭的大幕爲讀者和觀衆拉開。東吳君臣正在密謀策劃，準備不惜一切代價奪取荆州，老臣喬國老、隱士司馬徽均極力諫阻未果。當事人東吳大夫魯子敬定下設宴埋伏、先禮後兵、逼索荆州三條妙計，隨之派部將黃文過江下書，約定赴會日期。這樣，一切刀光劍影的智謀較量即擺在作品主人公關羽的面前了。由此也顯示出本來的戲劇衝突是嚴峻的、生死攸關的，決非誤會巧合式的喜劇衝突可比。如果關羽接書後膽怯不來，則顯爲庸人無疑，即使係識破東吳圖謀而後爲，亦有損英雄本色。而如果來而受害，則恰如魯肅所料：「勇有餘而智不足」，同樣亦非英雄可知。

　　然而關雲長畢竟來了，而且來的與衆不同。作者安排他心目中的英雄至第三折方上場，前二折完全用來鋪敍東吳方面的圖謀活動，這並非是在喧賓奪主，正如論者所言，這是採取了特殊的烘托和喧染法。東吳策劃得愈周詳，準備得愈充分，給關羽一方造成的形勢愈險惡，即愈能反襯出英雄單刀赴會的大智大勇，雖然這一切對關羽來說都是臨機應變，但急難見英雄，這一點作者是牢牢把握住了。除此而外，作者還借機通過東吳一方喬國老和司馬徽之口從側面歌頌關羽的神勇，爲即將上場的英雄作藝術上

的鋪墊：

> 〔金盞兒〕他上陣處赤力力三綹美髯飄，雄赳赳一丈虎軀
> 搖，恰便似六丁神簇擁定一個活神道。那敵軍若是見了，唬
> 得他七魄散，五魂消……〔隔尾〕關雲長千里獨行覓二友，匹
> 馬單刀鎮九洲……

正因爲如此，關羽第三折一出場便氣度不凡，他對其子關平縱論
天下大事，指出創業之不易，顯得高瞻遠矚，思慮深遠，由此可
見魯肅説他「勇有餘而智不足」是何等的荒謬。料敵失誤，東吳
首先即輸了一著。

對於黃文下書，關羽一眼即看破其中的伎倆：「哪裡有鳳凰
盃滿捧瓊花釀，他安排著巴豆、砒霜」〔石榴花〕，「也不是待客
的筵席，則是個殺人，殺人的戰場」〔鬥鵪鶉〕，對於其中可能出
現的危險，他也充分估計到了，除了讓關平「旱路裡擺著馬軍，
水路裡擺著戰船」做堅強後盾外，自己也作好了充分的準備：
「先下手強，後下手殃。我一隻手揪住寶帶，臂展猿猱，劍掣秋
霜」，「我著那廝鞠躬，鞠躬送我到船上」〔上小樓〕，正由於這
樣，他的單刀赴會行動纔不是明知不可而爲之的悲劇式的慘厲，
而是做好準備充滿信心的正劇式的豪壯：

> 〔雙調・新水令〕大江東去浪千疊，引著這數十人，駕著
> 這小舟一葉。又不比九重龍鳳闕，可正是千丈虎狼穴。大丈
> 夫心別，我覷這單刀會似賽村社。

然而，關羽又不是冷漠無情的廝殺漢，浩浩大江也勾起了他對親
身經歷的以往戰鬥歷程的追弔和感慨：

> 〔駐馬聽〕水湧山疊，年少周郎何處也？不覺的灰飛煙
> 滅。可憐黃蓋轉傷嗟！破曹的檣櫓一時絕，鏖兵的江水由然
> 熱，好教我情慘切！（云）這也不是江水，（唱）二十年流
> 不盡的英雄血。

這裡的「情慘切」體現的是一種悲壯，表現了這位英雄人物內心情感的豐富，也可看作臨敵以前主人公心理機制的調整。

單刀會上的唇槍舌劍爲此劇矛盾衝突的高潮。雖然關羽已多方作了準備，但畢竟是隻身赴敵，而且東吳魯肅也已下令弓上弦，箭出鞘，「英雄甲士已暗藏壁衣之後」，宴會上兩下裡如何較量，同樣爲讀者和觀衆所關心。針對魯肅口口聲聲「荊州是俺的」，關羽據理作了強有力的駁斥：

〔沉醉東風〕想著俺漢高皇圖王霸業，漢光武秉正除邪，漢獻帝將董卓誅，漢皇叔把溫侯滅，俺哥哥合情受漢家基業。則你這東吳國的孫權，和俺劉家卻是甚枝葉？請你個不克己的先生自說！

真可謂義正詞嚴。按封建倫理道德，皇帝爲天下共主，「普天之下，莫非王土」，外人傍枝是覬覦不得的，除非是不承認王權，「惟有德者居之」，然是此則人人有份，東吳自稱有德，蜀漢亦未嘗不可以，所以劇中東吳索要荊州，顯屬無理無據，關羽正好抓住這點進行駁斥，可說是做到了有理有節。正因爲關羽在心理上和氣勢上首先壓倒了對方，他的「劍界」才發生威懾的效力，才使得早有埋伏準備的魯肅不敢貿然下手，最後不得不乖乖地將關羽送上船。至此，他的一切計謀徹底破滅了。最後，關羽還滿懷勝利喜悅地嘲諷了眼前這個倒霉的對手：

〔離亭宴帶歇指煞〕承管待，承管待，多承謝，多承謝。說與你兩件事先生記者：百忙裡趁不了老兄心，急切裡且倒不了俺漢家節。

至此，一個大智大勇的歷史英雄形象即鮮明地樹立起來了。由於劇中關羽的言行處處不脫一個「漢」字，可以認爲它既是三國時蜀漢政權的代稱，更是作家心目中漢民族的象徵，從這個意義上可以說，劇中關羽正體現著漢民族英雄人物不畏強暴勇往直前的

英雄主義精神。

從戲劇性質角度衡量，關羽既非悲劇人物類型，亦非喜劇人物類型，甚至在他的身上，也不存在悲劇因素和喜劇因素交織的情況，作爲一般的悲喜劇人物顯然也不合適。他是作者著意塑造全力歌頌的英雄人物，一個典型的嚴肅戲劇即正劇人物形象。

魯肅是作爲關羽的對立形象而存在的，在這個人物身上較多體現幽默喜劇的特色。首先，他是東吳的中大夫，有開疆拓土之職，當年勸孫權借荊州與劉備的也是他，爲公爲私，討還荊州也是他的份内事，他和關羽之間的衝突不存在正邪之分，各爲其主嘛。他定下的三條計對付關羽也不能説不完備，實行起來，一般人物的確難以逃脱。這些都可以説是他的恰當之處。然而魯肅有一個致命的弱點，就是忽視了對手的智勇過人之處和臨機應變能力。他於定計之後又找喬公和司馬徽商議，集思廣益，這本來是好事，然從中卻不難看出一些令人難以置信的矛盾之處，作爲一軍之帥，魯肅竟然連博望燒屯、隔江鬥智、劉備收西川這樣重大的戰爭事件都不得而知，可見其昏矇。更可怪的是，聚衆商議對魯肅來説又似乎只是一個可有可無的形式，劇本寫他聽完喬公和司馬徽二人提供的情況和建議，馬上的反應就是：「老相公不必轉轉議論，小官自有妙策神機」，「我想三條計已定了，怕他怎麼？」他似乎忘了：「自有妙策神機」又請人來「轉轉議論」幹什麼？由此可見，對敵方缺乏起碼了解加上固執己見是導致魯肅失敗的主要原因。

不僅如此，魯肅對自己的應變能力也心中無數。在單刀會上唇槍舌戰正緊張的時候，關羽對他説：「我這劍界，頭一遭誅了文醜，第二遭斬了蔡陽。魯肅呵，莫不第三遭到你也？」緊接著又是一句：「今朝索取荊州事，一劍先交魯肅亡。」已將兵刃相見了，這位早有準備的謀主不但沒有按計劃趕快避開，放出伏

兵，擒獲敵手，卻仍在喋喋不休地辯解「並無埋伏」，直到關羽
持劍將他逼住，讓他「好生送到船上」時，纔完全醒悟過來：

> （魯云）你去了，倒是一場伶俐。（黃文云）將軍，有
> 埋伏哩。（魯云）遲了我的也。

一副獸頭獸腦、傻得可愛的模樣。不知彼不知己，渾身上下充滿
著恰當和不恰當，他的陷入窘境透著幽默的情趣。

應當指出，歷史上的魯肅並非昏庸之輩。《三國志》將他與
「一代風流人物」周瑜並提稱其「建獨斷之明，出衆人之表，實
奇才也」❺，《吳書》亦說他「體魁貌奇，少有壯節」，在單刀會
上，魯肅能言善辯，以致「羽無以答」❻。由此可見關漢卿筆下
的魯肅形象，完全是作家根據自己意圖進行再創造的人物，劇中
喜劇角色魯肅實爲英雄人物關羽的陪襯，從頌劇藝術角度說，這
樣處理是被許可的，也是應該的。歷史劇和歷史本來就是性質不
同的兩回事。

魯肅如此，劇中其他人物當然更不例外，關羽二子及周倉等
人固不必說，即使喬公和司馬徽這兩位東吳的反對派，儘管他們
分別在一、二兩折中擔任主唱角色，坦陳己見，略無顧忌，忠直
之性可嘉，然歸根結底還只能起著對關羽的側面烘托作用。關氏
此劇所採用的烘雲托月的表現方式歷來爲人們所稱賞，殊不知正
是英雄頌劇的基本特點在起著關鍵作用。劇本最後達到高潮，避
免了元雜劇「至第四折往往強弩之末」的通病，其根本原因也正
是在這裡。

關劇中同具英雄頌劇特點的還有《介休縣敬德降唐》一種。作
品以隋末羣雄蜂起逐鹿中原爲題材，塑造了勇烈剛正的尉遲恭，
禮賢下士的李世民以及足智多謀的徐茂公，是一個英雄譜式的頌
劇。

尉遲恭乃此劇的中心人物。劇本在序幕「楔子」一開始，就

讓這位虎將處於緊張激烈的矛盾衝突之中。美良川一戰中計，致被唐軍圍困在介休城中，内無糧草，外無援兵，他所一力輔佐的劉武周又已喪命，唐元帥李世民和軍師徐茂公屢屢勸降。尉遲恭此時面臨著艱難的選擇，大軍壓境，衆寡懸殊，突圍已無可能，在他面前只有兩條路，一是死戰陣亡，做劉武周的殉葬品，一是開城降唐，另闢人生新路。倘若選擇前者，固不失爲悲劇英雄，然「愚忠」二字難免。後者表面看來是屈膝於人，頗有英雄氣短之慨，但在舊業已毀，故主不存情況下審時度勢、改弦更張，仍不失爲明智之舉。況且李世民、徐茂公久慕英名，求之若渴，尉遲恭此降，正是基於「士爲知己者死」的古訓。這樣，悲劇即轉向了正劇。

　　尉遲恭歸向大唐，受到禮賢下士的唐元帥李世民的熱情歡迎，劇本第一折以主要的篇幅表現了這種君臣相得的「龍虎風雲會」。然而，這並不意味著尉遲恭從此走向鮮花坦途，他以前曾經和唐軍生死搏戰過，特別是「當日在赤瓜峪與三將軍元吉相持，打了他一鞭」。這裡的「三將軍」即爲李元吉，爲世民弟，時封齊王，以與太子建成相友善，與世民本不協，尉遲恭爲世民收爲心腹，自然爲彼不喜，又以曾被傷故，即時時尋釁準備加害。尉遲恭爲之不安當屬自然。雖然李世民善爲排解：「也則爲主人各佔邊疆界，這的是桀之犬吠了帝堯來，便三將軍怎好把你尉遲怪？」但無論如何新的矛盾衝突還是由此產生了。

　　「三將軍」元吉的氣度並非如同世民希望的那樣大，他在想方設法報那一鞭之仇，並且還得到同伙段志賢的相助，尉遲恭和他們之間的矛盾衝突，可說也是嚴峻的，生死攸關的，並非誤會巧合。由於元吉權位僅次於李世民，故他對尉遲恭的威脅即更具有實在性。劇本描寫由於李世民暫時離任赴京，元吉得以乘機將尉遲恭下獄，並圖謀殺害，這樣劇情即一下子緊張起來。假如元

吉和段志賢的陰謀得逞,則尉遲恭必然落到李存孝式的悲劇下
場。但由於此劇沒有作悲劇處理,故這種矛盾也沒有發展到不可
收拾的地步。由於徐茂公通風報信,世民及時趕回,從而制止了
一場必將發生的悲劇。然而事情並未就此罷休,元吉一口咬定他
將尉遲恭下獄是因為後者想要叛逃。世民為了試探尉遲恭真心,
竟擺下酒宴為其送行,謂之「心去意難留」,這對性烈剛正的敬
德來說,更是難以忍受的事情:

> (尉遲云)我敬德本無二心,元帥既然疑我,男子漢既
> 到今日,也罷,也罷,要我這性命做甚麼?我不如撞階而
> 死。(正末扯科)

如果說元吉的陷害在尉遲還是可以理解的話,則知己的元帥竟然
也對自己的誠意產生了懷疑,真正使他傷透了心,感到活不如死
了。自然,世民不會讓他這樣不明不白地死去,尉遲恭的舉動更
加堅定了他的信任。以下形勢開始有了轉機,終於作出讓元吉重
演「擒獲」尉遲恭的決定,企圖害賢的元吉「槊被奪,墜馬」,
得到了出乖露醜的下場。一場悲劇性事件終以喜劇形式結束。

劇本對尉遲恭神勇的描繪歌頌集中在後半部分,第三折榆科
園救駕,作品首先渲染了單雄信的猛勇:「人一似北極天蓬,馬
一似南方火龍。」段志賢首先戰敗,徐茂公勸阻未果,唐元帥李
世民危在頃刻。正在此時,尉遲恭出現,「刬馬單鞭」截殺單雄
信:

> 〔聖藥王〕這一個槍去的疾,那一個鞭下的猛,半空中起
> 了一個避乖龍。那一個雌,這一個雄,珰珰璫璫鞭槊緊相從,
> 好下手的也尉遲恭!

終於打得單雄信吐血伏鞍而走,尉遲恭的武藝首次在舞台上得到
正面展示。作者似乎僅此還不足以表達對尉遲恭的贊頌,又在第
四折用了整整一折的篇幅,通過探子向徐茂公報告戰況的方式再

次表彰尉遲救駕的功勞：

> 〔刮地風〕揣揣揣加鞭，不刺刺走似煙，一騎馬騰到跟
> 前。單雄信盡槊如秋練，正望心穿，見忽地將鋼鞭疾轉，骨
> 碌碌怪眼睜圓，尉遲恭身又驍手又便。〔煞尾〕施逞會劃馬單
> 鞭，則一陣殺的那敗殘軍，急離披走十數里遠。

探子上場是否有必要此處姑不深論，這種疊床架屋式重複唱頌本
身即說明了作家對尉遲恭形象的偏愛程度。

尉遲恭的命運中尚體現著悲喜交織的成分，或稱之爲悲喜劇
亦未嘗不可，而李世民則爲作品中典型的正劇形象，也是作者極
力歌頌的英雄人物之一。

作爲一軍之帥，劇中李世民的最大特點就是虛懷若谷，禮賢
下士。「楔子」中他贊賞敵方主將尉遲恭的威猛，想方設法讓徐
茂公定計使之降伏，「請的他來，似兄弟相看待」〔仙呂·點絳
唇〕。他以元帥之尊，親自出迎前來投降的一員敵將，親釋其縛
並設宴款待：

> 〔後庭花〕你是個領貔貅天下材，畫麒麟閣上客。想當日
> 漢高祖知人傑，俺準備著韓淮陰拜將臺。把筵席快安排，俺
> 將你真心兒酬待，則要你立唐朝顯手策，立唐朝顯手策。

正因爲世民是慧眼識英才，所以儘管敬德尚「未有甚汗馬差
排」，但立即委任爲「行軍副元帥」，而且還聲言是「且權
做」，可見他用人不分資格，不問親疏，真正的「唯才是舉」。

當然李世民用人也並非毫不謹慎，他處理尉遲恭下獄一事即
顯出了特有的精細和周密。第二折元吉告尉遲恭叛逃，他沒有簡
單地予以否定，而是借機予以考察。即使在尚未最後釋疑的情況
下，他也沒有說一句責怪尉遲恭的話，而是親解其縛，然後置酒
贈金送行：「這金權爲路費酒消愁。指望待常相守，誰承望心去
意難留」〔小梁州〕。這裡既有著真心相待的誠意，又有著掩蓋不

住的失望，任何一個重情誼的漢子都不會不受感動。

　　的確「心去意難留」。假如尉遲恭沒有留下來的意思，即使強行羈縻也是「身在曹營心在漢」，元吉式的懲治只能使天下賢士望而卻步，結果必定是真正的孤家寡人。但假如尉遲恭確實沒有叛逃意，以他的烈性也不會在這種情況下無動於衷，自然也就有助於真相大白。果然，尉遲恭爲了表明心跡意欲觸階自盡，這時儘管沒有其它證據，世民心中已基本明白了，他之所以要元吉讓軍士來對質正是爲了破他的謊，然後同意讓他們重演「擒拿」一事正是要出妒賢嫉能的元吉的醜（儘管他是自己兄弟），因爲他明知元吉不是尉遲恭對手，所吹擒獲尉遲只不過是信口開河而已。結果當然是不出所料，尉遲敬德空著手居然能擊敗元吉，使其丟槊墜馬。虎將的忠誠和神勇再次得到了證實，這不能不表現著世民用人的謹慎和精細。

　　似乎專門要證明李世民善於用人，第三折即爆發了榆科園之戰。當然，在這場衝突中李世民被單雄信追趕，略嫌狼狽，但並未就此損害了英雄形象，因爲鬥狠賭勇本非世民特長，英雄亦並非萬能。況且徐茂公拼死阻攔，以致單雄信割袍斷義；尉遲恭剗馬單鞭，在極其不利的情況下截戰並最終打敗單雄信，此「救駕」一場固爲正面表現敬德武功，但另一方面的確也反映了李世民禮賢下士、善於用人的方略取得了成功。這一點也有史可徵，《舊唐書‧尉遲敬德傳》載榆窠園尉遲敬德救駕擊敗單雄信一事與此劇略同，並記「太宗謂敬德曰『比衆人證公必叛，天誘我意，獨保明之，福善有徵，何相報之速也！』特賜金銀一篋，此後恩眄日隆。」可見其前後因緣。

　　除了尉遲恭和李世民這兩個作者全力歌頌的主要人物外，劇中其他人物則多爲主要人物的陪襯。徐茂公是個足智多謀的軍師，他在勸降尉遲恭、計賺李元吉、力勸單雄信等劇情主要方面

都起了巨大作用，爲李世民不可多得的助手，在他的身上，同時反映著李世民的善得人心。至於李元吉和段志賢，劇本把他們處理爲喜劇人物，同樣作爲英雄人物的陪襯，具體説即以李元吉等人的妒賢嫉能反襯出李世民的禮賢下士，以李元吉的挾私報復反襯李世民的虛懷若谷。此外，還以李元吉、段志賢的陰謀詭計反襯了尉遲敬德的坦蕩正直，以李元吉、段志賢的怯懦無能反襯出尉遲恭的勇烈神威。正是由於有了這些反襯，此劇著意歌頌的英雄形象纔更加突出、更加高大。不僅如此，李元吉、段志賢以喜劇角色出現也爲全場的嚴肅境界透出了許多活潑氣氛。例如表現元吉和敬德校場比試：

> （元吉笑科，云）我老三不是誇口，我精神抖擻、機謀通透，平日曾怕哪個？我和你便上演武場去。（入場，敬德先行科，元吉刺槊，被奪墜馬科）（元吉云）我馬眼叉。（換馬，如前科）（元吉云）我手難爪風兒發了。（又趕，如前科）（元吉云）俺肚裡又疼，且回去喫鍾酒去著。……

這樣的安排，既推動了劇情的發展，又調節了場上的氣氛，不能不認爲是作者創作技巧運用的嫻熟。

應當指出，根據史實，段志賢（玄）爲初唐功臣之一，爵封褒國公，在時人心目中和鄂國公尉遲敬德名望地位不相上下❼，而「齊王元吉亦善馬稍」❽，可見均非無能之輩，此劇對二人表現俱史實較遠，但作爲藝術虛構這還是允許的，況且他們在劇中俱非主要人物，以陪襯主要人物論，這也是頌劇藝術的性質所決定的，因而不能以符合史實與否決定此劇取得成就的高下。

總之，和《單刀會》一樣，此劇的頌劇氣氛是相當濃厚的。不僅它們都採用了歷史上的英雄故事爲題材，在表現手法上也自有其明顯的共同之處。

從戲劇行動和戲劇衝突來看，此二劇的基調是嚴肅的和複雜

的，無論是關羽過江單刀赴會還是尉遲恭歸順李世民，情節本身即不是瑣屑的生活小事，主人公面臨的衝突是嚴峻的，甚至是生死攸關的，衝突的另一方無論是割據江東八十一州的東吳君臣還是有著「三將軍」權位的李元吉和「天蓬」、「火龍」似的單雄信，都是具有相當能量的，並非誤會巧合式輕鬆的喜劇衝突可比。從這一點上說，它們同英雄悲劇沒有什麼兩樣。然而，由於主人公具有超人的智慧和才能，憑著堅強的意志和非凡的膽略，終於克服了艱難險阻，取得了最後勝利。戲劇行動和衝突的性質決定了此二劇的藝術分類。

　　從戲劇塑造的人物形象來說，其主要人物無論是關羽還是尉遲恭、李世民，都是政治軍事鬥爭中的風雲人物，作者對他們採取了全力歌頌的態度，故在這些人物的性格成分中，不存在滑稽可笑的一面，甚至連「恰當中的不恰當」式的幽默也不多見，所以他們顯然不是喜劇人物。又由於他們都靠自己的才能智慧取得了事業上的成功，因而亦皆非悲劇人物，他們都可以說是頌劇主人公。劇中衝突的另一方無論是魯肅還是李元吉、段志賢，無疑都是喜劇人物。他們的存在與活動，一方面使得衝突具有實在性，另一方面則反過來烘托了主題，成了英雄人物的陪襯。這一點也是英雄頌劇在創造人物方面有別於其它戲劇類型的重要特色。

　　無疑，此二劇都爲歷史劇，顯然作者將較多的頌劇創作熱情奉獻給了歷史，但他同時又沒有局限於歷史人物的細節，英雄人物身上固已有許多拔高之處，反面人物則更近於漫畫。黑格爾說：「理想的藝術表現，……一般地說，在較早的歷史時代，纔找到它的最好的現實土壤」❾，這是對劇作家多傾向於歷史題材的合理解釋。然而，另一方面，他又認爲：「不應剝奪藝術家徘徊於虛構與真實之間的權利」❿。黑格爾的話對於正確理解關氏

此二劇的創作態度倒是一個較好的參考。

　　一句話，正由於《單刀會》、《敬德降唐》在多方面都存在著顯著特色（如題材選擇的重大性，戲劇行動和矛盾衝突的嚴肅性和複雜性，人物形象塑造的主從分明性以及整個作品獨立於傳統悲劇和喜劇之外等等），它們作爲中國古代英雄頌劇的兩個早期代表是當之無愧的。毫無疑問，它們將堂而皇之地進入關氏乃至中國古代正劇的藝術大花園。

二　道德劇：《裴度還帶》

　　道德劇起源於西方中世紀，當時在舞台上大量用方言演出的宗教劇，往往帶有勸善懲惡的用意，贊揚合乎道德標準的正直生活。從公元十五世紀中葉起，西方道德劇開始注意人物性格的刻劃，內容也開始滲入了政治因素，至十六世紀英國人馬洛筆下的《浮士德博士》，道德劇已有著相當的影響，尼柯爾說：「《浮士德博士》在構思、性格和設計上，最接近於古老的道德劇」，其中「浮士德的內心鬥爭具有很大一部分悲劇趣味」，而「喜劇部分之沉悶無味是難以形容的」。⑪可以這樣認爲，《浮士德博士》即爲道德劇發展到十六世紀的一種新產物，它的兼有悲劇和喜劇因素的藝術風格自然算不得成功，較後來歌德的《浮士德》詩劇相差不啻百里。在中國古代，以倫理道德爲中心的儒學文化統治著人們的頭腦，戲曲的產生過程亦爲向傳統文化挑戰的過程，但隨著雜劇藝術的成熟和定型，傳統文化道德觀念即不可避免地在劇作家創作中有所體現，關漢卿的《裴度還帶》即爲其中創作較早的一種。

　　《裴度還帶》在關氏作品研究中爭議較大。王季烈《孤本元明雜劇提要》稱此劇「在漢卿著作中，尤爲上乘文字」，然長期以

來在關學研究中它卻是較受冷落的一隅，除了爭論它是否爲關作外，幾乎沒有一篇正面的論述。其原因固然由於不少論者否定此劇爲關作的緣故，另一方面也與此劇中命運和道德觀念較爲濃厚，因而在内容上缺乏活力有關。或許人們不願多談它，甚至將它排除出關作，也是出於「爲賢長者諱」的傳統心理。實際上這是完全没有必要的。名家之作，不管成功與否，進行探討與分析，從中總結出經驗和教訓，不僅有助於全面的認識，即就純粹的劇作藝術而言，也是十分必要和完全應該的。

此劇中心人物爲中唐名相裴度，熟悉歷史的人不會不知道他力平淮西藩鎮，襄助憲宗中興之事，然關氏此劇卻偏偏不去展示裴度的功名得意之時，而在其窮通否泰問題上大做文章，選材角度自然較爲特別。當然這也是爲了劇作所要表現的主題服務的。

第一折描寫裴度父母雙亡，家境貧寒，「房舍也無的住，説到則在那城外山神廟裡宿歇」，然而儘管如此，裴度仍不改初衷，「每日則是讀書」，他的姨父姨母因憐其貧窮，勸他棄學經商，「做些買賣」，並主動提出要幫助他些本錢，「尋些利錢使」，誰知窮裴度卻是罕見的「胸次高傲」，他這樣回答：

〔後庭花〕你教我休讀書，做買賣；你著我去酸寒，可便有些氣慨。你正是那得道誇經紀，我正是成人不自在。我胸次卷江淮，志已在青霄雲外。嘆窮途少年客，一時間命運乖！有一日顯威風出淺埃，起雲雷變氣色。

真正是「開口則是攀今攬古」。如此氣慨，連原來準備資助他脱貧的姨媽亦氣惱得改變了主意：「我本待與你頓飯喫，你這等説大言，我也無那飯也無那錢鈔與你，你出去！」就這樣將他趕了出來。然而即令如此裴度氣慨並不稍減，他發誓「凍死餓死，再也不上你家門來！」可見裴度雖窮，但骨氣錚錚，不愧爲一條硬漢子。關漢卿以他作爲劇本主人公加以肯定，不是没有道理的。

然而，錚錚鐵骨並沒有改變裴度受窮的命運，儘管他胸中「配四聖十哲，定七政三才」，卻仍舊面臨著「紅塵萬丈困賢才」的現實處境。這一點連同情他的惠明和尚也感覺到了；

> 近者有一等閭閻市井之徒爆發，為人妄自尊大，追富傲貧；據先生滿腹才華，為人忠厚，處於布衣；其理善惡兩途，豈不嘆哉！

他說的當然是實情，忠厚方正，滿腹經綸並不能改變窮裴度的處境。似乎僅此還不足以說明問題，作者又特意安排無虛道人趙野鶴為裴度相面的情節：

> （野鶴云）秀才，你恕罪！我這陰陽有準，我斷人禍福無差；可惜也！你看你凍餓紋入口，橫死紋顴角連眼，魚尾相牽入太陰，遊魂無宅死將臨，下侵口角如煙霧，即目形軀入土深。可憐也，你明日不過午，你一命掩泉土，明日巳時前後，你在那亂磚瓦之下板僵身死。可憐也！

今天看來，如此相人禍福並無科學依據，但在作者所處的當時，人們是深信不疑的，況趙野鶴既和裴度素不相識，也不存在存心惡咒的理由，而且事實上後來劇情的發展也證明趙的預言並非虛謬。對裴度來說，儘管「窮且益堅，不墜青雲之志」，但卻即將以死來歸結他的窮困潦倒的一生，至此，悲劇的命運發展到了極致。

此劇從第三折開始出現了戲劇性的突轉。主人公裴度由「凍餓紋入口，橫死紋顴角連眼」變為「福祿紋眉梢侵鬢，陰騭文耳根入口，富貴氣色四面齊起」，逆境迅速轉入了順境。究其轉折原因無他，是因為行了「活三四個人性命」的功德，這也是作品後半部所著力刻畫和描繪的。

裴度因命相不好含怒離開白馬寺回到棲身的山神廟之後，即遇上了足以改變他命運的大事，洛陽太守韓某因被誣下獄，其女

瓊英賣詩掙錢救父，偶得李公子慷慨贈以玉帶，「價值千貫，可救父難」，誰知竟遺失在山神廟中，爲裴度撿得，這一下子即在這個窮秀才心中激起了狂瀾：

> 〔歟骨朵〕不由我小膽兒心中怕，唬得我小鹿兒心頭跳，那一個富豪家先忘了？天阿，天阿！把我這窮魂靈兒險唬了。

按一般看法，處於窮困潦倒中的裴度撿到一條「價值千貫」的玉帶，理應高興纔是，可他卻嚇了個靈魂出竅。其中道德觀念在起著關鍵性的作用：

> （正末云）嗨，是一條玉帶！這的是那尋梅的官長每經過，跟隨伴當每在此避雪，不小心忘了；倘若你那官人到家問你這玉帶呵，他將什麼還他！不逼了人性命？小生雖貧，我可不貪這等錢物。

賢良的道德，方正的人格，促使裴度終於將玉帶送回了正處於絕望之中的瓊英小姐和她母親手中。可憐的母女爲了遺失救命的玉帶，「一夜不曾睡」，絕早出城尋覓不見，極度失望正欲雙雙懸樑自盡。裴度還帶之舉不啻是救了一家三口性命，這個行動導致了他的命運從此發生了根本的變化。

首先，就在他送還玉帶，然後將千恩萬謝的瓊英母女送出廟門之際，破敗不堪的山神廟倒塌了，裴度因而避免了一場「死於碎石磚瓦之下」的命運悲劇。這一點連裴度自己也覺得驚訝：

> 〔煞〕陰陽有準無虛道，好一個肉眼通神趙野鶴！咱人這禍福難逃，吉兇怎避，莫得執迷，枉了徒勞！判斷在昨日，分已定前生，果應於今朝。若是碎磚瓦裡命終得這身天，險些兒白骨臥荒郊。

「救人一命，勝造七級浮屠」。救活一家性命的「陰騭」成了裴度由逆境向順境轉化的關鍵一環。從此裴度的命運便急劇大好，

再次相逢趙野鶴時便得到了「富貴氣色四面齊起」的吉人天相，瓊英母韓氏夫人又自來主動將小姐許配於裴。不僅如此，野鶴還助馬一匹，長老又贈兩錠白銀，勸其進京赴考。窮秀才從此走上了人生坦途。

　　劇本第四折是一個皆大歡喜的喜劇結局。裴度進京赴試得中狀元，衣錦榮歸；瓊英父親冤獄又得昭雪，官陞都省參知政事，且御賜狀元爲婿。瓊英奉命綵樓拋繡球巧中裴度。這些都使得場上的喜劇氣氛進入了高潮。然而即使如此，作家也注意到不使他筆下的主人公道德上有任何受損，其中突出了裴度貴顯不忘其本，在不知道拋繡球的小姐就是當年許配於他的瓊英時，他拒絕接受這門御賜婚事：

　　　　〔殿前歡〕你道是擇新人，今宵花燭洞房春；繡球兒拋得風團順，肯分的正中吾身。硬逼臨便就親，你那裡無謙遜。那裡是正押《毛詩》韻！你道做了有傷風化，誰就你那燕爾新婚！

隋唐以後，科舉制度大興，士子往往「朝爲田舍郎，暮登天子堂」，驟然富貴使得許多家庭因而破裂，形成了「富易交，貴易妻」的社會風氣。《隋書》記載：「衣冠之人多有數婦，暴面市廛，竟分銖以給其夫，及舉孝廉，更娶富者。前妻雖有積年之勤，子女盈室，猶見放逐，以避後人。」⑫宋元南戲《趙貞女》、《王魁》即描寫了這種文人負心婚變的悲劇。此劇中裴度面對宰相家招親而不動心，瓊英小姐因而大爲贊賞：「裴中立既如此憶舊，真才良君子也！」終於兩下裡相認，大團圓結局。

　　從以上分析可以看出，此劇中裴度形象的道德說教性是顯而易見的。正直和甘貧守志沒有改善他的困窘處境，反而注定要被活活壓死在「碎磚瓦之下」，而道德上的一念之善竟使得上天安排的命運也從根本上發生了改變，這樣一逆一順、一悲一喜都在

道德二字。作為此劇的主人公，裴度身上體現出來的矛盾衝突不是人與人之間的外在衝突，具體說既非出於和姨父姨母之間的誤會，又非出自與趙野鶴不合，而根本上是同冥冥中的命運之間的內在衝突，簡言之即為道德和命運之間的衝突。作者顯然認為命運也是可以改變的，裴度最終由悲而喜即證明道德戰勝了命運，作為道德意義上的悲喜劇人物，裴度的形象帶有相當的典型性。

此劇中其他人物同樣沒有脫離道德的主題。趙野鶴和惠明長老形象在其中是作為裴度道德與命運衝突的中介和見證人而存在的。至於王員外夫婦，他們是裴度的姨父姨母，在對待安貧守志的問題上，他們和裴度之間曾產生激烈的衝突，但那是外在的和短暫的，況且他們的本意仍是希望裴度有個好的處境，出發點並沒有錯。劇本還描寫王員外夫婦背地送銀子通過惠明和尚資助裴度，客觀上他們也是整個悲喜劇進程的參與者和推動者。雖然上述這幾個角色對全劇的藝術定位不起決定性作用，但都是必不可少的。

劇中對道德主題起到相互映襯作用的是韓瓊英母女。從人物關係上看，瓊英乃裴度之妻；從劇中形象素質上看，也只有她的道德才華纔能與裴度相配。作品描寫她在父親被誣下獄，別無出路的情況下，不顧小姐的身份，挺身而出，沿街賣詩掙錢救父，以致連欽差體察吏治民情的李邦彥大人皆為之感動，立解玉帶相助。然而，和裴度一樣，她的命運也是多桀的，丟失了憑依救命的玉帶使她萬念俱灰，一腳踏到了死亡的邊緣上，只是由於裴度的及時發現纔使她免於一死。否極生泰，瓊英此後亦漸趨順利，最終與中狀元的裴度結合，並受封賢德夫人。總觀全劇，瓊英下筆成章的詩才和裴度的滿腹文章固然堪稱雙璧，但道德問題仍是此劇所重點突出的方面，這就是裴度的不私暗昧和瓊英的純孝天性。

　　一般認爲，藝術精神和道德教化是互不相容的兩種不同事物。的確，文學史上也出現了許多道德傳聲筒式的失敗之作，此劇最終未能成爲關劇乃至元曲中的一流名作，原因固然比較複雜，但濃厚的道德教化不能不是其中一個主要的緣由。長期以來此劇遭受冷落，其原因主要也可歸結到這裡。

　　但是，任何定論都是相對的，藝術與道德問題歷來也是人們談論較多的一個話題，亞里士多德主張悲劇應通過喚起人們的憐憫和恐懼來淨化情感，這中間並未將道德排除在外，所謂「好人」、「惡人」的區分仍舊是以道德爲標準。羅馬人賀拉斯提出「寓教於樂」這一著名的命題，至今還作爲美學和文藝理論的一個基本原則。到了十八世紀，萊辛則更進一步認爲：「天才對於主要人物性格的安排和形成總是寄寓更多更大的目的；他教育我們，什麼該做，什麼不該做；他使我們認識善與惡，認識什麼是真正合乎禮俗的，什麼是真正可笑的。」[13]可見道德和藝術之間的關係在理論大家那裡並非如同我們一般想像那樣不可調和，即使中國古代論者，從高則誠的「不關風化體，縱好也枉然」[14]，到孔尚任的「警世易俗，贊聖道而輔王化」[15]，直到今天，道德和藝術從來沒有真正分開過。道德的傳聲筒固然不是藝術，但絕對離開道德的純藝術也並不多見。準此，我們評價關氏這部道德教化傾向鮮明的《裴度還帶》劇，同樣應採取更加寬容的態度。

　　道德分爲兩種，一種是由特定時期特定社會情勢下形成的具體的道德範疇，另一種是人類社會長期發展過程中形成的共同的道德準則，前者只是在特定時代內有效，如忠君殉夫以及其它的愚忠愚孝愚節之類，後者則爲任何一個社會成員都應遵從的普遍的生活準則。在元雜劇中，楊梓《豫讓吞炭》描寫豫讓不避善惡，不分皂白，只知爲主子復仇，不惜漆身毀容，吞炭變啞，最終爲之殉葬，就是一個愚忠的典型。無名氏的《焚兒救母》，描寫主人

公小孫屠,爲了還願治癒母病,竟將自己親生兒子活活燒死,則更是一個愚孝的典型。這些作品宣揚的所謂道德,在當時即已爲世人非議❻,今天當然更應當徹底拋棄。

而《裴度還帶》中的道德觀念則不然,雖然其中也不乏封建倫理的說教,如第一折裴度所唱的一首〔那吒令〕,中有「正人倫、傳道統」,「理綱常,訓典謨」數句,既迂且愚,自然不能同正常的藝術表現掛起鉤來,但這樣的描寫並不多見,貫穿全劇並構成衝突基礎的道德觀即前已論及的裴度不欺暗昧和韓瓊英的純孝至情,至多還應算上安貧守志和正直無私,這些道德觀念無疑不是落後的,該廢棄的,直到今天,拾金不昧和孝順長親仍爲世風所提倡,故從總體看,關氏這部道德悲喜劇還是應當予以充分肯定,其藝術價值亦應在認真研究的基礎上作出科學判斷。歌德說:「如果一位詩人的心靈與索福克勒斯的心靈一樣崇高,他的影響總是在道德倫理方面,讓他寫他想要寫的東西去吧。」❼關漢卿同索福克勒斯當然不是一個時代也不屬同一民族,但其人格並無高下之分,對他的這位作品,我們無疑應取同一態度。

三　感傷喜劇:《調風月》、《拜月亭》

感傷喜劇一名流淚喜劇,它「旨在使人落淚,而非叫人發笑」❽。正因爲如此,它不是屬於喜劇的範疇,而是作爲悲喜劇的一個種類存在。尼柯爾曾具體分析過這類劇作的特徵:「感傷劇表明自己與悲劇無關,不僅因爲感傷劇沒有一個不幸的結局,而且它用以表現嚴肅體裁的方式,並不能使我們產生激昂與敬畏的情緒。『激情』與『恐懼』正是悲劇和感傷劇之間的主要區別。此外,感傷劇不同於喜劇的地方也不盡由於它缺乏某些意在愉悅人的事件,而是因爲劇作家持一種『嚴肅的』、『哲理性的』或『教誨

的』目的」⑲。在關漢卿雜劇中，具有感傷喜劇性質的即爲他的
《調風月》和《拜月亭》二種。通常人們將此二劇歸入喜劇一類，但
之所以總有那麼一點格格不入之感，原因即在於它們實際上已經
超出了純粹喜劇的範疇。

　　由於《調風月》和《拜月亭》目前所存皆爲賓白不全的元刊本，
故給準確理解劇情帶來一定困難，這一點在《調風月》中表現得尤
爲突出。因爲《拜月亭》尚有同名南戲劇本可作參考，而《調風月》
則連這點依靠都沒有，故雖多有論者在這方面進行詳盡的考論辨
析，但仍舊見仁見智，衆說紛紜。今僅就一般理解以及劇本提供
的大致脈絡作一個粗線條的分析。

　　燕燕爲劇中著力表現的女主人公。和關漢卿其它旦本戲不
同，她既非小姐，又非妓女或寡婦，而是大戶人家的婢女，並且
這位婢女亦非通常作爲小姐陪襯的梅香可比，她是一個具有相當
智慧和才幹的女性。劇本第一支曲子即説她：

　　　〔點絳唇〕半世爲人，不曾交大人心困。雖是搽胭粉，子
　　爭不裹頭巾，將那等不做人的婆娘恨。

不僅對婦女，即使對男子，她也有獨到的見解，認爲和他們交
往，不能輕信其表白，必須「牢把定自己休不成人」。她不怕人
家因此説自己粗野（「村」）：「至如村字兒有甚辱家門？」只
要自己立身正，「心無實事自資隱」。

　　正因爲燕燕的能幹和穩重，所以她的主人老夫人非常器重
她。這次，家裡來了貴客──公子哥式的小千戶，因爲是夫人剛
從外地歸來的兒子⑳，故派燕燕去服侍：「別個不中，則你
去！」這樣，燕燕的不幸就開始了。

　　劇本以下表現了燕燕被小千戶的引誘、玩弄和拋棄，這方面
歷來論者已經談論得很多了。然而有一點人們仍舊不好理解，燕
燕剛剛還在顯示自己的精明和老練，鄙視那些「不做人的婆

娘」，並發誓和男人交往要「牢把定自己休不成」，可是言猶在耳，竟迅速地投入了小千戶的懷抱，因而受了後者的玩弄和欺騙，這一點連她自己也奇怪：「才説真烈，那裡取一個時辰？」〔村裡迓鼓〕，作者這樣處理，讓人感到是不是有點太匆忙了，或者説，作爲戲劇女主人公，燕燕的表現是不是太不穩重，甚至是太表裡不一了？

　　要回答這個問題，即必須到作品提供的燕燕和小千戶之間關係的實際中去分析。對燕燕來説，小千戶並非一般意義上的普通男子，她和他相熟顯然非止一日，甚至自小即可能在一起（日本有論者猜測燕燕爲小千戶乳母的女兒），所以連乳名都記得很清楚。從她稱小千戶爲「哥哥」，並對其開玩笑且稱其乳名來看，燕燕和他的關係無疑非同一般，何況小千戶眼下也出落得異常漂亮：「恰便似一團兒揉成官定粉」，同樣處於青春期的燕燕自然也對其抱有好感。她根本不會想到小千戶已經變了，變得玩世不恭，專以勾引女性爲能事，再也不是以前那個「魔合羅小舍人」了。在這種情況下，她當然即失去了戒心，對小千戶爲挑逗自己而作出的種種親暱舉動不但不反感，反而完全相信：「描不過哥哥行在意殷勤」。最後當這個有著「不是一跳身」「家門」的小千戶直接向她求婚時，就很難設想她會一點兒不動心了。劇本寫她爲此事還真的進行了認真的斟酌考慮：

　　　〔勝葫蘆〕怕不依隨蒙君一夜恩，爭奈忒達地忒知根，兼
　　上親上成親好對門。覷了他兀的模樣，這般身份，若脱過這
　　好郎君？

　　　——

　　　〔公〕交人道眼裡無珍一世貧。

這裡説得很清楚，「忒知根」表明她和小千戶之間相識非止一日，自認爲對「小舍人」已經很了解了。「親上加親」這裡應理

解爲在兩小無猜的友誼基礎上再進一步❹。顯然燕燕接受小千戶
的求愛並非輕率，所以她緊接著還叮問了一句：「子末你不志
誠？」這是在問小千戶是否真心地愛她。「志誠」，這是她真心
追求的，也是燕燕性格中的不俗之處。

　　當然，燕燕不是生活在幻境之中，她的奴婢地位她自己最清
楚，所以劇首她一上場即慨嘆：「俺這等人好難呵！」擺脫奴役
地位自然也是她答應小千戶的重要因素。正因爲如此，她在被引
誘（「調讓了」）之後還叮囑：「許下我的休忘了。」似乎還覺
得表達得不夠清楚，在曲辭最後還加了一句：

　　　　〔尾〕你可休言而無信！（云）許下我的包髻、圍衫、紬
　　　手巾，專等你世襲千戶的小夫人。

「包髻、圍衫、細手巾」，爲當時士大夫次妻的服飾，與正妻的
「鳳冠霞帔」相對。前述關劇《謝天香》中錢大尹對謝天香，《望
江亭》中楊衙內對譚記兒都這麼說，是爲次妻無疑。以前有論者
認爲小千戶原配已死，許燕燕續絃做正妻，則顯然有誤。

　　認定燕燕對小千戶的愛情中包括理想和現實兩方面對正確理
解劇情很重要。正因爲她的愛情追求重在「志誠」二字，在這一
點上她就把小千戶理想化了，也正是在這一層次上她忘了和小千
戶之間還存在著等級上的差別，完全將自己同小千戶擺在平等的
位置，要求雙方都應愛情專一，不允許有第三者插足於她（他）
們的愛情生活。所以當她得知小千戶出外踏青時又與鶯鶯小姐交
換信物時自然覺得難以容忍，失望和憤怒馬上像火山一樣爆發出
來：

　　　　〔上小樓〕我敢摔碎這盒子玳瑁，納子交石頭砸碎。剪了
　　　靴氈，染了鞋面，做鋪持。一萬分好待你，好覷你，如今刀
　　　子根底，我敢割得來粉合麻碎！

無疑，這裡的戲劇衝突異常激烈，主要體現在燕燕的真摯愛情和

小千戶的玩弄女性的生活態度之間，燕燕要毀掉這意味著「第三者插足」的信物，這方面爆發得愈激烈，愈能體現出燕燕對理想愛情追求的程度。一個純情的女孩，首次戀愛即遭到這樣的摧殘，作出這樣的激烈反應是完全正常的。有論者認爲小千戶既然當時只答應燕燕做小夫人（次妻），按傳統上一夫多妻制的婚姻制度，小千戶完全有權利娶鶯鶯，燕燕也沒有必要鬧成這樣。由此推論小千戶當時許的不是次妻，而是續絃做大夫人，鶯鶯的插足使得燕燕的希望落了空，因爲正妻只能有一個。這種續絃論之誤顯而易見，前已辨明，玆不深論。然說小千戶完全有權再娶鶯鶯則完全符合實際，當時的婚姻制度也的確允許這樣做。有論者因而更認爲燕燕之所以發怒是因爲鶯鶯的插足頂了她的次妻地位，這種看法固然彌合了「包髻、團衫、繡手巾」和正妻服飾的矛盾，但新的漏洞隨之又產生了，因爲既然當時婚姻制度可以一夫多妻（妾），小千戶娶了鶯鶯也不妨礙小千戶再娶燕燕嘛，小千戶又未明言不再娶她，而且在她發怒後還找上門來賠情，假如從爭「小夫人」的角度考慮，這一點也不意味著小千戶將拋棄燕燕這個妾。另外，更重要的是，鶯鶯不是低賤人家的女兒，而是現任職官（外孤）的小姐。劇本第四折描寫小千戶同鶯鶯婚禮，起首曲辭即明云：「雙撒敦（親家）是部尚書，女婿是世襲千戶」，很難設想一個「尚書」、「相公」會將自己的女兒配與人家做小老婆，況且劇中大肆渲染的「大拜門」隆重婚禮亦非娶妾所應有。總之，只强調燕燕的發怒是因爲在爭次妻地位的觀點顯然有錯誤，起碼是不全面的，它忽視了燕燕心目中對理想愛情追求的一面。

　　此劇正名爲「雙鶯燕暗爭春」，論者多以此題將燕燕爭鬧歸於同鶯鶯的爭風喫醋而棄之不顧，其實它倒說明了一些問題。當然，燕燕的激烈態度不能單用「喫醋」二字來概括，但真正的愛

情的確又是排他的。保加利亞著名的社會學者瓦西列夫認爲：
「嫉妒是戀愛者的複雜的内心感受」，「和具有不良後果的醋意
相反，嫉妒作爲自然而正常的情緒通常只觸動人的心理的微妙琴
弦」㉒，這其中的道理其實極其簡單，因爲沒有一個戀人在得知
對另有新歡時還保持内心平靜的。燕燕發怒時可能已將「小夫
人」、「包髻、團衫、紬手巾」之類忘到九霄雲外去了，此刻她
的心目中只有一個沒有被污染和扭曲的「愛」字，它是超越等級
觀念而平等存在著的，是合理的。如果有什麼差錯的話，也只是
由於當時的社會容不得這種要求平等的自由愛情。從這個角度上
說，它又是不合理的。劇中燕燕在忘了自己身份的同時，也不會
想到眼前的小千戶已由過去的「小舍人」變成了一心尋花問柳的
採花郎了。正是理想化導致了燕燕的發怒，以致到了大鬧婚禮堂
的地步。這不是誤會式的喜劇，而是一個嚴肅的悲劇，在這過程
中出現的情節如燕燕的自責以及被迫去向鶯鶯家說親等，皆適足
增強這方面的悲劇氣氛。假如沒有其它因素參與的話，悲劇是不
可避免的。

　　問題在於燕燕在對待同小千戶的愛情關係中除了純情的理想
之外，還有著現實的成分，即她自身還存在著理想和現實的内在
衝突。如前所述，她要利用這種婚姻來改變自己的奴婢身份。和
前者比較這當然要俗一些，然而正是這種「俗」使得本來十分嚴
肅的悲劇氣氛又滲入了喜劇的因素。

　　從劇本一開始燕燕的曲辭中人們就會發現這是一個精明能幹
的女性，她對社會現實並非一點不了解。固然，純情少女的天性
使得她對愛情的追求帶上了不切實際的理想化了的東西，當理想
佔了主導地位時，即爆發了她同小千戶之間的悲劇性衝突，但一
旦激烈的情緒發洩完了，冷靜下來的燕燕自然考慮到了現實的處
境，她知道不妥協地鬧下去對自己意味著什麼。當時的法律明文

規定:「奴婢……若有罪愆,決罰致死者,勿論。」❷「奴訐其
主」,大鬧婚禮堂能不算「有罪懲」?這一點精明的燕燕不會不
清楚,所以當老夫人出面安撫,讓小千戶正式娶燕燕爲小夫人
時,燕燕也就順水推舟地答應下來了,現實因素又再次佔了上
風。這樣,一場悲劇又終以喜劇形式結局。劇本最後燕燕唱道:

〔阿古令〕滿盞內盈盈綠醑,子合當作婢為奴。謝相公夫
人抬舉,怎敢做三妻兩婦?子得和丈夫一處對舞,便是燕燕
花生滿路。

這自然是個喜劇場面,但實質上也是個悲劇。從欲通過婚姻擺脫
奴婢地位角度說,燕燕達到目的,可以說是個勝利者。但她的理
想愛情破滅,傷痕是不會消失的,況且按照當時法律,奴婢嫁良
人只能算「半良人」,而一旦丈夫故去,依舊「則合做驅」❷。
(驅,驅口。陶宗儀《南村輟耕錄》卷十七解釋:「男曰奴,女曰
婢,總曰驅口」),所以燕燕即使掙得小夫人名分,其擺脫奴婢
地位也只是暫時的,況且小千戶既已移情於鶯鶯,鶯鶯又已當面
說過「有鐵脊樑的在我手裡做媳婦」(第三折),尚未過門,大
婦口吻畢現。在這一對「正經夫妻」手裡,燕燕能得到多少幸福
是不難想像的。

固然,誰也不能否認場上是大團圓喜劇結局這一事實,有論
者推論燕燕在舞台上同小千戶跳起雙人舞,是否準確因材料不足
無法深論,但燕燕是帶著笑下場這是可以肯定的。當然這種笑是
苦澀的笑,含淚的笑。

正因爲劇中主人公燕燕愛情理想追求的失敗,此劇中存在著
明顯的悲劇成分,她和小千戶之間的矛盾衝突又不是誤會和巧合
構成的,所以將此劇歸入純粹喜劇範疇顯然不妥。然而另一方
面,燕燕企圖通過婚姻來改變其奴婢地位的現實追求又在某種意
義上獲得了成功,使得作品具有濃厚的喜劇氣氛,並且劇中主人

公面臨的衝突和選擇又不是生死攸關的。基於這些，將此劇歸入正劇範疇，並以悲喜劇的另一名稱「感傷喜劇」名之，應當說還是恰如其分的。

同樣具有感傷喜劇特色的關劇還有《拜月亭》。和《調風月》相似，此劇也取金代社會生活作爲作品的題材背景。長期以來，此劇也多被歸入喜劇的範疇，實際上劇中的悲喜劇因素還是相當明顯的。

劇本一開始即給讀者和觀衆展示了一幅戰火紛飛的逃難圖。當時蒙古軍隊南下，軟弱的金政府無力抵禦，只能讓中原人民陷於家破人亡、妻離子散的社會大動亂之中，「白骨中原如臥麻」，楔子〔么篇〕中的曲辭正是當時情勢的真實寫照。作者這樣安排首先即將下面的戲劇衝突置於如此嚴肅的場景之中，其用意是不難推知的。

王瑞蘭和蔣世隆分別爲此劇的男女主人公。本來，他們倆一爲尚書府中的深閨小姐，一爲市井中的白衣秀士，並無會面和接觸的可能，然而突如其來的「戰伐，負著個天塌地陷」。地位懸殊的王、蔣兩家，同時處於逃難之中。王瑞蘭與母親失散，蔣世隆亦遍尋胞妹不見，真所謂「各家煩惱各家知」了。正是在這樣的情況下，這一對青年男女巧合了，又由於相會的直接原因來自瑞蘭和世隆之妹瑞蓮名氏諧音的緣故，這種相會更具有了喜劇的味道。❷⑤而這喜劇性情節又是在更大程度的悲劇場景中展開的，所以更具特殊性。這對於作爲男子的蔣世隆來說也許沒有什麼，但對於作爲深閨小姐的王瑞蘭卻是使自身發生根本性變化的一個事件：

〔後庭花〕每常我聽得綽約的說個女婿，我早嬌地離了坐位，悄地低了咽頸，緼地紅了面皮。如今索強支持，如何迴避，籍不得那羞共恥。

萬般無奈，只好一切從權。瑞蘭顯然有著較強的適應能力，當世隆告訴她：「軍中男女若相隨，有兒夫的不擄掠，無家長的落便宜」時，她很快即答應了接受保護的條件：「不問時權做弟兒，問著後道做夫妻」〔金盞兒〕。

　　雖然是一時從權，但隨著雙方接觸的加深，相互瞭解亦更加增進，結合則是水道渠成的事。正如瓦西列夫所言：「障礙和困難如果沒有超過人的意志的極限，通常只會加強愛情。」㉖王瑞蘭和蔣士隆之間的愛情關係亦是如此，難中相會已經掃除了他（她）們地位和性別方面的障礙，擺脫災難的努力當然只會加強他（她）們之間的愛情，直到旅舍正式結合。

　　似乎作者不願讓喜劇因素過多地衝淡業已形成的悲劇氣氛，劇本第一折在男女主人公相會後並沒有正面表現他們結合的場面，緊接著即轉入了第二折旅舍的痛苦分離。此時，兩位主人公的境遇已經相當困難了，蔣世隆臥病不起，原來依靠他保護的王瑞蘭現在盡心盡意地在照顧著他：

　　　　〔梁州〕別無使數，難猜（請）街坊，則我獨自一個婆娘，與他無明夜過藥煎湯。早是俺兩口兒背井離鄉，則快他一路上湯風打浪，嗨！誰想他百忙裡臥枕著床。

父親的意外出現使得處於困境中的瑞蘭大喜過望，戰亂中的巧合也真是太多了。她向剛剛重逢的父親傾訴了離散後的痛苦經歷，並介紹了自己的丈夫，滿心希望經過了戰火動亂後的父親能夠同情她（他）們的遭遇，承認她在患難中形成的事實婚姻。誰知這位尚書大人聽說女兒招了個窮秀才女婿，大為惱火，他不顧正在重病中的蔣世隆，硬將他倆拆散。這對於蔣世隆來說，不啻是雪上加霜，瑞蘭同樣是痛苦萬分：

　　　　〔烏夜啼〕天那！一霎兒把這世間愁都撮在我眉尖上，這場愁不許堤防。（未云了）既相別此語君休忘，怕你換脈交

陽，是必省可裡掀揚。俺這風電亂下的紫袍郎，不失你個雲雷未至的白衣相。咱這片雲中如天樣，一時哽噎，兩處淒涼。

悲劇性的衝突無疑相當激烈，其結果瑞蘭在盡了力所能及的反抗之後終於被壓服，愛情在同權勢和勢利的鬥爭中遭到了失敗。誰都容易看出，這種分離對於此時的男女主人公來說，無異於生離死別。他們一個臥病在逆旅，身邊唯一照顧的親人又被強行拉走，其下場可知；另一個被重新拉入尚書府內，再過深閨生活。按照正常的生活邏輯，他們的愛情實際上已遭到了毀滅，衝突的悲劇性是顯而易見的。

然而劇本並未就此結束，作品從第三折開始由悲劇向悲喜劇轉化。王瑞蘭為其父強行拉回家之後，用她自己的話說是「不曾有片時忘的下俺那染病的男兒」。儘管尚書府中條件優俗，花園裡景色美麗：「荷葉似花子般團圓，陂塘似鏡面般瑩潔」，但是她痛苦的心情並未因此輕鬆，如此優裕的生活反而「越交人嘆嗟」。劇本還專門安排了深夜拜月的場面：

> （做燒香科）〔倘秀才〕天那！這一炷香，則願削減了俺尊君狠切；這一炷香，則願俺那拋閃下的男兒較些。（做拜月科）（云）願天下心廝愛的夫婦永無分離，教俺兩口兒早得團圓。

她希望頑固的父親不再反對他（她）們的婚事，希望丈夫早日擺脫困境。推己及人，她也將善良的願望擴展到普天下，和杜甫的「大庇天下寒士俱歡顏」詩句有異曲同工之妙。當然，她也沒有忘卻自己，儘管丈夫目前尚不知流落在何處，但她還是乞求蒼天保佑他們盡早團圓。

如果說焚香拜月仍舊抒發著無盡愁思，因而屬於悲劇性場面的話，則義妹瑞蓮的出現使舞臺上增添了喜劇的氣氛。原來她就

是蔣世隆的胞妹，當年逃難途中與兄失散後被瑞蘭母親收留。湊巧的是她們的遇合同樣是由於瑞蘭、瑞蓮名氏諧音相近引起誤會的緣故。老夫人逃難返回將她帶進尚書府。起初，瑞蘭對這個義妹不放心，自己的心事都極力瞞著她。這樣即產生了她們之間的喜劇性衝突。

在拜月祝告以前，面對瑞蓮以女婿事的打趣試探，瑞蘭曾嚇唬她：「待不你個小鬼頭春心動也」，「我與你寬打周遭向父親行說」。瑞蓮害怕連忙央告，於是一本正經的瑞蘭趁機大講起「無那女婿呵快活」的大道理。不料隨後機靈鬼瑞蓮卻躲在花叢裡偷聽了瑞蘭拜月時的祝告詞，跳出來將了這位口是心非的姐姐一軍，這一下弄得我們的女主人公非常尷尬：「慍慍的羞得我腮兒熱」。別無他法，她只好「一星星的都索從頭兒說」，將自己的底細一古老兒都兜給了這個義妹以求理解。誰知瑞蓮聽到蔣世隆的名字竟放出悲聲，這又使得瑞蘭大爲驚疑：「你莫不元是俺男兒的舊妻妾？」等到瑞蓮說出真情，她不禁喜出望外：「你又是我妹妹、姑姑，我又是你嫂嫂、姐姐。」接著乾脆宣布：

〔歇骨朵〕俺父母多宗派，您昆仲無枝葉，從今後休從俺爺娘家根腳排，只做俺兒夫家親眷者。

至此，場上充滿了輕鬆活潑的喜劇氣氛。可見，在作者的筆下，悲劇和喜劇的成分是交替出現的，這自然也是此劇作爲悲喜劇的性質所決定的。

第四折爲全劇的結局。表面上看這是個雙重的喜劇大收煞：當年被拋撇在旅舍中的蔣世隆並沒有病死，反而考中了今科狀元，當年強行拆散他們的尚書老爺居然臉紅都不紅地招贅了這位棄婿，世隆因而得與瑞蘭重圓。與此同時，瑞蓮也同哥哥世隆意外相逢。這樣，由戰火拆散的兩家終於在喜慶氣氛中各各重聚了，場上的喜劇氣氛可說是進入了高潮。

　　然而，從實質上看，這最後的喜劇結局卻有其嚴重的不協調之處，這就是男女主人公的重圓純粹是出於巧合。在此之前，他們都不知道對方就是要嫁娶的人，故重逢的驚喜剛過，蔣世隆即受到埋怨，說他是「一投至得官也接了絲鞭（接受作尚書的女婿）」。王瑞蘭自己也並不好些，第二折中在被迫分離時她明明向病中的丈夫發誓：「我寧可獨自孤媚，怕他大抑勒我則尋個家長，那話兒便休想。」可是當父親強迫她嫁新科狀元時，她儘管內心很痛苦，但最終還是屈服了。弄得此時「便渾身上下都是口，待交我怎分辯？」男女主人公雙雙都很尷尬。長期以來，人們都以此作爲關氏此劇的敗筆，這當然不無道理，但是也嫌太簡單了些。

　　嚴格說來，當瑞蘭父親在招商旅舍將他（她）們生生拆散時，即已經從根本上摧毀了這一對年青人愛情的理想。瑞蘭的誓言只不過激於當時氣氛而發出急痛之辭，實際上無論是蔣世隆還是她都深深知道此即是生離死別，這以後瑞蘭的不斷思念以致拜月祝告也不過出於她內心一種渺渺茫茫的意念而已。事實上她在拜月後同瑞蓮的交談中即已說得很明白：「您哥哥暑濕風寒縱較些，多被那煩惱憂愁上送了也」〔尾〕。在這種情況下，「狠切」的「尊君」要她改嫁新科狀元，她是不可能公開抵制的。尚書小姐的出身和教養也不允許王瑞蘭這樣做，當年在招商旅舍時她儘管不情願但最後終於跟隨父親而去這個情節也可證明這一點。關漢卿並沒有想把他筆下的女主人公塑造成頂天立地的英雄，而始終不脫離現實的土壤。在瑞蘭身上，同樣存在著愛情理想和現實束縛之間的內在衝突，前者使她同父親的專制干預進行了悲劇式的反抗，後者又使得她在關鍵時刻面對現實而進行喜劇式的妥協。這一點應同蔣世隆的「一投至得官也接了絲鞭」對照著看，作家始終沒有忽視社會現實對人性的壓抑和扭曲。

　　然而不管怎麼樣，這樣的重逢都在對方的心目中留下了一份苦澀。男女主人公在喜慶氣氛中互相埋怨無論如何不是十全十美的，至多算作一個含淚的或者説是感傷的喜劇吧。

　　至此，我們可以看出，上述二劇在選材上雖然表現出公子婢女和秀才小姐的不同，但在具體創作手法上卻有著驚人的相似之處。首先，此二劇表現的男女主人公的愛情和結合都有著同封建等級制度挑戰的意義，其戲劇衝突本質上皆有著理想和現實矛盾的成分：當主人公理想遭到摧殘時戲劇衝突即表現爲悲劇性，而當其現實考慮佔主導地位時，衝突便表現爲喜劇性。此二劇的結局，從衝破封建等級制度達到理想愛情這個角度説，主人公都是失敗者。燕燕是由於相信小千戶的花言巧語，沒有看清後者實際上即爲等級制度的代表，而瑞蘭的失敗則是由於自身的軟弱，無力衝破專制父親的束縛。此外，這兩部作品的共同之處還在於悲劇性的衝突卻通過喜劇的方式表現出來，其根源在於理想和實際的衝突中，二劇的結局都是現實的妥協佔了上風，無論是燕燕還是瑞蘭，誰都未能抗爭到底，因而劇作皆套著一個喜劇的外殼是必然的。由於這種喜劇結局不是經過艱難奮鬥所預期的，而是無可奈何接受妥協的產物，因而它們也不是嚴格意義上的悲喜劇。別林斯基在論及「真正藝術的喜劇」時談到其中「笑不是帶有快樂的味道，而是帶有痛苦和難受的味道」[27]。這就是他稱果戈理小説爲「流淚喜劇」的理論依據，然而將其用來形容關漢聊筆下的《調風月》和《拜月亭》二劇，卻也是非常貼切的。它們是使人感到「痛苦和難受」的喜劇，將它們歸入感傷喜劇的範疇應當説是符合其創作實際的。

四　悲喜劇：《蝴蝶夢》、《五侯宴》、　《緋衣夢》

　　我們已經知道，悲喜劇有廣義和狹義之分，前面提到並分析過的英雄頌劇、道德劇以及感傷喜劇都同時帶有悲劇和喜劇的成分，因而都屬於廣義的悲喜劇即正劇的範疇，然而在戲劇創作實際中，狹義的悲喜劇也大量存在。關漢卿劇作《蝴蝶夢》、《五侯宴》和《緋衣夢》三種即可歸入此一類。

　　尼柯爾認爲：「嚴肅戲劇與喜劇之間的區別是：前者的圓滿結局只是由迫在眉睫的災難得以避免而構成，後者卻從未受到這個災難的威脅。」㉘嚴肅戲劇亦即悲喜劇，這段話雖然沒有正面提出悲喜劇和悲劇的區別，但既然明確悲喜劇的「圓滿結局只是由迫在眉睫的災難的得以避免而構成」，則悲劇的產生顯然可以歸結爲這種災難的難以逃避。就一般而言，悲喜劇和悲劇的共同之處在於有一個嚴肅的甚至生死攸關的戲劇衝突，不同在於作品的主人公經過了艱難而痛苦的努力終於取得了最後勝利。這樣，悲喜劇即不僅同喜劇，也同悲劇截然地分開了。而在狹義的悲喜劇中，上述特點表現得尤其鮮明。

　　這方面最爲突出的是《蝴蝶夢》，此劇影響較大，通常論者都將其歸入悲劇的範疇，原因在於人們都爲其中的悲劇成分所吸引，但今天看來未必恰當，確有重新探討之必要。

　　首先看情節。亞里士多德認爲，戲劇中「最重要的是情節」，「情節是行動的摹仿」㉙。《蝴蝶夢》中貫穿始終的戲劇行動是殺人、復仇以及審案的全過程。要確定此劇的性質特徵，必須由此著手。

　　《蝴蝶夢》中矛盾衝突的展開屬於突發型。王老漢僅僅因爲歇

坐的地方衝了皇親葛彪的馬頭便被活活打死，這個事件無疑是悲
劇性的。緊接著在母親的支持下，王家三個兒子不畏權勢，勇敢
復仇，打死了這個自稱「打死人不償命」的惡棍，伸張了正義。
劇中王婆指著葛彪的屍首痛斥：

> 〔金盞兒〕想當時，你可也不三思，似這般逞兇撒潑幹行
> 止，無過恃著你有權勢，有金賞。則道是長街上妝好漢，誰
> 想你血泊內也停屍！

元代法律：「諸蒙古人因爭及乘醉毆死漢人者，斷罰出征。」㉚
其它任何一個朝代都沒有將「打死人不償命」宣布爲法律者，這
就是關漢卿筆下葛彪之流橫行霸道、有恃無恐的根據。按常理，
在這種情況下，受害者漢人就只好忍氣吞聲，自認倒霉了，然而
這一次偏偏輪到這些無法無天的傢伙屍橫長街，不消說這是一件
大快人心的事，顯然是喜劇性的。

　　善與惡的鬥爭由於葛彪的死而退出了行動的範圍，隨之而來
案件的審理過程即轉爲此劇情節的主體，戲劇衝突也隨之發生了
根本性的變化。這方面又可具體分爲內在和外在兩個方面。

　　外在衝突主要體現爲親情和執法的矛盾。殺人償命，古來如
此。雖然王老漢無故死於葛彪之手，但後者既有「打死人不償
命」的特權，況且又已隨之被殺，更不可問，那麼剩下的只有打
死葛彪的「兇手」王氏三子該面對法律了，由於此案事涉皇親，
更加非同小可。按常規常理，以下的悲劇發展是不難相見的，這
一點王婆自己也很清楚：

> 〔後庭花〕再休想跳龍門、折桂枝，少不得爲親爺，遭橫
> 死。從來個人命當還報，料應他天命不受私。不由我不嗟
> 咨，幾回家看視，現如今拿住爾到公庭，責口詞，下腦箍，
> 使拶子，這其間，痛怎支？

雖然她鼓勵兒子們勇敢地面對現實：「你爲親爺雪恨當如是，便

相次赴陰司，我也甘心做郭巨埋兒」〔柳葉兒〕，但如果真的按此方向發展下去，便只能再一次出現「感天動地」的大悲劇。然而這中間卻出現了一個戲劇性的轉折，其主要原因即在作爲衝突另一方的問官包拯身上。

無論在歷史上還是文學中，包拯歷來是作爲公正清明的象徵出現的，然而身爲開封府尹和龍圖閣待制，負責受理此案，他卻成了不公正法律的代表。普通百姓是不分情由地「殺人者死」，而權豪勢要無故殺人卻可以「斷罰出征」❸了事，對於清官包拯來說，不徇私情、依法斷案是其本等，但在這裡卻成了二難推理：如果他拘於執法，即客觀上幫助了惡人，但如果繞過法律，則難免牽涉皇親、開罪於權貴，徇情枉法之罪難免。一般清官肯定不敢作此考慮。起初，老包和一般問官審案並無什麼不同，他一聽說此案，即大爲光火：「小縣百姓，怎敢打死平人」、「與我一步一棍，打上廳來」。儘管王婆一再分辯是「皇親葛彪先打死夫主」、「那廝每情理難容」，但包拯卻置若罔聞，下令加刑：「與我加力打者」、「與我著實打者！」劇本這樣描寫王婆母子的痛苦：

〔鬥蝦蟆〕麻槌腦箍，六問三推，不住勘問，有甚數目！
打得渾身血污：大哥聲冤叫屈，官府不由分訴；二哥活受地
　　獄，疼痛如何擔負，三哥打的更毒，老身牽腸割肚。

無疑，當時的法律和公正是不相容的，執法和親情之間的矛盾在這裡表現得異常突出。正是執行了不公正的法律，清正如老包也同樣作出不公正的判決，他讓王婆必須讓一個兒子出來爲葛彪償命。這樣，悲劇性的衝突又更進了一層，由外在衝突轉入了內在衝突。

這一點主要體現在作爲母親的王婆身上，具體説即爲親情與義理的矛盾。無疑，包待制的判決是不可能更改的，這起碼在她

看來是如此。何況她早已做好了犧牲的心理準備。但犧牲誰呢？
自己承認？她早就做了，但包拯不相信，斥之爲「胡説」，那麼
即剩下三個兒子了。其中王大、王二是已故王老漢前妻生子，王
三則爲王婆親生，出於親情，她自然不會讓親生兒子上斷頭臺，
但就此將前妻之子送入死地，卻又是爲人的道義情理所不容。作
品主人公的内心衝突是異常激烈的，也是萬分痛苦的：

> 〔隔尾〕一壁廂大哥行牽掛著娘腸肚，一壁廂二哥行關連
> 著痛肺腑。要償命，留下孩兒，寧可將婆子去。似這般狠
> 毒，又無處告訴。

衝突的結果，義理的力量終於戰勝了親情，王婆決定忍痛將親生
兒子獻出償命。包拯起先不信，以爲王三是其「乞養來的螟蛉之
子，不著疼熱，所以著他償命」。待到弄明原因，這位鐵面問官
自己也墜入了執法和義理的深深矛盾之中：

> 我依條犯法分輕重，不想這分外別有詞訟。

客觀地説，劇本安排包拯出場審斷此案這個情節本身即表明
此劇的性質已開始出現了變化（和《竇娥冤》第二折末出現桃杌太
守審案成了鮮明對比）。正由於包拯爲人們公認的清明正直的象
徵，他的出現對戲劇衝突的性質轉換起著舉足輕重的作用。和
《魯齋郎》劇中最後上場下斷的包拯不同，此劇中包拯自第二折進
入了劇情之後，即構成了矛盾衝突的一方。由於受到王婆無私的
獻身精神所感動，包拯決定挽救王婆全部兒子的性命，從而使得
悲劇轉而向著悲喜劇發展。然而他又不公開地表現出來。劇本這
樣描寫：

> （包待制云）張千，你近前來。可是怎的……（張千
> 云）可是中也不中？（包待制云）賊禽獸，我的語言可是中
> 也不中！

至此，戲劇衝突的性質轉換已非常明顯。實際上，從包待制審案

前所做的救小蝴蝶的夢可以看出作者已將這個轉換作了暗示，之所以一直沒有明言，並非作者要故意造成情節的延宕，而是這種瞞天過海、李代桃僵的挽救辦法壓根兒就不能讓任何人知道。這樣，以下讓偷馬賊趙頑驢代王三死的過程一直作爲暗場處理。甚至第三折王婆探監時，早已領受老包意旨的張千也是秘而不宣，以致又演出了一場頗爲感人的哭別戲，然而此時讀者與觀衆早已明白底細，沉重的悲劇氣氛早已消散，這場戲至多不過從較深處挖掘王婆的母子情以及無私的犧牲精神而已。而且由於張千始終未向王婆母子透露底細，這樣也爲劇情的發展增添了誤會式的喜劇關目。

劇本第四折爲典型的喜劇結局。王三並沒有被盆吊而死，平安歸來，這對於已處於絕望之中的王婆來説不啻喜從天降。然而這個搗蛋鬼得了性命後沒有立即回家報喜，而是和母親及兩位哥哥耍了一個惡作劇，他將趙頑驢屍體背出來，放在獄牆外面，冒失的王大王二不辨就裡，將其背回大哭。正在不可開交之機，王三又一下子出現在一家人面前，這怪異使久經世事的王婆也被嚇得連忙磕頭禮拜，認爲是鬼魂還家：「教我戰篤速忙把孩兒拜，我與你收拾罍七修齋」〔風入松〕。王三説明了真相，一家人立即由驚慌轉向了狂喜：

〔川撥棹〕這場災，一時間命運衰；早則解放愁懷，喜笑盈腮。我則道石沉大海。

不僅如此，包拯上場一門封贈又使得喜劇氣氛更進一步達到高潮：「娘加做賢德夫人，兒加做中牟縣宰，赦得俺一家兒今後都安泰；且休題這恩德無涯，單則是子母團圓，大古里彩」〔鴛鴦煞〕。

應當指出，和《哭存孝》以及《竇娥冤》不同，此劇的喜劇場面不是悲劇行動結束後插入的尾聲，而本身即爲全部戲劇行動的一

個有機組成部分。從人物命運上看，此劇也和李存孝、竇娥終於難逃一死、張珪十五年的妻離子散有著本質的區別，主人公不僅復仇行動獲得了成功，而且逃脫了不公正法律的加害。王婆及其兒子們經過一番艱難曲折、誤會驚嚇之後，「迫在眉睫的災難」終於「得以避免」，如果僅僅根據劇中的悲劇成分即將其歸入悲劇範疇，則顯然不是全面的藝術定位方法。

　　同樣表現母子情的關氏悲喜劇還有《五侯宴》。和出身讀書人家並有三個兒子的王婆不同，此劇中王嫂出身貧寒，為屠夫之妻。劇本一開始她即處於苦難之中，一邊生了孩子，一邊又死了丈夫，家中「一貧如洗」，只好將「孩兒長街市上賣些小錢物，埋殯他父親」，財主趙太公趁機將其典雇至家作奶娘，不過一月，又將其典身文書改做賣身文書，這樣王嫂即被迫終身在他家為奴作婢了。由此亦即在悲劇氣氛中展開了善與惡的尖銳衝突。

　　趙太公無疑是此劇衝突中惡勢力一方的代表。他不但採取奸詐手段，將典身文書改作賣身文書，而且還借口自己的兒子長得瘦，要將王嫂的親生子奪過去摔死，還冷酷地說：「摔殺有甚事，則使得幾貫錢」。經王嫂的拚命哭求，為怕「污了這答兒田地」，纔將孩子交還，但逼王嫂馬上「將孩子抱出去」、「丟了也得，與了人也得」。不僅如此，他強迫王嫂丟掉孩子孤身一人為他幹了十八年活以後，臨死前還囑咐兒子趙脖揪對王嫂「朝打暮罵」。果然趙脖揪不達父命，更加兇殘地對待王嫂，逼她打水飲牛，「見一日要一百五十桶水」，還刁鑽古怪地要不能濕牛嘴，否則「回家來五十黃桑棍」。趙家兩代都可以說是摧殘王嫂的惡棍，是為富不仁的典型。

　　劇中的王嫂是一個懦善的婦女。她為了得錢殯埋丈夫，情願典身受雇於人，當趙太公將她的典身文書改做賣身文書的時候，她明知有詐，卻無力也不敢公開提出異議。即使在趙太公要摔死

她親生兒子的時候，她也只是哭告求免；趙太公逼她將兒子拋棄，她也只好服從。作品真實地展示了這個可憐的婦人不得不拋棄親生子的痛苦心情：

〔梁州〕兒也！咱兩個須索今日離別。我熬煎了無限，受苦了偌些，我知他是喫了人多少唇舌；不由我感嘆傷嗟！我，我，我，今日個母棄了兒，非是我心毒，是，是，是，更和這兒離了母如何的棄捨！哎，天也，天也！俺可便眼睜睜子母每各自分別，直恁般運拙。這冤家苦楚何時徹？

不忍拋棄卻又無可奈何，「哭一回去了，他行數十步可又回來」，「拾將這草科兒遮，將乳食來餵些」，從細膩而真實的描繪中可見作者對筆下作品主人公不幸命運的深切同情。

就這樣，王嫂孤身一人爲趙家當牛做馬幹了十八年佣工，趙家父子還不放過她。嚴冬臘月，風雪滿天，趙脖揪逼著這位年邁體衰的白髮人去井臺打水：

〔倘秀才〕我這裡立不定吁吁的氣喘，我將這繩頭兒呵的來覺軟，一桶水提離井口邊，寒參參手難拳，我可便應難動轉。（正旦云）將這吊桶掉在這井裡，我也不敢回家去，到家裡又是打又是罵。罷，罷，罷，就在這裡尋個自縊。

不幸的遭遇，非人的折磨，終於將這個懦弱而善良的農家婦女逼上了人生的絕路，這標誌著此劇中悲劇因素的發展已達到了相當的高度。假如作品就此結束，則顯然是一部動人肺腑的社會悲劇，然而此時卻產生了一個戲劇性的事件，阻遏了悲劇的進一步發展。當年王嫂忍痛送人的親子王阿三恰在此時出現，不但攔住了王嫂的自縊，而且使得她的命運由逆境向順境轉化，一場「迫在眉睫的災難」終於得以避免。

王阿三的出現既是偶然的，又是必然的，它是作者在前面情節發展中安排伏筆的必然結果。前後呼應爲作者所習用手法，

《寶娥冤》、《魯齋郎》等劇中已多有表現，此劇自然亦不例外。

　　十八年前王嫂被迫將孩子抱出去拋棄，碰巧遇上沙陀大將李嗣源獵兔至此，將其領回撫養，改名李從珂，十八年後長大成人，也在李部為將，這是作品第二折表現的情節。李從珂戰敗王彥章後路過此處，恰恰救了生母的命，並命士卒幫她把吊桶從井中撈上來。在交談中，李從珂得知王嫂以前送給李嗣源撫養的親生子竟與自己同年同月同時生，遂起疑心，決定回去查問明白。

　　井臺相會不僅使作品主人公的境遇發生了轉折，而且劇本的性質也已開始由悲劇向悲喜劇過渡。劇本第四折描寫李從珂回去後，即向父親問起自己身世，李嗣源自然隱瞞，後來在祖母劉夫人為慶功而擺的五侯宴上，李從珂又再次問起，直到以死相要挾，劉夫人纔說出真情，李從珂到這時方得知此前井臺見到的那個「受著千般苦楚」的老婆子原來就是自己的生母，不禁急痛攻心，當場昏倒，為眾人救醒後立即前去趙家莊認母。此一折在結構上屬穿插型，全劇主唱角色即作品主人公王嫂，此折則改作劉夫人主唱，從塑造人物形象上看，儘管李嗣源對李從珂長時間隱瞞他的身世，但作為十八年的養父，為怕年老無依，這也是完全可以理解的。在告訴李從珂實情後，李嗣源頗感鬱悶和擔憂，劉夫人這樣開導著兒子：

　　〔後庭花〕不爭咱這養育父將他缺昧，（正旦云）咱是他養育父母，他見了他親娘受無限苦楚，不爭你不要他去認呵（唱）哎，兒也！則他那嫡親娘可是圖一個甚的？她如今受驅馳，她如今六十餘歲，她身單寒腹內饑，她哭啼啼擔著水。……

推己及人，顯得非常通情達理。應當說劉夫人以及李嗣源雖然身為軍閥貴族，但在收養李從珂事件過程中卻不失其為善的天性，也正是有了他們，懦善的王嫂纔沒有被趙太公父子吞掉，也正因

爲如此，此劇纔由悲劇變成了悲喜劇。在整個劇作中，他們的地位同樣不可忽視。

劇本第五折的喜劇結局是人們意料之中的，趙脖揪依舊虐待王嫂，竟到將其吊起來毒打，正在此時李從珂趕到救下，並將惡霸趙脖揪抓住，母子欣喜相認。緊接著李嗣源也率軍趕到，當場將趙脖揪斬首，全劇以喜慶作結：

> 爲母親苦痛哀憐，因葬夫典身賣命，相拋棄數十餘年。
> 爲打水備知詳細，認義在井口傍邊。今日個纔得完聚，王阿
> 三子母團圓。

應當指出，此劇在結構上並非俱佳，最突出的是主線之外的情節和人物安排過多，特別是重在劉夫人、李嗣源心理波折的第四折，對於全劇的王嫂母子悲歡離合的主題來說，不啻是一個插曲，即使其它各折，穿插的戰爭場面也太多太繁，以致在某種程度上衝淡了主要人物的塑造。雖然這也許是作者出於調節場上氣氛、增加關目熱鬧的需要，但畢竟不是鮮明表現主題的最佳方式，也使得作品變得冗長、拖沓。從創作時代來看，此劇爲關漢卿早期劇作，在較大程度還殘留著諸宮調等講唱藝術喜鋪排、尚熱鬧的特點，而非元雜劇的成熟體制。然而，如前所述，此劇主要的結構線索，由前半部王嫂受難的悲劇向著後半部從珂尋母的悲喜劇轉化，「井臺相逢」作爲衝突性質轉換的支點，這些都還是相當鮮明的。此劇的穿插成分總體上看還不是完全與主題脫節，李從珂作爲王嫂親生子這一特殊身份也使他成爲劉夫人、李嗣源爲首的將士和作品主人公命運聯繫起來的紐帶，他們共同構成了戲劇衝突中善的一方，從這個意義上說此劇並不存在著一個負面主題。作爲一個完整的悲喜劇，《五侯宴》的戲劇行動和主要人物的情節線索是確定和統一的。研究此劇同樣不能忽視這一點。

在性質和結構上與《五侯宴》相近的關劇還有《緋衣夢》。此劇表現的不是母子情，而是兒女事。作品主人公王閏香和李慶安，一爲深閨小姐、一爲讀書秀才。他倆本來由於雙方父親指腹爲婚而成姻緣關係。不料長大後李家敗落，由原先的李十萬變成叫化李家。因而王父即有悔親之意，他讓姆姆（媒婆）將著十兩銀子和一雙鞋子去李家，聲言「這雙鞋子是罷親的鞋兒，著慶安踏斷線腳兒，便罷了這門親事也」。然而小姐閏香卻並非如此勢利，她在後花園偶遇李慶安時，不但沒有嫌他貧窮，反而主動提出要「收拾一包袱金珠財寶」贈與李慶安以爲迎娶財禮。這樣即展開了此劇勢利無情和真心相愛的人格衝突。

固然，王閏香和李慶安並非偷香竊玉式的自由戀愛，但也並不是完全沒有感情基礎的禮教婚姻。就閏香而言，在沒有見到李慶安之前，儘管她對其窮困潦倒表示同情，也爲自己的終身大事焦慮，以致「清減了」「花容月貌」，但當梅香提出要她「瞞著父親母親」送些錢鈔給李慶安以助其聘禮時，她並沒有立即答應。後花園偶遇李慶安，這使她第一次有機會同李慶安直接接觸：

〔後庭花〕天著咱相會間，好將你來廝顧盼。我覷了你面顏，休憂愁，染病患。

顯然，她對李慶安有了超越道義上的好感，和《西廂記》中崔鶯鶯給張君瑞的定情詩「休將閒事苦縈懷，取次摧殘天賦才」二句有著不期然的相通之處。這當然和李的坦率（不隱諱窮）、活潑（爬樹取風箏）而又不失文人彬彬有禮的風度有關，閏娘相信這是一個可以信賴和托付終身的青年，遂不用梅香傳話，直接出面提出自己的主張：

（正旦云）慶安，我今夜晚間收拾一包袱金銀財寶，著梅香送與你，倒換過來做你的財禮錢，你可來娶我，你意下

如何？

這裡已經直接違背了「父母之命，媒妁之言」的禮教古訓。不僅如此，她還不加隱諱地吐露出自己火熱的情感，要慶安「則將這佳期盼」：

〔尾聲〕赴期的早些動憚，則我這歡心兒不慣；休著我倚著他這太湖石，身化做望夫山。

純情率直。在這方面，她甚至較《西廂記》中始終處於矛盾猶豫中的崔鶯鶯有過之而無不及。

然而，和《西廂記》中的張生相比，此劇中的李慶安形象可就差了一截。這主要在於他對正當的愛情追求不那麼主動積極，當父親告訴他王員外家派人來要悔親時，他竟絲毫沒有被觸動：「量這媳婦兒打甚麼不緊」，若無其事地向父親要了二百錢買風箏放去了，顯得是個不懂世情的毛孩子，和同齡人閏香相比其成熟和幼稚也異常分明。當他因取風箏誤入王家花園，因得與閏香相會後，雖然顯得彬彬有禮、應付自如，但總覺被動退縮，拿不出自己的主張。此外，李慶安的運氣似乎也不怎麼好，閏香約定他當日晚間來此處接受由梅香轉遞的聘資，誰知隨後發生的一個戲劇性事件幾乎造成人財兩空的後果，這一幕愛情喜劇也差點變成了冤獄悲劇。

戲劇性事件的發生不在男女主人公之間，而是由於插入了一個兇徒裴炎，他白天將一件衣服拿到王員外當舖取當不遂，反遭趕逐，故懷恨在心，夜來潛入王家欲行兇殺，可巧遇見轉送財物的梅香，遂起意殺之，攜財而逃。李慶安如約至，見梅香被殺在地，不知何故，遂無主意連忙逃歸。閏香見梅香許久不回，自來探視，發現兇案，驚動全家。王員外認定是李慶安因悔親故殺梅香，追至李家，當場發現李慶安手上猶帶血跡，遂告到官府。此處昏官賈虛與《竇娥冤》中桃杌太守無二，信著胥吏外郎，將李慶

安毒打成招，下到死囚牢中。

　　促成此劇由悲劇向喜劇轉化的關鍵人物是清官錢大尹，他作爲開封府尹，自然有權復審此案。對於錢，人們並不陌生，前述關氏喜劇《謝天香》中他即爲主角之一，是個古板方直的地方官員。正如《蝴蝶夢》中包拯出場的作用一樣，錢大尹在此劇中出現這個情節本身亦即注定了劇情向喜劇轉化的必然性。不僅如此，二劇的審案方式也各有特點，《蝴蝶夢》中包拯夢見大蝴蝶不救小蝴蝶而他救之即爲後來搭救王三提供了先兆。此劇中錢大尹則根據兇器的巨大沉重和李慶安的文弱瘦小之間的不成比例斷定案件必有蹊蹺，他讓衙役攜兇贓外出緝訪，巧遇裴炎貪財認贓，因得順利破案。雖然其中也有向獄神祈禱，讓慶安夢中說出「非衣兩把火」的詞句，因而推斷兇犯姓名必爲裴炎這樣的非現實細節，但也僅僅是推定，而實際破案過程卻是合情合理的，較《蝴蝶夢》中包拯以偷馬賊代王三死以結案要複雜得多，也可信得多。

　　隨著案件的迅速破獲，對於此劇男女主人公王閏香、李慶安而言，一場「迫在眉睫的災難」也終於「得以避免」，他們之間的愛情也由悲劇轉變成了喜劇。

　　由於真正兇犯是裴炎而非李慶安，王員外落了個「妄告不實」的罪名，按照當時「告人徒得徒，告人死得死」的規定，李慶安父親進行了反訴。如此一來，衝突雙方的地位一下子發生了根本性的顛倒，以前一直氣勢洶洶的原告王員外立即成了惶恐無限的被告。爲了保住自己不受刑罰，這位一度盛氣凌人的勢利眼，轉而又低聲下氣地向李慶安父子求情，由老太爺轉眼成了三孫子。爲了取得李家父子的諒解，王員外只好忍痛「倒陪三千貫緣房斷送」，助成了這一對青年人的婚姻。勢利無情的老頑固，和莎士比亞筆下的夏洛克一樣，終於落了個人財兩空的下場。

　　經過了一番生死磨煉，李慶安不再是未諳世事的毛孩子了，

在對待愛情問題上，他最終顯示主動追求的堅定性和勇氣。當父親堅決不同王員外和解，堅持反訴，從而有可能破壞愛情的圓滿結局時，劇本這樣描寫：

（李慶安云）父親，俺丈人說來：若是饒了他，他倒陪三千貫緣房斷送，將閏香依舊與我為妻，咱饒了他罷！（李老兒云）孩兒，當初他不告你來？（李慶安云）他告我，不曾告你。（李老兒云）大人將你三推六問，不打你來？（李慶安云）他打我，不曾打你。（李老兒云）若拿不住殺人賊呵，可不殺了你？（李慶安云）他殺我，可不曾殺你。（李老兒云）我把你個強小弟子孩兒！罷、罷、罷，我饒了他罷。

結局無疑是喜劇性的。正如錢大尹判詞所言：「富嫌貪悔了親事，倒陪了萬貫家緣」。然而，對於閏香和慶安這兩位作品主人公來說，這是經過了痛苦磨難，「迫在眉睫的災難得以避免」後纔形成的圓滿結局，因而是悲喜劇式的。

和《五侯宴》一樣，此劇亦非佳構。最主要弊病就是次要情節和人物太多太繁，以致在某種程度上淹沒了主題的表現。這一點此劇表現尤甚。在《五侯宴》中，劉夫人、李嗣源等一班將士由於撫養了王嫂親生子李從珂，實際上成了衝突雙方代表善的一方的某種補充，因而構成了母子情主題不可分割的一個組成部分。而此劇中裴炎作案，官府偵破審理過程則完全游離於愛情的主題之外，儘管梅香被殺是導致李慶安悲劇的直接原因，但在由此引起的情節發展中，作者用了大量的篇幅表現審案和破案的細節，從而導致愛情主題被次要情節所淹沒，作為一個愛情悲喜劇，這不能不是一個敗筆。因而我們說，《緋衣夢》的結構欠佳處更有甚於《五侯宴》。

至此，我們對關漢卿三個劇本《蝴蝶夢》、《五侯宴》和《緋衣

夢〉都作了較爲詳盡的分析，由此可以看出，它們儘管在内容和表現手法上各有特色，但在一些根本問題的處理上卻有著相當程度的一致之處。

首先，它們都有著一個悲劇性的矛盾衝突。這方面無論是王婆母子面對不公正的法律，必須以一人作出犧牲，也無論是王嫂被迫拋撇親子，最後臨近絕路，也無論是李慶安被屈打成招、押入死牢，對於作品主人公來説，都是嚴峻的，生死攸關的，是「迫在眉捷的災難」。如果不發生戲劇性的突轉，則形成悲劇是確定無疑的。

其次，上述三劇中都在著促使悲劇衝突發生質變的力量，這種力量不是來自主人公自身，而是來自外部。這方面如〈蝴蝶夢〉中的包拯、〈五侯宴〉中的李嗣源、李從珂、〈緋衣夢〉中的錢大尹等，他們的出現雖然在情節上距主要線索有遠近之分，但對劇本的性質定位來説決非可有可無，沒有他們的存在，劇本的悲喜劇衝突轉化是不可能實現的。

第三，正因爲具備了上述兩種因素，此三劇的悲劇衝突都在關鍵時刻纔向著相反的方向轉化。這方面如包拯發現並敬佩王婆的高尚人格，從而決定以趙頑驢代王三死，李從珂和王嫂子母井臺相會以及蒼蠅爆破錢大尹筆管等等，正是由於這些特定的關鍵點存在，作品主人公的命運開始出現戲劇性的變化，由逆境轉向了順境。又由於這些「突轉」都不是主人公自身努力的結果，因而藉此又可將它們和〈單刀會〉等英雄頌劇區別開來。和道德劇、感傷劇相較也有相當的距離。

最後，它們都有著一個比較圓滿的結局。如對王婆母子而言，復仇行動取得了成功，又勝利地避免了不公正法律的加害，並且意外地受到加官封賞；對王嫂來説，丢棄的兒子王阿三出落爲英雄人物李從珂，虐待她的趙太公雖死不論，趙脖揪卻終於在

她們團圓時被懲辦；而王閏香和李慶安來説，終於獲得了「倒陪三千貫緣房斷送」、「李慶安夫婦團圓」的判決。而這圓滿結局又都是經歷了種種悲劇性的磨難，亦即所謂「迫在眉捷的災難得以避免後」而獲得，因而都是劇情發展的一個邏輯結果，並非戲劇行動結束後的尾聲。

無庸置疑，上述諸點決定了關氏這三個作品既不可能是悲劇，也不可能是喜劇，與本章涉及的英雄頌劇、道德劇以及感傷喜劇相比也有明顯的區別，因而將它們歸入狹義的悲喜劇應當説是符合其創作實際的。至於表現手法的高下，取得成就的大小，則是另外一個問題，不影響我們此處的結論。

傳統戲劇理論大都認爲悲喜劇這個體裁不好把握。黑格爾曾經表示過這樣的憂慮，他稱悲喜劇爲有別於古典悲劇和喜劇的「第三種主要體裁」，認爲「這種中間劇種的界限有時比悲劇和喜劇的界限較爲搖擺不定」，有著「流爲散文的危險」❷。英國人馬丁·艾思林更專門從舞臺演出角度談到這個問題，認爲：「這種混合體裁，對於導演來説，這些劇就特別難處理，因爲有的劇必須演得十分嚴肅，才能產生一種喜劇性的效果；有的劇必須用喜劇的風格來演，纔能產生深切的悲哀和悲劇性的洞察力；另一些劇作卻要求從這種風格到那種風格，從一個場面到另一個場面不斷地變換」❸。目前學術界對上述諸劇的認識還存在著分歧以及有些作品自身的藝術性還存在著嚴重的不平衡，它們都可以證明哲人們的憂慮並非完全是杞人憂天。

注　　釋

❶〔意〕瓜里尼《悲喜混雜劇體詩的綱領》，伍蠡甫主編《西方文論選》上册第198頁。

❷〔法〕博馬舍《論嚴肅戲劇》，同上，第404頁。

❸〔德〕黑格爾《美學》第三卷下册第294頁，商務印書館1981年版。

❹《中國大百科全書·外國文學卷》（Ⅰ），第120-121頁，中國大百科全書出版社版。

❺《三國志·周瑜魯肅呂蒙傳第九》。

❻同上，《魯肅傳》注引。

❼唐人杜甫有詩「褒公鄂公毛髮動，英姿颯爽猶酣戰」（《丹青引贈曹將軍霸》），於此可爲一證。

❽《舊唐書·尉遲敬德傳》。

❾〔德〕黑格爾《美學》第1卷第242頁，第353-354頁。

❿同上。

⓫《西歐戲劇理論》第241-216頁。

⓬引見該書卷三十一，志第二十六，《地理下》。

⓭《漢堡劇評》第三十四篇，《西方文論選》上册，第429頁。

⓮《琵琶記》卷首《水調歌頭》上闋。

⓯《桃花扇小引》。

⓰《元典章》五十七《刑部》十九〔諸禁〕中即有「禁設醮捨身燒死賽願條」，可參看。

⓱《歌德談話錄》，轉引自《西歐戲劇理論》第83頁。

⓲《簡明不列顛百科全書》第三册第275頁，中國大百科全書出版社1985年版。

⓳《西歐戲劇理論》第311-312頁。

⓴此處採用王鋼《關漢卿研究資料匯考》中的說法，參見該書第173頁。

㉑日本學者太田辰夫《元刊本〈調風月〉考》推測「燕燕和小千戶當是乳兄妹，小千戶是燕燕的母親（劇中的卜兒）乳汁育大的」（《戲曲論叢》（滬）第一輯），此說當不無道理，可參看。

㉒〔保〕基·瓦西列夫《情愛論》中文版第152、155頁，三聯書店（京）

　　1984年版。

㉓《元典章》卷十八「良人不得嫁娶驅奴」條。

㉔同上。

㉕此劇細節參見南戲《拜月亭記》，明世德堂本。

㉖《情愛論》第164頁。

㉗《詩的分類》，《西方文論選》下册第384頁，上海譯文出版社1979年版。

㉘《西歐戲劇理論》第302頁。

㉙《詩學》第六章。

㉚《元史‧刑法志》。

㉛《元史‧刑法志》。

㉜黑格爾《美學》第三卷下册第297頁。

㉝《戲劇剖析》中文版第71頁，北京中國戲劇出版社1981年版。

第六章　《西廂記》考論

　　《西廂記》為元代乃至整個中國古代愛情劇中的一個瑰寶，在中外文學史上均有著極其重要的地位。長期以來，學術界在這方面做了大量工作，然而由於資料有限，加之理解角度不同，至今一些根本問題上還存在著這樣那樣的分歧，其中一些提法如「王作關續」等更直接牽涉到對關漢卿的評價問題，而事實上關氏亦為《西廂記》的主要作者之一。筆者這裡擬從資料辨析、作品考論相結合的角度，對有關問題作一個較為深入系統的探討。

　　《西廂記》研究中的根本問題，主要體現在著作權的認定和作品性質的分類上面，以下分別討論。

一　資料外證：王作、關作

　　眾所周知，《西廂記》的作者問題歷來存在著王實甫作、關漢卿作、關作王修、王作關續四種法，這是由於材料來源不同，加上人們的不同理解造成的，統一起來自然有困難，但也不是毫無可能。

　　王實甫作是其中最早而最具權威性的一種。說它最早，是因為早在元代，《西廂記》創作和流行後不久，鍾嗣成《錄鬼簿》即已作了明確的著錄；說它最具權威性，是因為鍾氏此書是目前公認的研究元雜劇作家作品的第一手資料，雖然《西廂記》作者所屬的上卷部分非作者直接收輯，而是經過了陸仲良轉自吳仁卿之手，鍾氏自己亦承認「生也後，不能與幾席之末，不知出處」，然而這並不構成整個材料的失實，「更沒有理由單獨對王實甫這一條

加以否定或懷疑」❶，況且鍾嗣成這條記載又並非孤證，明初朱
權的《太和正音譜》中有關《西廂記》的著錄與此相同，時人賈仲明
整理《錄鬼簿》並爲王實甫等人補寫〔凌波仙〕吊詞；其中更贊嘆王
作《西廂》「天下奪魁」。不僅如此，稍後的明宣德時人丘汝乘在
爲明人劉冬生所著《嬌紅記》作序中也説「每恨不得如《崔張傳》獲
王實甫易之以詞，使途人皆知也」❷。有議者認爲他們的觀點皆
出自《錄鬼簿》，然提不出過硬證據。因爲元後期至明初，正是
《西廂記》風行舞台之時，對於朱、賈、丘諸人來説，《西廂記》並
非流傳久遠的古本，大家都能看到，沒有必要盲從鍾嗣成。如果
他們看到或聽到了與鍾氏著錄不同署名的版本，是不可能不在著
述中記載下來的。由此可見，在沒有過硬論據情況下要否定《錄
鬼簿》的記載是很困難的。

　　正由於王作説在時代上最早且最具權威性，以亦最流行。已
故趙景深先生的説法最具代表性：「在沒有找到比1330年《錄鬼
簿》更早的記載之前，王實甫作《西廂》全二十一折這主張是永遠
成立的」❸。目前，「王西廂」即成了雜劇《西廂記》的代名詞。

　　然而，這樣處理並沒有最後解決問題。肯定《西廂記》爲王實
甫一人所作即必須面對稍後出現的與此相矛盾的大量資料和傳
説，這些資料和傳説恰恰構成了關作亦即關作王修説的基礎。

　　首次將關漢卿同《西廂記》創作聯繫起來的是明成化七年
（1471）金台魯氏刊本《新編題西廂記咏十二月賽駐雲飛》，其中
無名氏作《西廂記十咏》，即有這樣兩支曲子：

　　　　〔駐雲飛〕漢卿文能，編作《西廂》曲調精。……〔駐雲飛〕
　　王家增修，補足《西廂》音韻周。……
這裡顯然在説《西廂記》是關作王修，只是沒有注明「王家」即爲
王實甫。成化七年上距丘汝乘作《嬌紅記序》（1435）不過三十餘
年，距元末明初也不過百年，《西廂記》的作者已產生了完全不同

的變化。

　　非但如此，目前完整留存的《西廂記》最早刊本弘治十一年（1498）金台岳刻本❹，雖然題下沒有作者署名，但卻附錄了有關《西廂記》作者的三支曲子：

　　　　〔滿庭芳〕王家好忙，沽名釣譽，續短添長。別人肉貼在你腮頰上，賣狗懸羊。……〔滿庭芳〕漢卿不高，不明性理，專弄風騷。平白地褒貶出村和俏，賣弄才學。……

　　　　〔八聲甘州〕《天生眷姻》：「〔煞尾〕董解元古詞章，關漢卿新腔韵，參訂《西廂》的本。晚生王生多議論，把《圍棋》增。

從前兩支曲子看，和前引〔駐雲飛〕基本相同，仍舊稱「王家」而不稱「實甫」（後世如萬曆時劉龍田刊本附錄此曲即明標爲「王實甫」），只是態度爲一褒一貶，同時將「王家好忙」調至「漢卿不高」之前，似乎作者認爲「沽名釣譽，續短添長，別人肉貼在你腮頰上」更爲可惡。〔八聲甘州〕一曲爲另一人所作，直接認爲《西廂記》爲關漢卿所作，「晚進王生」只增添了《圍棋鬧局》一折❺。由於這三支曲子爲目前刊行最早也是最完整的《西廂記》弘治岳刻本的附錄，所以尤值重視。有論者認爲這是些「民間小曲」，「其學術價值恐怕不能和刊本上題署或書目的正式著錄等量齊觀」❻。實際上恰恰是它們才反映了我國戲曲早期在民間流傳的特點。

　　誰都知道，戲曲在我國古代是不被重視的雕蟲末技。直到清代，畢生從事戲曲活動的曲論家李漁還自輕自賤地說：「填詞（作劇）一道，文人之末技也」❼。這在戲曲初次繁榮的元及明初表現尤甚，它主要流傳和盛行在民間，文人只有在失去仕途，落入與藝伎、乞丐爲伍時才不得不染指此道。雖然今天我們將「元曲」與「唐詩」、「宋詞」並稱，但實際上元曲家及其作品

在當時從來沒有達到和唐詩宋詞作家那樣的地位。正因爲如此，我們目前對明以前戲曲作家作品情況考察起來即特別困難。由於處於民間，條件所限，無論作家資料還是作品版本都極其簡陋，前者在元代只有一本《錄鬼簿》，後者則無論從《元刊雜劇三十種》還是《永樂大典戲文三種》來看都相當粗陋，板式破爛、字跡不清，賓白不全且均無作者署名。這種情況直到元末明初高明《琵琶記》以及朱權、朱有燉的作品問世才有所改變，但也僅限於少數士大夫和貴族，其餘大多數戲曲作品以及有關資料仍處於自生自滅的狀態。弘治岳刻本雖題標「奇妙全相」，牌記中且自詡「字句真正」，但仍然不脫粗疏混亂之貌，「十分可能是用比較粗劣的元刻本爲底本翻刻的」❽。然而正因爲如此，我們對不署名的刻本和附錄才不能太苛刻，否則，早期戲曲的研究便難以進行了。上述「民間小曲」的價值從某種意義上說也就在這裡。何況它們在文人著述中也可找到證明，明武宗正德時人都穆《南濠詩話》中即有如下記載：

> 近時北詞，以《西廂記》爲首，俗傳作於關漢卿，或以爲漢卿不竟其詞，王實甫足之。

明嘉靖、隆慶間的王世貞《藝苑卮言》附錄一亦云：

> 《西廂》久傳爲關漢卿撰，邇來有以爲王實夫（甫）者。

都、王二人都根據《錄鬼簿》和《太和正音譜》的記載而確立《西廂記》爲王作，故他們的上述記載純粹是反映當時的實況，顯然不會有假❾。

關作説中明嘉靖時人劉麗華《口傳古本西廂記·題辭》值得注意，中云：

> 長君嘗示余崔氏墓文，乃知崔氏卒屈爲鄭婦，又不書鄭諱氏，意張之高情雅致，非鄭可驂明矣。……董解元、關漢卿輩，盡反其事，爲《西廂記》傳奇。

這裡更明確地說明《西廂記》雜劇乃關漢卿改續董西廂而成。劉麗華乃金陵名妓，此《題辭》借萬曆時人王驥德《新校注古本西廂記》得以保存，以「其詞淋漓悲傷，有女俠之致」，「想像其人，不無美人塵土之感，故采附末簡」⑩。然而，王驥德在《西廂》作者問題上是力主王作的，故對《題辭》內容頗不以爲然：「謂崔氏所適之鄭無諱字，及作傳奇不及實甫，皆未的」⑪王氏認爲《會真記》中的「鄭」即鄭恆，是有名諱的，而《題辭》中未及，是爲不足。實際上劉麗華只是轉述「長君」給她看的「崔氏墓文」中「不書鄭諱氏」，並非自己不知道。至於說「傳奇不及實甫」，是因爲她的《口傳古本西廂記》作者係關漢卿而非王實甫，並非是在「常識性問題」⑫上犯有什麽明顯錯誤。以己律人的王驥德在這裡顯得太缺乏氣度了。

　　我們知道，由於刊刻條件所限，更由於職業及競爭需要，我國古代戲曲藝人內部傳授和學習，大都採用代代口傳的辦法⑬，直至近現代，許多演員竟可在不識字的情況下憑口傳掌握了許多劇本。不光曲辭，連關鍵性賓白亦靠強記。因爲靠此謀生，故這種口傳劇本以及有關事項特別可靠。從這個意義上說，正由於劉麗華本人即爲「金陵富樂院」的藝妓，她所刻的《口傳古本西廂記》其可靠性才更值得注意，不能因爲它非「鴻儒碩士」題署而加以忽視。

　　關、王合作《西廂》的說法不僅在無名氏和藝人中間流行，在文人刻本中也有明確體現，與劉麗華同時稍後的明人張羽，其《古本董解元西廂記序》⑭一文即云：

　　《西廂記》者，金·董解元所著也，辭最古雅，爲後世北曲之
　　祖。迨元·關漢卿、王實甫諸名家作者，莫不宗焉。蓋金元
　　立國，並在幽、燕區，去河洛不遠，而音韻近之，故當此之
　　時，北曲大行於世，猶唐之有詩、宋之有詞，各擅一時之

聖，其勢使然也。……《關氏春秋》，世所故有，余既而校而
刻之矣。

學術界目前對這段話理解有分歧。有論認為；「所言關漢卿、王
實甫諸名家宗董解元，蓋謂元雜劇以《董廂記》為祖，非指關、王
作《西廂記》雜劇」⑮。從文中稱《西廂記》為「後世北曲之祖」的
提法以及中間大講北曲源起及其地位的文字來看，「非指關、王
作《西廂記》雜劇」的說法不無道理，況下面既稱「關氏春秋」
⑯，即似無王實甫參與創作之可能。然北曲作家頗多，關氏「初
為雜劇之始」，將其作為代表提出固可，而關、王並提，且偏偏
在董《西廂》之後，在理解上容易產生歧義。有論者即因而作如下
推測：

　　　第一種，存在過關漢卿作、王實甫續的《西廂記》版本。
　　第二種，存在過關漢卿作和王實甫作的兩種《西廂記》版本
⑰。

兩種看法都不無所據。但不管怎樣，關漢卿作為《西廂記》雜劇主
要作者之一這一點則是明確無誤的。

　　王作關續之說，在《西廂記》作者探討中為最後產生的說法，
一般認為源自明萬曆八年（1580）毗陵徐士範的《重刻西廂記》
⑱，中云：

崔記俑於元微之，……金有董解元者，演為傳奇，然不甚
著，至元王實甫，始以綉腸創為艷詞，而《西廂記》始膾炙人
口，然皆以為關漢卿，而不知有實甫。……蓋《西廂記》自
「草橋驚夢」以前作於實甫，而其後則漢卿續成之者也。

這裡即明白闡述了《西廂記》為王作關續的說法，但未提供任何證
據。有論者因而推測「大概是出於對王世貞〈藝苑卮言〉的誤解」
⑲。今查王氏《卮言》，果有如下說法：

　　《西廂》久傳為關漢卿撰，邇來乃有認為王實夫者，謂

「至郵亭夢而止」；又云「至『碧雲天，黃花地』而止，此後
乃漢卿所補也。」⑳

《藝苑卮言》初成於嘉靖三十七年，八年後（1565）梓行，其時自
然較徐士範爲早。但亦非獨家而言，同時人顧玄緯《增編會真記
序》一文即有同樣透露：

> 樂府者流，知《西廂》作於關、董，而不知《錄鬼簿》疏云
> 王實甫作。豈實甫、漢卿俱家大都，而遂誤耶？抑關本有別
> 行者耶？今董《記》已刻之吳門，惟四大出外，或稱關補。
> ⋯⋯

顧文作於嘉靖四十一年（1562），其時《卮言》已成但尚未刊行，
可見當時雖然關作說仍占絕對優勢，但王作關續說已通過不同渠
道開始流行。

　　然而，王世貞也罷，顧玄緯也罷，其說只載私人著述，在曲
壇影響不大。徐士範則有根本不同，他在其刻本序言及題署中明
確定爲王作關續㉑，這在《西廂》傳播史上的確可說是具有「開創
性」的意義。

　　我們知道，目前已知的《西廂記》早期版本是不署名的。周德
清爲較早對《西廂》雜劇進行研究並作出評價的曲家，他在《中原
音韻自序》中將《西廂記》作爲與關、鄭、白、馬並稱（「其
備」、「其難」）的代表，書中並多處引摘《西廂》句作爲例證，
但卻無一字涉及作者。論者對此多有猜測，或謂王作，或謂關
作，然至今未有令人信服的結論㉒。可以認爲周德清所見的《西
廂》文本，極可能如同現存《元刊雜劇三十種》的面貌，故不可能
得知作者姓名。弘治岳刻本儘管已開始有了與作者問題有關的附
錄，從而不無傾向性，但起碼在形式上，它還只是一些客觀的材
料，提供給讀者自己分析，作出結論。與徐士範本直接由刻者作
序明確落實則有著本質的不同。

　　應當指出，徐士範刊本這樣處理是不慎重的，因爲他在沒有提出任何直接可靠證據的情況下即武斷地下結論，而且不留任何討論的餘地。他的率意所爲，由於借助《西廂記》作品的巨大聲勢，因而得以迅速地傳播開去。自此以後，明代刊本《西廂記》題署多採用徐士範本的做法，王作關續之說就這樣流傳開了。

　　當然，這並不是說王作關續論完全只是相信了徐士範刊本。這方面明末人閔遇五的說法更具代表性，他在其《六幻西廂》本《劇幻·西廂記》的《圍棋鬧局·題跋》㉓中說：

　　　　前四爲王實父，後一爲關漢卿，《太和正音譜》明載，王弇州、徐士範諸公已有論矣！

《太和正音譜》現今完好保存，其中並無王作關續的說法。閔遇五顯然並非自己去查閱過《太和正音譜》原書，而是跟著別人後面人云亦云。徐士範本卷首載有程巨源的《崔氏春秋序》，其中寫道：

　　　　予閱《太和正音譜》，載《西廂記》撰自王實甫。然至「郵亭夢」而止，其後則關漢卿爲之補成者也。

這可以算是閔遇五的僞托之源。不僅如此，才學豐富如王世貞也在這方面犯了錯誤。他見到「王作關續」的說法與「《西廂》久傳爲關漢卿撰」不合之後，「初以爲好事者傳之妄，及閱《太和正音譜》，王實夫十三本，以《西廂》爲首；漢卿六十一首，不載《西廂》。」這原不錯，理應在否定關作的同時也否定王作關續才對，可是竟在毫無變通解釋情況下作出「則亦可據」㉔的結論。大文人如此，小文人更樂得照抄。同樣的情況在萬曆十三年李桂校刊本《北西廂記》卷首《西廂記考據》也存在著。而且如果說閔遇五他們還帶有一點自己理解的話，萬曆二十六年陳邦泰《重校北西廂記總評》則將王世貞的話一字不漏地又重複了一遍，便標上自己的名字作爲刻本《總評》和題署的依據，可見其粗製濫造。在明中葉後出現的《西廂》刊本中，這種謬誤可說是隨處可見。儘

管明末凌濛初刊本標榜出自所謂周憲王（朱有燉）本，且搬出「點鬼簿」一書的著錄來爲他的「王作關續」論提供證明，但並沒有實在根據。今姑不論已多有論者指出凌氏標榜的「周憲王本」不可靠，指出《點鬼簿》實際就是《錄鬼簿》的另一名稱，即就朱有燉本人來說，他在其〔白鶴子〕《秋景》引言中也有這樣一段論述：

> 唐末宋初以來，歌曲則全以詞體爲主，今日則呼爲南曲者是也。自金元以胡俗行乎中國，乃有女真體之作，又有董解元、關漢卿輩知音之士，體南曲而更以北腔，然後歌曲出自北方，中原盛行之。㉕

其中特意將董解元、關漢卿並提，和前引明人張羽《古本董解元西廂記序》所言可謂不謀而合，再聯繫起《西廂》曾被稱爲「北曲之祖」的事實，其中的奧秘更不難體味。很難設想一個堅持《西廂記》爲王作關續的人，會將關漢卿和董解元並提而忘掉王實甫。不僅如此，甚至都穆這個親眼「閱」過《點鬼簿》一書的人，在其《南濠詩話》中的著錄也不是王作關續，這都證明所謂周憲王本和《點鬼簿》著錄的不可靠性。

至此，我們可以對上述幾種說法作出歸納。王作說主要來自有權威的文人記載，關作（關作王修）說主要來自社會包括演藝界的長期流傳。前者體現了傳統的著錄方式，後者代表了戲曲流傳的獨有特色，因而各有其存在的理由。王作關續說在時間上出現既晚，又缺乏過硬的論據，本身在依靠版本題署流傳過程中又暴露了許多謬誤，因而最不可信。

似乎已覺察到王作關續論存在著資料不足和邏輯混亂的弊病，後世持此觀點的刊刻者和研究者開始從作品內容和表現風格等方面的差異去尋找根據。他們從《西廂記》劇本前後藝術水準的不平衡出發，把它同王實甫和關漢卿的創作風格聯繫起來，認爲

前四本爲文采派的風格，屬王實甫；第五本則顯現了本色派的面目，屬關漢卿，企圖以此爲王作關續提供新論據。自明人胡應麟、凌濛初開始，直到今天的學術界，這種論證方式仍舊有著相當的勢力。應當指出，和前面那些提不出任何可靠論據只依靠版本題署造聲勢而得以流傳的《西廂》校刊者不同，這些論者在態度上還是相當嚴肅的，論述過程也是認真的。然而這涉及到作品的題材來源，作家的個人風格等複雜而抽象的問題，已遠遠超出了資料外證的範疇，本文下一節將著重論述。

二　作品內證：關、王合作

最早將《西廂記》內容及表現風格和關漢卿其它作品聯繫起來的是明萬曆時人胡應麟。他在其《莊岳委談》一書中即這樣認爲：

> 今王實甫《西廂記》爲傳奇冠，北人以並司馬子長，固可笑。不妨作詞曲中思王、太白也。關漢卿自有《城南柳》、《緋衣夢》、《竇娥冤》諸雜劇，聲調絕與「鄭恒問答」相類，「郵亭夢」後，或當是其所作。雖字字本色，藻麗神俊大不及王。㉖

這裡出現兩個基本錯誤，「北人以並司馬子長」者，乃關漢卿，非王實甫，已見前面《緒論》所引《韓邦靖傳》，此不贅。其次，《城南柳》亦非漢卿作品，乃明初人谷子敬所作。胡氏這裡張冠李戴，可見其對元曲並不真的有多少深入研究。然而，就較早將《西廂記》作者問題同關漢卿創作「聲調」聯繫起來這一點來說，他的觀點具有特殊的意義。

沿著胡應麟的這種研究方向走下去並產生廣泛影響的是明末人凌濛初，他在其《崔鶯鶯待月西廂記·凡例》中正確指出王世貞、徐士範倡言的王作關續之說爲「不知何據」，也看出作爲弘

治岳刻本附錄的那些無名氏散曲爲「似王續關者」，但卻認爲這些皆「無從考定」❷，因而不予重視。凌濛初主要是從王、關劇作的不同風格來探討這個問題：

> 細味王實甫別本，如《麗春堂》、《芙蓉亭》頗與前四本氣韻相似，大約都冶織麗。至漢卿諸本，則老筆紛披，時見本色，此第五本亦然，與前自是二手。俗眸見其稍質，便謂續本不及前，此不知觀曲者也❷。

凌濛初的觀點之所以值得重視，是因爲：一、作爲《西廂》的一個頗有影響的刊刻家，他對前人的觀點並不盲從。不僅對無名氏散曲，即使對王世貞、徐士範這些「諸公」的定論同樣可以提出懷疑，表明他頗有自己的獨立見解。二、凌濛初還是一個頗有名的文人，詩文、學術乃至短篇小說俱通，對戲曲亦頗有造諸，有雜劇九種，時人沈泰評其曲曰：「初成諸劇，真堪伯仲周藩（朱有燉）。」❷正因爲如此，凌氏對《西廂》作者的討論偏重於作品的內證便是可以理解的，他將《西廂記》前四折和第五折分別從文采、本色這兩種不同風格對比入手，在寥寥數語中，概括了王實甫和關漢卿創作的不同特色，在斷定該劇前後「自是二手」的同時還駁斥了「謂續本不及前」的「俗眸」爲「不知觀曲者」，顯得頗有眼力。較之胡應麟的簡單比附更深入了一層。自他以後，由風格入手探究《西廂》作者即成了這個領域研究的重要方面。從清代到民國直至近幾十年的學術界，與此相關的聯繫一直沒有中斷，只是趨向於更嚴密，更具有邏輯性。目前這方面較具有代表性的是蔡運長《〈西廂記〉第五本不是王實甫之作》一文❸。

和凌濛初、胡應麟一樣，蔡文也認爲《西廂記》第五本的藝術風格與前四本不一致，然而在繼承中又有發展。文中更具體從幾個方面論述：㈠劇曲語言的風格有文采和本色之別；㈡劇曲文辭的詩化程度有高低之分。一個精美，一個平淡；㈢在抒發感情的

方式上也有不同，具體說即爲借景抒情和直抒胸臆之間的區別；
㈣在劇中人物語言上有雅俗之差。蔡文認爲曲辭富有文采，詩化
程度高，喜愛借景抒情以及顯得典雅有致皆爲王實甫的文采派風
格，而文辭本色，缺乏詩意，語言平淡，喜愛直抒胸臆和顯得通
俗無奇爲關漢卿的本色派風格。由此蔡文最否得出結論：「我認
爲『王作關續』是更有理由的。」

應當承認，上述這些觀點的論證過程都是嚴肅的、認真的。
的確，從整體上看，《西廂記》的語言風格體現著文采派的特色，
第五本在表現方式上和前四本相比不能說是很統一的，由此作出
結論《西廂記》出自兩人之手也是自然而然的。

目前的問題是，除了第五本以外，關漢卿是否真的與《西廂
記》全劇無關？作爲一代戲曲大師，其創作風格是否真如以上論
者歸納的那麼簡單？這些都是關漢卿和《西廂記》研究者所必須搞
清的問題。至今這方面的論述大都局限於語言風格一點，而對整
個《西廂》的題材、人物、情節等均缺乏全面而系統的考察，這不
能不是關漢卿研究和《西廂記》研究的雙重闕失。

現存關漢卿作品多處提到了《西廂記》的作品和本事。《緋衣
夢》第二折賈虛的道白：「幼習儒業，頗看〈春秋〉、〈西廂〉之
記。」雖屬淨角打諢，但信手拈來，卻道出了關氏熟悉《西廂》題
材的程度❸。他的〔中呂·朝天子〕《書所見》散曲，即描繪了一位
「不在紅娘下」的侍婢。在〔雙調·新水令〕「攬閒風吹散楚台
雲」一曲中，還有這樣的描寫：

> 〔天仙子〕一扇兒畫著雙通叔，和蘇氏到豫章城；一扇兒是司
> 馬文君；一扇兒是王魁桂英，畫的來廝顧盼廝溫存。比各青
> 春，這一扇比他每情更深，是君瑞鶯鶯。

曲中列舉了雙漸和蘇小卿、卓文君和司馬相如、王魁和桂英三個
愛情故事，最後則認爲崔張愛情「比他每情更深」，偏愛之心可

掬。直到他死前不久作的〔大德歌〕六首，在所咏嘆的四個愛情故事中，又將崔、張排在第一位：

> 粉牆低、景淒淒，正是那廂月上時。會得琴中意，我是個香閨裡鍾子期。好教人暗想張君瑞，敢則是愛月夜眠遲。

這裡咏嘆的正是《西廂記》中「崔鶯鶯夜聽琴」故事，它出現的不是在第五本，而是第二本第四折。

關作中與《西廂》創作有關也最引人注目的是〔中呂·普天樂〕《崔張十六事》。它以十六支曲子概括了《西廂記》全劇的本事。多有論者將其作爲關作《西廂》的證明，但懷疑者亦不在少數。因不見於今傳元人曲集，隋樹森先生《全元散曲》將其輯入時即已稱「殊可疑」㉜，譚正璧先生雖然論定這組散曲確爲關漢卿所作，但卻認爲《西廂》的「關作之說」正是由此而來。他的結論是：

> 關漢卿是作過《西廂記》的，不過不是供搬演用的雜劇，而很可能是供彈唱的小令，原來的傳說也並不一定有錯，錯的是給後人「張冠李戴」、「指鹿爲馬」，把小令和雜劇混而爲一了。

不僅如此，譚先生還具體推測：「關寫小令時，開始時是非常準對雜劇原作的，一折一支，亦步亦趨；中間寫到第三本『前候』、『鬧簡』、『賴簡』等折，似乎都是支節，可有可無，遂略去；第四本又是一折一支；第五本張生在京患病及鄭恒冒婚又是可有可無的支節，所以又略過，而把第一折寫成二支。」㉝這樣，即完全肯定關曲是根據《西廂記》雜劇而作的一種「集曲」。不少論者儘管不同意關作（關作王修）之說即爲對《崔張十六事》小令誤解的結論，但也都接受了關作小令即爲概括《西廂記》雜劇而成的觀點。

其實譚先生的觀點是有問題的。首先，混淆只有在兩個對等和同樣的事物之間纔會發生，《西廂記》雜劇和《崔張十六事》散曲

雖然都是以張生鶯鶯愛情故事作爲表現對象，但名稱既不同，體裁又迥異，絕少產生混淆之可能。對此譚先生解釋説：「《崔張十六事》這個題目太簡約了些，不一定就是原來所有，原來題目可能也叫《西廂記》或《西廂十六事》，它在當時本與雜劇《西廂記》並見流行。」可惜這只能一種「可能」！然而如此「可能」卻不能代替現實。目前唯一最現實的依據是它只有《崔張十六事》一個題目，且在當時似乎不見得怎麽太流行，元人幾個散曲選本都没有將其收入，直到明人所編《樂府羣珠》曲選纔得以保存。而《西廂記》雜劇在周德清《中原音韻》中即獲得了與「關、鄭、白、馬」並提的殊榮，至明成祖永樂年間賈仲明增補《錄鬼簿》時已得了「天下奪魁」的盛譽，而《崔張十六事》小令卻不見有類似記載，可以斷定其影響並不大，根本不能同家喻户曉的《西廂記》雜劇發生混淆。譚先生主張《西廂》的王作説，王作説自有存在的理由，但不一定要從這裡來尋找證明。關作説「久傳」，「樂府者流，知《西廂》作於關、董」（俱見前引），人們不去注意家喻户曉的《西廂記》雜劇，卻讓絕無影響的《崔張十六事》小令混淆了作者所在，豈非咄咄怪事！

更重要的是，《崔張十六事》並非概括今本《西廂》雜劇而成，衆所周知，後來一些名聞遐邇的關目場次，如《鬧簡》、《賴簡》等均不見於小令。假如小令真的是概括雜劇而成，有「風月情感慣熟」之譽的關漢卿是不會如此疏漏的。譚先生對此解釋爲：「似乎都是支節，可有可無」，没有多少説服力。有論者因而認爲「小令可能作於『天下奪魁』的《西廂記》之前」❸❹，這樣的推論是有道理的。

認定關氏《崔張十六事》小令非概括今本《西廂記》雜劇而成，還有一個直接的證據，這就是第五支《封書退賊》中「法聰待向前，便把賊來探」兩句，位於「不念法華經，不理梁皇懺」二句

之後，在今本《西廂記》中，此為第二本第二折中受命衝陣報信的惠明和尚的唱辭，而小令此處向前「探賊」的是法聰，至於惠明這個名字則根本沒有出現，小令作者的這個細節安排之所以值得重視，是因為由此顯示它同《西廂》雜劇之間的區別不僅在於關目的多寡，而且還存在著關鍵情節的相異。如果說小令乃概括雜劇而成，這種相異又該怎麼解釋呢？

　　當然，法聰衝陣亦非漢卿小令獨創，董《西廂》即作如此處理，這也是《西廂記諸宮調》和《西廂》雜劇的重要區別之一。在這一點上，關氏小令與其說來自雜劇，倒不如說來自諸宮調為更妥。自然，也不能因此導致全部皆如此，應當說，除了上述已經指出的不同點外，小令和雜劇的共同點還是主要的，這也是人所公認的事實。弄清楚這點，即不會發生混淆的事了。至於《崔張十六事》小令之所以和《董西廂》、今傳本《西廂》雜劇之間存在著異同關係，問題當然比較複雜，但有一點可以肯定，關氏小令決非根據今存《西廂》雜劇概括而成，而極有可能作於雜劇之先。它證實了關氏對《西廂》題材的熟悉和偏愛，更證實了關氏同今存《西廂》雜劇創作的密切關係，而不是僅僅在小令中摹仿。

　　關漢卿與《西廂》雜劇創作之間的密切關係還體現在情節安排上。撇開《崔張十六事》小令不談，在關氏其它劇作中同樣可以見到。以下略舉數例：

　　「西廂拜月」是《西廂記》的一個重要場次。崔、張兩位愛情主人公經過前面「佛殿奇逢」一見鍾情後第一次有了互通聲息的機會，著名的「牆角聯吟」也就是在這一背景下進行的。無獨有偶，關漢卿的雜劇和散曲也同樣有著這樣的場面。今試作一比較：

　　《西廂記》第一本第三折：

　　　　（旦引紅娘上云）開了角門兒，將香桌出來者。……

（旦云）此一炷香，願化去先人早陞天界；此一炷香，願堂中老母，身安無事；此一炷香，（做不語科）（紅云）姐姐不祝這一炷香，我替姐姐祝告，願俺姐姐早尋一個姐夫，拖帶紅娘咱。（旦再拜）

關劇《拜月亭》第二折：

（云了）梅香，安排香桌兒去，我待燒炷夜香咱。……天哪！這一炷香，則願削減了俺尊君狠切；這一炷香，則願俺那拋閃下的男兒疾較些。

關曲〔黃鐘·侍香金童〕：

〔么〕蓮步轉移呼侍妾：「把香桌兒安排打快些。」〔神仗兒煞〕深深院舍，蟾光皎潔，整頓了霓裳，把名香謹爇，伽伽拜罷，瀕瀕禱祝：「不求富貴豪奢，只願得夫妻每早早圓備者！」

同樣命侍婢安排香桌，同樣焚香禱祝，目的亦是同樣，最終都是爲了美滿姻緣。

《西廂記》第一本第一折表現張生與鶯鶯佛殿相逢，在紅娘的催促下鶯鶯「回顧覷末下」以後，作者還安排了這樣的細節：

（末云）世間有等女子，豈非天姿國色乎？休說那模樣兒，只那一對小腳兒，價值百鎰之金。〔後庭花〕若不是襯殘紅芳徑軟，怎顯得步香塵底樣兒淺。且休題眼角兒留情處，只這腳蹤兒將心事傳。

關劇《玉鏡臺》第二折則同樣有著這樣的細節：

（正末云）溫嶠更衣咱。（做行科，云）見小姐下的階基，往這裡去了。我只見小姐中注模樣，不曾見小姐腳兒大小，沙土上印下小姐腳蹤兒，早是我來得早，若來的遲呵，一陣風吹了這腳跡兒去，怎能勾見小姐生的十全也呵！（唱）〔牧羊關〕婦人每鞋襪裡多藏著病，灰土兒沒面情，除

> 底外四周圍並無餘剩。幾般兒窄窄狹狹，幾般兒周周正正，
> 幾時施逗的獨強性，勾引的把人憎。幾時得使性氣由他跐，
> 惡心煩自在蹬。

如此情感表現是否健康曾引起人們的不同評論，但不管怎樣，二者在方面有著相當程度的共同點則是很清楚的。

《西廂記》第三本第三折這樣表現紅娘根據小姐寄柬中言語去暗約張生：

> （做意了）偌早晚傻角不來，赫赫赤赤，來！（末云）
> 這其間正好去也，赫赫赤赤，（紅云）那鳥來了。（末作跳
> 牆摟紅科）

關劇《緋衣夢》第二折同樣有著梅香奉小姐之命遞包袱給李慶安的描寫：

> （梅香上，云）……來到這後花園中，等慶安來赴期時
> 先與他。可怎生不見慶安來？慶安，赤赤赤。……（李慶安
> 上，云）自家李慶安的便是，天色晚了也，瞞著我父親，來
> 到這後花園中，有些苫牆的柳枝，我跳過這牆去。（做跳牆
> 科，云）這不是太湖石？梅香，赤、赤、赤。

場景、語言、動作安排得非常接近，決非偶然。

雙方一致的地方還很多。

《西廂記》第四本第一折表現了崔、張雲雨交歡，關曲〔雙調·新水令〕則表現了「楚臺雲雨會巫峽。」前者有如「但蘸著些兒麻上來」〔么篇〕，後者亦有「森森一向遍身麻」〔收江南〕；前者此折末尾叮嚀：「你是必破功夫明夜早些來」，後者結束則同樣「你明夜個早些兒來」〔尾〕，二者宛出一手。

不僅如此，《西廂記》第四本第三折「長亭送別」中開始即安排老夫人、長老爲張生餞行時的一段對話：

> （夫人云）張生，你近前來，是自家親眷，不要迴避。

俺今日將鶯鶯與你，到京師休辱末了俺孩兒，掙揣一個狀元回來者。（末云）小生托夫人餘蔭，憑著胸中之才，視官如拾芥耳。（潔云）夫人主見不差，張生不是落後之人。

試比較一下《裴度還帶》第三、四之間「楔子」中的一段對話：

（夫人云）據中立文武全才，輔祚皇朝，男兒四方之志，文行忠信，人之大本也，則要你著志者。（正末云）夫人放心也。〔賞花時〕立忠信男兒志四方，居王佐丹宸定八方，……那時節衣錦可丌的卻還鄉。（長老㉟云）老夫人，裴秀才這一去必然為官也。

除了題材偏好和情節場面存在著驚人的相似之處外，在語言運用上，《西廂記》與關氏其它作品同樣有著密不可分的聯繫。前面談到多有論者將《西廂》全劇歸入文采派的代表人物王實甫，或者將第五折割裂出來另屬本色派大家關漢卿，其主要依據都在作品的語言風格方面。這實際上是個誤會，起碼是不全面。文學史上大作家創作風格的多樣性並不少見，對他們作任何簡單化處理都是不科學的。這裡姑不論認定王實甫為文采派代表其主要依據只是《西廂記》是否可靠，即就關漢卿而言，他的劇作本色派風格集中體現為生活氣息濃鬱和舞臺演出性極強，在此基礎上雅俗各得其宜。而不能僅僅歸因於語言的簡單平淡，以致缺乏詩意。今略舉兩例：

《拜月亭》楔子：

〔仙呂·賞花時〕捲地狂風吹塞沙，映日疏林啼暮鴉，滿滿的捧流霞，相通的半霎，咫尺隔天涯。〔么篇〕行色一鞭催瘦馬。

真可謂借景抒情、情景交融。如此的詩化語言即使放在《西廂記》「長亭送別」一場中亦絕無二致。另如《緋衣夢》第一折：

〔仙呂·點降唇〕天淡雲閑，幾行征雁。秋將晚，衰柳凋

殘，飛綿後開青眼。〔混江龍〕玉芙蓉相間，戰西風疏竹兩三
竿，一年四季，每歲循環；守紫塞征夫愁夜永，倚亭軒思婦
怯衣單。……看池塘中荷擎減翠，柳梢頭梨葉添顏。

如此精美的曲辭，有誰能稱之簡單平淡、缺乏文采和詩意呢？

　　不僅如此，對《西廂記》和關漢卿其它作品進行比勘分析後還
可以發現，它們所使用的語言、詞匯和修辭方式等同樣存在著驚
人的相似之處。爲說明問題起見，以下將一些明顯的和主要的例
證列表如示：

西廂記	關漢卿其它作品
第一本第一折：〔元和令〕顚不刺的見了萬千，似這般可喜娘龐兒罕曾見。第二折（末哭科，云）哀哀父母，生我劬勞。〔脫布衫〕眼挫裡抹張郎。〔哨遍〕我得時節手掌兒裡奇擎〔尾〕嬌羞花解語。第三折（末云）小姐，你去了呵，那裡發付小生！〔綿搭絮〕今夜淒涼有四星，他不瞅人待怎生？〔么篇〕怎時節風流嘉慶，錦片也似前程。第四折〔雁兒落〕小子多愁多病身。〔碧玉簫〕行者又嚷，沙彌又哨，您需不奪人之好。第二本第一折：〔天下樂〕我只索搭伏定鮫綃枕頭兒上盹。〔那吒令〕往常但見個外人，氳的早咳，但見個客人，厭的倒退。〔六么序〕好教我去住無因，進退無門。（夫人哭科）俺家無犯法之男，再婚之	《竇娥冤》第一折：（詞云）美婦人我見過萬千，向外，不似這小妮子生得十分憊賴。《裴度還帶》第三折（旦兒云）哀哀父母，生我劬勞。關曲〔雙調・新水令〕「寨兒中風月煞經諳」：眼挫了可憎才。〔南呂・一枝花〕《贈朱簾秀》：則要你手掌兒裡奇擎耐著心兒捲。〔中呂・朝天子〕《書所見》：文談回話，真如解語花。〔雙調・沈醉東風〕五：面比花枝解語。《望江亭》第二折（白士中云）住住住，夫人，你死了，那裡發付我那？〔大石調・青杏子〕冷清清沒個人瞅。《望江亭》第一折（姑姑云）我成就了你錦片也似夫妻，美滿恩情，有甚麼不好處？（正旦唱）說甚麼錦片前程真個罕。〔中呂・古調石榴花〕早是我多愁多病。〔雙調・落梅風〕姨父鬧，咱便曉，君子不奪人之好。《竇娥冤》第四折〔得勝令〕今日個搭伏定望鄉臺，一靈兒怨哀哀。《拜月亭》第一折〔後庭花〕每常我聽得綽的說個女婿，我早豁地離了座位，悄地低了咽頸，蘊地紅了面皮。第二折〔賀新郎〕教俺去住無門，徊徨。《竇娥冤》第四折（竇天章云）我竇家三輩無犯法之男，五世無再婚之女。

女。〔賺煞〕雖是不關親，可憐見命在逡巡。第二折〔二〕我將這不志誠的言詞賺。（將軍云）若不違前言，淑女可配君子也。第三折〔么篇〕第一來爲壓驚，第二來因謝承。第四折〔雁兒落〕錯支刺不對答。〔江兒水〕悶殺沒頭鵝。〔殿前歡〕恰纔個笑呵呵，都做了江州司馬淚痕多。第四折〔尾〕好共歹不著你落空。不問俺口不應的狠毒娘，怎能著別離了志誠種。

第三本第一折〔混江龍〕險些兒滅門絕戶了俺一家兒。〔寄生草〕休爲這錦幃翠帳一佳人，誤了你玉堂金馬三學士。第二折〔快活三〕使別人顛倒惡心煩。（旦云）告過夫人，打下你個小賤人下截來！〔四邊靜〕擅斷得上竿，掇了梯兒看。〔石榴花〕隔牆兒險化做了望夫山。〔滿庭芳〕禁不得你甜話兒熱趓，好著我兩下裡做人難。第三折〔雁兒落〕誰知你色膽天來大。第四折（紅嘆云）普天下害相思的不似你這個傻角。〔調笑令〕屍骨嚴嚴鬼病侵。

第四本第二折〔鬥鵪鶉〕不爭你握雨攜雲。（紅云）信者人之根本，「人而無信，不知其可也，大車無輗，小車無軏，其何以行

第二折〔鬥蝦蟆〕我其實不關親，無半點悽惶淚。

《金線池》第三折〔煞尾〕你且把這不志誠的心腸與我慢慢等。

《裴度還帶》楔子（野鶴云）此夙緣先契，淑女可配君子也。《調風月》第三折〔梨花兒〕小的每多謝承。《金線池》第四折〔梅花酒〕累謝承可憐見。《調風月》第四折〔得勝令〕錯支刺心受苦。《魯齋郎》第一折〔賺煞〕唬的我似沒頭鵝。

〔雙調‧大德歌〕三：恰便是司馬淚痕多

《五侯宴》頭折〔尾聲〕好共歹一處受苦。

〔雙調‧離亭宴煞〕眼挫了可憎才，心疼煞志誠俺。

《蝴蝶夢》第一折〔賺煞〕那裡便滅門絕戶了俺一家兒。

《蝴蝶夢》第一折〔寄生草〕則被這清風明月兩閒人，送了你玉堂金馬三學士。

《望月亭》第一折〔勝葫蘆〕你卻使引的人來心惡煩。《玉鏡臺》第二折〔牧羊關〕惡心煩自在蹬。

《緋衣夢》第二折（王員外云）我大衙門中告下你來，拷下你那下截來！

《望江亭》第一折〔後庭花〕我，我，我，擅斷的上了竿，你，你，你，掇梯兒著眼看。《緋衣夢》第一折〔尾聲〕身化做望夫山。

《望江亭》第一折〔么篇〕一會兒甜言熱趓，一會兒惡叉白賴，姑姑也，只被你直著俺兩下做人難。

〔雙調‧新水令〕楚臺雲雨會巫峽：女孩兒，果然道色膽天來大。

《救風塵》第二折〔醋葫蘆〕普天下愛女娘的子弟口，好好，不則閒舍說謊也。

〔中呂古調石榴花〕悶懨懨鬼病誰知？

《詐妮子》第一折〔賺煞〕休交我逐宵價握雨攜雲。

《單刀會》第四折（魯云）聖人云：「信近於義，言可復也。」去食去兵，不可去信，「大車無輗，小車無軏，其何以行之哉？」〔南呂‧一枝花〕不服老：我是個普天下郎君領袖，蓋

之哉？」〔麻郎兒〕秀才是文章魁首，姐姐是仕女班頭。〔小桃紅〕你原來苗而不秀，呸！你是銀樣蠟槍頭。〔收尾〕列著一對兒鸞交鳳友。第三折〔滾繡球〕聽得一聲去也，鬆了金釧；遙望見十里長亭，減了玉肌。〔二煞〕你休憂「文齊福不齊」，……休要「一春魚雁無消息」，……你卻休「金榜無名誓不歸」。〔滾繡球〕恨不倩疏林掛住斜暉。〔脫布衫〕蹙愁眉死臨侵地。第四折（末引仆騎馬上開）行色一鞭催去馬。
第五本第三折〔越調·鬥鵪鶉〕又不曾執羔雁邀媒，獻幣帛問肯。〔收尾〕佳人有意郎君俊。第四折〔太平令〕自古相女配夫，新狀元花生滿路。

世界浪子班頭。
《陳母教子》第二折〔鬥蝦蟆〕做個苗而不秀。
〔南呂·一枝花〕不服老：經了些窩弓冷箭蠟槍頭。
〔大石調·青杏子〕生拆散鸞交鳳友。
（二十換頭）〔雙調·新水令〕腕鬆著金釧。
〔黃鐘·侍香金童〕腕鬆金，肌削玉。〔仙呂·翠裙腰〕閨怨：豈知玉腕釧兒鬆。
《裴度還帶》第二折〔尾〕我既「文齊福不齊」，〔煞〕若是我「金榜無名誓不歸」。
〔雙調·大德歌〕春：「一春魚雁無消息。
《拜月亭》楔子〔仙呂·賞花時〕映日疏林啼暮鴉。
《望江亭》第二折〔中呂·粉蝶兒〕可怎生獨自個死臨侵地？《拜月亭》楔子〔么〕行色一鞭催瘦馬
《調風月》第一折〔元和令〕知得有情人不曾來問肯，便待要成姻眷。
《裴度還帶》第四折〔川撥棹〕他道招狀元為婿，不邀媒，不問肯。〔雙調新水令〕鳳凰臺上：佳人有意郎君俏。
《調風月》第四折〔阿古令〕子得和丈夫一處對舞，便是燕燕花生滿路。

　　當然，表中所列舉的例證並不全面，有些亦非《西廂》雜劇和關氏創作所獨有，但語言方面相似之點如此地集中，卻是非常值得注意的，它至少表明二者在常用生活習語方面和用典習慣方面存在著明顯的一致性。一般說來，這只有在出自一手的情況下纔有此可能，聯繫起前面分析過的作家對崔張愛情故事的偏愛以及《西廂》劇情場面在其它劇中的重複等因素，關漢卿對《西廂記》的創作權是不能忽視的。

　　這一點不光在同時代元曲作家中絕無僅有，即使一向被作為《西廂》雜劇唯一作者的王實甫與之比較亦相形失色。從王氏現存的幾個雜劇和少量散曲來看，和《西廂記》的聯繫遠不如關漢卿緊

密，值得提出的不過如下幾條：

一、王作《芙蓉亭》殘折〔遊四門〕可不道「疑是玉人來」，〔尾聲〕只要你常準備「迎風戶半開」。這裡兩句顯然出自崔鶯鶯「待月西廂下」五言詩。

二、王氏散曲〔南呂・四塊玉〕「頓忘了素體相挨」〔解三醒〕，係由《西廂》劇第四本第三折〔上小樓〕「全不想腿兒相挨」句轉化而來。

三、王作《破窰記》第一折（寇準云）爭奈「文齊福不齊」，第二折〔尾聲〕你「金榜無名誓不歸」，亦都與《西廂記》雜劇第四本第三折〔二煞〕曲辭有關。

不難看出，無論是對《西廂》本事的偏愛，還是情節安排的手法以及語言運用的習慣，關漢卿都要比王實甫更有可能創作《西廂記》。固然，王實甫創作在數量上不及關漢卿，也影響了可比程度，但僅就目前顯示的情況看，他對《西廂》的本事不如關漢卿偏好，《西廂記》雜劇的情節安排、語言習慣在他的現存其它作品裡也沒有留下惹人注目的痕跡，這與《西廂記》唯一作者的身份無論如何是不相稱的。所以從創作地位而言，王實甫充其量只能是《西廂記》雜劇的合作者，這是我們對《西廂》劇作內部考證後所得出的結論。

三　作者：關作王修

我們已經知道，目前有關《西廂記》作者資料考證的結果是王作說、關作說都有存在的理由。學術界在這方面至今見仁見智、衆說紛紜的事實亦可證明這點。而對《西廂記》作品有關考論的結果也是關、王合作。因此，我們的結論是：《西廂記》創作與關漢卿密不可分，目前將王實甫作爲《西廂記》雜劇唯一作者的做法是

不符合實際的。

沿著這個方向還可以深化一步，這就是如何理解關漢卿在《西廂記》雜劇創作中所起作用的問題。

首先，應當堅決否定王作前四折、關續第五折的說法，因爲它不僅在資料考訂上缺乏可靠依據，而且在內容辨析上同樣得不到有力支持。從以上對《西廂記》和關、王其它作品的比較分析中即可明顯看出，關於這點，我們在後面的綜合歸納中將會看得更加清楚。

其次，也應當否定關作小令、王作雜劇的說法，其理由除了我們在前一書中著重分析過的小令和雜劇不會發生混淆之外，關漢卿對《西廂記》本事的偏愛，拜月、觀腳蹤等《西廂》關目在關氏其它作品中屢屢重現以及語言習慣上隨處相通，這些都不是僅僅一個《崔張十六事》散曲所能包括和所能解釋得了的。

第三，還應當否定關、王各自創作一本《西廂記》的說法。此說在近年來學術界時有論及，然亦非新創。顧玄緯於明嘉靖時所作的《增編會真記序》中即已提出「抑關本（西廂）有別行者」的猜想。清初毛牲也認爲：「實則漢卿《西廂》非今所傳本。」㊱他們都認爲關漢卿也創作了一本《西廂記》，只是沒有流傳下來而已。事實上這是不可能的，如果關作《西廂》與今傳《西廂》並行於世，則以關之名氣和鍾、朱、賈諸人的廣見博識，是不可能一點都不見透露的。《太和正音譜》收入那麼多「二本」、「次本」，竟然沒有絲毫涉及曾流行於世的「關本《西廂》」，實在難以解釋。況且從上面將關氏其它作品和今傳《西廂》雜劇比較的結果也可斷定，同關氏創作密不可分的正是今傳《西廂》雜劇而不是其它。

然而，在排除了關漢卿另有一本《西廂》傳世的可能性之後，回過頭來再看顧、毛二人的觀點，其中也不無啓發性，這就是關

漢卿是創作過《西廂記》的。不過只是原始草稿，而由王實甫最終修改寫定，如明人散曲所咏：「王家增修，補足《西廂》音韻周」〔駐雲飛〕，或者：「王家好忙，沽名釣譽，續短添長」〔滿庭芳〕，褒貶不同，其意則一。無論資料考證還是作品的比較分析，關作王修之說應當說都是站得住腳的。正因爲《西廂記》雜劇是關漢卿最先在董《西廂》基礎上創造，所以在他的現存作品中還屢屢表現出對《西廂》本事的愛好，才會不自覺地將《西廂》中的情節和語言習慣在其它作品中再現。也正因爲王實甫是《西廂記》的加工潤色者，所以今傳《西廂》語言大部分才呈現著文采派的風格。

可以肯定，關氏創作的《西廂》初稿已接近了現在的規模，《崔張十六事》散曲即爲此前寫成。由此亦可推定《西廂》初稿的内容，即除了衝陣報信仍依董《西廂》爲法聰之外，還沒有正面表現「鬧簡」、「賴簡」、「後候」以及鄭恒造謠之類的情事。創作風格無疑是本色派的，而且由於是初稿，所以可能更粗糙一些。之所以沒有脫稿面世，由於資料缺乏，目前難以確定，但可以作一些推測。

最有可能的是關漢卿沒有來得及脫稿即已去世。關於《西廂記》創作並流行的時間，王季思先生認爲「大約作於元成宗大德三年至十一年（公元1299～1307）之間」❸❼，這基本上已得到了學術界的首肯（盡管有論者曾將《西廂》作時推至元前期，但無過硬證據，難以服人）。而根據前面對關漢卿生卒年的考定，此時正是他的油盡燈滅之時，《西廂記》作爲煌煌巨著，決非短時間所能作爲，它花去了關漢卿晚年的大部分心血。這從關漢卿一生戲曲創作的分期也可以看出來，我們知道，關氏從事雜劇活動在公元十三世紀中葉以後，前後不超過五十年，而就今存劇本數量而言，南下之後的二十餘年裡，總共只有《玉鏡台》、《望江亭》、

《竇娥冤》三劇留存，僅占一生作劇的六分之一。即使連佚目也算上，也不過十四種，占總數的五分之一略強。確定《西廂記》爲此時期所作，一代戲曲大師前後創作的不成比例也可得到合理的解釋。

關漢卿和王實甫的關係目前亦無直接資料記載，然《錄鬼簿》既同時將關、王作爲「大都人」，均屬「前輩」，可見年齡相差不會太大，作爲書會才人，可以肯定他們都有著互相接觸的機會和可能。正由於關漢卿創作《西廂》未成而先逝，王實甫才得以在關氏初稿的基礎上進一步加工充實，最後得以脫稿行世。從今傳《西廂》增添了許多膾炙人口的場次（如改定惠明下書，增加「鬧簡」、「賴簡」等）以及全劇文采斐然的創作風格來看，王實甫爲《西廂記》的脫稿面世同樣付出了辛勤的勞動。甚至可以説，沒有王實甫，《西廂記》肯定不會呈現著今天的面貌。

當然，從今傳《西廂》前後存在著風格差異來看，王實甫的加工重點可能是在前四折，而至第五折時是已不感興趣還是一般元劇作者常有的「强弩之末」，且前已無法弄清楚，但《西廂記》第五本較多保存關氏未完稿的痕跡這是極爲可能的。理解了這一點，今傳《西廂》雜劇前後風格的不統一也可得到合理的解釋。

然而事情並未就此結束。如果按照這個思路將《西廂記》定作關作王修首先即在資料考證方面遇到困難。前面分析過，自公元1330年（元文宗至順元年）鍾嗣成編撰《錄鬼簿》開始，經過朱權的《太和正音譜》、賈仲明的增補《錄鬼簿》，直到明宣宗宣德十年（1435）丘汝乘撰《嬌紅記序》這一百多年間，關於《西廂記》作者的記載都沒有關、王合作的痕跡❸。爲什麼關漢卿作爲《西廂記》主要作者卻沒有反映在當時的文人記載中呢？

要回答這個問題，我們必須到元代曲壇的實際狀況中去尋求答案。

　　衆所周知，和漸趨文人化的明清傳奇不同，作爲戲曲初創階段的元雜劇在創作和流傳方面還帶著許多民間藝術的特點，署名往往不是很嚴格的，儘管彼時也有大量文人作家投入創作，但這種狀況並未能馬上從根本上得到改變。由於根深蒂固的鄙視戲曲的心理因素，即使那些被社會拋到藝人中間且以編劇爲生的文人對所謂的創作權問題也不如後世那麼敏感（這就是現存元曲早期刊本均無作者署名的主要原因），目前所見的元劇署名極有可能是作家完稿後交由戲班演出或在同行中流傳而客觀形成的。就《西廂記》而言，既然關漢卿未脫稿而逝，作品經由王實甫加工並交戲班演出或文人中流傳，故認定他爲作品的主人應是自然而然的。這不是王實甫有意「貪天之功爲己有」，而是因爲一來當時普遍沒有署名權意識，二來他的確也是《西廂記》的最後定稿者。即如《元刊雜劇三十種》，皆不署作者姓名純由書商謀利但並未引起「侵權」爭議一樣，王實甫被作爲《西廂》雜劇唯一的作者在當時不會引起多大麻煩。此劇的最早傳閱和刊刻者無疑都是一些文人，也許正是他們根據王實甫最後定稿而爲他加的署名。這樣，王作說便由此得以形成。

　　然而，關漢卿畢竟在《西廂記》創作上經營多年，以他的地位聲望，周圍的雜劇界肯定有人在和他交往中知道此事，即使王實甫自己也不會隱瞞。而演藝界對流傳中的曲壇軼事則特別感興趣，雖然這種傳聞不爲當時只重書本著錄的文人士大夫所重視，但卻靠演藝界的遞代傳授而一代一代地流傳下去。這樣，和文人書齋中的王作說相對應，關作（王修）說也在市俗傳說中誕生並發展了。

　　應當指出，鍾嗣成、朱權、賈仲明等人無疑都是治學認真、態度嚴謹的學者，在當時盡了最大努力對元代劇目進行了卓有成效的整理著錄，功不可没。中國古代無信不徵的治學傳統無疑使

得他們的著述增添了可靠的價值，但同時也不可避免地限制了他們的眼界。他們是否聽到了關作王修的傳聞目前不得而知，但可以斷定，即使他們聽到了這方面的傳聞，也不會輕易更動書本上的著錄的。這種狀況直到明中葉還一直存在。都穆、顧玄緯、王世貞都以《錄鬼簿》、《太和正音譜》等本的著錄而否定了「俗傳」、「久傳」的關作說，殊不知正是這些「俗傳」、「久傳」才是中國早期戲曲活動主要渠道。都、顧、王的心態正好用來反推鐘、朱、賈等人。正是在這樣的背景下，王作說統治了一百多年，關作說則始終未被文人認可，直到明成化年間才由無名氏散曲形式出現，這些都是可以理解的。也正因爲如此，元明百餘年間流行的王作說並不能作爲否定關作王修說的根據。

確定《西廂記》爲關作王修也可以澄清關漢卿和《西廂記》研究中的一些疑難問題。過去學術界對風行一時的「王作關續」說一個重要疑點是「王作」何以要「關續」？一般認爲，關漢卿當時的年輩和名氣都比王實甫高，由他來續「王作」的確令人難以理解。清人毛甡即這樣提問：

> 《西廂》果屬王作，則必非關續。按關與王皆大都人，而關最有名，嘗仕金，金亡，不肯仕元。雖與王同時，而關爲先進。關向曾爲《西廂》矣，惡晚進者增一折，而紛紛有詞，豈肯爲後進續四折乎？㊟

毛氏懷疑關漢卿另外也有《西廂》一本，故這裡將其對舉。關於元代是否存在兩本《西廂》同時併傳，前已論及，此不贅言，惟此處根據關、王行輩名氣不同而懷疑「續作」說則頗有見地。至今未見持王作關續論者對此作出評價。明人王驥德懷疑王實甫可能即先於關漢卿而逝的曲家王和卿，論者均謂其「純爲臆測，毫無根據。」㊵顯然，如果堅持「王作關續」，這的確是難以解決的矛盾，而肯定《西廂》爲關作王修，「後進」王氏繼續完成「先進」

關氏的未竟事業，於理於情均無妨礙。由此，則行輩名氣上的矛盾即不存在了。

此外，《西廂》作者研究有時還同地理因素聯繫起來。吳曉鈴先生認為，沒有在河東生活過一段的人，是斷然寫不出《西廂記》開頭那一段河東風光的。他說的「河東風光」即為《西廂記》第一本第一折張生初上場的兩段：

〔油葫蘆〕九曲風濤何處顯，只處是此地偏。這河帶齊梁、分秦晉、隘幽燕。雪浪拍長空，天際秋雲捲；竹索攬浮橋，水上蒼龍偃。東西潰九州，南北串百川。歸舟緊不緊，如何見？恰便似弩箭乍離弦。

〔天下樂〕只疑是銀河落九天；淵泉、雲外懸，入東洋不離此徑穿。滋洛陽千種花，潤梁園萬頃田，也曾泛槎到日月邊。

大氣磅礴，頗有關劇《單刀會》「大江東去浪千疊」的氣勢。一個長江、一個黃河，恰好對舉。沒有親歷其境，光憑設想是寫不出如此的真實感的，吳先生所言，確有道理。元時河中府和解州實際上為一個地方，有堅持關漢卿籍貫為解州的論者也因之受到啓發，認為「王實甫是大都人，據目前掌握的史料看，他來過河東蒲州的可能性不大，而關漢卿則不同，這裡是故鄉，因而寫來也就得心應手❹。如果堅持《西廂記》純屬王作或王作關續，這些矛盾同樣難以解釋，而決定了「關作王續」，這個問題亦迎刃而解了。

至此，我們可以對上述內容作一綜合分析。

《西廂記》乃元曲第一愛情名作，歷來為人們所推重，其作者問題目前留存資料也是頭緒紛繁，學者推論亦多執著一點而不及其餘，故相互矛盾之處頗多。而關作王修之說為其中唯一能對各方資料與推測作出合理解釋的一種，相比較而言更為可信，這也

是本文根據資料外證和作品内證相結合的方式進行推考的必然結果。正是在這樣的基礎上，我們認爲《西廂記》爲關作王修，換言之，關漢卿爲《西廂記》的主要作者的結論應當說是符合實際的。

四　性質：一個悲喜劇

《西廂記》在性質上到底屬於哪一種戲劇類型，這在目前似乎已不成問題了，一般論者都將其作爲喜劇處理，以致被譽爲「中國十大古典喜劇」之一。

然而，事情並不如此簡單。如果說古代文學研究者多以《西廂記》爲喜劇的話，文藝理論界卻曾有不同看法，著名美學家蔡儀先生即曾明確指出：

> 悲喜劇是悲劇和喜劇兩種因素的互相補充，互相滲透。……我國古典戲曲中的《西廂記》就是最著名的作品。《西廂記》反映了封建社會中青年男女為爭取愛情自由對禮教觀念和門閥制度的鬥爭；它的經過悲劇式的衝突轉為喜劇式的結局，正是表現了中國封建社會腐朽時期市民生活的要求和理想。❷

當代文藝理論家童慶炳先生也認爲：

> 《西廂記》反映在封建社會中青年男女追求自由的愛情與封建禮教、等級制度之間的鬥爭，男女主人公張生和崔鶯鶯為追求自由幸福的愛情，多次遭到了封建禮教和等級思想的代表人物老夫人的阻撓和破壞，使他們痛苦、悲傷不已，所以就衝突的性質看，是悲劇性的。但是他們追求自由愛情的勇氣和熱情，在紅娘幫助下的私下結合，以及最終的美滿結合，又充滿了喜劇因素。因此，《西廂記》是一個悲劇因素與喜劇因素相結合的悲喜劇。

　　吾師霍松林先生在其《文藝學簡論》一書第三編第二章談到戲
劇種類的時候亦將《西廂記》、《牆頭馬上》等作爲「我國現存元人
雜劇」中的悲喜劇，他認爲：

　　　　在劇本中，主人公的合理要求受到封建勢力的壓制，出
　　現了悲劇性的衝突；但經過鬥爭，終於取得了勝利，贏得了
　　喜劇性的結局，這是典型的悲喜劇。❹

直到前不久人民文學出版社出版的《文學理論教程》一書中，在談
到戲劇文學的分類時仍將《西廂記》作爲正劇（悲喜劇）的典型例
證。認爲其「戲劇情節就是以崔、張愛情爲中心線，時起時伏，
悲喜相間，最終是『有情的都成了眷屬。』❹」

　　總起來看，上述理論有一個共同的特點，即大都談到了悲劇
性衝突向喜劇性結局轉化的問題，並以此作爲《西廂記》悲喜劇性
質的主要特徵。

　　當然，主張《西廂記》爲喜劇的論著也不是沒有理論。蘇國榮
先生即認爲：

　　　　我國的喜劇，一般都體現了這種悲喜互藏、以樂寫哀、
　　以哀寫樂的特點。……一曲曲怨歌悲曲，似楚峽猿哀，聞之
　　斷腸。它們與喜劇性場面參差錯落，交相輝映。❹

《中國十大古典喜劇集・前言》也說：

　　　　在現實生活中，即使代表正義的力量，取得最後的勝
　　利，也總是曲折前進的多，一帆風順的少，反映在舞台上，
　　就在喜劇中出現悲劇性的場子。……《西廂記》並不因為有
　　「賴婚」和「長亭送別」等比較傷感的部分，沖淡了它的喜
　　劇氣氛。❹

應當指出，有悲有喜、苦樂相生的確爲中國古代戲曲在藝術性質
上的總體特徵。悲劇中有喜劇成分，喜劇中有悲劇因素這也是客
觀存在的事實，前者如《竇娥冤》中昏官桃杌向被告下跪且口稱

「衣食父母」，後者如《救風塵》中宋引章的被騙和受虐待。這一點即使在西方劇作家莎士比亞筆下也有類似表現，如悲劇《哈姆雷特》中掘墓人在埋葬奧菲利婭時的玩笑話，以及喜劇《威尼斯商人》中夏洛克代表猶太人發出的痛呼。所以，是否同時出現悲、喜劇因素的確不能構成劃分戲劇性質種類的唯一標準。

　　然而這並不意味著戲劇種類的區分沒有統一的標準。悲劇成分占優勢還是喜劇成分佔優勢固然可以作爲考慮的一個根據，但最主要的還應該把注意力放到戲劇衝突上面，因爲誰都知道，「戲劇衝突是戲劇創作的基本特徵。」❼《竇娥冤》中在桃杌身上表現的喜劇成分並沒有改變貫穿全劇的竇娥和張驢兒之間矛盾衝突的性質，同樣，《救風塵》中宋引章的命運也沒有改變趙盼兒和周舍之間衝突的性質。就是說，《竇娥冤》劇中並沒有因而產生喜劇性衝突，《救風塵》劇中亦沒有因而產生主導的悲劇衝突。毫無疑問，對莎士比亞劇作中悲、喜相生的作法也應作同樣理解。而《西廂記》則不同了，其中在喜劇性行動產生的同時也出現了悲劇性的行動與場面，它們已不是簡單地被作爲場上氣氛的調劑，或者在內容上起推動劇情發展或對社會矛盾起某種暗示作用，而是實實在在的悲劇性衝突，而這恰恰是《西廂》的喜劇論者所忽視了的。

　　前面我們曾引用過英國戲劇理論家阿・尼柯爾關於嚴肅戲劇（正劇）的一段話探討過關漢卿的悲喜劇，在這裡仍值得再次引用一下。尼柯爾說：

　　　　嚴肅戲劇與喜劇之間的區別是：前者的圓滿結局只是由
　　迫在眉睫的災難的得以避免而構成；後者卻從未受到這種災
　　難的威脅。❽

我們已經知道，這裡的嚴肅戲劇即爲正劇（悲喜劇），而「迫在眉睫的災難」無疑即爲悲劇性的衝突。尼柯爾這段話對於我們正

確判斷《西廂記》的性質無疑有著極為重要的現實意義，我們說
《西廂記》是一部悲喜劇而不是歌頌性的喜劇，正因為它始終體現
著悲劇性衝突向喜劇性結局轉化的鮮明特徵，換言之，《西廂記》
中喜劇性情節的發展過程也是「迫在眉睫的災難」不斷被克服的
過程。

　　從情節發展和場次結構來看，《西廂記》開始即描寫窮書生張
珙在赴京趕考途中經過普救寺，和暫時寄居在此的前相國小姐崔
鶯鶯一見鍾情，為著「臨去秋波那一轉」，遂決定放棄功名，留
下來進行這一新的追求，如此也就開始了貫穿《西廂》全劇的戲劇
性行動。就張生的情況來看，雖說父親作過禮部尚書，但父死後
家業已衰敗，目前他是孤身一人覊旅在外，和具有世族巨望的崔
家既不門當戶對，又無特殊關係，甚至從未謀面，更何況鶯鶯此
前已許配給表兄鄭恒，按中國古代傳統禮俗絕對不可能再次改
配，即使未嫁前鄭恒死了也應該守「望門寡」，由此很容易看出
張生的追求是根本沒有任何希望的。但張生不管這些，執意行
事，主觀和客觀極其不協調，這當然是喜劇性的，但知其不可而
為之，無疑是犯了「有意識的錯誤」❹，雖然這種錯誤後來由於
偶然因素的參予而沒有導致悲劇的後果，但喜劇行動一開始即帶
有某種悲劇性。

　　崔鶯鶯的情況也與此相類。以她目前的處境，身處深閨，又
已許配他人，有「冰雪之操」的母親相國夫人禁止不得與外界接
觸。據紅娘介紹，有一次鶯鶯即因「潛出閨房」而被「召立庭下
責之」，可見其幽閉程度。然而，她在佛殿偶然與張生相逢後卻
立即發生好感，在紅娘的催促下雖不得不離開，卻有意識地「回
顧覷末下」，無疑這是對張生愛慕的大膽表示，表明她在這個沒
有實現可能的愛情行動中並非純粹消極被動，同樣是主客觀的極
不協調，同樣是犯了「有意識的錯誤」，也同樣是這個悲喜劇行

動的參與者和主角之一。

以下劇情進一步發展，詩情畫意的月下牆角聯吟固然是喜劇情境和氛圍的創造，同樣亦可以看作是整個悲喜劇行動的繼續。而這種狀況到了第二本孫飛虎搶親便產生了一次根本性的轉變。

亂兵包圍普救寺，賊將孫飛虎公開聲言欲搶鶯鶯爲妻，否則「僧俗寸斬，不留一個。」這對於張生、鶯鶯來說，不啻是一個「迫在眉睫的災難」，如果鶯鶯被擄，或死或辱，自由愛情剛萌發不久即遭夭折，無疑是個悲劇，特別是鶯鶯，已經面臨著生死攸關的選擇。可憐的老夫人，此刻尚且念念不忘相國的「家譜」，卻又全無主見，只是逼問「小姐卻是怎生？」在沒有退路的情況下，鶯鶯提出三條退兵之策：一是獻身「賊漢」，二是獻屍全身，三是懸賞求計，「不揀何人，建立功勛，殺退賊軍，掃蕩妖氛，倒陪家門，情願與英雄結婚姻，成秦晉」，顯示了極爲崇高的性格特徵。正如有論者所言：「這時的鶯鶯，並不知道張生會有退兵之計，她的建議，充滿了一個封建貴族家庭出身的千金小姐少有的獻身精神」❺⓪，無疑是悲劇性的。這裡面臨的衝突決非莎士比亞喜劇《捕風捉影》中克勞第和喜夢之間由於誤會而產生的一時性決裂，而是出自實實在在的殘酷現實。這樣的場面無論如何是演不出輕鬆愉快的喜劇效果的，必然是不折不扣的悲劇性衝突。而另一方面，這種悲劇性衝突卻又是外在的和偶然的，它雖然爲主人公鶯鶯的性格使然，但又不是戲劇情節行動發展的必然結果，故悲劇性衝突的後面仍不脫某種喜劇性。所以老夫人對第三種選擇馬上表示贊許：「此計較可，雖然不是門當戶對，也强如陷於賊中」，這就爲以下衝突的轉化帶來了一線機遇。

在面臨愛情追求將遭夭折的關鍵時刻，張生挺身而出，函請故友白馬將軍杜確率兵擊敗孫飛虎，解救了崔氏全家和普救寺大衆，也解救了他們自己。這其中直接原因當然不排除安身保命的

成分，如同事後對老夫人所言：「萬一杜將軍不至，我輩皆無免死之術」（第二本第三折），雖屬謙虛，亦爲實情。然而在客觀上卻造成了劇情第一次由悲劇性衝突向喜劇性場面的轉化。老夫人因亂兵圍攻情急時對崔、張結合的臨時許諾，也使得男女主人公的愛情要求第一次具有了某種合法的依據，原來認爲不可能實現的悲劇性行動現在有了實現的希望，這種希望由於白馬將軍的介入變得更具有現實性。劇本特意安排了解圍後杜確和老夫人的一段對話：

> （將軍云）張生建退兵之策，夫人面許結親；若不違前言，淑女可配君子也。

> （夫人云）恐小女有辱君子。

可謂信誓旦旦，再無可疑。這種建立在真實戲劇情境基礎上的「突轉」和基於誤會巧合的喜劇衝突及其轉變是有著本質的區別的。對於崔張愛情來說，這也是第一次由逆境轉入了順境。

　　然而，事情並沒有就此完結，白馬解圍後帶來的輕鬆氣氛不久即隨著老夫人的反悔而再遭到破壞。對於戲劇的兩位主人公來說，孫飛虎搶親固然體現了真實的威脅，但那是外在和偶然的因素，而老夫人的賴婚則是由於其性格的邏輯發展使然。因爲誰都知道，在面臨滅頂之災時尚然不忘「相國家譜」的老夫人是不會輕易放棄「先相國在日」即已許定嫁鄭恒的女兒婚約的，更何況又是自己的内親，故其反悔是必然的。正因爲如此，對於崔、張來說，這是他（她）愛情發展的又一次真正的悲劇性衝突，甚至較孫飛虎搶親更嚴重一些。因爲在那次事變中儘管鶯鶯已打定必死之念，但張生還是抱有滿懷希望的，事實上白馬將軍迅速解圍也證明了這種希望並不是幻想。而這一次老夫人背棄前言，公然悔親，由於她後面代表著幾千年封建禮教傳統，使得無論張生還是鶯鶯，面臨這又一次「迫在眉睫的災難」都無法抗拒，因而陷

入了真正絕望的悲劇性境地。《賴婚》一場將男女主人公的痛苦和絕望表現得淋漓盡致。劇本還通過鶯鶯之口這樣描寫：

> 〔折桂令〕他（張生）其實嚥不下玉液金波，誰承望月底西廂，變做了夢裡南柯。淚眼偷淹，酩子裡搵濕香羅。他那裡眼倦開軟癱做一垛，我這裡手難抬稱不起肩窩。病染沈疴，斷難存活。則被你送了人呵，當甚麼嘍囉！

儘管悲憤欲絕，卻也無可奈何。鶯鶯最後只能在「悶殺沒頭鵝，撇下賠錢貨；下場頭那答兒發付我」的怨悵中下場。張生情況更糟，滿心的希望一下子變做了絕望，以致在席散後要在紅娘面前「解下腰間之帶，尋個自盡」，這顯然是一個悲劇性的場面，根本無法用喜劇手法處理。而且如果沒有紅娘的介入的話，單靠絕望痛苦的崔、張二人，他們是無法逃避這個「迫在眉睫的災難」的，紅娘的介入是構成作品悲劇性衝突向喜劇性結局轉化的一個關鍵性因素。

正如許多論者已經指出的那樣，紅娘對張生、鶯鶯之間的關係糾葛原來是抱著旁觀態度，不僅如此，她還肩負著老夫人吩咐的對鶯鶯「行監坐守」的任務。正因為如此，張生第一次向她打聽鶯鶯之事還被她搶白了一頓：「得問的問，不得問的休胡說」，佛殿相逢也是她催著鶯鶯回房，後來牆角聯吟，張生不由得過去要和鶯鶯見面，而鶯鶯也是「陪著笑臉兒相迎」，之所以未能成功，也是由於「不做美的紅娘忒淺情」〔麻郎兒〕。然而事情的發展促使紅娘改變了態度，白馬解圍使得紅娘認定張生是一個「志誠種」，老夫人背信棄義賴婚又激發了她的正義感。「賴婚」一場，最後當絕望的張生要在紅娘面前「尋個自盡」時，作品這樣描寫：

> （末今）可憐刺股懸梁志，險作離鄉背井魂。（紅）街上好賤柴，燒你個傻角。你休慌，妾當與君謀之。

正是由於紅娘的出謀劃策，也正是在她的促使和幫助下，張生、鶯鶯酬書遞簡，暗中來往，又使得本來已遭窒息的愛情之火又熊熊燃燒起來了。悲劇衝突再一次出現了向喜劇方面發展的轉機。

然而這個轉機沒有維持多久。由於男女主人公性格方面的弱點（張生的唐突冒失、鶯鶯的矛盾猶豫），造成了第一次幽會時鶯鶯的突然變卦，「一個羞慚，一個怒髮」，一時雙方都非常尷尬。在受到鶯鶯的一番無情訓斥之後，張生更是又一次陷入了絕望的境地：

> 此一念小生再不敢舉。奈有病體日篤，將如之奈何？夜來得簡方喜，今日強扶至此，又值這一場怨氣，眼見得休也！

更為嚴重的是，原來支持和促進他（她）們關係的紅娘此時也拒絕再介入此事：

> 淫詞兒早則休，簡帖兒從今罷。猶古自參不透風流調法。從今後悔罪也卓文君，你與我遊學波漢司馬！

如果說這之前孫飛虎搶親、老夫人賴婚中張生還抱著鶯鶯和他知心這一線希望的話，則這一次鶯鶯的突然變卦，警告他「再勿如此」，否則和他「決無甘休」，連紅娘也表示決絕的態度，這使得他徹底絕望了：「此一念小生再不敢舉」，可見其失望的程度。對他的愛情追求來說，這一次「迫在眉睫的災難」決不下於「搶親」和「賴婚」。如果劇情至此結束的話，其悲劇性質是無庸置疑的，可與莎士比亞筆下的《羅密歐和朱麗葉》相比，只是沒有喪命罷了。

然而應當指出，這次衝突的危機是建立在誤會和巧合基礎之上的，鶯鶯的變卦主要是出於傳統教養的習慣和貴族小姐的矜持，再加上情急慌亂中少女對異性的本能抗拒，而並非根本上的感情冷淡。這一點已有不少論者談論過了。因而這次衝突和前兩

次不同，特別從鶯鶯角度而言，本質上屬於喜劇性的誤會衝突，只是在客觀上造成了悲劇性的後果而已。從這個意義上說，「賴簡」亦屬悲喜劇式的衝突。正因爲如此，崔張愛情恰恰在這個衝突之後來了一個飛躍，至第四本第二折私下結合，卻變得了鶯鶯主動。她寫下了「謹奉新詩可當媒」的「藥方」，親自在次日夜裡至張生書房成親。正如紅娘所言：

〔仙呂・端正好〕因姐姐玉精神，花模樣，無倒斷，曉夜思量，著一片志誠心蓋沒了漫天謊。

面對著由大悲一下子轉成的大喜，張生真的不知「睡裡夢裡」，只有「一言難盡，寸心相報，惟天可表。」雙方的情感一下子進入了喜劇性的高潮。

也正因爲《西廂記》不是一部情境淺俗的風情劇，故崔張愛情達到結合的這個高潮也沒有簡單地標誌著戲劇衝突的最後終結。這以後老夫人氣勢洶洶地拷問紅娘，大有興師問罪之勢：「我直打死你這個賤人。」雖然在紅娘曉以利害的勸說下無可奈何地同意了他們的婚事，卻又隨即逼迫張生赴京應試：

俺三輩兒不招白衣女婿，你明日便上朝取應去，我與你養著媳婦。得官呵，來見我。駁落呵，休來見我！

多有論者認爲這是再一次想要拆散他們，實質上是「第二次賴婚」[51]，因爲誰能保證張生一去準能考中呢？對於鶯鶯、張生這兩位愛情主人公來說，前途既渺茫，眼前又得分離，實際上又是一個「迫在眉睫的災難」。《長亭送別》是歷來人們公認的悲劇性抒情場次：

〔脫布衫〕下西風黃葉紛飛，染寒煙衰草萋迷。酒席上斜簽著坐的，蹙愁眉死臨侵地。〔耍孩兒〕淋漓襟袖啼紅淚，比司馬青衫更濕。伯勞東去燕西飛，未登程先問歸期。雖然眼底人千里，且盡生前酒一杯。未飲心先醉，眼中流血，心內

成灰。

如此表現撕人心肺的痛苦，無論如何是不能當作喜劇去閱讀和上演的。

《西廂記》戲劇衝突的悲喜交替發展的狀況一直維持到通常人們所說的大團圓結局。第五本描寫張生赴京趕考，「一舉及第，得了頭名狀元」，又「奉聖旨，正授河中府尹」。滿足了老夫人「三輩兒不招白衣女婿」的要求，按常理大喜團圓不成問題，誰知又出現了鄭恒造謠爭親的事件。本來對鶯鶯和張生私下結合即心懷不滿的老夫人，此時聽鄭恒謊稱張生已入贅衛尚書家作女婿，立即不分青紅皂白要將鶯鶯重新許配鄭恒：

> （夫人怒云）我道這秀才不中抬舉，今日果然負了俺家。俺相國之家，世無與人做次妻之理。既然張生奉聖旨娶了妻，孩兒，你揀個吉日良辰，依著姑夫的言語，依舊入來做女婿者。（淨云）倘或張生有言語，怎生？（夫人云）放著我哩！明日揀個吉日良辰，你便過門來。

按傳統倫理，女兒既已出嫁，即爲夫家之人。張生和鶯鶯雖然尚未舉行正式儀式，但事實婚姻既定，老夫自己也明知，沒有離棄即不能也不應該另嫁他人，即使有傳聞張生已另贅他家，事關重大，亦應稍待時日待核實以後再行定奪。可是這位「即即世世」的老婆婆卻迫不及待，馬上讓鄭恒次日就過門來成親，這一點僅歸因於鄭恒造謠也還是顯得太簡單。已故董每戡先生指出這是老夫人有意識的「第三次賴婚」❺❷，原因在於她壓根兒即不想將女兒嫁給張生這樣的庶族寒門子弟，而一力維繫崔、鄭兩家的士族婚姻傳統，即使犧牲女兒的感情幸福也在所不惜。這樣的分析顯然是有道理的。

鄭恒造謠，老夫人藉機「第三次賴婚」給貫穿全劇的崔、張愛情最後帶來了致命威脅。如果說遠在京師的張生不知就裡還蒙

在鼓裡的話，幽居在家的鶯鶯卻真實地感受到了這種毀滅的痛苦。不管她是否相信張生真的已經變心，但老夫人讓她次日即改嫁鄭恒這倒是真實的。不久前她還接到張生中試後寄來報喜家書，她還給張生寄去了汗衫、裏肚、襪兒、瑤琴、玉簪、斑管等物以爲憶念，但這麼快即發生了這樣「迫在眉睫的災難」，這是一般現代女性都難以承受的痛苦，放在有著相國小姐身份的鶯鶯身上，這的確比死還令人難以忍受。但按相國家風，她又是無法抗拒的。假如張生遲歸兩日，老夫人作主將鄭恒招贅入門，造成既成事實，則一場悲劇結局不可避免。所幸的是張生及時趕回，又得杜將軍相助。至此，經過重重艱難曲折的崔、張愛情才算是得到了圓滿的結局。很容易看出，張生和鶯鶯之間的愛情發展過程，也就是一個又一個「迫在眉睫的災難」得以克服的過程，衝突的悲喜交替亦即決定了此劇的悲喜劇性質。

除了戲劇衝突和情節場面以外，《西廂記》主要人物的性格同樣存在著悲劇性和喜劇性兩個不同面。

例如張生，他的情痴憨實而又有點冒失的個性，使得他在與鶯鶯、紅娘的交往中時常處於尷尬可笑的境地，這是他具有喜劇色彩的一面，這一點人們已談論得很多了。另外，張生的志誠表現爲意志堅定、百折不回，不達目的決不罷休的追求精神，又使他的性格具有悲劇人物的某些特點。又如鶯鶯，她的猶豫矛盾，內心嚮往自由愛情表面卻不得不強加掩飾而顯得心口不一，常受紅娘的調侃和支配，自是其性格中喜劇性的一面。另外，她的小心謹慎、穩重，一旦看準了就義無反顧，這些同樣也使她的性格具有悲劇人物的某些特點。而置身於衝突另一方的老夫人，固然因其頑固多詐而令人反感，她在嚮往自由和主持正義的青年男女的捉弄下卻一再敗退，最後終於被迫就範，這些都顯示了她作爲諷刺對象的喜劇性一面，但她對「相國家譜」、對門第觀念的尊

奉卻是虔誠的，對女兒崔鶯鶯的母愛也並非全部出自虛僞，在劇
中她對這一切極力維護和最終失敗乃時代和歷史使然，這一點又
使她具有悲劇人物的某些特徵（至少她不比莎士比亞筆下的麥克
白更壞）。至於紅娘，她的熱情和富有同情心、正義感爲歷來人
們所激賞，她的幽默機智的喜劇性格也爲人們所推重，甚至將其
作爲改編後《西廂記》的女主人公。然而還應當看到，在《西廂記》
原作中，盡管她始終參與並爲崔、張愛情的促成者，甚至可以說
沒有紅娘即沒有崔張愛情的成功，但無論如何紅娘都不構成衝突
雙方任何一方的主要當事人。從戲劇衝突這個角度說，紅娘只能
是一個次要人物，因而她的性格類型對整個作品的性質不起決定
性作用。

從以上的簡略分析中我們可以看出，《西廂記》除了情節和場
次具有悲喜交替的特點外，在戲劇衝突方面也既有著喜劇性也有
著悲劇性，整體上則體現著由悲劇性衝突向喜劇性結局的轉化，
主要人物的性格也是悲、喜劇因素交織的。如果我們認定《西廂
記》是一個喜劇，並以此統一全劇風格的話，我們即可發現全劇
整體上的不協調，強行統一只能使那些悲劇衝突和悲劇場次受到
損害。在內容上將《西廂記》作爲純喜劇處理也難以突出封建時代
青年男女追求自由愛情的艱難曲折，人物性格亦將失去原有複雜
性而變得簡單化。在理論上亦不易廓清喜劇和悲喜劇的界限，造
成不必要的混亂。而確定《西廂記》的悲喜劇性質，不僅符合作品
的創作實際，而且只有如此才能真正概括出《西廂記》的藝術價
值。在世界戲劇史上，有人認爲，莎士比亞是把喜劇性場面和悲
劇性場面結合在一起，而契訶夫是喜劇性和悲劇性結合在一個場
面裡。在這裡我們可以補充說，《西廂記》除了交替出現悲、喜劇
因素交織的場面外，還將悲劇性衝突、喜劇性衝突置於同一個戲
劇行動之中，將悲劇性和喜劇性結合在主要人物的性格之中，這

在編劇藝術中不能不認爲是其成功的重要標誌。正是在這個意義上我們堅持認爲，《西廂記》是一部思想上藝術上都是具有很高價值的悲喜劇。

注　釋

❶蔣星煜《西廂記作者考》，載《河北師院學報》1988年第1期。

❷引自《關漢卿研究資料匯考》第291頁。

❸轉引自譚正璧《元曲六大家略傳》第106頁，古典文學出版社1957年版。

❹今所見較弘治岳刻本時代爲早的《西廂記》刻本爲1980年北京中國書店在一本元刊《文獻通考》的書背發現的四片殘葉，據考可能刻於成化以前，然僅剩殘葉，無從得知題署情況，故這裡不予深論。

❺多有論者認爲，「晚生王生」即爲明初時人詹時雨。然據《錄鬼簿續編》，詹作原題《西廂弈棋》，二者是否爲一劇之異名，尚難確證。莊一拂先生《古代戲曲存目匯考》即認爲「晚進王生」「當係元中期人」，如此則非詹明矣。

❻蔣星煜《西廂記作者考》。

❼《閒情偶寄》卷之一「詞曲部」。

❽蔣星煜《明刊本西廂記研究》第30頁，中國戲劇出版社1982年版。

❾都穆原文稱《點鬼簿》，有論者因此認爲係與《錄鬼簿》不同的另一著作。然據今人考證，《點鬼簿》即《錄鬼簿》之異名，詳見《戲曲研究》第十一輯載張人和《點鬼簿》與《錄鬼簿》一文。

❿⓫該書卷六《西廂記考》附錄。

⓬蔣星煜《西廂記作者考》。

⓭這一點不僅在古近代之中國，即在東方民族日本和印度皆有所體現，現存世阿彌《風姿花傳》等古典劇論皆曾秘密流傳即說明了這

點。

⑭《古本董解元西廂記》，上海古籍出版社影印本。

⑮王鋼《關漢卿研究資料匯考》第295頁。

⑯《西廂記》一名《春秋》，元人宮大用《范張雞黍》第一折：「（正末云）不是這等說，是讀書的《春秋》。（王仲略云）小生不曾讀《春秋》，敢是《西廂記》？」關漢卿《緋衣夢》第二折賈道白：「幼習儒業，頗看《春秋西廂》之記，念的滑熟。」由此可見，「關氏春秋」即指關漢卿之《西廂記》。

⑰蔣星煜《西廂記作者考》。

⑱徐士範本《重刻元本題評音釋西廂記》，上海圖書館藏本。

⑲周續賡《論〈西廂記〉作者及第五本問題》，載王季思等編《中國古代戲曲論集》，中國展望出版社1986年版。

⑳《弇州四部稿》卷一百四十四《藝苑卮言》附錄一，《四庫全書》集部二二〇。

㉑今所見徐士範本《西廂》題署皆無。然王驥德《新校注古本西廂記》卷五跋則明云「此卷徐士範本直署元·關漢卿撰」，可見徐本當時是明署王作關續的。

㉒蔣星煜先生認爲：「周德清並未明指或暗示爲王實甫，但也並未明指或暗示爲漢卿」（《西廂記》作者考），事實上只能是這樣。

㉓蔣星煜《明刊本西廂記研究》第39頁。

㉔《藝苑卮言》附錄一。

㉕《誠齋樂府》卷上，明宣德間周藩原刊本，北圖藏。

㉖《少室山房筆叢》卷四十一《莊岳委談》下。

㉗㉘此見凌氏天啓年間刻本《崔鶯鶯待月西廂記》卷首。

㉙明·沈泰《盛明雜劇》，中國戲劇出版社1958年版。

㉚《戲曲藝術》（京）1988年第4期。

㉛此處的《西廂記》，當爲董西廂。元中期以前，勾欄多演唱此。至元

　　末纏「勾欄慵做舊〈西廂〉」（李昌祺《剪燈餘話》卷四《至正妓人
　　行》）。

㉜《全元散曲》上册第162頁，中華書局1964年版。

㉝譚正璧《關漢卿作或續作『西廂』説溯源》，《學術月刊》（滬）1962年
　　第4期。

㉞吳國欽《關漢卿全集》，廣東高等教育出版社版。

㉟此處的長老法號惠明，竟和《西廂》中沖陣下書的莽和尚一字不差。
　　是偶合，還是有意爲之，無從考定。但不管怎樣，由此也可見此劇
　　和《西廂》即使在細節上也有微妙的聯繫。

㊱清・毛甡《毛西河論定西廂記》卷一。

㊲《西廂記》1954年版後記，見王季思校注《西廂記》附錄。

㊳有論者以現存《西廂》早期刊本無署名而懷疑鐘氏等人記載的可靠
　　性，固然不無道理。然《錄鬼簿》、《太和正音譜》諸書言之鑿鑿，且
　　不約而同，涉及作品又非止《西廂》一種，設其時劇本皆無署名，則
　　所據爲何？顯然，元後期除了周德清所見本以外，署名王實甫的《西
　　廂記》也存在過。至於此後失傳則是另外一回事了。

㊴《毛西河論定西廂記》卷一。

㊵《關漢卿研究資料匯考》第303頁。

㊶王雪樵《關漢卿劇作題材地域性淺析》、《山西師大學報》1989年第1
　　期。

㊷蔡儀《文學概論》第213頁，人民文學出版社1979年版。

㊸童慶炳《文學概論》第211～212頁，紅旗出版社1984年版。

㊹該書第322頁，中國社會科學出版社1982年版。

㊺林耀煜等《文學理論教程》第365頁，人民文學出版社1991年版。

㊻《中國劇詩美學風格》第175頁，上海文藝出版社1986年版。

㊼該書第7頁，上海文藝出版社1982年。

㊽顧仲彝《編劇的理論與技巧》第82頁，中國戲劇出版社1981年版。

㊾《西歐戲劇理論》第302頁。

㊿《西歐戲劇理論》第185頁。

51李春祥《元雜劇史稿》第121頁，河南大學出版社1989年版。

52董每戡《五大名劇論》上冊第145頁，人民文學出版社1984年版。

53《五大名劇論》上冊第150頁。

第七章　關氏散曲論

　　關氏雜劇，固爲元代曲家之首，其散曲亦不容忽視。時人周德清《中原音韻自序》將關漢卿列爲「元曲四大家」之首，其中即包括雜劇，也包括散曲。在該書《定格》中，更對關氏作品作出「如此方是樂府，昔如破竹，語盡意盡，冠絕諸詞」的絕高價評價。在他前後，貫云石、楊維楨等人也對關氏散曲作出了「造語妖嬈」、「奇巧」的評價。所有這些，在元前期曲家中還是極少見的。入明之後，評論雖有所沈寂，但各種曲選收錄介紹，仍不絕如縷，至王世貞尚稱關氏散曲作品爲「譚中俏語」、「譚中巧語」。❶今人譚正璧則徑謂：

　　　　所作散曲，亦為有元一人。❷

可見評價之高。

　　當然也有不同看法，有論者斷言關氏散曲：

　　　　如此苟且偷生的處世態度、渾渾噩噩的生活情趣，跟雜
　　　　劇中那種敢怒敢言、不向惡勢力低頭的逼人鋒芒相較，直是
　　　　判若兩人。❸

也許正因爲如此，近數十年對關漢卿散曲研究與其雜劇相比不啻霄壤，這當然其中有著散曲地位固不及雜劇的緣故，但從根本上說，這也是由於人們心目中對關氏散曲的忽視有關。由此可見，對關漢卿散曲進行全面而深入的研究，並在此基礎上作出恰如其分的評價，已成了目前關學研究中一個迫在眉睫的問題。

　　已故任二北先生在考察清代散曲時曾提出「詞人之曲」和「曲人之曲」的概念❹，這對我們探討關漢卿散曲也有一定的啓發。由於題材和表現手法多樣化是關氏創作的總體特點，故以下

擬從「劇家之曲」、「詩家之曲」和「曲家之曲」三方面作一點歸納分析。

一 本色：劇家之曲

本色，一般是作爲關漢卿代表的元曲流派的名稱，主要是從創作風格角度而言的。而這裡的「本色」特指人的本來面目，與藝術風格沒有直接關係。

應當肯定，無論在文學、文化的範疇還是在戲曲領域，關漢卿首先是作爲一個劇作家而存在的。起碼在今天，他的聲望地位也主要由其雜劇的巨大成就所決定的，事實上在他的一生中，花在戲曲創作上的精力也比散曲要多得多。而他早期的散曲創作，實際上是爲他後來投身戲曲活動作了藝術上的探索和準備，中後期的散曲甚至可以看作是「劇曲之餘」，有時還和雜劇有著相互映證的關係（如〔中呂・普天樂〕《崔張十六事》和《西廂記》雜劇等），一句話，在關漢卿的散曲中，始終有著劇作家關漢卿的影子。

如前所引，有論者曾經認爲關劇和關曲二者之間「判若兩人」，因而出現「雜劇娛人，散曲自娛」的説法。實際上散曲同雜劇之間除了清唱和演出的方式不同外，並不像傳統詩詞和戲曲那樣有著本質的區別，他們都是場上之曲。作家在客觀上「娛人」的同時也得到了「自娛」，二者在這一點上是不能截然分開的。正是由於這樣，我們在關漢卿的散曲中同樣可以看到一個偉大戲劇家的本色。

這方面首先體現在不屈不撓的鬥士精神上。〔南呂・一枝花〕《不伏老》即爲其中具有典型性的代表：

〔梁州〕你道我老也，暫休。佔排場風月功名首，更玲瓏

又剔透。〔隔尾〕我是個經籠罩受索網蒼翎毛老野雞蹈踏的陣
馬兒熟，經了些窩弓冷箭蜡槍頭，不曾落人後。恰不道「人
到中年萬事休」，我怎肯虛度了春秋。

有論者曾懷疑漢卿此曲的創作權，理由在於《雍熙樂府》收入時不
注撰人，題作《漢卿不伏老》，而很少有人直接在作品中嵌入自己
姓名的。今天看來懷疑的理由多不充分，因爲第一，《雍熙樂府》
收曲多不注姓名，已爲定例，不能以漢卿而另作變更。作品出現
作者姓名在文人中亦不乏見，前代著名的即有杜甫的「少陵野老
吞聲哭」和蘇軾的「夜來東坡醒復醉」之類的名句，本不應爲
怪。況且另外三部曲選，從明人的《彩筆情辭》、《北詞譜》到清人
的《北詞廣正譜》，都明明署的是「關漢卿」，題目均爲「不伏
老」，無「漢卿」二字，綜合分析，此曲定爲關作無疑。從題意
看，顯爲晚年作品。盡管作者一生坎坷，經歷了金、元之際的社
會大動盪，由大金的臣子變成了亡金的遺民，變成了和藝伎爲伍
的書會才人，這中間承受來自多方面的壓力；正人君子的嘲罵
（朱經所謂「用世者嗤之」），不學無術而偏偏又鑽營得勢的人
鄙視（「庸俗易之」），甚至還經歷了種種意想不到的打擊，真
可以說是「窩弓冷箭蜡槍頭」以至舖天地的「籠罩」、「索
網」。作者對這些都看不在眼裡，「不曾落人後」，即使到晚
年，鬥志絲毫未減，決不虛度時光，堅持披荊斬棘，走自己所選
擇的道路。雖然作品塑造的鬥士形象並不等同於作者自己，但其
中有著作者生活經歷的影子這一點是得到公認的。

正因爲如此，我們對作品中以下這一段即不能機械地看：

〔尾〕我是個蒸不爛煮不熟搥不匾炒不爆響璫璫一粒銅豌
豆，怎子弟每誰教你鑽入他鋤不斷斫不下解不開頓不脫慢騰
騰千層錦套頭。我翫的是梁園月，飲的是東京酒，賞的是洛
陽花，攀的是章臺柳。……你便是落了我的牙，歪了我嘴，

瘸了我腿，折了我手，天賜與我這幾般歹症候，尚兀自不肯休。則除是閻王親自喚，神鬼自來勾，三魂歸地府，七魄喪冥幽，天那，那其間纔不向煙花路兒上走！

不管出於什麼角度考慮，歷來人們都喜歡引用這個套曲來說明關漢卿的生活選擇，其中必然有其道理。元時戲曲女演員實際上大都是妓女，勾欄行院即爲妓院的代名詞，關氏入元「不屑仕進，乃嘲風弄月，流連光景」，說白了就是全身心投入戲曲活動，在一般人看來竟與嫖客無異，這種創作道路亦與通常所說的「煙花路」無二。面對著種種諷刺挖苦、打擊迫害，作者不爲所動，即使死也要堅持自己的生活選擇。這是認識到生命價值以後纔具有的如此強烈的鬥士精神，它實際上亦是對自由人格的肯定。只有這樣看，才能真正領悟到作品內涵所包孕的人生真諦。而如果僅從字面出發，認定關漢卿「度著長期的放浪生活，同優伶妓女老混在一起」，「沒有遺民的國家思想、國亡不仕品格」❺，則顯然背意了作品的本意。

　　同樣的鬥士精神在〔大石調‧青杏子〕《騁懷》一曲中亦有所表現。作品一開始即提出這樣的生活觀點：

　　　　花月酒家樓，可追歡也可悲秋。

表面上看，這裡仍舊說的是風月場情事。然而只有關漢卿才會將正人君子們不齒的「花月酒家樓」（勾欄行院）同一生的「追歡」、「悲秋」聯繫起來。是的，正是在這裡，在「躬踐排場，面傅粉墨」、「偶倡優不辭」的情況下，「曲成詩就，韻協聲律，情動魂消，腹稿冥搜」〔催拍子〕，關漢卿才創作了許許多多「可追歡」的喜劇和「可悲秋」的悲劇，這其中也經歷了種種艱難險阻，同樣也有有著來自各方面的打擊迫害：「蜂妒蝶羞，惡緣難救，痼疾常放，業貫將盈，努力呈頭。冷湪重餾，口刀舌劍，吻槊唇槍。」而作者則是滿懷信心：

〔尾〕展放征旗任誰走，廟算神謨必應口。一管筆在手，
敢搦孫吳兵鬥。

不屈不撓的意志，戲對手於股掌之上的氣慨，同雜劇中塑造的竇
娥、趙盼兒、譚記兒、杜蕊娘、劉倩英以至關羽、張飛、李存
孝、包拯這樣一些不屈服、不好惹、抗到頭、爭到底的藝術形象
相比簡直沒有兩樣，而任何一個單純甘心在污泥塘裡打滾的「老
嫖客」，任何一個「徹底的風流浪子」是寫不出這樣富有戰鬥精
神的曲辭來的。有論者因爲《太平樂府》誤題爲「曾瑞卿」而懷疑
關漢卿的創作權，其實只要將現存曾瑞卿的作品和此曲表現的精
神境界進行比較即很容易看出。曾氏活動於元中期以後，目前留
存散曲百餘首，數量不可謂不多，但其中主要體現了「元代文人
隱逸思想的悲劇性底蘊和新的隱逸境界」❻。最激烈的時候是在
作品中大叫：

養拙潛身躲災禍，由憑是非滿乾坤也近不得我。

〔正宮·端正好〕《自序》

像「展放征旗任誰走」、「一管筆在手，敢搦孫吳兵鬥」這樣充
滿戰鬥精神的鬥士語言，只有在被稱爲「激勵而少蘊藉」❼的關
漢卿筆下才會出現。也只有他在面對「庸俗易之，用世者嗤之」
的人格衝突中才能發出的戰叫，曾瑞卿是無論如何寫不出來的。
況且明人曲選《彩筆情詞》選收此曲時既已明署爲「關漢卿作」，
從側面也可證明這一點。

直到逝世不久作的〔中呂·紅繡鞋〕《寫懷》中，關漢卿這種不
輸惡、不伏老的鬥士精神還一直保持不衰：

望孤雲悠揚遠岫，嘆逝水浩沙東流，幹璇璣又復幾春
秋。逢人權握手，遇事強昂頭，老精神還自有。

在前面關氏生平的考訂中，我們知道此曲者爲南下返回後作，此
時這位雜劇大師已年逾九旬，體衰氣虧，以致「風寒不解憂成

病，火煖難溫老去情」（《夜坐寫懷示子》），老妻的故去更增添了晚景的淒涼，「感時思結髮，兀坐似僧家」（《寫懷》之二）。然而即使這樣也沒有使得他就此苟且偷安。「逢人權握手」，虛與周旋的後面掩藏著一種永不妥協的個性。「遇事強昂頭」，這纔是他的性格本質，一個「強」字活畫出老年關漢卿不甘沈寂、奮力拚搏的生活態度。面對著冉冉將至的老態，他豪邁地宣告：

　　　老精神還自有！

這可能是他在有生之年最後發出的強音。正是這種不屈不撓的生活選擇構成了他一生劇作中體現著的鬥士精神。把握住這一點，我們即不難看出，說關氏散曲只是體現了「苟且偷生的處世態度，渾渾噩噩的生活情趣」，是多麼的不適合！

　　關漢卿散曲中戲劇家的本色還體現在表現方式上面。我們知道，早期的元散曲作家，如元好問、楊果、劉秉忠、商政叔、胡紫山、王惲諸人，其作品大多是他們用來抒情寫意的工具，與傳統詩詞無異，即使杜善夫這樣一位熟悉勾欄瓦舍的曲家，所寫《莊家不識勾欄》一曲滑稽詼諧、平白如話，爲戲曲演出史留下了寶貴的資料，但其它作品表現手法仍奮在於鋪敍場面抒發情感而不重在編織故事。白樸雖爲「元曲四大家」之一，但他同又是位詞人，其散曲作品與其說接近劇倒不如說更接近詞。而關漢卿則不同，他在許多情況下是將劇作表現手法引入了散曲的創作之中。重故事情節、重人物形象是關氏散曲的主要特色之一。

　　這方面即在他的早期作品中即已露其端倪，如長篇套曲（二十換頭）〔雙調·新水令〕即敍述了一對戀人悲歡離合的故事。男女主人公一開始即在春、夏、秋、冬四季頻繁接觸相處中產生了愛情：「遂卻少年心，稱了于飛願」〔慶東原〕。

　　然而，隨著男主人公離開家鄉，入京求仕，他們之間即開始飽嘗了別離相思之苦：「密愛幽歡不能戀，無奈被名韁利鎖牽」

〔石竹子〕，「當時月枕歌聲轉，到如今翻作《陽關》怨」〔么〕。和後來的描寫戀情作品多借用女性口吻不同，在此曲中，作者以男主人公的身份出現，真實抒發了遊宦在外的士子的苦悶情懷：

> 〔胡十八〕天配合俏姻眷，分拆散並頭蓮。思量席上與樽前，天生的自然，那些兒體面。也是俺心上有，常常的夢中見。

刻骨相思，真正到了魂牽夢繞的程度。前面我們曾經考訂此曲作於關氏年青時在亡金都城任太醫院尹時所作，正是一個背井離鄉、仕宦在外，爲「名韁利鎖牽」的遊子，也只有具備如此親身經歷，他才能夠將離情寫得如此的真切，如此的自然。

當然，作者此曲並不是在刻劃一個愛情悲劇，正處於熱血青年中的他，對生活無疑還抱著熱切的希望。作品以即展現了由悲而喜的過程：

> 〔大拜門〕玉兔鵲牌懸，懷揣著帝宣，稱了俺于飛深願。
> 忙加玉鞭，急催駿駃，恨不聖到俺那佳人家門前。

求仕終得成功，是一般的科舉得中還是終授太醫院尹，目前雖無確證，但男主人公「懷揣著帝宣」，高懸著象徵入宮特權的「玉兔鵲牌」❽，無疑是稱了他的「男兒深願」的。「大拜門」這個曲牌運用來正適合此時的狂喜心情。

然而，如同關氏劇作中經常出現的出人意料之外的戲劇性轉折一樣，此曲運用了同樣的手法。本來，求仕成功、懷揣帝宣凱旋爲男女主人公的大團圓結局打開了方便之門，然而卻在這扇門打開的同時發生了嚴重的波折：

> 〔風流體〕胡猜咱，胡猜咱居帝輦，和別人，和別人相留戀。上放著，上放著賜福天，你不知，你不知神明見。

原來是心上人懷疑他另有新歡。是甚麼原因使得那位「可喜的風流業冤」產生「信任危機」的呢？是不是如同《西廂記》結尾一樣

是出現鄭恒一類人物的造謠挑撥？作品中沒有明言，但如果同
《西廂記》有關情節對照起來，二者之間可以找出微妙的聯繫，或
者可以説，此竟是《西廂》雜劇創作的藍本之一。當然，由於沒有
直接證據，目前只能作這樣的推測。

　　和《西廂記》中面臨老夫人「第三次賴婚」和鶯鶯亦出現疑慮
時的張生一樣，此曲中男主人公對大團圓即將實現時出現的波折
也是心急如火。他極力為自己辯解：

　　　　〔喜人心〕百般的陪告，一荆的求和，祇管裡熬煎。他越
　　將個龐兒變，咱百般的難分辯。

直到急切起誓、剖明心跡的地步：

　　　　〔忽都白〕我半載來孤眠。信口胡言，枉了把我寃也麼
　　寃。打聽的真實，有人曾見，母親根前，恁兒情願，一任當
　　刑憲，死而心無怨。

　　讀過《西廂記》劇本的人們不會忘記劇本張生面對鄭恒造謠、
夫人動怒、小姐誤會時的急切發誓：「小生若求了媳婦，只目下
身便殂」，「若有此事，天不蓋、地不載」，與此曲相較應當説
是特色各別而本質一致。

　　在經歷了一場有驚無險的波折之後，這一對戀人終於和好如
初了：

　　　　〔尾〕暢道美滿姻緣，風流繾綣。天若肯隨人，隨人是今
　　生願。儘老同眠也者，也強如雁底關河路兒遠。

「皇天也肯從人願」，這原是關劇《竇娥寃》中竇娥臨刑前發三椿
誓願時所説的話，但她祈求的天並沒有改變她的悲劇命運。此曲
主人公在愛情終於美滿後同樣想到了天，這個「天」是使他如願
了。當然是經過了艱難曲折之後的如願。是一幕《西廂》式的悲喜
劇。

　　〔黃鐘・倚香金童〕亦為關氏散曲中注重情節場面和人物塑造

的作品。前面我們提到過，此曲實際上是關劇《拜月亭》和《西廂記》中拜月一場戲的藍本。作品刻劃了一個獨處深閨的思婦形象，她的丈夫同樣是浪跡天涯的遊子，具體是仕宦還是求學不得而知，但從曲中刻意表現的典雅情趣來看，女主人公肯定不是怨恨「重利輕別離」的商人之婦：

　　　　〔幺〕柔腸脈脈，新愁千萬疊。偶記年前人乍別，秦臺玉
　　簫聲斷絕。鴈底關河，馬頭明月。

曲的末句和前一首（二十換頭）〔雙調·新水令〕的〔尾〕末句「也強如鴈底關河路兒遠」偶合，從句意看似乎此曲作於前曲之先。如是，則進一步可推定此曲中思婦形象亦即前曲中的女主人公，二曲主角一爲男方，一爲女方，相互映證，俱有戲劇性的效果。

　　最可感人的乃是拜月場面氣氛的創造和喧染：

　　　　〔幺〕銅壺玉漏催淒切，正更闌人靜也。金閨瀟洒轉傷
　　嗟。蓮步輕移呼侍妾：「把香桌兒安排打快些」！

這樣，形象就在畫面上動起來了：夜深人靜之時，「半簾花影自橫斜，畫簷間叮噹風弄鐵」，獨守深閨的少婦輾轉反側，終不成眠。心上人久久不歸，轉加傷感，展望窗外，「深深院舍，蟾光（月色）皎潔」，於是起身，命侍婢安排香桌，然後「整頓了霓裳，把名香謹爇。」她拜月祝告。

　　　　不求富貴豪奢，只願得夫妻每早早圓備者！

如前所述，這個場面和《拜月亭》、《西廂記》中類似情節幾無差別，不管作者是否有意，這種安排都體現了一個戲劇家的獨有特色。

　　無獨有偶，關氏散曲中與雜劇情節緊密相關的還有〔雙調·新水令〕「楚臺雲雨會巫峽」。前面我們曾經將此曲與《西廂記》第四本第一折中鶯鶯張生私下結合的場面相提，從中發現二者在創作上的聯繫。現在看來，它的情節場面和人物形象同樣具有較

强的戲劇性。作者同樣站在男主人公的角度，自始至終細膩地刻劃了此次私下幽會的過程，所謂「赴昨宵約來的期話」。

　　男主人公顯然不是一個情場老手，他不敢去戀人的家，卻只好「獨立在紗窗下」。不僅如此，他還「顫欽欽把不定心頭驚怕」，連叫一聲都不敢。緊接著連「紗窗下」都不敢等待了，「怕別人照見咱，掩映在荼蘼架」、「等多時不見來」，最後只好「獨立在花蔭下」。作品對其初赴佳期又喜又怕的心情表得維妙維肖。

　　久等不來，希望變成了失望，毛頭小伙心裡有點發毛：「莫不是貪睡人兒忘了那？」顯然，作品這裡故意延宕，增加了懸念，使得讀者和男主人公一樣加大了期望值。然而，正在「意懊惱卻待將他罵」的時候，情況突然發生了喜劇性的變化：

　　　　聽得呀的門開，驀見如花。

這樣，緊張、焦急的等待一下子變成了相會的狂喜，按照傳統的戲劇理論，這麼該算是一個「突轉」，男主人公由「逆境」一下子轉入了順境。

　　以下對幽會過程的展示，同樣非常細膩。從「我這裡覓他、喚他」到「兩情濃，興轉佳，地權爲床榻」，到最後臨分手時「你明夜個早些兒來」的叮囑，完全是元曲愛情劇的慣用手法，説具體點即和《西廂記》中鶯鶯張生書房幽會簡直別無二致。傳統詩詞和早期文人散曲中不敢接觸的場面即被作者大膽地表現出來了。由於散曲僅截取了這一對戀人幽會的一段，故其價值曾在學術界引起爭論，有論者即認爲這種表現「究其實，不過飲食男女，性的解放而已，格調則始終是不高的」❾。但愛的極致必然產生肉體結合的要求，柏拉圖式的純粹精神戀愛在凡世中是不存在的，這是現代心理學和社會學研究的公認成果，只有肉慾沒有愛情才是真正的「格調不高」（如嫖客和妓女）。從關氏散曲中

大量表現刻骨相思、真心相戀的情曲來看，説他僅在表現「飲食男女，性的解放」顯然不符合事實。即就此曲而論，男女主人公的結合既非由於金錢，又非基於權勢，僅僅出於互相愛慕。偷情的行動固然説不上格調高尚，但在那禮教森嚴的社會也是不得已而爲之，也算是一種愛的「畸形」吧。其實如果將《西廂記》第四本第一折「書房幽會」一段單獨抽出（明以後曲選的確有），則和此曲又有什麼兩樣？因此，對此曲的評價一定要聯繫關氏其它作品和當時的思想文化背景，否則即容易作出偏激的結論。

關氏散曲中最能體現戲曲家本色的自然還有〔中呂・普天樂〕《崔張十六事》一組小令。前已論及，它同《西廂記》雜劇創作有著密不可分的關係，是劇作的提綱還是戲劇創作過程中意猶未盡隨手寫來的副產品（「劇餘」），這些皆無從深究，甚至都不重要，關鍵在於這組散曲雖然在演唱上可以互相獨立，並非一個長套，但彼此內容上緊密聯繫，構成了一個有機的整體，正如有論者所言，它本身即爲一個小《西廂》。

然而，也正由於《西廂》故事已由元稹小説、趙令時鼓子詞和董解元《西廂記諸宮調》的傳播而使得家喻戶曉，儘人皆知，作者本身又在創作《西廂記》雜劇，所以對故事情節構思和人物形象塑造反倒不放在首要位置，而儘可能在較短的篇幅內將《西廂》雜劇的精華唱辭集中展現出來。如第一曲《普救姻緣》中「餓眼望欲穿，饞口涎空咽」二句即出自《西廂記》第一本第一折末曲〔賺煞〕，「門掩梨花閒庭院，粉牆兒高青天」二句亦即出自同本同折的〔柳葉兒〕，如此等等。在其它各曲中亦隨處可見，這一點人們所公認。

當然也有相異之處。由於今本《西廂記》雜劇乃王實甫最後修定，所以除了前章已指出的和散曲在情節安排上的諸多不同外，在曲辭上二者亦有許多不同。這方面如第二曲《西廂寄寓》中「惡

狠狠唐三藏」一句，顯與雜劇第一本第二折中「好模好樣太莽
撞，煩惱怎麼那唐三藏」〔朝天子〕同中有異。另外，二支曲子中
「母親呵怕女孩兒春心蕩，百般巧計關防，倒賺他鴛鴦比翼，黃
鶯作對，粉蝶成雙」，而雜劇第一本第二折相應處則爲：

　　〔耍孩兒〕夫人怕女孩兒春心蕩，怪黃鶯兒作對，怨粉蝶
　　兒成雙。

顯然在表達上已有根本的不同。類似這種情況在全曲中還很多。
如前所論，此曲作於董《西廂》和今傳《西廂》雜劇之間，二者纔在
情節語言多方面存在這樣或那樣的不同（比如後者在孫飛虎搶親
時奮勇衝陣下書的惠明，在此曲及董《西廂》中卻是「把賊來探」
的法聰。此外，關氏此曲中亦無今傳雜劇中「鬧簡」、「賴簡」
等場次，如此等等）。聯繫起這裡列舉的曲辭相異情況，應當説
都不是偶然的，它們都可以説明《崔張十六事》散曲和今傳本《西
廂》雜劇之間並非簡單的摘錄與被摘錄的關係，這個事實本身亦
即證明了關漢卿之雜劇與散曲的不可分性，證明了關氏散曲中體
現著的戲曲家本色。

　　一句話，關漢卿散曲和雜劇有著密不可分的關係。除了此前
人們經常採用的用於雜劇研究的某些佐證價值以外，關劇中體現
的那種不屈不撓的鬥士精神在散曲中同樣有所體現，而散曲中重
情節和人物形象塑造這一特點又只能在作者首先是戲劇家的前提
下才可能得到合理解釋。正是在這個意義上，我們將關漢卿這部
分散曲稱爲劇家之曲。

二　情韻：詩家之曲

　　在前一節中，我們著重論述了關漢卿散曲中體現的戲劇家本
色，毫無疑問，關氏散曲與其雜劇創作有著密切的關係，硬加割

裂任意褒貶皆不可取，亦無助於對關氏創作及其人格的總體把握。

　　然而，我們還應該看到，在體裁上，散曲畢竟是和雜劇分屬於不同的創作類型，二者之間除了相通的一面外，還各有其自己的特點。除了同雜劇發生橫的聯繫外，作爲傳唱詩歌的一種，它和傳統詩詞還有著縱的關係。這一點反映到關漢卿散曲中無疑亦應有相應的表現。

　　情韻，是中國詩論標榜的最高境界：內容要重情采，表現要有韻味。前者如劉勰所言：「五情發而爲辭章，神理之數也」⓾，或如陸機所言：「因宜適變，曲有微情」⓫，後者則有司空圖「近而不浮，遠而不盡」的「韻外之致」⓬。關漢卿作爲在中國傳統文化培養熏陶下長大的文人士大夫，無論他是怎麼樣一個敢於反抗傳統的鬥士，在作品中也不會完全擺脫傳統文論及創作實踐的影響，或者更準確地說，在相當程度上他還繼承了這一傳統。雜劇中表現出來的對儒家倫理道德的某種程度上的認同和維護已有許多論者指出過。此在散曲中當然亦不例外。

　　隱逸和嘆世是元人散曲中兩大主潮之一。傳統上一般都將受傳統文化熏陶較深的元曲作家如馬致遠、張小山、喬吉等人作爲突出代表。其實早在他們之前的關漢卿筆下，已爲這種表現開了先導。

　　首先我們可以看他的早期作品〔南呂・四塊玉〕《閒適》，其中第一首即這樣寫道：

　　　　適意行，安心坐，渴時飲饑時飡醉時歌，困來時就向莎茵臥。日月長，天地闊，閒快活！

這裡不存在不屈不撓的鬥士精神，有的只是擺脫世事冗繁後的閒適，如明人臧晉叔推想關氏「偶倡優而不辭」爲「西晉竹林諸賢托杯酒自放之意」⓭，放在這裡進行評價倒很合適。當然這一曲

其主要是表現不關心世事的安閒，避世的情緒也只是隱在背後的，至其第三首即更加直率：

> 意馬收、心猿鎖，跳出紅塵惡風波，槐蔭午夢誰驚破？離了利名場，鑽入安樂窩，閒快活！

前面我們考定，此曲係作者於金亡後遷居祁州時所作，其中反映顯爲當時實情。「跳出紅塵惡風波」二句大有深意。我們知道，關漢卿作爲殘金的太醫院尹，雖然官位不高，但身處京師官禁，他親眼看到了自己曾爲之服務的朝廷被北方蒙古貴族侵吞滅亡的全過程。作爲負責醫事的技術官員，關漢卿本可不必爲朝代興亡大唱輓歌，但偏偏他又是懂得醫國道理的文人士大夫，前者使得他不像一般行政官員那樣或抗節而死或隨機應變尋找新靠山，後者的道德觀念又注定他不可避免地承受著國破家亡時的心理痛苦，在改朝換代已成既定事實情況下卻又無可奈何，這中間攻城掠地帶來的大屠殺，社會大動亂中人無法把握自己的命運，這些都在關漢卿的心目留下了深深的傷痕。從年齡上看，作者此時剛至而立之年，正是精力充沛，生活興趣強烈的時候，但由於經歷複雜，從心理上說此時的關漢卿已由刺激過度而變得有如進入老年期的麻木。他把世事看作一場大夢，改朝換代的大事變恰好將他這個「槐蔭午夢」給驚破了。惡夢之後，他甚至打定主意今後徹底脫離現實，「跳出紅塵惡風波」亦即此時期作者近乎麻木的心境的反映。理解了這一點，我們對這組曲中最後一首的極度消沈也就不會感到奇怪了：

> 南畝耕，東山臥，世態人情經歷多。賢的是他，愚的是我，爭甚麼！

沒有是非感，沒有爭鬥心，一切都不再有意義這就是此時作者對世事的看法，縱然不無憤激反語在內，但和前面我們分析過的不屈不撓的鬥士精神真正「直是判若兩人」⓮，也算是雙重人格

吧,然而卻統一在關漢卿這個人物身上了。只有對關漢卿此時的具體處境和具體心境進行具體分析之後,才能對此作出符合實際的判斷,才能給予真切的理解,而不把它同關氏一生的奮鬥精神對立起來。

這一點在關漢卿更早創作的〔雙調·碧玉簫〕中已露出了端倪。從整體上看,這是一組情曲,自第一曲羨慕蘇小卿和雙漸的美滿姻緣開始,刻劃一對青年男女相互思慕而久久不得團圓的苦悶。其中第六首這樣寫道:

> 席上樽前,衾枕奈無緣;柳底花邊,詩曲已多年。向人前未敢言,自心中禱告天。情意堅,每日空相見。天,甚時節成姻眷。

這顯然表現的是男方的苦惱,熱烈而直率。而第七首對女性心境和情緒的刻劃,則要細膩和含蓄得多:

> 膝上琴棋,哀怨動離情;指下風生,瀟洒弄清聲。鎖窗前月色明,雕欄處夜氣清,指法輕,助起騷人興,聽,正漏斷人初靜。

哀婉、淒清,伴隨著月夜琴聲,真可謂情景交融,形成一種較爲高遠的藝術境界,放在宋以前的優秀詩詞中亦毫不遜色,可以看出作者對傳統詩歌表達方式有著較強的駕馭能力。然而最值得注意的是第九首:

> 秋景堪題,紅葉滿山溪;松徑偏宜,黃菊遶東籬。正清樽斟潑醅,有白衣勸酒盃。官品極,到底成何濟!歸,學取他淵明醉。

於火熱的男女戀情中忽然呈現出欲「遺世而獨立」,尋覓世外桃源的陶淵明形象,意念和意象都顯得前後極不協調。這一組小令同時作爲一個整體被收入元人楊朝英所輯《陽春白雪》前集卷三,後世《北詞廣正譜》、《九宮大成》等曲集均如此選錄,至今沒有證

據說此曲爲他作屛入，或爲作者不同作品混編而成。只能這樣認爲，作者在追求戀情不得遂意之後突然羨慕起陶淵明，決心效法他歸隱田園，主要是因爲仕宦在外個性不得自由發展的緣故。由愛情的苦悶引起的對仕途世事的厭倦，在這裡，歸隱和戀情竟成了互相支撐的二位一體。如此絕妙的結合，只有在自稱爲「郎君領袖」、「浪子班頭」的關漢卿筆下才有可能出現。前面分析過的（二十換頭）〔雙調·新水令〕中「密愛幽歡不能戀，無奈被名韁利鎖牽」〔石竹子〕二句，即可拉來作這裡「官品極」（名利）的失望乃至產生歸隱念頭的注腳。

也許正因爲下決心不再受「名韁利鎖牽」的束縛而歸隱，以下才出現了愛情的喜劇。最末一首作者即這樣描述：

> 笑語喧嘩，牆內甚人家？度柳穿花，院後那嬌娃，媚孜孜整絳紗，顫巍巍插翠花。可喜煞，巧筆難描畫。他，困倚在秋千架。

末句頗有辛棄疾詞「驀然回首，他在燈火闌珊處」的韻味。這裡，一方已不再是月夜彈琴空思念，另一方也不再是徒喚「甚時節成姻眷」了，顯然是團圓後的嘻鬧，和（二十換頭）〔雙調·新水令〕套曲中的表現有異曲同工之妙，這很可能是作時相差不多的緣故，是否所詠爲同一情事亦未可知。然此套組曲深於情韻的含蓄手法以及歸隱田園、厭倦世事的外在表現卻反映出關氏散曲受傳統藝術的薰陶和渲染的特色。當然，早期的這種和男女情事緊密相聯的歸隱避世意識並不具有特別的意義，準確地說只是一種「愛上層樓，愛上層樓，爲賦新詩強說愁」的少年情態。

真正和〔南呂·四塊玉〕「閒適」中避世傾向異曲同工的是他晚年所作的〔雙調·喬牌兒〕「世情推物理」。這兩個作品的共同之處在於它們都已和男女情事以及社會俗務劃清了界限，是通過對世事的體驗和觀察之後得出的結論。在第一支曲子中作者即這

樣告誡人們：

> 世情推物理，人生貴適意。想人間造物搬興廢，吉藏
> 兇，兇暗吉。

看起來，作者吉兇莫測、禍福無常的人生觀是通過「世情推物
理」而推論出來的，並非僅僅由於愛情失意而產生的一時衝動。
作品從一開始即表現了冷靜的哲理性思考，在這裡，理性取代了
感情，人生變幻無常成了貫穿全曲的主導思想，如「富貴那能長
富貴」、「天地尚無完體」〔夜行船〕，「梟短鶴長不能齊，且休
題，誰是非」〔慶宣和〕，如此等等，同樣是沒有是非感，沒有爭
鬥心，一副不問將來長短，且顧眼下受用的模樣：

> 〔幺〕到頭這一身，難逃那一日。受用了一朝，一朝便
> 宜。百歲光陰，七十者稀。急急流年，滔滔逝水。

正因為如此深地看透了世情和人生，所以作者不僅自己在入元以
後即不再追逐名利（「不屑仕進」），也不僅在作品中非止一次
地陳述表白，而且在曲中還勸導別人：「君莫痴，休爭名利。幸
有幾盃，且不如花前醉」〔碧玉簫〕，作品最後還直接向同道者發
出號召：

> 急流勇退尋歸計，采蕨微，洗是非；夷齊等，巢由輩。
> 這兩個誰人似得：松菊晉陶潛，江湖越範蠡。

在這裡，作者對世情的厭倦，其規避現實的傾向較之馬致遠、喬
夢符等輩，在程度上並無大的差別。即使將上引曲辭放到馬、喬
諸人名下亦真偽莫辨。顯然他們都體現了傳統文人在動盪不定的
社會現實面前惶惑不安而又無可奈何、消極退避的心緒。

　　然而，也不能因此將關漢卿散曲全部視作表現「苟且偷生的
處世態度，渾渾噩噩的生活情趣」，因為逃避現實總比同黑暗勢
力同流合污要強。況且即使在寫作這些鼓吹避世、退隱情調作品
的同時，也沒有妨礙作者寫出如前面所列舉分析的〔不伏老〕等充

滿門士精神的散曲，作者亦沒有像馬致遠等人那樣將屈原、諸葛亮、韓信等歷史上曾大有作爲的英雄人物進行否定和諷刺，說明關漢卿即使在最消沈的時候也沒有徹底死滅一顆現實進取的心，起碼他還爲積極進取留了後路。正因爲如此，他才同時又創作了其它充滿不屈和抗爭精神的作品。作家一生總有艱難曲折、思想複雜變化之時，用一個標準去衡量和統一無疑是要碰釘子的。

關漢卿散曲中詩人的情韻還體現在自然景觀的描寫和離情別緒的抒發上面。

對自然山水的關注爲中國文人傳統的審美範疇，所謂「仁者樂山，智者樂水」即由此而起。有時甚至被推向極致，成了詩文創作的生活基礎。東晉著名的玄言詩人孫綽諷刺人的時候說：「此子神情都不關山水，而能作詩？」⓯由此可見山水等自然景觀在傳統詩文創作中的地位。

關漢卿雖然一生不作詩文，但以自然風光爲描寫對象的散曲並不少，而且還頗具特色。這方面如他的早期作品〔正宮‧白鶴子〕：

> 四時春富貴，萬物酒風流。
>
> 澄澄水如藍，灼灼芯如繡。
>
> 花邊停駿馬，柳外纜輕舟。
>
> 湖內畫船交，湖上驊騮驟。

雖係散曲，卻句式整齊，音韻諧美，清新活潑，與前人寫景小詩相比，別有情趣在內，作者不僅在寫景，而且景中有人，有情。如第三首：

> 鳥啼花影里，人立粉牆頭。
>
> 春意兩絲牽，秋水雙波留。

和南北朝樂府民歌中常用的諧音雙關相近，關氏此處用了語意雙關的手法，「春意」、「秋水」一爲寫景，一爲寫人，名符其實

地做到了情景交融。至於第四首中「月在柳梢頭，人約黃昏後」
二句更直接地化用了前人名句，詩味更濃了。

　　詩味濃鬱的還有作者晚年所作的〔中呂‧喜春來〕一首：

　　　　異根厚托栽培力，間色深資造化機，小圃新得甚稀奇。
魁眾卉，堪寫入詩題。

此曲題作《新得間葉玉簪》，完全可以當作一首咏物小詞來吟咏。
「異根厚托栽培力」二句頗具哲理意味，按古人的説法，即具有
一種「理趣」。我們知道，元代詩歌前期多以宋金遺風爲主導，
後期則「宗唐得古」❻。關氏作爲亡金遺民，又爲元代北方早期
作家，顯然也不自覺地受著當時詩風文風的影響。此曲以議論爲
詩，體現濃厚的「理趣」，無疑有著宋詩的風味在內。顯而易
見，關氏此時出現在讀者眼前完全是一個詩人的風範。

　　〔南呂‧一支花〕《贈朱簾秀》是一首題贈的作品，按常理即爲
寫人。傳統上此類題材也多以歌頌對方或以增進雙方交誼爲內
容，然關氏此曲卻較特別，他借用對方的名字生發開去，將寫人
變成了咏物，同樣收到了情景交融的效果：

　　　　輕裁蝦萬鬚，巧織珠千串；金鉤光錯落，繡帶舞蹁躚。
似霧非煙，裝點就深閨院，不許那等閒人取次展。搖四壁翡
翠濃陰，射萬瓦琉璃色淺。

從形式上看，這完全是在咏物。語言華美、色彩艷麗而富有動
感，是曲而不似曲，不是詩但卻似詩，韻味實足，「不許那等閒
人取次展」一句又充滿感情，避免了因客觀描繪而易導致平實呆
板的毛病。

　　在此套曲中，作者同樣運用了語言雙關的修辭手法，強化了
曲中的詩味。如：「富貴似侯家紫帳，風流如謝府紅蓮」、「愁
的是抹回廊暮雨瀟瀟，恨的是篩曲檻西風剪剪」〔梁州〕。明爲咏
簾，暗在寫人。讀者在欣賞這珠環翠繞、光芒四射的珠簾同時也

自然會將其同眼前被咏嘆的人——名譽曲壇的女演員聯繫起來，收到了融情於物，愛物及人的特殊效果。也正因此，以下「千里揚州風物妍，出落著神僊」的直接贊頌，才會自然而然爲讀者所接受。作品末句警告那位娶了朱簾秀的「守戶的先生」，要他善待這位廣受贊譽的才女：「則要你手掌兒裡奇擎著耐心兒捲」〔尾〕，最後仍舊回到以物喻人的本體上來。

關氏此類散曲中仍以借景喻人和抒情的作品佔優勢。除了前面列舉過的〔正宮・白鶴子〕四首外，晚年所作的〔雙調・大德歌〕《春》、《夏》、《秋》、《冬》四首更是如此：

子規啼，不如歸，道是春歸人未歸。幾日添憔悴，虛飄飄柳絮飛。一春魚雁無消息，則是雙燕鬥銜泥。

在這裡，景物描寫完全是爲了人物抒情的需要，人在景中的位置即突現出來了，或者說景不過是人背後的襯托罷了。但作者把握住了分寸，使得通篇寫人但主要卻以寫景出之，形式上「人」倒成了景中的點綴。以下由春到夏，由夏到秋，又由秋轉冬，四季吟詠莫不如此：

風飄飄，雨瀟瀟，便做陳摶睡不著，懊惱傷懷抱，撲簌簌淚沾拋。秋蟬兒噪罷寒蛩兒叫，淅零零細雨打芭蕉。

同樣是寫人，也是寫景。借景抒情、情景交融，構成一個淒清動人的藝術境界。不管作者主觀上是否接受了傳統詩論中的觀點，客觀上這些作品是深得所謂「詩家三昧」的。曲中有些景物雖然是虛的，如《夏》：「偏那裡綠楊堪繫馬」、「瘦巖巖羞帶石榴花」，但卻顯得實在，沒有超出詩的境界和讀者的聯想之外。有的還注意到虛實結合，如《冬》：「瘦損江梅韻，那裡是清清江上村？」更顯示了情因景生，景隨人變的人文主體特點。這實際上亦爲傳統詩詞中的慣用手法，但關漢卿在散曲中應用得更加得心應手。

類似的表現在關氏〔大德歌〕另六首中也明顯地存在著。作者
連續描繪了歷史上四個愛情故事，但均以景物描寫貫穿其中，如
「粉牆低，景淒淒，正是那西廂月上時」（鶯鶯張生），「綠楊
堤，畫船兒，正撞著一帆風趕上水」（雙漸蘇卿），「花陰下等
待無人問，則聽得黃犬吠柴門」（崔護覓漿），如此等等，如詩
如畫的景物描寫和美滿姻緣相映成趣。而第五首更是通篇寫景：

> 雪粉華，舞梨花，再不見煙村四五家。密洒堪圖畫，看
> 疎林噪晚鴉。黃蘆掩映清江下，斜攬著釣魚槎。

這是一片雪景。在作者的筆下，銀粉飄洒，如舞梨花，雖然不見
渺渺茫茫的「煙村四五家」，卻可以聽到「疏林噪晚鴉」，看到
蘆葦叢中掩映著的釣魚船。透過曲辭，我們可以感到唐詩人岑
參、王維、韋應物的某種風韻遺存。形式上看純是寫景，但實際
上卻隱含著元雜劇《朱太守風雪漁樵記》中的意境，和前四首咏贊
的美滿姻緣相比，此曲轉入了悲劇的成分，而以雪景襯之，淡淡
化出，豐富多彩的人生真諦因而清晰展示，宛如一幅水墨畫。作
者表現得恰到好處，真可謂「不著一字，盡得風流」。

正是在經歷了種種複雜多變的人生悲歡之後，此曲最後轉入
了慨嘆：

> 想人生能幾何？十分淡薄隨緣過，得磨陀處且磨陀。

這自然是消極的。然而在古代文人作品中，這卻是常有的心態，
元散曲作家尤為多見，不能僅對關漢卿苛求，況且關氏散曲題材
內容也不全部表現在這一點。

純粹的自然風物描寫在關漢卿散曲中也有表現，這就是〔南
呂·一枝花〕《杭州景》。這是元統一作者南下到達杭州後所作，
曲中以熱烈的筆觸，贊頌了南宋故都這個「普天下錦繡鄉，寰海
內風流地」：

> 〔梁州〕百十里街衢整齊，萬餘家樓閣參差，並無半答兒

閒田地。松軒竹徑，藥圃花蹊，茶園稻陌，竹塢梅溪。……
望錢塘江萬頃玻璃，更有清溪綠，畫船兒來往閒遊戲。浙江
亭緊相對，相對著險嶙高峯長怪石，堪羨堪題。〔尾〕家家掩
映渠流水，樓閣崢嶸出翠微，遙望西湖暮山勢，……縱有丹
青下不得筆。

杭州及西湖風景在作者的眼裡美不勝收，以至慨嘆難描難畫。但
這支曲子卻以大筆重彩，爲讀者勾勒了一幅傳神的自然風光圖。
「滿城中繡幕風簾，一地裡人煙湊集」，杭州美景由於這支曲子
而增色不少。毫無疑問，人們可以看出宋詞人柳永《望海潮》的某
些風格對這首曲子創作的影響。王國維稱「漢卿似柳耆卿」**⑰**，
正是根據關作多男女情事妓院生活包括此曲風格繼承等等而言
的。一句話，漢卿散曲多顯出詩情畫意，正是由於善於吸收前人
長處，「轉益多師是吾師」的緣故。

　　關氏散曲中詩的情韻還表現爲離情別緒的刻劃和喧染。在中
國古代文學史上，從《詩經》中的「一日不見，如三秋兮」到江淹
的「黯然銷魂者，惟別而已矣」，到王維的「勸君更進一盃酒，
西出陽關無故人」，別情成爲傳統詩文中一個長傳不衰的創作母
題。這同樣反映到了關漢卿的散曲之中。

　　這方面最具有代表性的是〔商調・梧葉兒〕《別情》：

　　　　別離易，相見難，何處鎖雕鞍？春去也，人未還。這其
　　間，殃及殺愁眉淚眼。

此曲篇幅不長，卻頗有特色。首二句平淡自然，讀來明白如話，
然而卻不流於浮淺，「鎖雕鞍」一句出自柳永《定風波》詞「早知
恁麼，悔當初不把雕鞍鎖。」這裡稍加變化，以問句出之，加強
了語氣，使得前二句表達的情緒變得更加突出。抒情主人公苦苦
相思，其情態呼之欲出，以下語勢漸趨平緩，然心理不平衡愈
烈：「春將去，人未還，」苦熬一春，該還的卻仍舊沒有回還，

極度失望攫住了主人公的心。「這其間」三字承上啓下，點出了
曲題，過去已矣，現在一切都必須有個著落，可是怎麼樣呢？作
品用一句話作了總括：「殃及殺愁眉淚眼。」「殃及殺」直言就
是折磨死了，主人公感情率直，毫不忸怩作態，「愁眉淚眼」既
是長期別離等待失望的結果，又爲主人公此時的神態，更作爲她
的代名詞。此句看似平易，但情感內涵特別豐富。周德清《中原
音韻・作詞十法・定格》特別推崇此曲，稱爲「如此方是樂府，
音如破竹，語盡意盡，冠絕諸詞。」「諸詞」指的是同時收入供
作「定格」的馬致遠、白樸、鄭光祖、王實甫等元曲大家的作
品。周氏此論，當然是在比較分析的基礎上作出的，細味原曲，
的確不爲過譽。

　　與此相類的還有〔南呂・四塊玉〕《別情》：

　　　　自送別，心難捨，一點相思幾時絕。憑欄袖拂楊花雪。
　　溪又斜，山又遮，人去也！

同樣是別後相思，同樣是寥寥數語，但具體表現卻各有千秋。前
三句傾訴感情，簡潔明快，雖然用了「幾時」的問詞，但整體上
又並非問句，氣勢較前曲稍平，以下雖然「憑欄」一句出一個特
寫鏡頭，寫法上富有變化，但情感的發展卻未能再次激蕩。其所
以如此，以下三句作了回答：「溪又斜，山又遮，人去也！」這
一方面顯示了抒情主人公依依不捨，憑欄眺望愛人遠去背景，是
此前「心難捨」一句的更進一步表現。另一方面，這裡的主人公
尚無前曲那樣經歷了久盼不還而極度失望的痛苦，故心理上的不
平衡也略緩。然而作者採用了特寫鏡頭以及溪之「斜」、山之
「遮」等擬人手法，形象較前曲更爲鮮明。所以我們說，情感表
現和寫法上的相異構成了這兩支小曲的不同特色。

　　〔雙調・沈醉東風〕組曲五首同樣刻劃了這種感人的離情別
緒。其中第一首尤爲出色：

　　咫尺的天南地北，霎時間月缺花飛。手執著餞行盃，眼
　　閣著別離淚。剛道得聲「保重將息」，痛煞煞叫人捨不得，
　　好去者望前程萬里。

和前兩曲刻劃別後相思不同，此曲正面表現臨別時的情態。「咫
尺」二句表明主人公清楚地知道即將到來的離別意味著什麼。以
下隨即對其神態進行白描式的勾劃：「手執著」的不是合歡酒，
而是「餞行盃」，正因爲如此，主人公纔兩眼淚花閃爍。不想別
離，但別離的時辰已到，抑制住痛惜的心情道一聲「路上保
重」，又一下意識到隨著這一聲道別苦戀即將開始，情感陡地一
沈，勢將難分難解：「痛煞煞教人捨不得」，正是此時此刻主人
公心境的真實寫照。然而，理智提醒著她，這一切不過是一時的
衝動，分離是避免不了的，來參加餞行這個行動本身也說明了一
切都已既定，沒有可能改變「霎時間月缺花飛」的命運。儘管她
不情願，最後的別離還是到來了。作品用一句看似平常的祝行辭
收尾：「好去者望前程萬里」，卻表達了主人公千言萬語無法吐
露的痛苦。借用《西廂記》第五本第四折鶯鶯一段曲辭即爲：

　　〔沈醉東風〕不見時準備著千言萬語，得相逢都變做短嘆
　　長吁。……將腹中愁恰待申訴，及至相逢一句也無，只道個
　　「先生萬福」。

這正表現了一種欲哭無淚的痛苦。作者情感表達能力的確是很強
的。雖然其極力刻劃的不過是男女之間離情別緒，題材未免狹
窄，但卻充滿著詩的情韻。這方面又如第三首：

　　信沈了魚，書絕了雁，盼雕鞍萬水千山。

這種情致的表達方式，無論放在南北朝樂府還是放在唐詩宋詞中
亦絕不使人感到刺目。

　　文人詩歌的傳統在關漢卿某些艷情作品中同樣有所表現。如
他的〔大石調・青杏子〕《離情》：

　　殘月下西樓，覺微寒輕透衾裯。華胥一枕蹉跎覺，藍橋路
　　遠，玉峯煙漲，銀漢雲收。

又如〔僊呂‧翠裙腰〕《閨怨》：

　　　曉來雨過山橫秀，野水漲汀洲。闌干倚遍空回首，下危
　　樓，一天風物暮傷秋。

清新、淡遠，完全具備詞的境界。假如不考慮套曲中的其它因
素，單從這支曲子看，它們既有著豐富的情采，又不缺乏綿邈的
韻味。按照嚴羽、王士禎的說法，稱之爲「羚羊掛角，無跡可
求」、「不著一字，盡得風流」的神韻，亦未嘗不可。

　　總之，關漢卿的散曲在顯示一個戲劇大師本色的同時，也沒
有完全失去傳統詩家的韻味。如果說，前者的存在主要體現著永
不屈服的鬥士精神和長於敍事塑造形象的手法的話，後者則使得
關氏散曲同時出現了消極避世的情緒和長於抒情語言雅訓的風
格。雖然，從表面看來，此二者之間存在著矛盾和衝突，但也與
關漢卿作爲一個戲曲家的同時又是一個文人士大夫的雙重身份有
關，作家經歷的複雜性和人格的雙重性決定了他作品的性質及其
表現形式。理解了這一點，我們對關漢卿散曲中存在著諸如此類
的種種不統一也就不會感到難以接受了。

三　放浪：市井之曲

　　從文化整體上爲關漢卿的身份定位，我們發現，關氏除了戲
曲家和詩人的一面之外，還有著純粹市井曲家的一面。

　　顧名思義，所謂市井曲家，即指那些既未參予雜劇創作，亦
非傳統詩文作家而專門從事散曲創作的市井文人。我們知道，在
元前期散曲作家中，元好問、楊果、胡紫山等人皆以大儒名臣身
份出現，散曲不過是他們從政和從事詩文創作之餘而用作消遣的

小玩意。他們的作品，實際上都帶著傳統詩詞的手法和意境，即在整體上可以算作詩家之曲，而白樸、馬致遠一類的雜劇家，同時從事詩詞和散曲創作，其作品除了傳統的詩詞意境外，有時還帶有一點雜劇家的本色，如白樸的〔仙呂・醉中天〕《佳人臉上黑痣》和馬致遠的〔般涉調・耍孩兒〕《借馬》等，也還有一些散曲作家如王和卿、庾吉甫以及後來張可久、沈和甫等皆不作詩詞也不作雜劇，作品可稱爲典型的「曲家之曲」。然而，這裡的「曲家之曲」是廣義的。其中如張可久，由於其「以儒家讀書萬卷」❽，受傳統文化影響頗深，故作品有如朱權所言「不食人間煙火氣」，實際上亦爲詩家之曲。狹義的「曲家之曲」應當指的是王和卿等人所作充滿市俗氣息又無劇家風範的「純粹」散曲作品，嚴格說來應稱之爲「市井之曲」。元散曲中有許多「上不得高雅臺盤」的無名氏市井小曲亦可歸入此類。

　　關氏散曲中體現「市井之曲」特點的主要是大量放浪恣肆的艷歌情曲的存在。甚至在前面分析過的「劇家之曲」和「詩家之曲」中，我們同樣可以發現它們大多數仍是以男女情事爲其描寫對象的。例如（二十換頭）〔雙調・新水令〕和〔雙調・新水令〕「楚臺雲雨會巫峽」等曲，其正面描寫男女相戀以致幽媾的程度，只有在禮教觀念淡薄的市井俗曲中纔敢放膽咏唱。關氏只不過以其戲劇家的獨有手法使它們更加細膩曲折和更加放肆大膽而已。至於其著名的〔不伏老〕套曲，無疑充滿了不屈不撓的鬥士精神，和雜劇創作有直接的相通之處，但其表現形式，仍舊沒有脫離「一世裡眠花臥柳」的「煙花路」範疇。其寫景作品，除了〔南呂・一枝花〕《杭州景》和〔中呂・喜春來〕「新得間葉玉簪」等少數幾首外，其它大多亦不脫男女情事，即使〔正宮・白鶴子〕中四首寫景小曲，也有著「春意兩絲牽，秋水雙波留」這樣充滿情愛的語意雙關，更有「月在柳梢頭，人約黃昏後」這樣的大膽幽

嫆。至於他的「別情」一類作品，更僅關注著戀人之間的離情別緒。當然，所有這些，在傳統詩詞中並不乏見，從某種意義上說，關氏在這部分散曲中作如此表現，也正是對傳統上有關題材繼承的結果，也正是從這個角度考慮，我們將其歸入詩家之曲。但在作品中如此集中地大量描寫這方面題材內容，卻不能不看作是帶有明顯關氏特點的詩家之曲。

關氏散曲中還存在著一些既乏劇家本色又少詩家情韻的純粹曲品，如〔中呂・古調石榴花〕《閨思》：

〔酥棗兒〕一自相逢，將人來縈繫。樽前席上，眼約心期，比及道是配合了，受了些閒是閒非。咱各辦一個堅心，要博個終緣活計。想佳期夢斷魂勞，衾寒枕冷，寂寞羅幃，瘦損香肌。悶懨懨鬼病誰知？〔鮑老兒〕當初指望成家計，誰想瓊簪碎，當初指望無拋棄，誰想銀瓶墜。煩煩惱惱，哀哀怨怨，哭哭啼啼，悲悲切切，長吁短嘆，自跌自攧。

顯然這裡表現的是思婦之苦，題材在傳統詩詞中亦不少見，但絮絮叨叨，說了又說，感情的抒發一瀉無遺，真所謂曲盡意盡，沒有絲毫含蓄，詩的韻味固已消失殆盡，而雖為代言卻又沒有情節和動作形象，劇家手法也不明顯，故難以歸入上述二類。然而，這種細膩白描的表現方式，這種不加任何掩飾的放浪言情態度，卻代表了當時市井小曲的共同特點，是名符其實的「市井之曲」。

《閨思》還僅僅表現了傳統習見的思婦，作者另一首〔仙呂・一半兒〕《題情》則正面表現男女雙方的調情：

雲鬢霧鬢膨堆鴉，淺露金蓮蔽絳紗，不比等閒牆外花。罵你個俏冤家，一半兒難當一半兒耍。

碧紗窗外靜無人，跪在床前忙要親，罵了個負心回轉身。雖是我的話兒嗔，一半兒推辭一半兒肯。

多情多緒小冤家，迤逗的人來憔悴煞。說來的話先瞞過咱，怎知他，一半兒真實一半兒假。

同樣是「飲食男女」的恣肆放浪，同樣沒有詩情畫意。中間一首雖然並不乏情節和形象，但沒有貫穿始終，形成不了「劇感」，同樣缺乏「詩味」和「劇味」。然而語言生動活潑，充滿機趣，日常生活氣息特別濃鬱，而且信筆寫來，無刻意追求之痕，無鋪敘排場之費，此又爲任何「詩味」、「劇味」所不及。

在關氏可稱爲「市井之曲」的作品中，還有一些是以妓院生活爲題材的，其放浪程度更爲前曲所不及。如〔雙調・新水令〕「鳳凰臺上憶吹簫」：

　　〔落梅風〕姨夫鬧，咱便曉，君子不奪人之好。他攬定磨桿兒誇俏，推不動磨桿兒上自吊。〔甜水令〕佳人有意郎君俏，郎君沒鈔鶯花惱。如今等惜花人弄巧，指不過美話兒排，虛科兒套，實心兒少。想著月下情、星前約，是則是花木瓜兒看好。李亞仙負心疾，鄭元和下番早。

這是純粹描寫妓院嫖客之間的爭風吃醋、妓女鴇母的只認錢鈔。雖然說，沒有關漢卿這樣的「郎君領袖」、「浪子班頭」經歷，是不會將妓院生活寫得如此的維妙維肖、栩栩如生，但要從中找出一絲的鬥士精神，卻是不可能的。這種情況在關作中還並不乏見，如另一首〔雙調・新水令〕題爲《鬧爭奪鼎沸了麗春園》，此題目意味著什麼內容一看便知。其中在慨嘆自己「白沒事教人笑，惹人怨」之後繼續寫道：

　　〔駐馬聽〕錦陣裡爭先，緊捲旗旛不再展，花營中挑戰，勞拴意馬與心猿。降書執寫納君前，唇槍舌劍難施展。參破脫空禪，早抽頭索甚他人勸。

表面上看，關氏此曲用的正是體現鬥士精神的《不伏老》等曲中的語言，如「錦陣裡爭先」、「花營中挑戰」等等，但情況已截然

不同了，這裡已不再有不屈不撓死也要「向煙花路兒上走」的勇氣，而是甘願服輸，「緊捲旗旛不再展」、「勞（牢）拴意馬和心猿」，如果仍舊理解爲關漢卿的生活態度，則只能表現他曾經有過的消沈一面，如前面曾分析過的「鷹飛得有時比雞還低」的情景。然而事實上，關漢卿一生的確大多數時間在和勾欄行院（妓院兼戲班）打交道，「一生眼花臥柳」也不全是比喻借代，在這裡，「劇味」、「詩味」同樣是不存在的。有的只是一種市井曲家的放浪。

　　元人散曲中有一個固定的體格，一支曲子前三句雅語有時竟和詩體無明顯不同。字句整齊、聲韻鏗鏘，細加品味也是詩味濃鬱，但以下即轉入俗調。在套數則前兩曲往往寫景鋪墊，造語極雅，後面數曲則本色通俗。一套之中，雅俗並存。有論者認爲「這又是散曲初向文人化過渡的一個跡象，亦是雅俗尚未圓融一體的明顯表徵。」⓳元前期曲家楊果人作品已時有所見，關作散曲當然也不失此一格，如前面列舉過的〔仙呂‧翠裙腰〕《閨怨》，在充滿詩情「神韻」的「曉來雨過山橫秀」前二曲之後，隨即來了這麼一支曲子：

　　　〔寄生草〕爲甚憂，爲甚愁？爲蕭郎一去經今久。玉臺寶
　　鑑生塵垢，綠窗冷落閒鍼繡，豈知人兩葉眉兒皺！
這就使得前曲含蓄、蘊藉的詩情一下子吐露得乾乾淨淨、一瀉無餘，原來仍是不加掩飾的情慾。另如〔大石調‧青杏子〕《離情》：

　　　〔茶蘼香〕記得初相守，偶而間因循成就，美滿效綢繆。
　　花朝月夜同宴賞，佳節難酬，到今日一旦休。常言道好事天
　　慳，美姻緣他娘間阻，生拆散鸞交鳳友。〔尾〕對著盞半明不
　　滅的孤燈雙眉皺，冷清清沒個人僝，誰解春衫兒扣？
依然沒有詩情畫意，沒有故事情節和動作形象，依然只是放浪的男女愛慾，不存在昂揚奮發的鬥士精神，將其歸入純粹的市井俗

曲也不會讓人感到不恰當。

　　關漢卿筆下的市井之曲還表現在多以女性形體神態爲描摹對象。例如他的〔越調・鬥鵪鶉〕兩個套曲即傳神地刻劃了女藝人的表演伎藝：

　　　　蹴鞠場中，鳴珂巷裡。南北馳名，寰中可意。夾縫堪誇，拋聲盡喜。那換活，煞整齊。款側金蓮，微那玉體。唐裙輕蕩，繡帶斜飄，舞袖低垂。

蹴鞠，一名擊鞠，我國古代的一種踢毬運動。漢〔劉向《別錄》一書中有云：「蹴鞠者，傳言黃帝所作，或曰起戰國時。蹴鞠，兵執也，所以練武士，知有材也。」這種早期的練武「蹴鞠」，至宋金時尚盛，《金史》記載宣宗興定四年（1220）冬十月「上擊鞠於臨武殿。⑳」然在民間則早已成爲一種伎藝。宋人汪雲程曾有《蹴鞠圖譜》傳世。關氏曲中即正面描繪了蹴鞠女藝人嫻熟的伎藝和迷人的嬌姿：

　　　　〔禿廝兒〕粉汗濕珍珠亂滴，室髻偏鴉玉斜堆。虛蹬落實拾攝起，側身動，柳腰脆丸惜。

這正是一幅別具一格的美女圖。形象鮮明，富有動感，和「劇家之曲」比較唯一差別在於沒有故事情節。

　　在另一首《女校尉》中，作者還表明自己也曾置身其中：

　　　　〔寨兒令〕得自由，莫剛求，茶餘飯飽邀故友，謝館秦樓，散悶消愁。惟蹴鞠最風流。演習得踢打溫柔，施逞得解數滑熟。引腳躧龍斬眼，擔槍拐鳳搖頭。一左一右，折疊拐鵲騰遊。

女校尉乃宋元圓社中踢毬伎藝高超的女藝人。《玄覽堂叢書》影印舊鈔本《蹴鞠譜》中《須知》一節記校尉名稱的來由說：「出入金門，駕前承應，賜爲校尉之職。」同書還說：「凡做校尉者，必用山岳比賽過，纔見其奧妙。」㉑據前面考證，關氏此曲作時較

早，當在作者於金末汴京仕宦之時，所以曲中有「平生肥馬輕
裘，何須錦帶吳鈎」和「嘆功名似水上浮漚」的說法。此曲一開
始即云「得自由，莫剛求」，顯然是指公事餘暇不易，故至「謝
館秦樓」散悶消愁。他同藝伎們在一起「演習得踢打溫柔」，這
種放浪的生活態度在傳統的文人士大夫中確實少見，但在市井文
學中卻能經常看到。

　　自然，將女藝人高超伎藝作爲描寫對象的作品在古代並不乏
見，著名的如杜甫《觀公孫大娘弟子舞劍器行》等。但在散曲中以
套數正面表現，關漢卿應該説是開了先導，曲中描寫實際上也是
他本人放浪翫世的一個側面。

　　關氏筆下的美人圖不僅局限於妓女和女藝人，有時還出現在
下層婢女身上。例如他的〔中呂・朝天子〕《從嫁媵婢》：

　　　鬢鴉、臉霞，屈殺了將陪嫁。規模全似大人家，不在紅
　　娘下。巧笑迎人，文談回話，真如解語花。若咱，得他，倒
　　了蒲桃架。

寥寥數語，就將一個活潑可愛的婢女形象勾劃出來了。「不在紅
娘下」一句，表明作者有意將此曲與《西廂記》聯繫起來，「規模
全是大人家」一句亦與《西廂記》第一本第二折〔脫布衫〕曲：「大
人家舉止端詳」曲辭有化用關係。「解語花」三字亦見關氏另一
散曲〔雙調・沈醉東風〕五：「面比花枝解語」，也同在《西廂記》
第一本第二折中找到著落：「嬌羞花解語」〔尾〕，俱爲張生贊嘆
紅娘之辭，此處用來贊賞「不在紅娘下」的侍婢，可稱得體。雖
然此曲作者目前尚有爭論，吳梅先生由此生發出關夫人的「爲君
唱徹醋葫蘆」一詩等佚事。純爲作者想像㉒，自然不足爲據。但
從關氏作品和《西廂記》的密切關係來看，這支小曲爲關漢卿所作
的可能性更大一些（關於這點，前面有關章節均已論及，此不贅
言）。

對女性體態的描述有時還在關漢卿散曲中引出俗筆。這方面主要見他的〔仙呂・醉扶歸〕《禿指甲》一首：

> 十指如枯筍，和袖捧金樽；搯殺銀箏字不真。揉癢天生鈍。縱有相思淚痕，索把拳頭搵。

歷來論者對此曲褒貶不一。元人周德清將此曲作爲《中原音韻》作詞十法的「定格」之一，明人王世貞稱此曲爲「諢中巧語」，俱極稱賞，然數十年來，則多有貶之者，理由是曲中對被壓迫遭污辱的妓女進行嘲戲，表現了作者的低級趣味。當然也有不同觀點。今天看來，此曲較深反映了歌妓的痛苦：儘管彈箏已將指甲磨禿了，到了「十指如枯筍」的悲慘境地，卻還得被迫待客，「和袖捧金樽」。作品的暴露力量無疑是很強的。然而如此痛苦的處境卻通過嘲戲的方式表現出來（「揉癢」以及用「拳頭搵」「想思淚」），這種處理手法不能表明作者是嚴肅對待此事的，這和他在劇作中將悲劇性題材化作喜劇形式出之如出一轍，或竟可以看作是在散曲創作中的不覺運用。毫無疑問這是作者玩世不恭生活態度的一個具體體現。元代散曲領域嘲戲成風，甚至對歷史上的英雄人物都不例外。例如張鳴善小令〔雙調・水仙子〕將周文王稱作「五眼雞」，稱諸葛亮爲「兩頭蛇」，而貫雲石〔雙調・殿前歡〕中竟對「忠臣跳入汨羅江」的屈原反覆嘲弄：「滄海污你，你污滄浪？」如此等等，可以説這都是人們在那個特定時代超越常態的玩世表現。長歌當哭，怒極反笑，在這裡，簡單地予以肯定和否定都不能正確説明問題。作爲關漢卿筆下典型的市井之曲，《禿指甲》一曲自有其存在價值。

市井之曲，爲元散曲的重要組成部分，關漢卿這部分創作自然亦不例外。這也是時代和當時漢族文人的特殊處境造成的，元人邨經所謂「百年未幾，世運中否，士失其業，志則鬱矣」，於是造成了一代文人「嘲風弄月，留連光景。」❷嚴格地説，關漢

卿的生活態度不僅和元好問、楊果、胡紫山等名公大儒不同，也與白樸、馬致遠這些天性雅潔的文人有異，他一生的市俗化是很少有文人士大夫所可比擬的。明人臧晉叔稱「關漢卿輩爭挾長技以自見」、「偶倡優而不辭」❷，更是關作中市井之曲之由來。從這個意義上說，關漢卿散曲（甚至包括雜劇）都是市井之曲（廣義上），充滿市俗氣息是關氏全部創作的總體風貌。但由於關漢卿本身又同時期有戲劇大家和文人士大夫的雙重身份，所以在狹義上，他的散曲又都帶有雜劇和傳統詩文的某些特點，因此我們將其具體分爲「劇家之曲」、「詩家之曲」和「市井之曲」，應當說更有助於其整體創作的準確把握，也符合其散曲創作的實際。這一點我們在以下對關氏創作風格的總體探討中將看得更加清楚。

注　　釋

❶《藝苑厄言》附錄一。

❷《元曲六大家略傳》第109頁，古典文學出版社1957年版。持此觀點的尚有李昌集《中國古代散曲史》等。

❸黃克《關漢卿戲劇人物論》第198頁。人民文學出版社1984年版。

❹《散曲叢刊》第十二種《清人散曲》。

❺劉大傑《中國文學發展史》第二十三章，北京中華書局1949年初版。

❻李昌集《中國古代散曲史》第537頁。

❼明・何良俊《四友齋叢説》卷三十七「詞曲」。

❽玉兔鶻牌爲金元時宮禁腰牌的一種。《癸辛雜識》：「法：凡異姓入宮門，必懸牌於腰乃可，惟宗子可免。」關漢卿作爲太醫院尹，經常出入宮門，故亦得授此牌。

❾黃克《關漢卿戲劇人物論》第199頁。

⑩《文心雕龍·情采》。

⑪《文選·文賦》。

⑫唐·司空圖《與李生論詩書》。

⑬《元曲選》後集序。

⑭黄克《關漢卿戲劇人物論》第198頁。

⑮《世説新語·賞譽篇》。

⑯參見鄧紹基主編《元代文學史》第十七章。北京人民文學出版社1991
年版。

⑰《宋元戲曲考》十二《元劇之文章》。

⑱貫雲石作張小山《今樂府》序中語，引自李昌集《中國古代散曲史》第
571頁。

⑲李昌集《中國古代散曲史》第485頁，華東師大出版社1991年版。

⑳《金史·宣宗下》。

㉑轉引自李漢秋等《關漢卿散曲集》第59頁，上海古籍出版社1990年
版。

㉒《吳梅戲曲論文集》第80頁。

㉓《青樓集序》。

㉔《元曲選》後集序。

第八章　關氏風格論

　　關漢卿之創作風格，爲歷來論者談論較多的一個問題。從元人的「造語妖嬈」（貫雲石）、「奇巧」（楊維楨）到明人的「激厲而少蘊藉」（何良俊），由於考察的角度不同，結論亦多歧見。至清末的王國維，始有較爲系統的評說：

　　　　關漢卿一空倚傍，自鑄偉詞，而其言曲盡人情，字字本色，故當爲元人第一。

此即近代意義上本色論的開端。在這以前，何良俊、徐渭、胡應麟、凌濛初等人均曾接觸到本色問題，但他們有的並未和關氏風格聯繫起來，有的只從《西廂》王作關續角度考察，故皆非嚴格意義上的關漢卿創作風格論。自王國維以後，經過鄭振鐸、林庚、劉大杰諸人在其所著文學史專著中加以引申發揮，關劇的本色風格遂成定論，此後關漢卿即被作爲元雜劇中本色派的代表。

　　然而，此前有關關作風格的論述，除了少數文學史專著以外，大多出自前人觀點的繼承，或僅就關作某些方面而作出推演，從整體上正面展開論述並不多見，而文學史專著又因體例關係，對風格諸方面自不能花更多的筆墨，所以到目前爲止，關氏本色派風格的内容到底指什麼，是僅指語言還是包括其他，有關論者尚無定論。因而，風格問題仍爲關漢卿研究領域尚待進一步挖掘開墾的園地。

　　文論界一般認爲，作家風格貫穿於創作的全過程，體現「其一系列代表作品内容與形式的有機統一中。」❶本文擬從總體構思、結構藝術、人物塑造和語言形式四方面對關漢卿的創作風格作一個比較全面的論述。

一　總體構思：新穎性、多樣性

誰都知道，風格乃作家創作個性在作品中的反映，而創作個性則首先表現在對其作品的總體構思上面。總體構思包括題材範圍、體制安排、性質分類等等。通觀關漢卿的全部創作，給人以深刻印象的是作品內容和形式的多樣性和新穎性。

從題材範圍上看，和中外偉大的戲劇家一樣，關漢卿首先把藝術目光對準了過去，在歷史的進程中尋找自己的落腳點。如前所述，關氏中期以前的劇作大多爲歷史題材。在今存十八種關劇中，歷史劇和歷史故事劇即有十五種之多，占總數的六分之五，如果連同佚目都包括在內，則在全部的六十六種關劇中，可以稱得歷史劇和歷史故事劇的達五十二種，也差不多將近了六分之五。可見歷史題材在作者題材選擇中所占的突出地位。

對於關氏等元曲作家多以歷史題材入劇，前人多歸因於元代政治黑暗以及統治者對雜劇創作的壓制，人們轉引最多的是元時的一些法令，如「諸妄撰詞曲誣人，以犯上惡言者，處死」、「諸亂制詞曲爲譏議者，流。」❷如此等等。事實上這是一種錯覺，目前所能見到的正史、野史、官府案例、私家筆記均無雜劇作家因「妄撰詞曲」而被殺或被流的記載，顯然此類法令在當時並未認真實行過。關氏後期劇作多現實劇這個事實也可從另一角度證明這一點。如果説前期寫作歷史劇是因爲要避免違法而不得已爲之的話，則世祖中期以後法律漸趨嚴密，且無明令宣布以上禁令無效，爲什麼漢卿倒在後期敢於寫現實劇呢？顯然問題不在這裡。

我們知道，西方戲劇史的源頭古希臘戲劇多從歷史和神話選擇題材（悲劇中唯一的現實劇在演出時竟遭到當局的罰款，因爲

劇中提到了當時和波斯作戰中希臘人的戰敗），東方成熟的印度梵劇的題材亦多來自宗教歷史故事。這種歷史劇先導的狀況直到公元16世紀莎士比亞筆下仍沒有根本的變化，莎氏劇作早期也是以歷史劇爲標誌的，以後才轉入悲劇和喜劇。對關漢卿劇作題材的選擇，最科學的方法同樣應當從戲劇史及關氏創作本身具體情況去探索。

從前面對關氏創作分期的描述中可以看出，關漢卿的劇作題材是從歷史題材入手的，以後隨著年齡的增長而作品的現實內容逐漸增多，歷史成分則逐步淡化。從歷史劇、歷史故事劇到社會現實劇，我們可以清楚地看到這種轉變和淡化的軌跡。由此可見，從歷史事件和歷史人物中選擇題材應當是劇作家從事創作的必要通道。我們知道，關氏開始雜劇創作是在十三世紀中葉，此時北雜劇藝術剛剛形成，可說是正值幼年時期，作者此時雖然年屬不惑，但在戲劇領域卻也是剛剛起步，對於如何表現社會現實完全沒有經驗，更無可供遵循的範例，況且作者對社會對人生的體驗也不如後來那麼深刻，那麼成熟。這一切都決定了他此時期把目光轉向過去，在歷史的框架內尋求題材的必然性。

然而，這並不意味著關劇題材陳舊和缺乏現實性，作者熱愛生活，有著強烈的入世精神，這一點已爲人們所公認。統觀關氏早中期劇作即可發現，無論是歷史劇還是歷史故事劇，作者都表現了在題材選擇方面最大的廣度和深度，文明紀元早期的《伊尹扶湯》，中間經過漢、三國、南北朝、隋、唐、宋，直到以作者曾經親歷的金代爲背景的《調風月》和《拜月亭》，前後持續了近三千年的歷史在關劇題材中均有不同程度的表現。其中有《單刀會》、《雙赴夢》這樣正面表現蜀、吳兩大政治軍事集團爲爭城奪地而展開的刀光劍影、唇槍舌劍，有《敬德降唐》、《哭存孝》這樣正面表現領袖人物如何看待人才和防範小人的，也有《五侯宴》、

《裴度還帶》這樣對歷史人物出身、命運和道德問題作出正面評判的。劇情和場面也各有不同，從宮廷到戰場，從相府、帥府到將軍府第，從滔滔大江到農莊和寺廟，應有盡有，五光十色，顯示了作者對歷史情事特別熟悉，運用起來得心應手。即使在僅取歷史一點影子而重新再創造的歷史故事劇中，人們也可以看出作者對歷史上的法律制度，特權階層的橫行霸道引起的社會不安、文人的仕途以及妓女的命運等等問題的關注，對歷史上的等級制度和戰亂導致人與人之間關係的改變等等問題，作者同樣傾注了很大的熱情。由此可以看出，歷史對關漢卿來說不過是憑依發揮的框架，不僅不構成任何局限，反而由於借著歷史的名義而使得自己真實的思想得以盡情的發揮，並且避免了因選擇素材缺乏經驗而帶來的麻煩。如《單刀會》中表現的強烈的民族意識，如果不是借用歷史事件和歷史人物的名義，是很難設想會在舞台上公開宣告「倒不了俺漢家節」，即使作家敢寫，演員也不敢演出來。黑格爾曾經說過：「理想的藝術表現，……一般地說，在較早的過去時代，才找到它的最好現實土壤。」❸我們當然不認爲歷史題材是唯一「理想的藝術表現」，但黑格爾最後這句話非常重要，注目過去，展現歷史決不是目的，最終目標在於古爲今用。也正是在這個意義上，黑格爾這段話用來說明關漢卿早期歷史劇是非常適合的。的確，對此時期關漢卿來說，注目於「較早的過去時代」，更是爲了創新，而且唯有如此，才能找到「最好現實土壤」，這也符合這位戲劇大師畢生的追求。

　　既然題材的多樣性在關漢卿的歷史劇和歷史故事劇已有相當表現，則在其現實劇中這種表現即更加突出了。在現存的晚期三個劇中，《玉鏡台》選擇了很少爲人們所注意的老夫少妻現象，而促成他（她）們最終結合的不是金錢，不是權勢，也不是變態的情欲（起碼劉倩英不是如此），而是出於張冠李戴的「騙娶」和

怕丟面子的虛榮。儘管此劇在構思上還屬於歷史題材向現實題材的過渡，但從情節的安排可以看出作者選材的角度是很新穎和獨特的。

《望江亭》和《竇娥冤》這兩個現實劇共同揭示了寡婦的生活和命運問題，也表現了作者對這一牽涉到傳統倫理道德問題的看法。過去多有論者認為《竇娥冤》中女主人公是為了「一馬不將兩鞍備」的節操而抗拒張驢兒，因而認定如此處理反映了作思想深處的局限性。其實這並不確實，因為作者幾乎同時創作的另一劇作《望江亭》則對寡婦改嫁作了肯定的描寫。和劇中的男主角一樣，關漢卿並沒有因為寡婦改了嫁就加以鞭撻和否定，而是充滿感情的歌頌，而且從劇情性質來看，《竇娥冤》中的女主人公並不因為矢志守節而得到社會的鼓勵和獎賞，相反卻被惡人構陷而最終以悲劇結局，同樣，《望江亭》中的女主人公也並不因為改嫁而遭厄運，相反最終卻在懲治惡人的鬥爭中取得了完全的勝利，是一個典型的喜劇結局。作家對此二劇同類題材的不同處理亦即說明了自己的傾向性。雖然不能以此斷定他在號召寡婦們都走改嫁的道路，但客觀上卻對寡婦們勇敢面對新生活起到了鼓勵的作用，起碼不能說關氏是極力鼓吹寡婦「一馬不將兩鞍備」，因而是封建禮教忠心維護者的。

除了寡婦改嫁之外，這兩個現實題材的劇本還接觸了權豪勢要、地痞無賴的橫行霸道，貪官污吏的無心正法和草菅人命，還揭露了當時的高利貸的殘酷剝削等等問題，甚至對當時的中央朝政、地方司法制度、寺廟等領域均有不同程度的涉及，由此可見作者的選材能力業已相當成熟，完全脫離了早期創作對歷史框架某程度上的依賴性。

關作中的現實性成分在散曲中表現得尤甚。如果說雜劇中多數還必須借助於歷史的影子的話，散曲中則除〔大德歌〕六首和

《崔張十六事》兩組小令分別吟誦了前代愛情故事外，其餘大部，不論是《杭州景》之類的寫景，《贈朱簾秀》之類的贈人，也無論《不伏老》等曲的抒懷，〔商調・梧葉兒〕《別情》之類的言情，皆取自現實生活。其場景有〔黃鍾・侍香金童〕中的「香閨院宇」，有〔大石調・青子〕《騁懷》中的「花月酒家樓」，有「杭州景」，有「小紅樓」，有「荼蘼架」，還有著「蹴鞠場中」、「鳴珂巷里」。同樣是應有盡有，五光十色。雖然有評論認爲散曲格調不高，但那是見仁見智，並不影響我們這裡所説的選材的現實性。

　　除了同時具有歷史和現實的成分以外，關劇題材的多樣性還表現在現實和非現實情節的安排上。

　　當然，這裡的所謂現實已不是相對於歷史題材的眼前現實，而是指整個人世而言。目前一般認爲，關漢卿熱愛生活，敢於面對人生，在那獸道橫行的黑暗時代，他高揚著生命的旗幟，在邪惡的不屈抗爭中體現出人道主義精神。事實上亦是這樣。如前所析，即使在關漢卿表現最消沉的散曲作品中，儘管模糊是非、消極避世，削弱了進取精神，但始終沒有和同時代其它類似作品那樣對歷史上傑出人物（如屈原、諸葛亮等）進行否定和嘲弄。此外，在關漢卿的全部作品中，元曲中大多數題材皆已具備，唯獨沒有「神仙道化」這一類，這都説明了作者十分積極入世的生活態度，體現了徹底的現實主義精神。

　　然而，這樣評價亦並非意味著關漢卿不擅長於非現實成分的構造。從早期的《西蜀夢》到晚期的《竇娥冤》，無論是生前叱咤風雲的萬人敵大將還是無權無勢，可憐無告的市民寡婦，死後都成了復仇情緒強烈的厲鬼。鬼魂的出現無疑使得寫實性極強的關漢卿作品平添了非現實的氣氛。而且，這種非現實成分時出現在上述二劇中又並非若隱若現的場外人物（像莎士比亞戲劇《哈姆雷特》中老王的鬼魂一樣），它們或者本身即爲場上主要人物形象

（魂關、張），或者是主人公復仇意志的延續（魂竇娥），都在不同程度上構成了劇情的重要組成部分。在具體表現上，魂張飛在愁雲中和魂關羽相見互訴苦情，並且結伴前往西蜀托夢。此後二魂在宮殿角徘徊：「早朝靴趾不響玻璃甃，白象笏打不響黃金獸。」《竇娥冤》中的「魂旦」，不僅「慢騰騰昏地裡走，足律律旋風中來」，而且在楚州後廳裡滅燈現形，白日裡公堂對質，俱可以同一切「神頭鬼面」乃至「神仙道化」劇的非現實虛構相媲美。顯然，關漢卿對於人世外的非現實虛造同樣是得心應手的，不過他筆下的這些非現實表現並不是其目的，正如有論者所言，「三分不像鬼，七分倒像人」，實際上即爲其現實主義精神的一種延伸。美國戲劇理論家勞遜曾經指出：「鬼的意義並不是作爲一個象徵，而是一個活生生的一個動作的一個因素，如果它對動作所起的效果是跟我們所知的現實相符合的，我們就接受這個造成效果的程式所產生的心理的真實。」❹這段話用來評價關漢卿筆下的鬼魂，應當說是相當適合的。它們共同體現的是現實中人的意志，而非引導讀者走向空幻和虛無，這也是關劇中非現實成分區別於馬致遠等其他元曲家創作的一個重要特點。

除了歷史劇和現實劇，現實成分和非現實成分交織之外，關作題材的多樣性和新穎性還表現在文戲武戲的結合方面。當然，這主要體現在前期的歷史劇之中。

如何對歷史上的重大事件進行剪裁選擇，亦即如何適當處理文、武戲在作品中的比例，這是檢驗一個歷史劇作家選材能力的重要標誌。一般說來，關漢卿創作都以構思新穎、人物獨特、結構完整以及語言本色吸引觀眾，並不重在情節的緊張和場面的熱鬧，故其作品中正面涉及重大政治軍事鬥爭場面的並不太多，從劇目數量上看不及總數的三分之一。即使在這些作品中正面描寫開打的場面也比較少，例如《單刀會》中儘管有「旱路裡擺著馬

軍，水路裡擺著戰船，直殺一個血胡同」的台詞，但並無戰爭場面的出現。如果説在此劇是爲了突出「赴會」中唇槍舌劍以塑造主人公的大智大勇的話，則《西蜀夢》中完全可以將關羽夜走麥城、張飛閬州被刺等場面表現出來以造成緊張熱鬧的舞台效果，但作者卻偏偏沒有這樣做，而是通過使臣和諸葛亮等人之口間接交待，而正面表現的卻是劉備、諸葛亮等人的悲傷和關、張二魂要求復仇的憤激情緒。關作中另一歷史劇《哭存孝》也是如此，作者並沒有正面表現李存孝「擒拿鄧天王、活挾孟截海、撾打張歸霸，十八騎誤入長安，大破黃巢」的武功，也沒有正面表現他被迫赴邢州後「殺王彥章，不敢正眼視之；鎮朱全忠，不敢侵擾其境」的神勇。這些皆僅通過道白中間接敍述，而作品正面表現的卻是李克用的昏瞶、李存信之類小人的誣害，從而導致李存孝被車裂身死的經過，打鬥場面並未在舞台上出現。如此等等，皆可看出作者獨特、新穎的創作個性。

這樣概括當然亦不意味著關漢卿沒有構思武戲的創作才能。我們看到，在《敬德降唐》和《五侯宴》二劇中，這方面即表現得比較充分，其中既有著李世民、徐茂功等人的運籌帷幄，又有著李嗣源、王彥章等人的戰爭交鋒；既有著千軍萬馬的野戰（《五侯宴》），又有著虎將之間的單兵格鬥（《敬德降唐》），甚至在不涉及重大政治軍事背景的愛情劇如《西廂記》中也有著白馬將軍杜確和賊將孫飛虎之間的格鬥（「調陣子」科）。這些，再加上《單刀會》中以武力爲後盾的外交上的激烈舌戰，文戲和武戲得到了良好的配合。在這個意義上可以説，古代戲曲中重大政治、軍事鬥爭的基本手法在關劇均得到了豐富的表現。

總之，歷史劇和現實劇皆備，現實成分和非現實成分同見，文戲和武戲兼工，這是從題材內容方面衡量關漢卿創作的一個最大特點，也是關氏創作題材多樣性，新穎性的基本特徵。

　　題材以外，多樣化還體現在體制的安排和性質的分類方面。

　　首先，從雜劇體制上看，由於關漢卿一生經歷了初創和繁盛的兩個時期，同時還兼有南北兩方面的特色，所以他的作品除了典型的四折一楔子成熟形式外，還有著早期的不穩定和南下後接受南戲影響而形成的變格。前者除了前面提到並分析過的早期六部歷史劇中存在著的主角扮演多人的情況外，還存在著其他角色也開口唱曲的情形，如《蝴蝶夢》第三中王三唱的〔端正好〕、〔滾繡球〕兩支，並說是「曲尾」。所有這些，一般皆認爲是當時北雜劇體制尚不成熟和不穩定的標誌。但從另一角度看，主角不限於僅扮一人也有助於劇中不同人物的塑造，在一定程度上減輕了主角一唱到底的單調感。至於「曲尾」的出現，並沒有使劇情和唱腔的完整性遭到破壞，反而活躍了場上的氣氛。

　　關漢卿晚期劇作還有意吸收南戲的體制，《望江亭》第三折楊衙内和張千、李稍兩個隨從唱了一曲〔馬鞍兒〕，並通過楊衙内之口指出這是「扮南戲」。如果說這還可以理解爲偶而插科打諢的話，則《西廂記》雜劇體制受南戲影響則是歷來人們所談論的熱門話題。它不僅體制由一本四折一楔子變成了五本二十一折的長篇巨制，而且其中還出現了對唱、雙唱、合唱等形式，在相當程度上打破了四折一楔子的傳統演唱形式，盡管今傳本《西廂》乃王實甫最後修定，但既爲關漢卿草創，基本形態尚可依據斷定。

　　關作有意吸收南戲體制還體現在散曲方面，他的〔仙呂·桂枝香〕「因他別後」即爲一南曲套數，今存於明萬曆刊本的《詞林白雪》和《南宮詞紀》，前者署名爲關漢卿，後者爲無名氏。有論者曾懷疑關氏的創作權，但無確證。關氏後期在南方度過，接受南曲影響並試驗創作是完全有可能的事，這也是他在構思上不斷求新的一個表現。將此曲與《望江亭》、《西廂記》等劇同時考察，可以收到相互映證的結果。

　　不光在北曲基礎上注意吸收南曲的影響，關氏散曲體制上的多樣性還體現在各不同樣式的齊備上面。套數中既有（二十換頭）〔雙調・新水令〕的長達二十一個曲牌的宏篇巨制，又有〔雙調・喬牌兒〕「世情推物理」這樣一批中套，還有〔南呂・一枝花〕《杭州景》、《贈朱帘秀》這樣一些只有三個曲牌的短套。小令亦是如此，其中既有《崔張十六事》這樣長達十六支曲子的連章體巨制，又有〔商調・梧葉兒〕《別情》這樣的短篇隻曲。在曲調類別上，關氏散曲既有北方漢地的大量樂章，又有充滿女真風味的（二十換頭）。正如同雜劇中並存常格變格一樣，關氏散曲亦兼有套數小令各體之備，這些都說明作者在體制上同樣屬於多樣型。

　　除了傳統體制以外，關作體裁的新穎多樣更體現在作品的性質方面。

　　如前所述，關漢卿筆下既有悲劇、喜劇，還有悲喜劇，在這些分類的基礎上，還可作進一步更深入的劃分。

　　在悲劇領域，我們知道，除了命運悲劇外，傳統悲劇的大多數形式都在關氏作品中有所表現，並都有其獨到之處。例如《西蜀夢》這樣一個抒情悲劇，按歷史照素材，關羽「剛而自矜」、張飛「暴而無恩」，此皆爲取禍之道，如從這個角度著筆，完全可以寫成一個性格悲劇，但作者並沒有這樣做，而是截取關、張遇害的消息傳入蜀宮前後的幾個情節斷面，並不惜拉入非現實的表現手法，重在人物的悲憤抒情，從而突出了復仇的主題，而這是其它任何性質的構思選擇所不能很好完成的。又如英雄悲劇《哭存孝》，無疑人物的悲憤性抒情和復仇的意念也爲劇情所包含的重要内容，然而作者並沒有圖省氣力的沿襲前劇的已有做法，而是另闢蹊徑，從李克用的老邁昏瞶，李存孝的正直迂拙入手，刻劃了「太平本是將軍定，不許將軍見太平」的心理痛苦，突出

了英雄末路之悲。另外，還如《魯齋郎》，權豪勢要的橫行霸道爲此劇中最引人注目的部分，雖然不適合寫命運悲劇和英雄悲劇，但作者完全有理由將其寫成抒情悲劇或社會悲劇，但卻別出心裁，將一個性格上有嚴重弱點的下層小吏作爲主人公，主要展示了他在強暴面前逆來順受的屈辱表現，從而完成了一個意義獨特的性格悲劇。而人們熟知的「列入世界大悲劇亦無愧色」的《竇娥冤》，雖然取材於寡婦的不幸命運，但並未將筆觸僅局限在家庭之內，寫成一個「家庭悲劇」（劉大傑語），而是通過高利貸剝削、地痞流氓的橫行，貪官污吏的昏暴將其主人公由家庭拉入社會，在表現主要人物悲劇命運的同時展示了種種社會問題，成了一部不折不扣的社會悲劇。在這裡，多樣化又和力求創新、避免雷同的創作態度緊密結合在一起。

喜劇方面也是一樣。從題材上看，《陳母教子》和《玉鏡台》中主要人物的語言行動，無論是陳母教育兒子不貪財、不吹牛，一心一意求取功名，還是溫嶠在夫人去世後想續弦，無疑都有其合理之處。前者即使寫一個歌頌性的喜劇亦未嘗不可，即使後者，也完全可以寫成一個世態喜劇，然作者亦不滿足於表面價值的一般肯定，而是透過表層去挖掘人物靈魂深處的東西。除了本來即爲自大和吹牛典型的喜劇人物陳良佐之外，對陳母則是故意誇大她內心深處對科舉功名的執迷，使之具有「范進」的可笑之處。對溫嶠則是突出他的「騙娶」和年紀不相稱的情欲，對劉倩英則刻意揭示她過分的愛虛榮、要面子，從而構成了作品作爲諷刺喜劇的基礎。又如《謝天香》和《金線池》二劇，都以妓女屢遭鴇母和官府的欺詐爲題材，寫成悲劇亦未嘗不可，但作者在挖掘社會和人生中廣泛在的恰當和不恰當的言行內涵，故其筆下的官員無論是錢大尹和石府尹，都在一個爲朋友促成姻緣的恰當前提下採取了不恰當的做法（一爲假娶，一爲假拷），而作品主人公無論是

謝天香還是杜蕊娘，也無論是被迫就範還是極力抗拒，固然都爲其身份地位及其性格所決定的恰當行動，但表現起來卻又都爲有悖於正常生活要求的不恰當言行，這樣，幽默喜劇效果即隨之產生了。另外，《望江亭》和《救風塵》二劇，其中對權豪勢要和地痞商人挖空心思損人利己但終於「竹籃打水一場空」的描寫可說是維妙維肖，是個典型的諷刺喜劇題材，但作者同樣沒有就此停留，而是進一步刻劃了女主人公的機智和勇敢，熔諷刺、幽默喜劇效果於一爐，從而構成了生活和藝術面更加廣泛的世態喜劇。

悲喜劇方面，作者的處理更加複雜。固然，《單刀會》和《敬德降唐》作爲兩個英雄頌劇是理所當然，但作者之所以並未將其處理爲單純歌頌性的喜劇，其根本原因恐怕還是考慮到人物的性格特點以及劇作的嚴肅性等因素。只有嚴肅戲劇的格調才能進行適當的表達，否則即容易流於浮淺而缺乏力度，也與作者的初願相違背。同樣，《詐妮子》和《拜月亭》二劇，男女主人公最終皆雙雙團圓，達到了行動的目的，但作者也並未就此單處理爲純喜劇，而是著意於封建等級制度在劇情發展中的陰影，寫成了具有悲喜劇性質的感傷喜劇。與此相反，《裴度還帶》一劇表現命運和道德力量的衝突，其中將主人公的不幸推到了極致，正直的品格、豐茂的才華沒有給他帶來美好前程，反而使他落入行將在「碎磚瓦礫下板僵身死」的悲慘境地。以此題材寫成一幕悲劇極有可能，但著眼於人世和不落窠臼的創作觀念又使得作者改變了衝突的性質，終於讓道德的力量戰勝了上天命運的安排，成了一幕道德悲喜劇。同樣，《蝴蝶夢》劇中王老漢無故被皇親葛彪打死，王家三子懲凶復仇反被抓進官府非刑拷打，而且必須爲惡棍償命，主人公王婆在面臨夫死子亡的慘禍面前表現出崇高的犧牲精神；《五侯宴》中王嫂典身葬夫，又被雇主偷改契約，以致終身爲奴，唯一親子又被迫拋棄，最後不堪虐待，決定投井自盡；

《緋衣夢》中女主人公反對勢利的父親悔親，私相出資幫助愛人迎娶，但隨著梅香被強盜殺死，愛人牽連入獄，被判死罪，助人導致害人，自然痛不欲生。如此等等，無疑皆爲典型的悲劇題材，但作者依然在體裁選擇上出人意料之外。包拯、錢大尹等清官斷案，李嗣源出面收養棄兒，都使衝突的性質發生了變化，悲劇變成了悲喜劇。以今天的標準衡量，這種處理是否有進步意義可以進一步討論，但其結果卻導致了作品性質類型多樣化這一點卻是再明顯不過的。

　　散曲領域這方面也有著類似表現，作者筆下很少出現千篇一律的格調。作品中既有《不伏老》、《崔張十六事》這樣形象鮮明、情節曲折的劇家之曲，也有著情景交融、充滿詩情畫意的詩家之曲，此外還存在著飲食男女、芸芸眾生、市俗氣息極濃的市井之曲。手法上熔抒情、敍事、代言劇體爲一爐，同樣體現了避免雷同單調，力求多方創新的風格。

　　美國現代戲劇理論家喬治·貝克在談到劇作家的藝術構思時曾歸結爲「選擇、選擇、再選擇。」❺由以上的詳細分析可以看出，在關漢卿的創作中，從題材範圍到體制安排，從内容上的歷史和現實、現實和非現實到體制上的常格和變格，從性質上的悲劇、喜劇、悲喜劇到手法上熔抒情、敍事、代言於一爐，作家總體構思上的多種選擇功力是很深厚的。一般認爲，不斷地棄舊圖新是作家藝術生命旺盛的一個重要標誌，而多樣化的構思選擇是作家風格成熟的必然結果，此二者之間非但不衝突，而且互相映襯，一切風格的穩定都是相對的。由此還可以認爲，在不斷求新基礎上形成的多樣化和新穎性是關氏創作總體構思的最爲顯著的風格特徵。

二　結構藝術：完整性、完備性

總體設計是藝術構思的第一步，也是展示創作風格的起始，而隨之而來的便是作品情節結構的安排問題。亞里士多德談及戲劇六要素時將情節放在第一位，他認爲「情節結構乃悲劇的基礎。」又説：「悲劇中没有行動，則不成悲劇。」❻他指的雖然是悲劇，但無疑適合於一切戲劇，「行動」即情節發展的同義語。我國古代戲劇理論大師李漁持有同樣的觀點，認爲在戲曲諸因素中「結構第一」❼，當然，這裡的結構包括了總體構思，範圍比較廣，但情節結構無疑是其中的核心。

關漢卿創作在藝術結構上的最大特點就是它的完整性，這一點體現在包括雜劇散曲在内的作者全部創作之中。

就雜劇而言，結構完整性首先體現在大多數劇作的情節行動皆有著有機的統一性。在關漢卿的筆下，很少出現頭緒紛繁、線索模糊的情況，即使在主線之外必須交待另一條情節線索的情況下，也多作暗場處理。例如《竇娥冤》，除了悲劇行動尚未開始的楔子和結束之後的第四折以外，主要表現女主人公抗暴失敗最後屈死的過程，絲毫没有多餘的事件和人物，竇天章赴京趕考，得中做官皆通過後來補敍中説出。戲劇衝突從開端、發展、高潮到結局和尾聲，環環相扣，線索分明。又如《蝴蝶夢》一劇，作者始終注意正面表現王婆母子不畏强暴、敢於復仇、視死如歸的行動，而對有可能沖淡主題的包拯以趙頑驢代王三死的情節同樣作爲暗場處理。結構上顯得整齊、單一。關作中類似這種結構處理的還很多，如《謝天香》、《金線池》、《陳母教子》、《拜月亭》和《調風月》以及《玉鏡台》等等。

關劇結構的完整性還體現在劇本的情節和情節之間，場面和

場面之間的有機聯繫，如同劇論家經常談論的存在著「連貫性、邏輯性和順序性。」❽固然，關氏常常喜歡用看似偶然的事件推動情節發展，如《竇娥冤》中蔡婆將被賽盧醫勒死時巧遇張驢兒父子衝散，卻偏偏這一對救人者也是流氓，竇娥的冤案又巧遇桃杌這樣的昏官，都是意外發生的偶然事件。又如《拜月亭》一劇，蔣世隆和王瑞蘭在戰亂中巧遇，後來在招商旅店瑞蘭又與父親重逢，最後蔣世隆得中狀元又巧被王父選中作婿，如此等等，同樣很難說是必然。然而放在金元之際戰爭動亂的特殊環境中，這些偶然事件卻又帶著很大的必然性。同樣，上述《竇娥冤》中的種種巧合放在高利貸盤剝、地痞流氓橫行、貪官污吏遍布天下的元代特殊社會環境下，偶然性中仍反映必然。即使一些非現實的情節，如魂關、張和魂竇娥，固然鬼氣很重，甚至令人有毛骨悚然之感，但由於作者抓住了關、張生前的強梁和竇娥生前的倔強等性格特徵，所以非現實成分也不違背情節發展的邏輯性。相反，假如關羽、張飛和竇娥生前都是窩囊廢的話，則劇中鬼魂上場的舉動即會讓人覺得難以接受。正如我國著名戲劇理論家顧仲彝先生所言：「就是台上出現鬼怪神仙，只要他們的行動合乎情理，他們也相信，也欣賞，也受感動，」❾關作中的非現實成分和現實描寫一樣，都屬於「行動合乎情理」的一類，因而都帶有一定的必然性。

除了情節行動的有機統一等完整性特點以外，關劇的結構藝術還體現著一種特有的完備性，即從戲劇結構的類型上看，它們中既有鎖閉式、又有開放式和人像展覽式，手法上不偏廢其中任何一種，這體現著另一種意義上的完整性。

一般戲劇理論都認為，鎖閉式結構包括行動範圍較小，往往只寫高潮至結局，集中表現戲劇性危機，而對於過去事件和人物關係則用回顧和內省方式隨著劇情發展逐步交待出來，所以又稱

爲「回顧式」或「終局式」。在關漢卿劇作中，《單刀會》和《西蜀夢》是比較典型的兩種。

關羽爲人們所熟知的古代英雄形象，他一生以桃園結義、溫酒斬華雄、過五關斬六將、擊鼓斬蔡陽、華容道義釋曹操，到單刀會，到水淹七軍、威震華夏，直到兵敗麥城，一生經歷可歌可泣者應有盡有，但作者僅截取了突出武戲文做的單刀赴會一事進行集中表現。在《單刀會》劇中，作品一開始即將緊鑼密鼓的政治軍事形勢展現在讀者和觀衆的面前：東吳君臣爲了奪取荊州，正在緊張的設謀定計，主人公關羽一上場即面臨著生死攸關的重大決策，緊接著便是「引著十數個人，駕著小舟一葉」的單刀赴會，便是暗藏殺機的雙方唇槍舌劍。雖然由於體現著戲曲虛擬性原則，劇情地點不住改換，但此劇時間安排卻非常緊湊，前後不超過一天，情節也是圍繞著中心事件展開，毫不拖泥帶水。即使人們經常批評的由喬公和司馬徽主唱的前兩折，表面看來似乎多餘，但通過他們的口回顧和敍述關羽一生的英雄業績，從側面烘托主人公的形象，爲主人公的上場作舖墊，這正是鎖閉式結構的慣用手法，只不過這種回顧敍述不是由主人公自己出面而通過第三者介紹的方式完成罷了。

《西蜀夢》劇也同樣。這個英雄悲劇將張飛和關羽作爲主人公，但沒有正面展現張飛和關羽被害的悲劇過程，卻僅僅截取不幸事件發生後西蜀君臣的震驚悲痛以及關、張鬼魂要求復仇的場面，劇情一開始即處於緊張恐怖的氣氛中。而「憶當年鐵馬金戈」的英雄業績以及「今日向匹夫行伏落」的悲哀都通過使臣、諸葛亮和關、張亡靈的敍述中表現出來，其中前兩折所起的作用和《單刀會》結構相同，都帶有關劇「鎖閉式」的獨有特色。

關漢卿現存劇作中採用鎖閉結構還有多種，例如《蝴蝶夢》一開始即在主人公王婆面前展示了夫死子將亡的緊張悲痛的場

面，《金線池》一劇則一開始即將男女主人公因鴇母挑撥而爆發的不可調和的誤會矛盾之中，時間和情節都比較集中、緊湊。另外，《調風月》、《謝天香》等劇都不可程度地帶有銷閉式結構的某些特點。

在戲劇史上，開放式結構範圍較廣，其特點是把戲劇情節從頭至尾原原本本地表現在舞台上。中國古代戲曲的整本戲大多採用此形式，關劇當然亦不例外。

《竇娥冤》是關劇中採用開放式結構形式的代表作。體制上雖然不長，仍爲四折一楔子，但作品從女主人公竇娥七歲被賣作蔡家童養媳開始，到長大後守寡，被地痞流氓誣告，最後屈死刑場，鬼魂報仇，整個一生都在舞台上得到了表現。雖然其中許多經歷都通過回顧倒敍的方式間接説明，雖然抗暴及其失敗乃劇情之主體，但在總體上仍然屬於開放式結構形式。

又如《五侯宴》一劇，作品主人公王嫂因家貧以致夫死無法安葬被迫典身爲奴開始寫起，中間改契、棄子、井台相會，最終團圓。時間跨度十多年，涉及人物十多個，地點從鄉村到街市，從軍營到戰場，變化多樣，事件線索在棄子王阿三作爲中介角色的聯繫下也是兩條頭並進。頭緒紛繁、情節複雜、首尾呼應、構思完整，體制雖短而內容豐富，顯係典型的開放式結構類型。

關劇中帶有開放式結構特點的作品比較多，從早期的《裴度還帶》、中期的《魯齋郎》、《陳母教子》、《緋衣夢》、《救風塵》、《拜月亭》到後期的《玉鏡台》、《望江亭》，都可以看出作家力圖擴大題材深度和廣度的努力。

除了鎖閉式和開放式兩種基本結構特徵外，關漢卿劇作中還存在第三種結構類型，這就是劇論家常提到的「人像展覽式」，所謂「以展覽人物形象和社會風貌爲主要目的」❿，關劇《哭存孝》、《敬德降唐》是其中比較特殊的兩種。

　　傳統上一般認爲「人像展覽式」結構的最大特點是人物比較
多，而且沒有一個特別突出的主人公。例如《哭存孝》，盡管以李
存孝被害屈死爲劇本中心事件，但圍著這一事件卻塑造了一系列
各有特點的人物形象，如李克用的老邁昏瞶、劉夫人的狹隘自
私，李存孝的正直顢頇、鄧夫人的聰明貞烈，此外，還表現李存
信、康君立一類小人的媚陷刁惡等等。其中李存孝形象固然感
人，但劉夫人、鄧夫人等人的性格特徵無疑也很鮮明，特別是曾
經叱咤風雲、開創基業的一代梟雄李克用，晚年老邁昏庸，爲小
人包圍，自毀長城，待醒悟爲時已晚。作者在這個人物身上更突
出了英雄末路之悲，和李存孝形象恰恰兩相補充，作爲這一英雄
悲劇的主要人物支柱，顯然在結構上屬於「人像展覽式」的一
類。和《哭存孝》一劇結構相類似的還有《敬德降唐》。劇中雖如劇
名一樣以尉遲恭歸降唐朝爲中心題材，但同樣圍繞這一事件塑造
了一系列特點各異的人物形象，其中如李世民的熱愛人才、虛懷
若谷，徐茂公的精明機警、老謀深算，尉遲恭的豪爽坦蕩、恩怨
分明，單雄信的勇猛粗蠻、割袖斷義，以及李元吉、段志賢等小
人的忌賢妒能、生心陷害等等，構成了一幅體現時代特色的人物
羣像。李世民和尉遲恭固然爲此英雄頌劇的主體，但徐茂公甚至
包括單雄信他們的鮮明形象也給讀者和觀衆留下了深刻的印象。
無疑，將其歸入「人像展覽式」結構類型，更能反映作品在其創
作手法上的主導特色。

　　應當指出，中國戲曲體制上的綜合性特徵同樣亦反映在關漢
卿劇作的結構類型之中。上述三種無論是鎖閉式、開放式，還是
人像展覽式，其劃分都是相對而言的。具體說來，鎖閉式中同樣
有著開放式和人像展覽式的成分，其它兩種亦然，它們之間並沒
有絕對的界限，只能就其主導傾向而言。例如前面已分析過的
《寶娥冤》，女主人公十多年生活的回顧即爲開放式中的鎖閉式成

分，《五侯宴》中人物衆多，如王嫂、王阿三、李嗣源、劉夫人、趙太公父子各有特色，也使得此劇開放式中又帶有人像展覽式的結構特徵。而《拜月亭》一開始即將主人公置於緊張艱難的情境之中又使此劇的開放式結構帶有鎖閉式的某些特點。同樣，《敬德降唐》和《哭存孝》二劇作爲人像展覽式的結構有許多成分都可以歸入開放式的範疇。這正如中國戲曲作品在性質上雖有悲劇、喜劇和悲喜劇之分，但它們之間你中有我、我中有你的特點一樣，綜合性始終在發揮著作用，使得這一切都帶著中國的特點。這是在研究關氏劇作結構藝術時也應予以充分重視的。

　　關劇結構的完整性和完備性還表現在同一作品内部力度的均衡。元雜劇四折一楔子體制具體如何布局安排，這是歷來劇論家談論較多的一個問題。元曲家喬吉曾提出「鳳頭、豬肚、豹尾」的六字訣竅，並具體解釋爲「起要美麗，中要浩蕩，結要響亮，尤貴在首尾貫穿，意思清新。」⓫然而在實際創作中能做到這樣的很少。喬吉自己即沒有做好，明人臧晉叔即曾一針見血地指出：「一時名士，雖馬致遠、喬夢符（吉）輩，至第四折往往強弩之末矣，」⓬這種「強弩之末」的結尾實際上表現了作者結構藝術的殘缺，臧氏將其歸之於元代「以曲取士」，現在看來並無所據，但缺陷本身是存在著的。臧氏沒有提到關漢卿，實際上關漢卿劇作中有許多在這方面處理得較爲適當。例如《單刀會》劇中，作者特意將赴會唇槍舌劍的衝突高潮放在劇末，然後戛然而止，爲觀衆留下了無窮的回味餘地。又如《救風塵》劇，直到第四折主人公趙盼兒姊妹才徹底制伏對手周舍，情節依然緊張激烈。此外，《調風月》末折燕燕大鬧婚禮堂，《拜月亭》第四折男女主人公重圓前的波折。如此等等，這些結局處理顯然不能説是強弩之末。有些結局儘管不是高潮，但亦爲衝突的有機組成部分，依然具有相當的力度，可以稱得上響亮的「豹尾」。總觀關氏劇作，

除了《敬德降唐》和《魯齋郎》等少數幾種外，結構安排前後協調的占了大多數，由此也可以看出作者結構藝術的完整和完備。

　　關漢卿創作結構藝術上的特點也體現在散曲之中。前面分析過作者創作的總體構思，知道他在散曲中同樣追求新穎和多樣化，體制上有套數也有小令，套數中有長套、中套，也有小套，小令中有隻曲也有組曲。音樂結構上既有漢地樂章又有女真俗調。寫法上既有劇家之曲、詩家之曲，還有充滿市俗氣息的市井之曲。總體構思上的追求新穎和多樣化導致了散曲結構也體現著完整性和完備性。盡管關氏散曲在數量上並不是最富，但元散曲的基本格在其作品中已大多完備。周德清《中原音韻自序》中特別提到以關漢卿爲首的元曲四大家「一新制作」之「備」，其中既包括雜劇，也包括散曲，這裡的「備」當然即是「完備」之意。

　　從具體作品的結構形式上看，關氏散曲同樣體現著完整性和完備性。它們中有的句式整齊、講究對偶，接近詩體，如〔正宮・白鶴子〕四首、〔中呂・紅繡鞋〕二首和〔中呂・喜春來〕《新得間葉玉簪》、《夜坐寫懷示子》等。更多的是添加襯字，成爲參差不齊的長短句，海外學者王忠林先生談到〔雙調・喬牌兒〕「世情推物理」一曲時指出：

　　　　用襯字甚多，句子長短不齊，完全基於文情的需要。⓭

其實非止此作，漢卿散曲大多可作如此看。

　　句式上關氏散曲也很豐富，短的有一字句，如〔雙調・碧玉簫〕十首中的「天」、「痴」、「醫」、「聽」、「搵」、「歸」等等。有兩字句，如「月圓」、「如年」（二十換頭）等。有三字句，如「腕松金、肌削玉」〔黃鍾・侍香金童〕等等；長的有十多字、二十多字以至三十多字一句的。如〔南呂・一枝花〕《不伏老》的〔黃鍾煞〕「我是個蒸不爛煮不熟搥不匾炒不爆響璫璫一粒銅豌豆，恁子弟每誰教你鑽入他鋤不斷斫不下解不開頓

不脫慢騰騰千層錦套頭。」前句字數二十餘，後句竟達三十字之多。梁乙真先生《元明散曲小史》和任二北先生《曲諧》俱稱如此長句作一句讀爲「散曲中的奇文」，顯然道出了其中的獨有價值。

修辭手法上，元曲主要修辭格在漢卿散曲中都已出現。以下略舉數例：

隔句對：「膝上琴橫，哀怨動離情；指下風生，瀟洒弄清聲」〔雙調‧碧玉簫〕。

扇面對（鼎足對）：「愁的是抹回廊暮雨瀟瀟，恨的是篩曲檻西風剪剪，愛的是透長門夜月娟娟」（〔南呂‧一枝花〕「贈朱帘秀」）。

排句對：「香消燭滅，風幃冷落，鴛衾虛設，玉笋頻搓，繡鞋重攧」〔黃鍾‧侍香金童〕。

重句格：「俺也自知，鸞台懶傍塵土迷，俺也自知，金釵環嚲雲鬟堆；俺也自知，絕鱗翼，斷信息」〔中呂‧古調石榴花〕套〔鮑老三台滾〕。

排比變化句式：「憂則憂鸞孤鳳單，愁則愁月缺花殘，爲則爲俏冤家，害則害誰曾慣，瘦則瘦不似今番，恨則恨孤幃繡衾寒，怕則怕黃昏到晚」〔雙調‧沈醉東風〕。

由此可以看出關作句式結構手法的完備性。

和其雜劇特點相似，關漢卿散曲中的各種結構手法皆備是加強而不是破壞了結構藝術的完整性。總觀關氏散曲可以看出，從體制和句式上有長有短，到樂曲上有南有北；從寫法上有抒情有敍事有代言，到句法上有整句有長短句，到修辭上有對偶有排比有重疊，元曲作品基本結構手法都在這裡有了完整的體現。作者並沒有因爲一味求新而捉襟見肘，漏洞百出，而是嫻熟運用、得心應手。新穎和多樣化的追求恰恰成了他創作結構藝術完整的基本動因。到目前爲止，我們還沒有發現關氏散曲在結構上局促拘

謹、不敢放開，也没有發現結構拖沓、難以卒讀的情況。一般説來皆該長則長、該短則短，嚴謹和放開也是隨著情感內容而定。鄭振鐸先生談到關漢卿散曲時曾經説過：「他的作風，無論在小令或套數裡，所表現的都是深刻細膩、淺而不俗、深而不晦的；正是雅俗共賞的最好作品。」⓮毫無疑問，這種整體上的藝術效果在不完整的結構中是達不到的。完整性和完備性無論用來歸納關氏雜劇還是它的散曲都是非常適當的。

當然，關氏創作結構藝術的完整和完備的風格不是固定不變的，應當説，它是隨著時代和作者所處環境的變化而變化著的。

從時代上看，關漢卿早期劇作大多有一個嚴肅的戲劇行動和戲劇衝突，格調稍嫌拘謹，反映在作品性質類型上多悲劇和正劇。這自然是與此時期作家多從歷史上重大的政治軍事鬥爭生活中取材有關。而在中期以後，這方面即顯得較爲放開，構思上新穎多樣的追求也促成了結構藝術的完整和完備，悲劇、喜劇和正劇的創作也不再有限制，運用起來更得心應手了。在具體作品的形式結構上，前期作品也顯得不太穩定。如前所述，四折一楔子體制此時尚未完全成熟，主要角色和主唱角色還没有得到真正統一。在場面安排上甚至存在一些有機性不強的情況，如《敬德降唐》末折中的探子，《哭存孝》第二折中的「忙古歹」，《五侯宴》第四折中的劉夫人，他們的上場主唱顯然在結構上屬於可有可無，甚至有損於整個作品的有機統一。這種弊病不僅存在於開放式或人像展覽式結構的作品中，而且在此時期的銷閉式結構作品中也同樣有所體現，例如《單刀會》和《西蜀夢》中的前兩折，盡管在寫法上起到回顧過去和襯托主角的作用，有其存在理由，但從主要人物引導主要情節行動這一點來看，它們無疑是節外生枝，整個作品在結構上不能算是均衡統一的。所有這些結構上的不穩定，在中期以後的關氏劇作中，除了《魯齋郎》、《緋衣夢》等少數

作品外，即很少出現了。

除了隨時代變化而變化外，關作結構藝術風格還隨著作者所處情境的變化而變化，這一點散曲中表現的尤爲明顯。例如金亡前的早期作品（二十換頭）〔雙調‧新水令〕和〔越調‧鬥鵪鶉〕，大多具有北方少數民族的風味，而金亡和南下之後這種狀況即很少再出現。又如作者在都市放浪漫遊時，所作結構皆放任自如，多用襯字，句式長短不齊，篇幅一般較長，如（二十換頭）長套以及〔中呂‧普天樂〕和〔雙調‧碧玉簫〕等聯章體巨制。而在家居或僻處時即恰好相反。有的篇幅較短，如〔中呂‧朝天子〕《書所見》、〔商調‧梧葉兒〕《別情》；有的句式整齊、絕少襯字，接近詩體，如〔正宮‧白鶴子〕、〔中呂‧喜春來〕二首等等。此外，關氏散曲還多根據題材選擇曲調，如寫貴婦拜月即採用「富貴纏綿」的〔黃鍾宮〕，還特別選用〔侍香金童〕這一曲牌爲首。寫冶遊生活以及「離情」、「閨情」的即採用「風流蘊藉」、「清新錦邈」的〔大石調〕、〔仙呂宮〕，寫景、嘆世、抒懷多用「感嘆傷悲」、「高下閃賺」和「惆悵雄壯」的〔中呂宮〕、〔南呂宮〕和〔正宮〕，寫別情即用「悲傷宛轉」的〔商調〕等等。

和總體構思新穎多樣的追求並未損害結構藝術的完整完備一樣，關作結構手法的發展變化亦未對其風格的完整性造成破壞。甚至可以這樣說，沒有這種發展變化，關作結構藝術的完整性和完備性亦將大打折扣。而由單一和不穩定到全面和穩定的發展，也豐富了人們對其結構藝術的總體認識。換言之，只有站到發展的高度，才能談得上對關漢卿藝術風格的全面把握。

三　人物塑造：系列性、個性化

在戲劇創作中，人物塑造是核心。這一點已越來越爲人們所

接受，以致西方一些劇論家直接認爲：「一部戲的永久價值在人物塑造。」❺作爲在戲曲史和文學史上產生巨大影響的一代大師，關漢卿的成功秘訣無疑也在這裡。

　　關氏人物塑造的首要特點就在它的系列性。綜觀關漢卿現存全部作品，其中具有情節行動意義的近百人，他們來自社會各不同階層，地位和經歷相近的便構成一個一個的系列，它代表著關作反映社會生活面的廣度。研究關作人物塑造，必須從這系列各異的「譜系」開始。

　　㈠英雄系列：如《單刀會》、《西蜀夢》中的關羽、張飛、《哭存孝》中的李存孝、李克用、《敬德降唐》中的尉遲恭等，因係傳奇式人物，故特受重視，多爲主角。

　　㈡書生系列：如《西廂記》中的張生、《拜月亭》中的蔣世隆、《裴度還帶》中的裴度、《金線池》中的韓輔臣等，他們中除了個別如裴度爲道德功名的「正道」人物外，多爲愛情劇男主角。

　　㈢小姐系列：如《西廂記》中的崔鶯鶯、《拜月亭》中的王瑞蘭、《裴度還帶》中的韓瓊英、《緋衣夢》中的王閏香等，她們中除了韓瓊英爲「孝女」典型外，餘皆爲愛情劇女主角。

　　㈣婢女系列：如《調風月》中的燕燕、《西廂記》中的紅娘，以及《緋衣夢》、《玉鏡台》中的梅香等，她們中除了燕燕追求自己的幸福外，其餘大多爲小姐姻緣的牽線搭橋人。

　　㈤寡婦系列：如《竇娥冤》中的竇娥、《望江亭》中的譚記兒、《五侯宴》中的王嫂等，她們都面臨著守寡後的生活選擇，作品大都表現她們在困境中的抗爭，故爲主角或主角之一。

　　㈥妓女系列：如《救風塵》中的趙盼兒、宋引章、《謝天香》中的謝天香、《金線池》中的杜蕊娘，她們多爲愛情與婚姻糾葛中的女主角。

　　㈦長老、道姑系列：如《西廂記》、《裴度還帶》中的法本、惠

明、趙野鶴、《望江亭》中的白道姑等，他（她）們在作品中多以書生的調護人身份出現。

㈧清官系列：如《蝴蝶夢》、《魯齋郎》中的包拯，《緋衣夢》、《謝天香》中的錢大尹，《陳母教子》中的寇業公、《金線池》中的石府尹、《玉鏡台》中的王府尹以及《竇娥冤》中的竇天章等，多爲解決矛盾而設置，故皆非主要角色。

㈨昏官系列：如《竇娥冤》中的桃杌、《緋衣夢》中的賈虛，甚至《單刀會》中的魯肅也可歸入此類，此多用作同英雄、清官形象作對比，亦非主角。

㈩奸黨小人系列：如《敬德降唐》中的李元吉、段志賢，《哭存孝》中的李存信、康君立等。此類亦作英雄人物的對比和陪襯，作用頗大，甚至可以看作主角。

㈠權豪勢要系列：如《蝴蝶夢》中的葛彪、《魯齋郎》中的魯齋郎、《望江亭》中楊衙內等（《調風月》中的小千戶亦可歸入此類）。他們同作正面人物的對立面存在，有的竟爲主角之一。

㈡流氓惡棍系列：如《救風塵》中的周舍、《緋衣夢》中的裴炎、《竇娥冤》中的張驢兒等，亦爲主要正人物的對立面而存在，多可看作主角之一。

㈢封建家長、鴇母系列：如《西廂記》中的崔老夫人、《拜月亭》中的王鎭、《金線池》中的杜母、《調風月》中的老千戶夫人、《陳母教子》中的陳母以及《緋衣夢》中的王半州等等。他（她）們中除了作爲「賢母」象徵的陳母之外，大多爲愛情劇中青年男女的對立面，作爲封建專制的象徵，有的如崔老夫人竟可以看作《西廂記》中的主角之一。

㈣君主系列：帝王聖賢不是關漢卿塑造人物的重點。這也是戲曲創作史上比較敏感的問題。金章宗明昌二年（1191），亦即關漢卿出身前二十年，統治者即有明文規定：「禁伶人不得以歷

代帝王爲戲，及稱萬歲，犯者以不應爲事重犯科。」❶❻入元後雖未重申此禁，但亦未公開提倡，世祖時還明令「十六天魔休唱者，雜劇裡休做者，休吹彈者，四大天王休妝扮者。」❶❼正因爲元代未重申禁扮帝王聖賢，故關漢卿筆下出現了吳帝孫權、蜀帝劉備以及李世民、李克用、李嗣源等人的形象，然而也正由於元代不僅未公開提倡，而且還進一步禁扮「四天王」等，這樣的環境氣氛也影響了關氏筆下對這類人物形象的塑造，除了尚未登基的李世民、李嗣源以及一生並未真正做過皇帝的李克用之外，其他諸人皆非完整意義上的人物形象。

　　㈤謀臣系列：如《單刀會》中的喬國公和司馬徽、《西蜀夢》中的諸葛亮、《敬德降唐》中的徐茂公等。由於扮演帝王聖賢不被提倡，也影響了作者筆下的這類形象，以上這幾個人物雖然在劇中起著一定作用，有的還爲單折的主唱者，但沒有一個是主角。

　　當然，關作中還存在一些無法歸入系列的人物，如《五侯宴》中的趙太公及其子趙脖揪、《西廂記》中的杜確和鄭恒、《竇娥寃》中的賽盧醫、《救風塵》中的張小閑，以及《緋衣夢》中的姆姆等。其中趙家父子和白馬將軍杜確以及賽盧醫還是各自劇中舉足輕重的人物，但他們一來在關氏整個劇作占份量不大，二來本身又非主要角色，故對關氏創作的人物整體研究不起主導作用。

　　當然，從上面的列舉也可以看出關氏塑造的範圍也並不是無限的。毫無疑問，作者仍然注意刻劃自己最爲熟悉的人物。除了歷史故事中的君主大臣、將軍武士之外，作者於其中所花筆墨最多的是中下層生活。在這裡，無論是清官、昏官、權豪勢要、流氓惡棍還是商人、醫生、高利貸者，也無論是封建家長、書生、小姐、婢女，還是妓院鴇母妓女幫閑等等，都是活動在城市大街小巷高樓深院的人物。都市之外的廣大鄉村生活、農民形象，除了土財主趙太公父子之外，再無他人，可見作者雖然在散曲中透

露有過「南畝耕，東山臥」的生活經歷，但充其量只是偶而爲之，歸根結蒂還是不擅長表現的。此外，敢於犯上作亂的梁山好漢也沒有在他的人物畫廊中占有一席之地，而這是他同時期作家表現較多的題材範圍（關之好友楊顯之即有《黑旋風喬斷案》一劇，號爲「小漢卿」的高文秀竟有八個「黑旋風」劇）。歷來研究者將農村題材和水滸題材以及神仙道化故事作爲關漢卿不善於表現的範疇，不是沒有道理的。當然，是不善於表還是根本不願表現，這需要具體分析。

前面我們已論定關漢卿不是不擅長於表現神仙道化等非現實題材，而是入世和寫實的創作觀決定他不願意或者不屑於過多涉及這個領域。這裡我們當然不會説關氏不塑造農民形象也是不願意或不屑於爲之的緣故，要解釋個中原因還必須從元曲整體流行的範圍去尋找。

一般認爲，元曲產生於城市的勾欄瓦舍，盡管後來盛行後曾擴展到鄉村富庶地區的廟會戲台，但總的説來還是一種市民藝術，所謂「爲市民寫心」。這種藝術與農民之間的隔膜可以通過元曲家自身的作品反映出來，如杜仁傑的《莊家不識勾欄》即爲典型的例子。正因爲如此，除了一些商人化、鄉紳化的地主如「王員外」、「趙員外」以及「沙三」、「王留」、「伴哥」之類的點綴之外，真正有血有肉的農民形象很少進入元曲主角的範疇。在這種情況之下，關漢卿當然也不會例外，故不能以通常意義的「擅長」和「不擅長」來説明。至於梁山好漢形象沒有進入關漢卿筆下，這倒真的要從作者的思想觀點去解釋。關漢卿是熟悉水滸題材的，前面提到他的雜劇中不止一次地出現梁山好漢的綽號，如《哭存孝》第三折的「雙尾蝎」、「兩頭蛇」，《緋衣夢》第三折的「王矮虎」、「一丈青」等，之所以不正面塑造這類形象，是因爲作者從根本上即否定這些敢於公開造反的「強盜」。

上述二劇中將奸黨小人、殺人凶犯比作梁山好漢，另一劇《魯齋郎》中悲劇主角張珪竟這樣咒罵「強賴人錢財，莽奪人妻室」的權豪勢要魯齋郎：

> 高築座營和寨，斜搠面杏黃旗，梁山泊賊相似，與家兒窪爭甚的！

顯然，在作者看來，他們都是十惡不赦的凶徒。如果說權豪勢要和一般搶劫凶徒在他周圍生活中還不乏見，所以比較熟悉的話，則水滸人物時代已遠，作者既不願意也不屑去了解和表現他們，這才是關氏筆下不出現水滸人物的真正原因。

應當指出，神仙道人形象，農民及梁山好漢人物沒有在關漢卿筆下出現，這固然在作家創作的人物畫廊中是一個缺憾，它反映了時代和個人的局限，但並沒有很根本上影響關作人物塑造的風格，況且僅就前面列舉的十五例來看，關劇的系列性已經很可觀了。上至君主、宰相、將帥、貴族子弟、各級官員，下至商人、醫生、幫閑、寡婦、侍婢和妓女，社會各階層、各行各業大在這裡得到了表現。可以說它們是當時都市生活的實錄。如此眾多的系列形象還表明作者筆下的人物塑造並非單純地追求面廣量大，而是對所表現的各個階層都有較爲深刻的觀察，能夠從不同角度去塑造他們。這一點不僅同時期的雜劇大家馬致遠、日樸、鄭光祖、王實甫等人難以與之抗衡，即使後世戲曲大家包括湯顯祖、洪昇、孔尚任等人亦相形失色，這在中外戲劇史上都是少見的。

除了系列化以外，關漢卿筆下的人物塑造更多的還體現著個性化。美學和文藝理論均認爲，只有系列化而缺乏個性化的人物塑造充其量只是一些類型，只能提供一些扁形人物，因而遠不是算是成功的風格。關漢卿在這裡又一次顯示了他的藝術天才。

關氏人物塑造的個性化風格最顯著的特徵體現在系列人物之

間的鮮明對比上。例如在社會情勢方面，同是一軍之主，李世民
的愛才心切、明辨是非和李克用的貪杯昏瞶、聽信讒言不同；同
是清官，包拯經常是想方設法繞過法律，懲治誰都不敢動的皇親
國戚、權豪勢要，錢大尹則是細心尋訪弄清案由，在法律許可的
範圍內懲辦真凶。又如魯齋郎和楊衙內都是有著生殺大權的權豪
勢要，同樣恃強強奪人妻，但在個性表現上又有不同，前者好色
而又陰險，迫使受害者自投羅網，後者則是好色而愚濫，導致陷
入受害者設下的圈套。另外，周舍和張驢兒同是流氓惡棍，但作
爲商人的周舍還懂得「將欲取之，必先與之」的買賣伎倆，先以
花言巧語、體貼入微去騙取宋引章的心，進而達到娶之爲妻的目
的。而純爲地痞無賴的張驢兒則一上來即叫著「帽兒光光，今兒
做個新郎」，強拉竇娥拜堂，進而以毒死老子相要挾，從而導致
竇娥的拚死反抗。

　　關氏筆下系列人物的個性化在作品中很普遍。在家庭和愛情
題材中，同是封建家長，《拜月亭》中王鎮發現女兒自己找了窮秀
才女婿後勃然大怒，立即將其「橫拖豎拽」從丈夫身邊強行扯
開。而《西廂記》中崔老夫人在發現女兒和窮書生私下結合後盡管
怒不可遏但卻承認既成事實，不過迫令他立即上京趕考；又如，
同是書生，《裴度還帶》中一心奔赴科舉功名前程的裴度即和《金
線池》中爲愛情可以拋棄功名的韓輔臣有別。而在具體表現上，
最終依賴朋友官勢將情人壓服的韓輔臣又和《西廂記》中始終依靠
自己的真情征服愛人的張生不可同日而語；同是深閨小姐，恪守
倫理道德而生情孝順的韓瓊英和同樣恪守人倫道德但敢於反抗父
命的王閏香在性格方面有同有異；同樣到花園與愛人相會，王閏
香又和崔鶯鶯有所不同，更不用說王瑞蘭和劉倩英了，雖然同是
深閨小姐，但完全是兩個截然不同的形象。

　　其它方面亦一樣，例如同是寡婦，《五侯宴》中任人宰割的王

嫂和《竇娥冤》中不甘屈服的竇娥以及《望江亭》中不畏強暴的譚記兒則呈現著完全不同的面貌；面臨流氓要挾，《竇娥冤》中委屈求全的蔡婆和寧折不彎的竇娥又成了鮮明的對比；在進行是否改嫁的選擇時，不墨守成規、善於把握人生機遇的譚記兒和以禮自守、不可侵犯的竇娥又有著截然不同的表現；又如同為婢女，同樣口齒伶俐，《西廂記》中紅娘的形象和《調風月》中燕燕又有著明顯的區別，前者熱心促成小姐的姻緣，後者則不顧一切地追求自己的幸福；同為妓女，聰明而仗義的趙盼兒固非輕信幼稚的宋引章可比，即使同樣聰明但秉性卑弱的謝天香與之相較也有很大差別，如果再和《金線池》中意志堅定但卻又有點偏執的杜蕊娘相比則差距更大了。不僅如此，同為出家人，《裴度還帶》中的惠明和尚和《西廂記》中的法本長老也是同中有異。更不用說《裴度還帶》中的趙野鶴和《望江亭》中的白道姑了，可以說面貌和秉性以及處事方式均為特定的「這一個」（黑格爾語）。

　　沿著這個方向再作進一步深入探究，我們很容易發現，關氏筆下人物塑造個性化的方式也不神秘，其根本決竅在於作家始終牢牢把握了人物的身分、地位以及所處環境，讓他們按照自己的獨有規律在舞台上展開行動。

　　例如李克用和李世民這兩位一軍之主，都有著南征北戰、東蕩西除的經歷，然而在作品中一個沒有主見、昏庸糊塗，一個成竹在胸、精明過人，其根本原因在於作者把握了他們目前不同的身分、地位和環境。就李克用來說，此時雖是唐王朝所封的晉王，但在黃巢起事失敗後，唐中央政府名存實亡，李克用實際已大權在握，至少在自己勢力範圍內可以為所欲為，況且經過多年爭戰，他的地盤不斷擴大，地位已趨穩固。此時的李克用已居晚年，銳氣全無，自言「太平無事，四海晏然，正好與夫人眾將飲酒快樂」。然而事實上他還面臨著朱溫的威脅，邊城邢州即為

「朱溫家後門」，但他卻毫不爲意，晝夜昏醉，正是在此基礎上形成了昏庸糊塗的個性。而李世民則不同了，他雖爲一軍之主，且被封爲秦王，但在他頭上尚有父親唐高祖李淵在，沒有爲所欲爲的權力。另外，兄弟之間的爭權奪利也使得他必須謹慎，故不可能產生「太平無事」的享樂思想。況且此時的李世民正值英年，有開基創業的雄心，他精明過人的個性也正是在此基礎上形成的。身份、地位和所處環境的不同決定了這兩個人物的不同性格。

又如王鎭和崔老夫人這兩位封建家長，雖然一爲兵部尚書，一爲相國夫人，社會地位上比較接近，但正如前面已經指出的那樣，他（她）們在發現女兒自己決定終身大事之後表現卻迥然有別，一個粗暴、一個平和，其根本原因還在於身份的不同。除了一爲嚴父，一爲慈母外，王鎭還是一位武官，戎馬倥傯的生活使得他的個性比較容易爆發，而崔母則是文職相國的夫人，她的身份和地位均決定了她所具備的涵養，決不會使家醜外揚「辱没相國家譜」，所以在發現女兒私情儘管惱怒不已，卻也能克制，因而起碼在外表上顯得平和。此外，這兩個人物處理同一類問題的不同表現也有著客觀的環境因素。王鎭是毫無思想準備的情況下與女兒在旅館偶遇的，彼此之間直接衝突，且無任何調護緩衝的因素，而崔母是通過歡郎和紅娘之口得知鶯鶯和張生訂終身的，並沒有發生直接的衝突，加上有著紅娘的伶牙俐齒爲他們調護，因而起到了緩衝的作用。也正是身份、地位和客觀環境的不同決定了他們之間截然不同的個性表現。

關作人物塑造的這種個性化方式用得相當普遍。綜觀關劇每一組系列人物之間，我們都可以看到這種建立在不同身份、地位和不同環境基礎上的不同表現，實際上它也成了作者筆下人物形象個性化的決定性因素。

除了把握人物身份、地位和實際環境以決定人物個性的基本態勢外，關漢卿作品人物形象的塑造還特別注重在對比中突出人物的個性，從而使之更加鮮明。

例如《單刀會》中的關羽形象，作爲一員身經百戰、屢建奇功的荊州守將，又和蜀主劉備有著情同手足的關係，他在處理東吳邀請赴會這一事件中表現出來的自信和大智大勇，顯示其個性有其牢固的基礎，但也與魯肅人物的對比映襯有關，因爲如果魯肅的角色換成陸遜和呂蒙，則關羽的自信和當機立斷便成了盲目樂觀的魯莽行動了。正因爲劇中的魯肅不是多謀善斷的能人，而是不聽勸告、急功近利，關鍵時刻卻又怯懦怕事的庸人，關羽的個性表現才顯得真實和自然。當然，作者也並沒有簡單化處理，他將行動主動權放在魯肅一方，寫魯肅挖空心思而作出三條妙計：「暗設伏兵，筵上以禮索取荊州」、「不成即阻其回還」、「再不成即擒住囚禁」，一般看來這些計策的確可行，因爲「主將既失，孤兵必亂，領兵大舉，乘機而行，覷荊州一鼓而下」，可以說是萬無一失，故不能說他是無謀之輩。然而他這些錦囊妙計卻是建立在對對手不了解的基礎上的，同時也過早地估計了自己的應變能力。兵法云：「不知彼不知己，每戰必殆」，此即魯肅的必敗之道。他的計謀恰恰使得關羽智勇雙全個性變得更加突出和更加可信，他在單刀會上的狡辯和最後不敢動伏兵而爲關羽制伏也恰恰與關羽的臨危不懼、當機立斷成了鮮明的對比。在這樣的反復對比中，關羽的性格特徵自然而然地凸現出來了。

又如《竇娥冤》中竇娥的形象，作爲一個儒家知識分子家庭出身的女性，她的孝道和本份善良卻又「可殺不可侮」的剛烈性格自然有其身份、地位、環境等方面的因素，但同樣也與周圍人物的對比映襯有關。劇中蔡婆的軟弱反襯出竇娥的剛烈，張驢兒在自己父親被毒死的現場還要竇娥叫他「親親的丈夫」，而竇娥卻

在公堂以犧牲自己來保護婆婆，對比起來，竇娥的孝道和善良即在和張驢兒、昏官桃杌等人的惡行中變得非常鮮明。假設沒有這些對比，竇娥形象的性格特徵肯定不會如目前作品表現得如此鮮明。

對比映襯作爲關漢卿人物性格刻劃的基本手法同樣存在於他的其它作品中。我們從早期的李存孝、張珪等悲劇人物到後期的趙盼兒、譚記兒等喜劇人物身上都可以清楚地看到在對比中變得更加鮮明的個性。這實際上也是作者人物塑造個性化藝術成功的一個重要因素。

當然，關漢卿筆下人物的個性並不是固定不變的。我們注意到，隨著身份、地位和環境等基本條件的改變，關劇中人物的性格也發生了一定的變化。這一點更多地體現在他的晚年作品中。例如《望江亭》中的譚記兒，當她還是已故學士李希顏的夫人時，她行爲端嚴，道觀中遇到生人即連忙迴避，言語亦顯得矜持和謹慎，但後來改嫁作了白士中夫人，並得知權豪勢要楊衙內要來殺害丈夫霸占自己時，卻一反以往的端莊拘謹，變得潑辣機警，在與楊衙內的周旋中顯得非常老練成熟，智勇雙全。前後判若兩人。又如竇娥形象，第一折出場時她還是一個善良、本分的小媳婦，但當後來惡棍張驢兒藉口救了蔡婆，欲強暴霸占她時，她卻變得非常剛強。及待公堂見官，遭到毒刑拷打後，她對統治者的廉明公正開始有了清醒的認識，性格逐漸成熟。至被冤斬之前，她已由開頭的小媳婦變成了天地的審判者，同樣判若兩人。毫無疑問，人物性格的發展演變已爲作者所注意，並在作品中作了相當程度的表現，雖然這在整個關作人物塑造中不占主要地位，但作者的這種探索卻是客觀存在的，研究關漢卿人物塑造方式即不能完全無視這一點。

總的說來，關漢卿人物塑造是相當成功的。系列性和個性化

作爲這方面的兩大主要特徵，它們之間不是兩兩削弱而是相互促進。成功的系列人物給個性化開闢了更爲廣闊的天地，而成功的個性化又使得關作的系列人物避免了一般常有的雷同和單調之感。毫無疑問，這是關作人物塑造的總體風格特徵，關劇之所以在藝術史上具有「永久的價值」，在相當程度上即可歸因到這裡。

四　語言形式：舞台性、詩歌化

在作家創作風格中，語言的重要性是自不待言的。十九世紀德國語言學家兼文藝理論家威廉・威克納格即直接認爲：「風格是語言的表現形態。」⓮這個觀點至今仍爲人們所廣泛引用，故在許多情況下，人們談論風格往往即指語言風格而言。雖然嚴格說來這並不太確切，因爲它忽視了總體構思、結構安排和人物塑造等體現作家風格的重要環節，但由此也可以反映出語言形式在風格中的重要性。

關漢卿創作的語言風格，最突出的是舞台性和詩歌化這兩大特點。

舞台性特點首先表現在強烈的動作性。雖然和近代意義的話劇不同，以元雜劇爲開端的中國古代戲曲主要是以唱工見長，形體動作還在其次，此即人們經常說的唱、做、念、打。然而既然在舞台上演出，動作性語言乃不可或缺，唱辭本身也都帶有動作性，這一點和話劇在本質上並無二致。也正因爲唱工見長，故其內在動作（心理活動）得到了充分的表現，和外在動作（形體活動）一道構成了動作性語言的內涵。

例如《蝴蝶夢》描寫王家三個兒子爲報父仇打死皇親葛彪後，官府判決必須有一個兒子出來償命時，女主人公王婆犧牲了自己

的親兒子。然而第三折她來探監，獄卒張千釋放了另外兩個前妻子，劇中這樣描寫：

　　　　（正旦云）哥哥，那第三個孩兒呢？（張千云）把他盆吊死，替葛彪償命去。明天早牆底下來認屍。（正旦悲科，唱）〔上小樓〕將兩個哥哥都放免，把第三的孩兒推轉；想我咽苦吞甘，十月懷耽，乳哺三年，不爭教大哥哥、二哥哥身遭刑憲，教人道桑新婦不分良善。……〔快活三〕眼見的你兩個得生天，單則你小兄弟喪黃泉。（做覷王三悲科，唱）教我扭回身；忍不住淚漣漣……

雖然從道義上她犧牲了親生兒，救了前妻子，體現了崇高的品格。但作爲母親，此時的感情痛苦是可想而知的。她不是在作公平交易，是在靈與肉的撕扯中做出痛苦的抉擇。作者這裡對王婆的外在動作只用了「覷」和「悲」字，雖然並不劇烈，但卻一下子將人物的情感充分地傳遞出來了。上引兩段曲辭，一爲自白，一爲對另兩個孩兒所言，內在衝突的激烈彌補了外在動作的舒緩，收到了動人心魄的藝術效果。

　　又如《金線池》一劇，描寫杜蕊娘和韓輔臣這一對戀人因受鴇母挑撥而相互誤會，杜發誓再不理韓，其中第三折這樣安排杜蕊娘在宴上的表現：

　　　　（正旦云）待我行個酒令，行的便吃酒，行不的罰金線池裡涼水。（眾旦云）俺們都依著姨姨的令行。（正旦云）酒中不許題著「韓輔臣」三字，但道的，將大觥來罰飲一大觥。（眾旦云）知道。（正旦唱）〔醉高歌〕或是曲兒中唱幾個花名。（眾旦云）我不省的。（正旦唱）詩句裡包籠著尾聲。（眾旦云）我不省的。（正旦唱）續麻道字針針頂。（眾旦云）我不省的。（正旦唱）正題目當筵合笙。（眾旦云）我不省的，則罰酒罷。（正旦云）拆白道字，頂針續

麻，撥箏撥阮，你們都不省得，是不如韓輔臣。（眾旦云）
呀，姨姨，你可犯了令也！

這同樣體現著外在動作和內在動作的高度統一。杜蕊娘雖然表面
上心高氣傲，發誓不再答理韓輔臣這個「負心的短命」，但實際
上內心非常痛苦，「中心藏之，何日忘之！」所以在自己定下酒
令後馬上犯令。這自然不是有意，但愈是出自無心，其外在語言
動作才愈能吸引人的注意力，未吐激情而激情自露。在內心動作
方面，作者並未像一般所作那樣安排獨白與旁白，卻僅在外在語
言動作的前後矛盾中間接表現，但其效果卻遠遠勝過千言萬語，
戲劇性即充分蘊含在內外俱佳的動作語言了。

在許多情況下，作品語言伴隨著激烈的外在動作，如《單刀
會》第四折：

（甲士擁上科）（魯云）埋伏了者！（正擊案，怒云）
有埋伏也無埋伏？（魯云）並無埋伏。（正云）若有埋伏，
一劍揮之兩斷！（做擊案科）（魯云）你擊碎菱花。（正
云）我特來破鏡！

這樣的語言無疑是驚心動魄的，舞台效果甚佳。

有時作品中語言純粹表現內在的動作，如《西蜀夢》第二折：

〔梁州〕單注著東吳國一員驍將，砍折俺西蜀家兩條金
梁。這一場苦痛誰承望？再靠誰挾人捉將？再靠誰展土開
疆？做宰相幾曾做卿相？做君王那個做君王？布衣間昆仲心
腸，再不著官渡口劍刺顏良，古城下刀誅蔡陽，石亭驛手挎
袁裏！殿上帝王，行思坐想，正南下望，知禍起自天降。宣
到我朝不若何當，著甚括聲揚？

這是諸葛亮預先卜知關羽、張飛遇害後的悲憤唱辭，幾無任何外
在動作。但內心的情感卻如山呼海嘯一般。面對這樣的慘痛巨
變，身爲宰相的諸葛亮甚至都沒有心思做宰相了，他還設想連劉

備也失去做帝王的意趣了。一般情況下，富有政治家和名士風度
的諸葛亮是不會輕易「喜怒形於色」的，而只有在個人獨處情況
下，加之處於如此重大事變面前才能充分展示，其爆發的力度和
感人的程度是可想而知的。

關漢卿筆下的動作性語言也同樣體現在其散曲的創作之中，
如他在〔仙呂‧一半兒〕《題情》中表現情人之間的親昵：

> 碧紗窗外靜無人，跪在床前忙要親。罵了個負心回轉
> 身。雖是我的話兒嗔，一半兒推辭一半兒肯。

這顯然是頗為生動的外部動作。又如〔中呂‧古調石榴花〕《閨
思》：

> 〔鮑老兒〕當初指望成家計，誰想瓊簪碎；當初指望無拋
> 棄，誰想銀瓶墜。煩煩惱惱，哭哭啼啼，悲悲切切、長吁短
> 嘆、自跌自撾。〔鮑老三台滾〕俺也自知，鸞台懶傍塵土迷；
> 俺也自知，金釵款嚲云鬢堆；俺也自知，絕鱗翼斷信息幾時
> 回？……

這裡出現的是不幸的婦女在咀嚼愛情落空孤獨的痛苦，雖然滿篇
都是個人的獨白，幾無形體的動作，但內心的行動卻是異常劇烈
的。

除了動作性以外，關作語言舞台性的特點還在於性格化。李
漁談起戲劇語言時主張「語求肖似」，他說：「言者，心之聲
也，欲代此一人立言，先宜代此一人立心。」[19]清人楊恩壽亦認
為戲劇語言必須作到「說一人肖一人，勿使雷同，勿仗浮泛。」
[20]關劇中人物語言即具有高度的性格化，這一點已多有論者談
及，這裡略舉兩例：

> （周舍云）那壁姨姨敢是趙盼兒麼？（正旦云）然也。
> （周舍云）請姨姨吃些茶飯波。（正旦云）你請我？家裡餓
> 皮臉也，揭了鍋兒底，窨子裡秋月——不曾見這等食！（周

舍云）央及姨姨，保門親事。（正旦云）你著我保誰？（周
舍云）保宋引章。（正旦云）你著我保宋引章那些兒？保他
那針指油面，刺繡鋪房，大裁小剪，生兒長女？（周舍云）
這歪剌骨好歹嘴也，我已成了事，不索央你！

這段對話出自《救風塵》第一折，商人身份的流氓無賴周舍花言巧
語騙去了宋引章的愛情，趙盼兒極力勸阻未成，周舍又假惺惺地
來請趙盼兒爲他保親，即遭到了後者的冷言快語。僅僅這幾句話
即將趙盼兒的機警能幹，嫉惡如仇的個性表現出來了。而周舍先
是甜言蜜語，後來凶相畢露，自托老底，其花言巧語、包藏禍心
的小人嘴臉一下子暴露無遺。

又如《竇娥寃》第一折中表現蔡婆、竇娥和張驢兒初次衝突的
場面：

（卜兒云）孩兒也，再不要說我了，他爺兒兩個都在門
首等候。事已至此，不若連你也招了女婿罷。（正旦）婆
婆，要招你自招，我並然不要女婿。（卜兒云）那個是要女
婿的？爭奈他爺兒兩家捱過門來，教我如何是好？（張驢兒
云）我們今日招過門去也。帽兒光光，今日做個新郎；袖兒
窄窄，今日做個嬌客。好女婿，好女婿，不枉了，不枉了。
（同孛老入拜科）（正旦做不禮科）（云）兀那廝，靠後！

短短這幾句話，劇中幾個主要人物的性格便鮮明地刻劃出來了。
蔡婆並非真的偌大年紀還「要女婿」，但面對「自家捱過門來」
的流氓無賴，她卻毫無辦法，反而勸媳婦「事已至此，不若連你
也招了女婿罷」，充分表現出這位商人之婦兼高利貸者的軟弱和
苟且。而張驢兒一進門即大叫「帽兒光光，今日做個新郎」，且
自稱「好女婿，不枉了」，一副令人作嘔的無賴嘴臉。竇娥則是
一身正氣，一開始即嚴辭拒絕了婆婆的違心「規勸」。面對流
氓，她和蔡婆的軟弱恰好相反，不是驚慌失措、委屈求全，而是

大聲喝斥：「兀那廝，靠後！」由此形象地表現了她不可侵犯的剛烈性格。

　　性格化語言不僅出現在道白中，在曲辭中同樣有其恰當的表現。如《望江亭》第二折：

　　　　〔十二月〕你道他是花花太歲，要強逼的我步步相隨；我呵，怕甚麼天翻地覆，就順著他兩約云期。這椿事，你只睜眼兒覷者，看怎生的發付他賴骨頑皮！

這一段曲辭是譚記兒從丈夫口中得知權豪勢要楊衙內帶著御賜勢劍金牌前來圖謀霸占自己後所唱，其中不畏強暴、克敵制勝的自信心和智勇雙全的個性特徵得到了充分的形象體現。

　　又如《調風月》第四折：

　　　　〔掛玉鈎〕是個破敗家私鐵掃帚，沒些兒發旺夫家處，可使絕子嗣妨公婆克丈夫，臉上摷淚靨無裡數，今年見吊客臨，喪門聚；反陰復陽，半載其餘。〔落梅風〕據著生的年月，演的歲數，不是個義夫節婦，休想五男並二女，死得交滅門絕戶。

這是主人公燕燕在小千戶拋棄她又和鶯鶯結婚的喜慶儀式上唱的兩段曲辭。由於絕望，她此時已破釜沈舟，決心拚一個魚死網破了。這樣凶潑的罵辭，放在其他任何角色口中皆不可能，它充分表現出燕燕容不得欺騙的不好惹的個性。

　　關氏創作語言舞台化的最大特點還在於普遍意義上的通俗化。這一點歷來為人們所重視。質樸無華、淺顯通俗、不尚藻飾、不事雕琢一直被作為關氏語言本色派風格的主要特徵。這方面無需多找例證，因為它是人所公認的。王國維在評論元曲諸家風格時曾指出「漢卿似白樂天」[21]，其基本依據也是關、白二人的語言都具有通俗性的特點。

　　然而，對通俗化亦應作正確理解，淺顯不是淺薄，通俗亦非

庸俗，質樸無華，也不是質木無文的代名詞。而明清以來，不少
論者即從這個角度去看待關漢卿的作品語言，特別是在評價《西
廂記》的語言風格時。他們將前四折和第五折截然分開，極力貶
低後者，稱之爲淺薄、庸俗、語言質木無文，進而將其歸入關漢
卿名下，在王實甫和關漢卿之間妄加輕軒。這一點直到最近的學
術領域仍有所反映。」㉒毫無疑問，這樣看待關作語言只能證明
論自己並沒有真正搞懂。

關漢卿語言通俗化的最大特點是深入淺出，即以淺近的語言
創造精深的藝術境界。試略舉二例：

> （周舍向旦云）你你，您孩兒肚腸是驢馬的見識，我今
> 家去把媳婦休了呵，你你，您把肉吊窗兒放下來，可不嫁
> 我，做的個尖擔兩頭脫。你你，你說下個誓著。（正旦云）
> 周舍，你真個要我賭咒？你若休了媳婦，我不嫁你呵，我著
> 堂子裡馬踏死，燈草打折臁兒骨。你逼的我賭這般重咒哩！

這是《救風塵》第三折中的一段對白，趙盼兒爲了搭救宋引章，她
假稱要嫁給周舍，條件是周舍必須休了宋以後才能迎娶，但滿肚
花花腸子的周舍卻不會輕易上鉤，於是引出這一段充滿機趣的對
話。從形式上看，這裡的語言是夠淺俗的，但無疑是經過千錘百
煉後的生活語言，它最爲形象地體現了人物的身份和性格特徵，
也有助於當時環境氣氛的渲染和烘托，比起千百句堆砌華美詞藻
的書面語更能受到舞台觀衆的歡迎，直到今天讀來還充滿著生命
的活力。

又如他的散曲〔雙調・沈醉東風〕：

> 咫尺的天南地北，霎時間月缺花飛。手執著餞行杯，眼
> 閣著別離淚。剛道得「保重將息」，痛煞煞教人捨不得，好
> 去者前程萬里！

這裡並無華美的詞采，也無任何雕琢的痕跡，通俗易懂，明白如

話的曲辭展示的是一種「清風出芙蓉，天然去雕飾」的本色。然而也正是這種「本色」才能將人物真摯深沈的感情毫不做作地表現出來，由此可以看出作者在語言上所下的功夫。如果真的是毫無選擇地信手拈來，是不可能達到這樣的藝術效果的。

　　關作語言深入淺出還表現在用典方面。一般認爲本色派語言絕少用典，其實這並不確切，試舉一例：

　　　　〔梁州第七〕這一個似卓氏般當罏滌器，這一個似孟光般舉案齊眉，說的來藏頭蓋腳多伶俐！道著難曉，做出才知。……那裡有奔喪處哭倒長城？那裡有浣紗時甘投大水？那裡有上山來便化頑石？可悲，可恥！

這是《竇娥寃》第二折竇娥的唱詞，一連用了五個典故，不可謂少。然而有一點卻很清楚，這些典故，無論是卓氏當罏滌器還是孟光舉案齊眉，也無論孟姜女哭倒長城還是浣紗女自投大水，還有望夫石的故事，皆爲盡人皆知的「俗典」，用了除了增加語言機趣之外，不會有任何生澀之感。又如關氏散曲〔仙呂·桂枝香〕套數：

　　　　〔木丫叉〕霧鎖秦樓，霧鎖秦樓。雲迷楚岫，御溝紅葉空流；偷香韓壽，錦帳中枉自綢繆。蹙破兩眉頭，小蠻腰瘦如楊柳。淺淡櫻桃獎素口，空教人目斷去時舟。又不知風流浪子，何處溫柔。

其中涉及典故，有弄玉吹簫、楚王雲雨、御溝紅葉、韓壽偷香及白居易的「楊柳小蠻腰」詩句等，數量不少但都爲市俗能理解，這也是關氏語言舞台化的一個主要特徵。

　　除了動作性、性格化和通俗化以外，關漢卿作品語言還存在著相當程度上的詩化傾向。這一點爲歷來人們所忽視，其實如果全面分析關漢卿的現有作品是不難得出這個結論的。

　　關作語言的詩化主要表現在它的熱情洋溢、感情充沛、形象

鮮明和語言精煉上面，它是「灼熱的語言」，充滿著詩歌藝術的
抒情性。如人們熟知的《竇娥冤》第三折中竇娥的唱辭：

〔滾繡球〕有日月朝暮懸，有鬼神掌著生死權。天地也，
只合把清濁分辨，可怎生糊突了盜跖、顏淵：為善的受貧窮
更命短，造惡的享富貴又壽延。天地也，做得個怕硬欺軟，
卻元來也這般順水推船。地也，你不分好歹何為地，天也，
你錯勘賢愚枉做天！

感情充沛，氣勢如洪。明人孟稱舜稱「漢卿曲如繁弦促調風雨驟
集，讀之覺音韻泠泠，不離耳上，所以稱爲大家。」㉓無疑這是
詩的境界。純以感情取勝而不在堆砌詞藻，只有具有詩人氣質的
劇作家才能達到。又如《單刀會》第四折中關羽的唱辭：

〔駐馬聽〕水湧山疊，年少周郎何處也？不覺的灰飛煙
滅，可憐黃蓋轉傷嗟。破曹的牆櫓一時絕，鏖兵的江水由然
熱，好教我情慘切。（云）這也不是江水，（唱）二十年流
不盡的英雄血！

悲涼慷慨、蒼勁雄壯。從歷史上看，此曲顯然有著對蘇東坡〔念
奴嬌〕「大江東去」詞境的繼承和化用，但置於此處卻又別具新
意。這是角色也是作家的心聲，其格調既表現了一代英雄人物撫
今追昔的沈厚胸襟，又抒發了詩人站在歷史高度審視戰爭風雲的
人道主義情懷。形象鮮明、風格洗煉，歷代論者皆激賞此曲，近
人王季烈更稱之「洵爲絕唱」㉔，可見境界之高遠。

　詩化的語言在關氏散曲中更爲突出；前面我們在論述「詩家
之曲」時已多有涉及，此處再舉二例：

〔六么遍〕乍涼時候，西風透，碧梧脫葉，餘暑才收。香
生鳳口，簾垂玉鉤，小院深閑清晝。清幽，聽聲聲蟬噪柳梢
頭。

清新、散淡，幾無市俗煙火氣息。此曲出自〔仙呂·翠裙腰〕《閨

怨》套數，雖屬艷情，但體現的無疑是一種詩的境界。另如〔雙
調·碧玉簫〕的聯章體小令：

> 怕見春歸，枝上柳綿飛；靜掩香閨，簾外曉鶯啼。恨天
> 涯錦字稀，夢才郎翠被知。寬盡衣，一搦腰肢細。痴，暗暗
> 的添憔悴。

同樣創造了一種詩的意境，不過較前曲「艷」的成分更濃一些。
如果說前曲語言風格體現的是「清麗」的話，後曲體現的則爲一
種「婉麗」的風格。梁乙真先生《元明散曲小史》認爲關氏散曲
「以婉麗見長，然有時亦非常的豪辣灝爛。」㉕他說的「豪辣灝
爛」即指關氏散曲中體現鬥士精神的那些作品，如《不伏老》等，
而「婉麗見長」的評價的確道出了關作語言風格的詩化特色。王
忠林先生稱關氏「在元代前期清麗派散曲家中，實居領袖地
位。」㉖聯繫關氏散曲作品，他們的歸納都有其合理性。

　　從以上分析可以看出，關作語言的舞台化和詩化的特點是非
常鮮明的，作爲兩個不同概念，它們在關作中所起的作用也有所
不同。就前者來看，它促成了關作在當時無論演出還是清唱都取
得了無與倫比的成功。作爲後者，它是關作在文學史上至今具有
藝術魅力的關鍵。

　　當然，這樣歸納並不意味著可以將二者割裂開，很難設想没
有詩情的劇本能在舞台上產生轟動。同樣，完全和動作性，性格
化以及通俗化隔開的舞台詩情也不會有多少生命的活力。正是在
這個意義上我們說，舞台化和詩化的高度結合才是關漢卿創作語
言的共同風格，它們的共同作用是造成關作取得成功和藝術魅力
至今不衰的重要因素。

五　本色、當行：總體風格剖析

至此，我們可以對關漢卿創作的總體風格作如下歸納：這就是總體構思的新穎多樣、結構藝術的完整完備，人物塑造的系列性、個性化以及語言形式的舞台性和詩化。正是在這些因素有機結合的基礎上，才構成了關漢卿所特有的藝術風格，體現了這位本色派大家的創作個性。

然而，在作出上述結論的同時，我們還應當對「本色派」的定義作一番辨析。

正如我國古代詩論、文論中概念的內涵多呈模糊狀一樣，作爲古代曲論一個專門概念的「本色」一詞也缺乏嚴密的論證和合乎邏輯的界定，至今學術界對此理解仍存在歧義。傳統曲論多以此形容語言的質樸無華，而和藻飾和文采相對應，正因爲如此，「本色派」和「文采派」的提法也主要是就語言風格而言的。而語言風格盡管爲作家總體風格的重要組成部分，但並不就是作家風格的全部。近來也有論者試圖將其和作家的總體風格聯繫起來研究，但總覺有些牽強，因爲總體構思、結構藝術、人物塑造這些風格所在均已超出了語言「本色」的範疇。而另一方面，如果將本色僅僅理解爲不施文采、質樸無華和通俗易懂，同樣亦不能準確地概括關作語言特色，因爲據前分析可知，關氏散曲起主導作用的語言風格卻是「婉麗」或「清麗」，此同「本色」自然掛不上鈎。況且即使是創作語言，其中也較複雜，有的亦並非質樸無華。此外，語言的動作性、性格化等等也不屬於質樸無華這個本色概念的範疇。所以機械地理解「本色」二字並不能準確而全面地概括關漢卿的創作風格，而只有對「本色」二字深加考訂，把握精神實質，這才是確立關漢卿作爲一個本色派大家地位的唯

一正確途徑。

嚴格說來,「本色」一詞並非曲論所獨有,宋人論詩已有涉及。陳師道《後山詩話》即評價韓愈「以文爲詩」、蘇軾「以詩爲詞」是「雖極天下之功,要非本色」❷,此外,李清照的《詞論》、嚴羽《滄浪詩話》、王若虛《滹南詩話》以及曾季貍《艇齋詩話》均有類似提法。郭紹虞先生謂「本色,指本然之色。」❷這裡的「本然之色」包括兩層含義,其是指文體方面,如陳師道論詩、李清照論詞,皆主張嚴守文體的本色,不能稍有逾越,否則寫得再好,亦非本色。另一層含義是指語言和內容方面,語言要求「天然去雕飾」,內容反映事物的本來面目。這兩層含義在明以後曲論中均有反映,馮夢龍倡言作曲者「組織藻繪而不涉於詩賦」❷,無疑屬於前者。徐渭云:「語入要緊處,不可著一毫脂粉,越俗越家常越警醒,此才是好水碓不雜一毫糠衣真本色」❸,此所重者語言。臧晉叔所謂「人習其方言,事肖其本色」❸,顯然是指內容而兼及作法。

今天看來,嚴守文體之本色固有必要,以此可有助於體制的穩定,但如說不能稍有逾越以至曲中語「不涉於詩賦」則太過分了,也與作曲實際不符。《單刀會》中關羽所唱「大江東去」二曲,《西廂記》中所唱「碧雲天,黃花地」等曲,俱以詩詞中語入曲,收到了很好的藝術效果,由此可知「本色」不能作如此機械地理解。其次,語言中「不可一毫脂粉,越俗越家常越警醒」的本色也只能是風格中的一種,不能強求一致,否則千篇一律,性格化即無法談起。惟有「人習其方言,事肖其本色」二句,如果「方言」理解符合個人性格特點的語言,「事」理解爲題材和人物,「肖」包括作品結構方式的話,則如此理解即應當說是抓住了「本色」的精神實質。

與本色同時被提出的還有當行的概念。嚴羽《滄浪詩話》論

「詩法」即在「須是本色」後緊「須是當行」一句㉜，《濟南詩話》卷中引晁無咎評黃山谷（庭堅）語：「詞固高妙，然不是當行家語」㉝，郭紹虞先生解釋：「當行，猶言內行。」㉞這裡的「當行」至後世也有兩種解釋，一種認爲實際上即指本色，凌濛初《譚曲雜箚》有云：「當行者曰本色。」㉟臧晉叔《元曲選序》中這樣歸納：「行家者隨所妝演，無不摹擬曲盡，宛若身當其處，而幾忘其事之烏有。……是惟優孟衣冠，然後可與於此。故稱曲上乘，首曰當行。」㊱這顯然是其「事肖其本色」的翻版，雖然又換了一種提法，但在臧氏心目中「本色」和「當行」實際上沒有什麼區別。然而，也有觀點則將「本色」和「當行」看作是互相緊密聯繫著兩個不同的概念，音律專家沈璟即云：「怎得詞人當行，歌客守腔，大家細把音律講」㊲，他說的是恪守音律稱當行。呂天成《曲品》則謂：「當行兼論作法，本色只指填詞」㊳，這裡顯然即有了區別。但也不能看得太死，如呂天成所言：「果屬當行，則句調必多本色；果其本色，則情態必是當行」㊴，實際上還是一回事。本色就是當行，當行必表現爲本色。當行不過是手段，本色才是表現形式，人們不稱當行派，而稱本色派，其原因大可歸結到這裡。

「本色」是本然之色，亦指事物的本來面目，用一句傳統的文藝理論術語表達即爲事物的本質真實，「人習其方言，事肖其本色」，這裡的「人」既包括劇中人物形象，也包括劇家所反映那個時代人的羣體。「事」無疑是指劇中符合舞台特點的題材內容。一句話，「本色」即是反映事物的本來面目，揭示時代的本質真實、嚴格遵循事物的固有規律。從根本上說，這也是關漢卿創作風格的基本特徵。

正因爲反映要反映社會人生的本質真實，關漢卿創作的總體構思才盡可能向新穎多樣方面開掘。題材上既有歷史劇又有現實

劇，既有現實成分又有非現實因素，既有文戲又有武戲；體裁上
既有雜劇又有散曲，劇作中既有悲劇、喜劇又有正劇，散曲中既
有套數又有小令。而只有這樣，才能表現出時代風雲變幻的本來
面目。

同樣，正因為要反映社會人生的本質真實，關氏人物塑造才
呈現著從君主、朝臣、將帥到一般百姓的衆多系列，每一個系列
人物又都有著他不可替代的個性，而系列性和個性化高度結合本
來即為人世社會的固有形態。

除了反映時代本質真實以外，關漢卿的本色派風格還表現在
嚴格遵循事物的固有規律上面。在關漢卿的心目中，劇就是劇，
散曲就是散曲，詩就是詩，雖然在創作態度上都以反映時代人生
真實面貌的寫實精神貫穿始終，但在具體方式上卻各有特點。這
方面的「本色」更多的是由「當行」決定的。

作為一個行家，關漢卿非常清楚自己是在幹什麼，他無論是
編劇還是創作散曲，都時刻把握住作品的性質和特點，在關鍵問
題上堅持文體的本色。

例如，正由於考慮到作品的性質和對象的特點，關劇才在最
大限度上保持了情節行動的有機統一性和邏輯連貫性，結構類型
上才有鎖閉式、開放式和人像展覽式的交替使用，無平板單調之
感。作品內保持力的均衡，第四折無「強弩之末」之弊。此外，
散曲創作方面也顯示著長短句式不齊，排句對、重句對、排比變
化句式等多種修辭方式交替呈現的完備的結構藝術。這些無疑都
體現了文體的獨有特色。

又如關作的語言藝術，其動作性、通俗化顯然是適應於元代
舞台要求的「本色」。明人凌濛初所謂「曲始於胡元，大略貴當
行不貴藻麗」❹，說的就是元代劇場的情況。正因為考慮到適應
元代勾欄市俗大衆的需要，關漢卿筆下語言特別注意內部和外部

動作的結合，更特別注意語言的錘煉，於質樸無華、淺顯通俗中創造精深的藝術情境。而此外，關作語言的性格無疑既體現了文體的本色，又體現了所塑造人物的本色，正是「人習其方言，事肖其本色」決定了他的高度性格化的語言。在這個意義上，由人物不同身份、具體情境以及接受對象的不同而顯示的詩化同樣可以看作本色派風格的必然表現。

總而言之，關漢卿創作風格的諸多特徵都可以歸結到「本色」這方面來，換句話説，「本色」所要求的反映事物本來面目，揭示時代的本質真實和遵循事物的固有規律，這些都在關氏創作中有了完滿的體現。更準確地説，這是作者創作的立足點。從前面各節的具體分析中可以看出，從總體構思的新穎多樣、結構藝術的完整完備，到人物塑造的系列化、個性化以及語言形式的舞台性和詩化，同時代任何一個本色派作家，甚至任何一個古代戲曲家都沒有關漢卿走得遠。無論是雜劇還是散曲，關氏在風格上都具有開創性的意義。

接下來的問題是，關漢卿這種成功的本色派風格爲什麼能夠形成？或者説，爲什麼偏偏讓關漢卿開創這種風格呢？

首先應當肯定，關氏這種總體風格的形成與他複雜豐富的生活經歷有關。前已論及，關漢卿一生跨越金、元兩個朝代，作爲殘金的太醫院尹，無疑他有機會接觸上層社會，諸如宮廷和官府的運轉方式、君臣關係、貴族家庭內幕等，皆爲作者年青時即已熟悉。此後他親身經歷金元間改朝換代的社會大動蕩、生與死的考驗、血與火的鍛煉，這一切都使他對社會和人生有著超常的體驗。入元後他「不屑仕進」，轉入社會下層，市俗生活又使得他接觸了形形色色前所未見的人和事，無疑更開闊了眼界，豐富了閱歷。這一點在入元後出生的作家固不必論，即使元好問、楊果、杜仁傑、白樸這些由金入元的遺民曲家也無法與之相比。因

爲這些名公雅士一來没有關漢卿那樣大起大落、極雅極俗的生活
體驗，二來他們多不創作雜劇。這方面白樸例外，他是詞、曲、
劇三者兼備的大家，但其經歷遠不如關漢卿複雜豐富。可以説，
在這一點上，關漢卿是得天獨厚的。

　　其次，關漢卿還是一個學問廣博的漢族文人士大夫，盡管目
前没有證據説他在太醫院任職是科舉中試的結果，但作爲解州關
氏族裔，他在漢民族傳統文化熏陶下長大這一點則是無可懷疑
的。正因爲如此，關漢卿精通中國的歷史文化，這種學識使得他
在將歷史人物和現實人生溝通起來時得心應手，也不至於在處理
紛至沓來的同類題材時才情枯竭、捉襟見肘。

　　唐人劉知己在談及史家素養時曾將其爲「才、學、識」之
「三長」，認爲「世罕兼之，故史者少。」❹而對作家來說，除
了形象思維等藝術創造才能以外，其創作風格的形式，也需要兼
有這種「三長」。我們認爲，豐富的閲歷和淵博的學問爲關漢卿
的成功奠定了雄厚的基礎，他在選擇體裁、處理素材、結構安
排、人物塑造和語言運用等方面的才能不是憑空而起，正是建立
在其特有的經歷和學問基礎之上的。

　　除了「才」和「學」之外，關漢卿還具有同時代曲家少有的
「識」。這就是他站在文化和歷史的高度，對整個社會和人生進
行高屋建瓴式的審視。他取材於歷史，卻不囿於成見；他面對現
實，卻不滿足於實用。作爲一個在儒家倫理文化哺育下成長起來
的漢族知識分子，關漢卿對戰爭亂後的道德淪喪、獸道橫行的現
實自然是痛心疾首，他無力改變這一現實，卻又不甘心真的逃避
山林，不問是非。事實上想避也避不開，不管關氏本人起初是否
願意，時代的潮流已將他沖刷到了社會的底層，他的「滑稽多
智、蘊藉風流」的個性也使得他樂得就此與勾欄藝人打成一片，
「嘲風弄月，流連光景」，把大半生的精力貢獻給了舞台。他的

見識和才能也正是在這種「流連光景」中得到增長和提高。

　　關漢卿的「識」還在於他把現實人生這個大舞台和戲曲演出的小舞台合二而一，作者以小見大，將自己痛心疾首而無力左右的現實搬上舞台，面對市俗大衆展示它的本色，其中當然也寄托了他的理想，在現實中失落了的自我在藝術上得到了實現。也正因爲如此，關漢卿和那些以糊口、放逸或蹈晦的曲家不同，他的創作是主動的，有目的的追求；也正因爲如此，他才在作品的總體構思中不斷追求新穎多樣，在結構藝術中追求完整和完備，在人物塑造中展示無比的系列性和個性化，在語言形式中尋找舞台性和詩化。在這些不懈的追求中，我們可以看出作者在努力創造自我現的途徑。早在數十年前，研究和整理元曲的前輩專家隋樹森先生即這樣評價關漢卿：

　　　　他知道本色派的曲文易於為羣衆所瞭解，所以他不常用詩詞一般的句子；他知道一個故事應如何布置安排，才能夠得到演劇的效果；他知道用某一類社會人生中常發生的事項，或那種歷史故事、民間傳說作題材，才能夠使觀衆易於和它接近。❷

這裡說的正是關漢卿獨到的「識」，而這是在那個時代很少有人能夠達到的遠見卓識。

　　雖然史家和作家屬於兩種不同的人才類型，但我們仍舊要說，關漢卿是具有「才、學、識」三才兼備的大家，他是站在史家的高度來創作的，這是他以反映時代本質真實、遵循事物固有規律爲基本特徵的本色派總體風格形成並取得成功的根本途徑。

<hr />

注　釋

❶孫耀煜等《文學理論教程》第378頁，人民文學出版社1991年版。

❷《元史・刑法誌》。

❸〔德〕黑格爾《美學》第一卷第242頁，商務印書館1981年版。

❹〔美〕約翰・霍華德・勞遜《戲劇與電影的劇作理論與技巧》第288頁，中國電影出版社1978年版。

❺《戲劇技巧》第85頁，中國戲劇出版社1985年版。

❻《詩學》第十章。

❼《閑情偶寄》卷之一「詞曲部」。

❽顧仲彝《編劇理論與技巧》第156頁，中國戲劇出版社1981年版。

❾同上，第156～157頁。

❿同上，第175頁。

⓫元・陶宗儀《南村輟耕錄》卷八「作今樂府法」。

⓬明・臧晉叔《元曲選・序一》。

⓭王忠林《關漢卿散曲析評》，載《南洋大學學報》1972年第6期。

⓮《插圖本中國文學史》第四十九章。

⓯引自顧仲彝《編劇理論與技巧》第285頁。

⓰《金史・章宗一》

⓱《元典章》卷五十七《刑部》

⓲歌德等《文學風格論》第18頁，上海譯文出版社1982年版。

⓳《閑情偶寄・語求肖似》

⓴《續詞餘叢話》卷二。

㉑《宋元戲曲考》十二《元劇之文章》。

㉒蔡運長《西廂記第五本不是王實甫作》，載《戲曲藝術》1988年第4期。

㉓《酹江集・竇娥冤》開頭眉批。

㉔《孤本元明雜劇・提要》

㉕轉引自王忠林《關漢卿散曲析評》，載《南洋大學學報》1972年第6期。

㉖《關漢卿散曲析評》。

㉗引自郭紹虞《滄浪詩話校釋》「詩法」。

㉘同上引。

㉙《太霞新奏》卷十二，《中國古典編劇理論資料匯編》第129頁。

㉚《題崑侖奴雜劇後》、《徐文長佚草》第二卷，《中國古典編劇理論資料匯編》第39頁。

㉛《元曲選·序二》。

㉜㉞《滄浪詩話校譯》第103～104頁。

㉝《六一詩話·白石詩說·滹南詩話》第70頁，人民文學出版社1962年版。

㉟《中國古典編劇理論資料匯編》第169頁。

㊱同上，第97頁。

㊲同上，第66頁。

㊳《曲品》卷上。

㊴《曲品》卷上。

㊵《譚曲雜箚》、《中國古典戲曲論著集成》第四冊第253頁。

㊶《新唐書·劉子玄傳》。

㊷隋樹森《關漢卿及其雜劇》，載《東方雜誌》第40卷第3號。

餘論　在世界文化格局中的關漢卿

對關漢卿的總體研究似乎可以暫告一個段落了。

然而工作並沒有做完。記得在本稿開篇的「引言」中，筆者曾響應海內外前輩學者的號召，提出關漢卿研究要跨出國門，面向世界，真正建立起一門堪與莎士比亞研究——莎學相媲美的「關學」，並以此作爲自己努力奮進的目標。但是，應當承認，直到今天，關漢卿在世界上的影響還是有限的。從目前流行的東西方各主要國家的百科全書來看，關漢卿大體上是作爲十三世紀中國偉大的戲劇家而出現的，評價不可謂不高，但同「古往今來最偉大的作家」❶莎士比亞相比，關漢卿還只能是國家級而非世界級。

之所以會出現這樣的狀況，一方面固然由於東西方民族的審美標準不同，當然其中也不乏民族偏見以至「歐洲中心論」作怪的因素，但另一方面更主要的是我們自己對關漢卿的研究和介紹遠遠沒有達到世界的高度，這就難以在世界文化層次中激起認同感。在對關氏的生平和創作進行了較爲深入和系統的考察之後，我們即有可能也有必要將目光由國內轉向國外，在世界大文化體系的橫向比較中爲關漢卿尋找一個合適的位置。

一　充滿生命活力的戲曲之父

衆所周知，世界存在著三大古典戲劇形態，它由古希臘戲劇、印度古典梵劇和中國戲曲所構成。而關漢卿則爲古老的戲曲之父。

　　藝術之父意味著他必須具有雙重身份，即他首先必須是該藝術形式的開創者或者起碼在開創過程中起了關鍵作用的人；其次，他的創作成就還必須是開一代風氣之先的大家。這樣集開創者和大家稱號的戲劇之父在世界戲劇史上的確是不多見的。

　　印度梵劇至今尚無認的創始者，現存早期梵劇劇本的作家馬鳴和跋娑也夠不上梵劇之父的稱號。在西方，古希臘戲劇的創造者是忒斯庇斯，但忒斯庇斯無劇本傳世，自然亦無創作成就可言，所以悲劇之父這頂桂冠並不因爲忒斯庇斯的功績而輕授於他，獲得這一殊榮的是最早在悲劇領域（包括演出形式）作出巨大貢獻的埃斯庫羅斯。

　　在中國，情況即有所不同。儘管早在先秦時代我國的宮廷俳優表演即已很發達，至漢時已發展成爲「東海黃公」等故事性較強的表演戲，演員也由一人發展到三國時代的兩個，但表演藝術始終未能和劇本創作藝術結合起來。敍述體說唱諸宮調直到宋金時期纔向著代言體過渡，二者的結合導致了北雜劇的繁榮，也形成了我國戲曲史上的第一個高潮，關漢卿則在這一轉變過程中起了關鍵性的作用。

　　翻開我國現存最早論述元代戲曲作家時代生平的論著《錄鬼簿》，可以發現，在這部書中，作者將關漢卿列爲榜首，明初曲家朱權解釋這是因爲關「初爲雜劇之始」❷，即最早開創雜劇體制的人。在這以前，元人周德清在《中原音韻自序》中也稱「關、鄭、白、馬一新制作」，元曲他們手中達到「之備」的程度。與朱權差不多同時的朱有燉也稱「初調音律是關卿」❸，都認爲關漢卿爲元雜劇的創始者。衆所周知，元雜劇是中國古代戲曲發展史上的第一個高潮，元雜劇的創始者實際上即爲中國古代戲曲的奠基人，中國戲曲之父。

　　當然，以今天的目光看，任何藝術都非個人主觀臆造的結

果，説關漢卿「初爲雜劇之始」也並非説他一人創制元雜劇。元雜劇之所以從諸宮調和金院本中脱胎而來，這中間一定包含了無數藝人的辛勤勞動，但這並不妨礙我們説關漢卿在這一過程中起了至關重要的作用，在一定程度上促進了這一轉變的最後完成。因此，儘管我們目前尚無關漢卿如何創作元雜劇的具體記載，但關漢卿作爲最早從事雜劇創作的作家集團中最傑出的代表則是人所共知的❹。時人説他「生而倜儻，博學能文，滑稽多智，蘊藉風流，爲一時之冠」❺，又稱其「驅梨園領袖，總編修師首，捻雜劇班頭」❻。正因爲關漢卿不僅參與創制雜劇而且取得卓越的成就，纔使得他在敍述性説唱轉變成代言體戲曲這一過程中的作用不同寰響。可以説，正是在以關漢卿爲首的元曲大家的推動和影響之下，雜劇創作纔形成一個新的社會文藝主潮，終於取代正統詩文而成爲新的「一代之文學」（王國維語），進而在我國文學史上開創了一個戲劇創作和演出的時代。從這個意義上，我們把它作爲古代戲曲之父是自然而然的。

　　關漢卿一生創作六十多個劇本，和作劇九十的埃斯庫羅斯相比，總數略嫌少了一點，但關劇至今留存者達十七個之多，此又是僅存七劇的埃氏所不能比擬的。雖然年代久遠是埃氏劇本大半佚失的重要原因，但由於人爲扶持和脱離世俗，貴族藝術的生命力不强也是一個不可忽視的因素。而關漢卿劇作不僅在元代聲名顯赫，即在明清及至近現代都不斷有人改編演出，僅此一點即可證明紮根市俗現實土壤的關漢卿劇作的强大生命力。

　　由於時代及當時舞臺風俗的限制，埃斯庫羅斯劇作取材一般都較狹窄，而且脱離現實較遠。從目前留存的七個劇本來看，除了以希波戰爭爲背景，描寫波斯水師覆没的現實劇《波斯人》而外，其餘皆取材於古希臘神話，人物多爲莊嚴而不可企及的神祇，其中充滿了因果報應觀念和妥協思想，這些都很適合於當時

雅典城邦貴族觀眾的口味，體現了典型的貴族藝術的特點。

　　與此形成鮮明對照的是，關漢卿劇作取材非常廣泛，而且現實性特別強。既有歷史故事，又有現實生活；既有關羽、李存孝等叱咤風雲的英雄人物，又有竇娥、趙盼兒等平凡無奇的小人物。出身儘管有貴賤之分，但他（她）的共同特點就是人情味特別濃，喜怒哀樂充滿世俗氣息。此外，作品體現的生活意志非常頑強，作者堅信只要通過不屈不撓的追求，任何艱難困苦都可克服。如譚記兒、趙盼兒都以弱小之軀戰勝了貌似強大的對手。可以這樣說，關劇即是一曲曲意志力量的頌歌。這一點也和埃斯庫羅斯不同。在埃氏劇作中，主人公雖然有著堅強的意志，例如普羅米修斯為了盜火給人類而寧願在高加索山崖上受苦，以及克呂泰墨涅斯特拉和俄瑞斯忒斯的復仇等等，但由於作者相信因果報應，加上妥協思想，使得這些行動的最後終於導致矛盾雙方的妥協和解❼，從而使意志的力量在一定程度上受到損害。

　　關漢卿筆下的人物不相信因果報應，不相信命運，他們高揚著生命的旗幟，充滿著市俗氣息和積極追求的精神。如前所述，在他豐富的劇作中，題材遍及各個領域，唯獨沒有神仙道化之類，這自然不是關氏不善於非現實題材的把握，而完全取決於作者積極的人生態度。就是說，和貴族自我神化的埃斯庫羅斯劇作不同，關漢卿的作品是以人性代替了神性。當然，從作品中存在著某些鬼魂之類的非現實情節來看，關漢卿還沒有達到用人性反對神性的高度，而是以人性反抗當時社會存在著的獸性。作家的目光專注於此，故神性在他的作品中也就不得不退到次要的地方去了。

　　和作品取材的多樣化的適應，關漢卿劇作類型也是比較全面的。從我們前面的分析中可以看出，它們中既有《竇娥冤》、《哭存孝》這樣慘烈悲壯的悲劇，也有《望江亭》、《救風塵》那樣充滿

諷刺、幽默風味的喜劇，還有《單刀會》、《拜月亭》等描寫嚴肅而不乏機趣的正劇（悲喜劇）。因此可見關漢卿具有嫺熟運用不同戲劇類型的應變能力。相比較而言，埃斯庫羅斯劇作僅限於悲劇（至多還應加上一點薩提洛斯笑劇），而號稱古希臘喜劇之父的阿里斯托芬創作僅限於諷刺喜劇，連正面歌頌的喜劇都沒有，同樣狹窄多了。

這一點即使印度梵劇亦概莫能外。許多專家指出梵劇和我國古代戲曲之間的相通之處，但仔細考察早期梵劇如馬鳴和跋娑的作品，它們幾乎千篇一律，充滿著懲惡勸善的宗教教義和道德說教，即使到了後期梵劇大師迦梨陀娑、首陀羅迦等人的筆下，也沒有發生根本性的變化，其體裁也僅限於悲喜混雜劇而已。和以關漢卿爲代表的中國元代雜劇藝術相比，其差別是明顯的。

當然，作這樣比較並非想要貶低古希臘戲劇和印度梵劇，這兩大民族古典戲劇起碼在時代上走在世界的前面，屬於早期人類文明之一，悲劇之父埃斯庫羅斯和喜劇之父阿里斯托芬在世界戲劇史上的地位更是人所公認的，他們的編劇藝術不僅是古希臘，也不僅是西方，而是全人類的共同財富。但是，肯定這些並不妨礙我們把它們和以關漢卿爲代表的中國元雜劇進行比較。可以這樣認爲，作爲一代戲曲的創始人，雖然在時代上稍後，但關漢卿的編劇藝術較之埃斯庫羅斯、阿里斯托芬，較之印度梵劇起碼在類型上拓寬了戲劇表現的格子。這就是說，古希臘人僅局限於互不干涉的純悲劇和純喜劇，古印度人僅局限於悲喜混雜劇的一個方面，則關漢卿一身而同時兼擅上述各種戲劇類型，並且他還不是簡單地將古希臘悲劇和喜劇、古印度悲喜劇移植而來，而是通過自己的摸索創造了新型的戲劇類型（這一點我們在以下的分析中還將談到）。至於西方劇壇，直到公元十四、十五世紀的文藝復興運動時期，莎士比亞、瓜里尼和狄得羅、博馬舍等人纔走完

這一條道路。梵劇甚至未來得及顯示這種徵象即已壽終正寢。以關漢卿爲代表的中國元雜劇編劇藝術在這些方面的成就，也是實實在在存在著的，這是世界戲劇史所無法忽視也不應忽視的事實。

二　獨創風貌的一代戲劇藝術大師

關漢卿是兼擅悲劇、喜劇、正劇（悲喜劇）等多種形式的戲劇藝術大師，在這一點上，無論是埃斯庫羅斯、阿里斯托芬還是迦梨陀娑，都不能與之相比。真正能在這方面有資格和關漢卿相比較的是歐洲文藝復興時期英國的莎士比亞。

關漢卿和莎士比亞劇作的共同特點是最大限度地接近了社會現實。在悲劇中具有喜劇因素，喜劇中具有悲劇成分，這在以前的西方戲劇史上是件不可設想的事。我們知道，古希臘時期的悲、喜劇藝術之間就是涇、渭分明。正如十七世紀西班牙劇作家維加所揭示的那樣：「喜劇摹仿卑微小民的行動，悲劇摹仿帝王貴人的行動」❽。莎士比亞對傳統的戲劇規則作了大膽的突破。在悲劇中揉雜了喜劇的成分，如《麥克白》中守門人的嘮叨和《哈姆蕾特》中波格涅斯訓子一場以及埋葬奧菲利婭時掘墓人的笑謔等等。同樣，莎翁喜劇中也摻入了悲劇的因素，據說德國大詩人海涅看了《威尼斯商人》後，對喜劇對象夏洛克深表同情，竟提出要把該劇歸入悲劇中去❾。這樣的例子在莎士比亞全部現存劇作中還比較多見。

在悲劇和喜劇的結合方面，由於在思想上沒有傳統規範的束縛，關漢卿甚至比莎士比亞走得更遠。如果説莎士比亞悲劇中的喜劇因素以及喜劇中的悲劇成分還僅僅是表現爲調節戲劇氣氛的少數場面的話，則關漢卿劇作中的類似表現即爲推進戲劇情節發

展不可缺少的環節。而且不僅僅是情節和場面，更多的是體現在人物的塑造之中。從關漢卿的現存作品中，我們可以發現作者並不如同西方同行那樣要受傳統尊卑等級的束縛。他的悲劇人物可以有關羽、李存孝這樣的名將，還可以有竇娥這樣出身低微的平民寡婦；喜劇人物中可以有趙盼兒這樣的下層妓女，也可以有譚記兒這樣的州官夫人，甚至楊衙內這樣的欽差大臣。特別在悲劇方面，關漢卿筆下悲劇主人公的對立面幾乎都是滑稽可笑的喜劇人物，如《竇娥冤》中的張驢兒、昏官桃杌太守；《哭存孝》中的康君立、李存信，等等。劇作家利用誇張變形的諷刺喜劇手法，完成了對這些反面形象的塑造，更有力地襯托了悲劇主人公的正面形象。關漢卿喜劇中的悲劇成分也並不乏見。例如《謝天香》中謝天香在與戀人柳耆卿剛分離便被錢大尹强娶入門，做了三年空有其名的「小夫人」，最後當柳得官榮歸，又被當作物品一般「完璧歸趙」。又如《救風塵》中妓女宋引章被流氓無賴周舍騙娶後「朝打暮罵，看看待死」的悲慘命運。關漢卿這些喜劇中，悲劇成分是通過情節和場面表現出來的，它們體現著作家不同層次和不同角度的創作需要。

戲劇史的發展表明，純粹的悲劇和喜劇體現了西方古代森嚴的尊卑等級以及祭祀的神秘儀式。隨著社會歷史的向前發展，人的價值逐步被發現，人性逐漸取代神性，尊卑等級和祭祀的神秘性被打破，純悲劇和純喜劇愈來愈不適應時代舞臺的需要。戲劇美學的研究也進一步揭示，悲劇中如果沒有喜劇因素，就會顯得太冷板太平實，而喜劇如果沒有悲劇成分，也會顯得太淺薄太浮泛。而悲、喜劇因素的相互滲透融合將更有助美的突現。正因爲如此，莎士比亞在創作中勇於突破傳統的軌範，這不是敗筆而是對戲劇史的貢獻。同樣，關漢卿悲劇中的喜劇因素，喜劇中的悲劇成分也是對戲劇史和戲劇美學的貢獻。從某種意義上説，他較

莎士比亞更進一步地拓寬了戲劇形式所表現的範圍。在時代上亦較莎士比亞早了數百年，即當西方還處於中世紀神秘劇、奇跡劇的蒙昧狀態時，關漢卿爲代表的中國戲曲已經在悲、喜劇因素的互相融合方面走得這麼遠，顯得是這麼成熟了，這在世界戲劇發展史上就更有特殊的意義。

應當指出，西方學者從亞里士多德到康德，對評論東方文化特別是中國戲曲均缺乏起碼的常識，即使在黑格爾，所謂感知也是很膚淺的。他在那次著名的美學講演中曾這樣論及：「在東方，只有在中國人和印度人中間纔有一種戲劇的萌芽」❿，黑格爾的偉大之處即在於他能用哲理性的語言將東西方各主要民族文化發展的基本走向大致勾勒出來，但他斷言中國古代戲曲只是「一種戲劇的萌芽」卻遠非的論。我們這裡要說的是，中國古典戲曲並非始終處於萌芽狀態，起碼早在黑格爾講演的五百年前，中國戲劇就很發達了，關漢卿的悲劇、喜劇、悲喜劇比較西方同類形式毫不遜色。以同時擅長各種戲劇類型而論，西方要在關漢卿之後的三百年纔出現了莎士比亞，這也是世界戲劇史所不能迴避也迴避不了的事實。

還應指出，悲劇中具有喜劇因素，喜劇中具備悲劇成分以及勸善懲惡的結局，這些以往都被用來作爲證明中國古代無悲劇的論據，現在看來亦非確論，相當程度上是一種誤會。誤就誤在我們過分重視了西方歷代學者從亞里士多德到尼采的悲劇理論，這些理論都勾勒了一條愈來愈森嚴的悲、喜劇界限。實際上，它們與其說是從文學和戲劇角度立論倒不如說都是一種力求完滿系統的哲學思想。對世界文學稍加分析即可看出，即使西方戲劇也不存在什麼純之又純絕對符合理論家要求的悲、喜劇作品。早期古希臘悲劇本來就是由悲而喜最後以各方滿意而「公平」的結局，目前留存唯一的古希臘三部曲埃斯庫羅斯的《俄瑞斯提亞》就是明

證。此外，歷來爲人們所稱道被認爲死不屈服，悲壯慷慨的《被縛的普羅米修斯》實際上只是一種三部曲中的第二部，在第三部《被釋的普羅米修斯》中，這位悲劇已和宙斯妥協和解了，仍然是美滿的結局。這種狀況發展到莎士比亞筆下則更進了一步，正如我們前面已指出的那樣，他把悲劇因素和喜劇因素互相揉雜，積極滲透，使得西方悲劇和喜劇呈現著嶄新的面貌。戲劇史上作家的這些努力往往不爲理論家所推重，亞里士多德《詩學》因而不把埃斯庫羅斯劇作奉爲楷模，儘管這位戲劇大師在當時即有「悲劇之父」的稱號⓫。康德甚至因爲古希臘戲劇不合自己的哲學要求而宣布那一時期無優秀作品。莎士比亞對傳統規則的突破也曾爲傳統理論權威所垢病。由此我們可以看到戲劇發展的具體歷史和涉及它們的學者理論之間的不和諧，然而這種不和諧卻往往不大爲人們所重視，特別是在注重名人名言的中國，更容易產生一些錯覺，即誤把哲人們理想中純而又純的悲劇或喜劇觀念看成西方戲劇的真實面貌，再加上西方諸名家又常以自己的理論標準（兼有歐洲中心論色彩）去衡量和評價自己本不熟悉的東方，這樣反過來指責和貶低中國古代戲曲，由此在雙方產生錯誤是可以想見的。

　　誠然，悲、喜劇因素的互相揉雜滲透並非始自關漢卿劇作，在他之前的數百年，印度梵劇即已顯示了這方面的特徵。有些評論已經指出了梵劇和中國戲曲的相似之處⓬。但是我們只要稍加分析即可發現，梵劇和關漢卿作品之間的區別還是十分明顯的。由於梵劇和宗教特別是佛教有著密不可分的聯繫，它們往往是把主人公的命運和偶然事件甚至仙人詛咒聯繫在一起，而難以形成真正根本對立的矛盾衝突。即以代表梵劇最高成就的《沙恭陀羅》爲例，女主人公的苦戀很容易因爲國王豆扇陀的喜新厭舊而被拋棄形成悲劇，但作者卻把它歸因於仙人惡咒和戒指的魔力。另一

梵劇作家首陀羅迦的名作《小泥車》也是這樣，國舅蹲蹲兒和妓女春軍、商人善施之間因侮辱迫害而形成的衝突無疑可以作爲悲劇題材，然而作者都通過種種誤會巧合最後達到懲惡揚善的目的。可以説，梵劇沒有一個意志堅定的悲劇人物形象，也沒有一個集諷刺和幽默於一身的喜劇人物形象（小丑是固定角色，不是一個性格人物，因而不能包括在內），它們幾乎千篇一律地都以悲喜劇的面目出現，即場面往往悲喜交集，主人公通過一番磨難達到皆大歡喜的結果，非常接近宗教教義。由於上述諸因素作用，印度梵劇看起來顯得十分單調。

關漢卿劇作則不同。它們中不僅有著悲喜交織，最後團圓結局的悲喜劇，如《拜月亭》、《緋衣夢》等，也有著充滿諷刺幽默情趣的喜劇，如《望江亭》、《救風塵》等。關氏悲劇更別出一格，它們不僅有一個嚴肅、完整，有一定長度的悲劇行動，悲劇主人公（竇娥、李存孝、關羽、張飛等）都由於性格剛直不阿、橫遭屈陷而鑄成悲劇，而且作者還採用了誇張變形的諷刺喜劇手法突出了惡人們的卑下和萎瑣，對悲劇主角起著映襯和烘托作用。同時也有助於避免悲情過度喪失了審美距離而造成痛苦的弊病，起著協調氣氛平衡心理的作用。這些都無可爭辯地表明關漢卿編劇藝術較之印度梵劇高出一籌。

關漢卿劇作還有一個獨特之處，這就是作者筆下的人物性格不是固定不變，而是有所發展的。例如我們前面分析過的竇娥和譚記兒形象，她們一上場時，都是循規蹈矩、安分守時，情性和順的年青寡婦，但隨著劇情的不斷開展，在權豪勢要、地痞流氓步步迫害進逼時，她們的性格也就逐漸地由和順走向了反抗。竇娥最後成了天地的審判者，即使斷首長街也要抗爭到底、而譚記兒則一改靦腆、羞澀的秉性，變得異常堅强、潑辣。她改裝獻魚、夜盜勢劍金牌，玩弄惡棍於股掌之上，最後終於制服了這個

來勢洶洶、貌似強大的花花太歲。顯然，她們都突破了固定單一的性格模式。這一點尤其應該受到戲劇史家的重視。

　　世界戲劇史長期對性格問題不甚重視。印度梵劇的人物性格比較模糊，作爲印度古代戲劇理論經典的婆羅多牟尼《舞論》也没有專門談到人物性格問題。在西方，亞里士多德進行理論歸納時將情節放在第一位，性格放在第二位，認爲没有情節即不成爲戲劇，而没有性格則與戲劇並無妨礙⓭。西方戲劇的這種不重視性格刻劃的傾向持續了相當長的時期，中世紀固不必説，直到莎士比亞時代仍然可以看到這種影響的殘餘。莎翁筆下人物的性格刻劃當然是具有很高水平的，但我們仍舊看不到奧賽羅、李爾王、哈姆蕾特以及福斯泰夫、夏洛克等形象在性格上有什麼發展變化。相對於世界古典戲劇長期存在著的這種人物性格刻劃的固定化、單一化傾向來説，關漢卿劇作的這些特點在世界編劇史上無疑應該有著一席地位。

　　正因爲關漢卿多方面爲世界戲劇藝術作出了獨到的貢獻，我們認爲他作爲獨創風貌的一代藝術大師是當之無愧的。

三　集衆家成就於一身的世界性大家

　　至此，我們可以對關漢卿在世界文化格局中的地位作如下界定：

　　首先，作爲世界三大古典戲劇形態之一的中國戲曲之父，關漢卿具有世界古典戲劇奠基人之一的資格。從這個角度上説，世界戲劇史只有埃斯庫羅斯、阿里斯托芬可以與之相提並論。印度梵劇甚至没有可以與之抗衡的對象。當然，就時代先後而言，關氏劇作晚出了一個歷史時期，這毋需諱言，但關漢卿開創了悲、喜劇因素交織的藝術手法並創作出全新的悲劇、喜劇和悲喜劇形

式，從而將古希臘和古印度這兩個時代遠遠拋在後面。用這個標準衡量，他仍是標誌著世界戲劇發展一個時代的不可忽視的里程碑。

其次，關漢卿在編劇藝術方面的成就還使他成爲足以和莎士比亞相提並論的一代戲劇藝術大師。他們同樣以自己的天才和智慧爲各自的民族文化作出了卓越的貢獻，同時也大大豐富了世界戲劇藝術寶庫。由於歷史形成的民族開放和相互聯繫以及印歐傳統的地緣政治影響，在一定的時期內，莎士比亞、迦梨陀娑對東西方戲劇的影響要超過關漢卿。但就世界戲劇藝術發展的本身來看，關漢卿的貢獻似乎更大一些。如果說古希臘戲劇和古印度梵劇分別奠定了世界上早期悲劇、喜劇和悲喜混雜劇基礎的話，關漢卿則創制了全新的悲劇、喜劇和悲喜混雜劇（正劇）。我們當然不會說歐洲莎士比亞等人的類似努力是學習和借鑒關漢卿的結果，但是可以肯定地說，他們的努力已晚了整整一個時代，而且遠遠沒有關漢卿來得徹底（西方正劇、悲喜劇的大量出現已是公元十八世紀以後的狄德羅、博馬舍等人的事了）。假如我們承認世界戲劇史是一個全面、系統的整體，而且的確站在這個角度看問題的話，則以關漢卿爲代表的中國古代戲曲作家在戲劇藝術方面作的貢獻無論如何也是不能忽視的。

第三，關漢卿創作除了雜劇以外，他還擅長於當時一種新型歌詩──散曲的創作，其成就也足爲大家。只是由於戲劇方面的名氣太大，掩蓋了散曲方面的成就，因而不被人們所重視而已。事實上在元代，關漢卿的散曲和雜劇的成就是被同時贊頌的，周德清《中原音韻自序》中稱「關、鄭、白、馬」，開了後世「元曲四大家」之說的先導，也是指其「樂府」（雜劇和散曲總稱）的成就而言。今人也說：「散曲文學若干特有的形式，特有機趣，關漢卿都已『導夫先路』。關漢卿被公允爲『元曲四大家』之首，雜

劇固不待言,論其散曲,亦當之無愧。」⓮作爲一代藝術的奠基者,關氏這種兼擅詩歌之長的特點更使他的創作充滿情趣,敍事和抒情、表現和再現更爲有機地融合在一起。與他相比,埃斯庫羅斯、阿里斯托芬一生僅從事戲劇創作,迦梨陀娑和莎士比亞倒是作詩和編劇才能兼備,而且和關氏散曲中既有敍事體和抒情體一樣,迦、莎二人也同時兼有敍事詩和抒情詩,然而他們都不是一代藝術的奠基人,不具藝術之父的身份。至於狄德羅,他一生重在小說創作和美學理論,戲劇並不佔主要地位,而博馬舍則一生也是僅在戲劇領域遨遊,關漢卿在和他們的比較中同樣顯示了多方面的優勢。

　　基於上述理解和認識,我們可以進一步認爲,關漢卿在世界戲劇史上是集埃斯庫羅斯、阿里斯托芬、迦梨陀娑、莎士比亞和狄德羅、博馬舍等人成就於一身的戲劇藝術大師,他們中任何一個人都無法單獨與關漢卿並提。這樣具有多重身份的戲劇大師,不僅在中國,即使在世界戲劇和文學史上也是獨一無二的。這就是我們所要尋找的在世界文化格局中的關漢卿。正因爲這是在對關氏生平及其創作進行較爲系統深入研究的基礎上,又在世界大文化系的平行比較之後得出的結論,應當說還是符合實際的。

注　　釋

❶《簡明不列顚百科全書》莎士比亞辭條,北京中國大百科全書出版社版。

❷《太和正音譜》卷上「古今羣英樂府格勢」。

❸《叢書集成初編・文學類・宮詞小纂》。

❹參見拙文《「初爲雜劇之始」符合歷史眞實——關漢卿行年史料辨析》,載《江海學刊》(寧)1990年第5期。

❺《析津志・名宦志》「關漢卿」條。

❻明賈仲明補《錄鬼簿》關漢卿〔凌波仙〕贊辭，載天一閣本《錄鬼簿》卷上。

❼即如英雄普羅米修斯最終也和宙斯達成了妥協和解，埃及佚劇《被釋的的普羅米修斯》即作了如此表現。

❽維加《編寫喜劇的新藝術》，載《古典文藝理論譯叢》第11冊第167頁。

❾《海涅（威尼斯商人）》（方平譯），《威尼斯商人》中譯本第179-182頁，新文藝出版社1957年版。

❿黑格爾《美學》第三卷（下）第298頁，商務印書館（京）1981年版。

⓫弗・菲洛斯特拉圖斯《堤阿納的阿波羅尼阿斯傳》，載《古希臘三大悲劇家研究》第36頁，中國社會科學出版社（京）1986年版。

⓬這方面較早且有代表性的有許地山《梵劇體制及其在漢劇上底點點滴滴》一文。直到近年海內外仍有論者在此論題上辛勤耕耘，茲不一一列舉。

⓭參見亞氏《詩學》第十章。

⓮李昌集《中國古代散曲史》第506頁。

附錄一　關漢卿創作情況一覽表

作品 時期	雜劇	散曲		考要
早期：散曲階段（十三世紀五十年代以前）		汴京爲官時	（二十換頭）〔雙調・新水令〕、〔雙調・碧玉簫〕十首、〔越調・鬥鵪鶉〕《女校尉》、《蹴鞠》	1.皆透露出官場生活信息。 2.形式上亦多有女真曲調。
		祁州隱居時	〔南呂・四塊玉〕《閒適》四首、〔正宮・白鶴子〕四首、〔仙呂・一半兒〕《題情》四首、〔中呂・朝天子〕《書所見》	1.內容一般以閒適退隱爲主，言情則較平淡，且局限在家庭範圍內。 2.形式上更接近傳統詩歌，多屬四首連章體結構。
中期（上）：歷史劇階段（公元十三世紀五十年代至六十年代前後）	《單刀會》、《西蜀夢》、《敬德降唐》、《裴度還在》、《哭存孝》、《五侯宴》 佚目： 《伊尹扶湯》、《進西施》、《救周勃》、《三唉赦》、《立宣帝》、《哭昭君》、《萬花堂》、《宣華妃》、《哭魏徵》、《藏闖會》、《哭香囊》、《王皇后》、《狄梁公》、《救啞子》、《劉夫人》、《孟良盜骨》	〔雙調・新水令〕「楚臺雲雨會巫峽」、〔仙呂・醉扶歸〕《禿指甲》、〔大石調・青杏子〕《騁懷》、〔中呂・普天樂〕《崔張十六事》 殘套： 〔大石調・六國朝〕「律管灰飛」、〔般涉調・啃遍〕「百歲」		雜劇方面： 1.取材於歷史； 2.地理背景不出山西； 3.體制非元劇成熟格局，帶有敍唱體痕跡。 散曲方面： 充滿放浪形骸的市井氣息。

中期（下）：歷史故事劇階段（約十三世紀六十年代至七十年代）	《陳母教子》、《蝴蝶夢》、《魯齋郎》、《緋衣夢》、《謝天香》、《金線池》、《救風塵》、《調風月》、《拜月亭》 佚目： 《相如題柱》、《鑿壁偷光》、《高鳳漂麥》、《管寧割席》、《緣珠墜樓》、《孫康映雪》、《織錦映雪》、○《牽龍舟》、○《趙太祖》、○《認先皇》、○《宋上皇》、《破窰記》、《鷓鴣天》、《惜春堂》、《勘龍衣》、《柳絲亭》、○《對玉釵》、○《醉江月》、《汴河寬》	〔南呂・四塊玉〕《別情》、〔商調・梧葉鬼〕《別情》、〔大石調・青杏子〕《離情》、〔仙呂・翠裙腰〕《閨怨》、〔雙調・沉醉東風〕五首、〔黃鐘・侍香金童〕、〔中呂・古調石榴花〕《閨思》、〔雙調・新水令〕「鬧爭奪鼎沸了麗香園」、「攬閒風吹散了楚臺雲」、「寨兒中風月煞經諳」、「鳳凰臺上憶吹簫」四套。	雜劇方面： 1.借歷史一點影子進行再創造； 2.地理背景多不出河南； 3.形式上多元劇成熟體制。 散曲方面： 1.一批抒寫離情別恨的風月之作； 2.共同表現了作家離家遠行、腳蹤不定的心態。
晚期：社會問題劇階段（約十三世紀八十年代至世紀末）	《玉鏡臺》、《望江亭》、《竇娥寃》 佚目： 《老女婿》、《關衡州》、《復落娼》、《澆花旦》、《春衫記》、《三告狀》、《三負心》、《鬼團圓》、《玉簪記》、《江梅怨》、《三撇嵌》、《雙駕車》、《瘸馬記》、《銅馬記》	〔南呂・一枝花《贈朱簾秀》、〔南呂・一枝花〕《不伏老》、〔南呂・一枝花〕《杭州景》、〔仙呂・桂枝香〕「因他別後」、〔雙調・喬牌兒〕「世情推物理」、〔中呂・紅繡鞋〕《寫懷》二首、〔中呂・喜春來〕《新得間葉玉簪》、《夜坐寫懷示子》、〔雙	雜劇方面： 1.取材於現實生活； 2.地理背景多屬南方； 3.藝術上爐火純青。 散曲方面： 1.不伏老的生活態度； 2.真誠的友誼； 3.對生活美景的留連和依戀。

另： 參與創作且爲主要作者之一：《西廂記》	調·大德歌〕《春夏秋冬》、〔雙調·大德歌〕六首。	

說明：

此表係據本稿第二章以及其它各章節有關部分整理編定。如著者多次聲言，由於目前關氏史料所存有限，故其創作分期作品編年僅能大致推定，有尚在疑是之間者即於篇目前另加「○」字標出，略作示意而已。至於更爲詳盡之年表尚有待進一步努力。

附錄二　關漢卿研究資料索引

　　關漢卿研究，儘管原始史料有限，但數百年來探求者絡繹不絕，所存有關文字頗夥，同樣爲後人研究關氏所必須。隨著研究的進一步深入，這方面蒐集整理工作愈顯必要。近幾年有識之士已作了不少努力，然而與目前總體研究的要求還有相當距離。本稿擬在對海內外有關文獻狩獵的基礎上，對此作一點總結性的工作，也希望得到海內外專家的批評和補充。

一　古代（元至清）

㈠生平略傳：

元·鍾嗣成《錄鬼簿》卷上（明·賈仲明增補）。

元·熊夢祥《析津志·名宦》。

元·朱右《元史補遺》，轉引自清·姚之駰《元明事類鈔》卷二十二《文學門》二《詞曲》部「元曲」條。

明·蔣一葵《堯山堂外紀》卷六十八。

明·王驥德《新校注古本西廂記》卷六《西廂記考》。

明·沈寵綏《度曲須知》卷前《詞學先賢姓氏》。

清·邵遠平《元史類編》卷三十六《文翰》二。

清·雍正《山西通志》卷一三九《人物》三十九《文苑》三。

清·蔡顯《閒漁閒閒錄》卷一。

清·乾隆《祁州志》卷八《紀事》。

清－民國·王國維《元刊雜劇三十種序錄》。

清－民國·吳梅《顧曲塵談》第四章《談曲》。

清－民國・王季烈《螾廬曲談》卷四《傳奇家姓名事跡考略》。

㈡作品評論

元・貫雲石《陽春白雪序》。

元・周德清《中原音韻自序》。

元・楊維楨《周月湖今樂府序》、《沈氏今樂府序》。

明・朱權《太和正音譜・古今羣英樂府格勢》。

明・劉楫《詞林摘艷序》。

明・胡侍《真珠船》卷三《南北音》、卷四《元曲》。

明・李開先《張小山小令序》。

明・王世貞《藝苑卮言》附錄一。

明・何良俊《四友齋叢說》卷三十七《詞曲》。

明・胡應麟《少室山房筆叢》卷四十一《莊嶽委談》下。

明・王驥德《新校注古本西廂記自序》。

明・陳繼儒《太平清話》卷三。

明・凌濛初《西廂記凡例》。

明・徐復祚《曲論》。

明・孟稱舜《古今名劇合選》評點。

清・張漢《嘯餘譜序》。

清・凌廷堪《校禮堂文集》卷二十二《與程時齋論曲書》。

清－民國・王國維《宋元戲曲考》十二《元劇之文章》。

清－民國・琴生《舊蘿曲語》，引自任中敏《曲諧》卷二。

㈢雜說

元・楊維楨《元宮詞》，出自《復古詩集》卷四。

元・夏庭芝《青樓集》及邾經《青樓集序》。

元・陶宗儀《南村輟耕錄》卷二十三「嗓」。

明・朱有燉《元宮詞》，出張海鵬輯《宮詞小纂》。

明・楊慎《詞品》卷一《白團扇歌》。

明・徐士範《重刻西廂記序》，見其《重刻元本題評音釋西廂記》。

明・徐𤊶《徐氏筆精》卷五《咏蝴蝶》。

明・臧懋循《元曲選序》。

清・褚人獲《堅瓠十集》卷三《從嫁婢》。

㈣作品留存

a.現存本：

元・無名氏《元刊雜劇三十種》。

元・周德清《中原音韻》。

元・楊朝英輯《朝野新聲太平樂府》、《樂府新編陽春白雪》。

元・無名氏輯《梨園按試樂府新聲》、《類聚名賢樂府羣玉》。

明・張祿輯《詞林摘艷》。

明・無名氏輯《樂府羣珠》、《盛世新聲》。

明・郭勛輯《雍熙樂府》。

明・竇彥斌輯《新鎸出像詞林白雪》。

明・蔣一葵《堯山堂外紀》。

明・徐慶卿撰、清・李玉更定《北詞廣正譜》。

明・解縉等《永樂大典》卷二〇七四三《雜劇》。

明・趙琦美抄校脈望館藏內府本。

明・陳與郊編《古名家雜劇》、《新續古名家雜劇》。

明・王驥德編《古雜劇》。

明・臧懋循編《元曲選》。

明・黃正位編《陽春奏》。

明・息機子編《元人雜劇選》。

明・無名氏編《雜劇十段錦》、《元明雜劇》。

明・孟稱舜編《古今名劇合選》。

清・姚燮編《復莊今樂府選》。

清－民國・王季烈編《孤本元明雜劇》。

《元人雜劇鉤沉》（趙景深輯）。

《西廂記》（弘治岳刻本、凌濛初本等等）。

b.篇目：

元‧鍾嗣成《錄鬼簿》。

明‧朱權《太和正音譜》。

明‧臧懋循《元曲選目》、《元曲選》卷首附錄。

清‧無名氏《傳奇匯考標目》。

清‧黃文暘《曲海總目》、無名氏《重訂曲海總目》。

清‧錢曾《也是園藏書目》。

c.外文譯介

〔英〕多馬斯當東《士女洗冤錄》（即《寶娥冤》），見其所譯清代圖
　　理琛之《異域錄》」，1821年倫敦版。

〔俄〕《學者之女雪恨記》（《寶娥冤》），載《雅典娜神廟》
　　（ATeHeǔ）雜誌1826年6月第11號第453－458頁。

〔法〕A.P.L‧巴贊《寶娥冤》，見其譯者《元曲選解題》，巴黎皇家
　　印刷所1838年版，此外，巴贊在其另一專著《元代：中國文
　　學插圖史——由元皇帝登基至明朝的興立》（1850年由巴黎
　　國家印刷所出版）中還譯述了《寶娥冤》、《玉鏡臺》、《謝天
　　香》、《救風塵》、《蝴蝶夢》、《魯齋郎》、《金線池》、《望江
　　亭》等八劇的內容。

〔德〕Rudolt Von Gottschall《寶娥冤》（節譯），見其譯著《中國
　　戲劇》一書，波蘭馮艾德華特出版社1887年版。

〔法〕斯塔尼斯拉斯‧朱利安《西廂記：十六幕喜劇》，日內瓦米勒
　　出版社1872年版。

〔意〕晁德蒞《西廂記》（節譯），見其《中國文化教程》第1卷，
　　1879－1882年上海報。

〔日〕岡島詠舟《西廂記》，初版於18世紀末年，1804年由東京岡島

長英再版。

二　近代：本世紀初至四十年代末

㈠綜論：

十四世紀中國寫實派的戲曲家關漢卿/任維焜/師大月刊第26期
　　（1936年4月30日）

大曲家關漢卿傳/楊蔭深/俗文學（港）第17期（1941年）

元曲大家關漢卿/楊蔭深/俗文學（港）第17-18期（1941年4月
　　26-5月3日）

元曲作家關漢卿馬致遠評述/溫若/北華月報第1卷第5期（1941年
　　9月15日）

關漢卿在元曲中的地位/澤夫/風雨談第5期「風土小譚」（1943
　　年8月25日）

談關漢卿/趙景深/俗文學（申）第78期（1948年8月13日）

元曲中關漢卿之反抗時代的代表作/陳竺同/婦女雜誌第16卷第2
　　號（1930年2月）

關漢卿的雜劇/王公明/書報展望第1卷第3期（1936年1月）

關漢卿及其雜劇/隋樹森/東方雜誌第40卷第3號（1946年2月1
　　日）

㈡生平考辨

關漢卿不是金遺民/胡適/益世報（津）第40期「讀書周刊」
　　（1936年3月）

關漢卿不是金遺民/苦水（顧隨）/益世報（津）第75期「讀書周
　　刊」（1936年11月）

再談關漢卿的年代/胡適/燕京大學文學年報第3期（1937年5月）

再談關漢卿的年代跋/馮沅君/燕京大學文學年報第3期（1937年5

月）

關漢卿里居考辨/吳曉鈴/經世日報「讀書周刊第40、41期（1947
　　年5月21日、29日）

關漢卿的年代/馮沅君/俗文學（港）1945年8月

關漢卿的生卒辨/吳曉鈴/俗文學（申）第29期（1947年5月23
　　日）

元曲家關漢卿生卒新考/朱靖華/藝文副刊新9期（舊12期）
　　（1949年3月）

關漢卿里居考辨/吳曉鈴/俗文學（港）（1941年8月9日）

㈢作品分析

脈望館本關漢卿雜劇敍錄/徐調孚/文學集林第二輯（1939年12
　　月）

從「金鎖記」說起/楊晦/北平晨報國劇周刊5-6號（1934年8
　　號，15號）

「竇娥冤」/渠閣/華北日報（平）戲劇與電影第116、117、119
　　期（1936年11月1、8、22日）

關漢卿的救風塵/王季思/通俗文學第68期（1948年2月23日）

「救風塵」/朱湘/小說月報第17卷號外（1928年1月）

「趙盼兒風月救風塵」雜劇/豫源/北平晨報副刊第113期（1933
　　年2月26日）

「關大王單刀赴會」簡記/陳墨香/劇學月刊第2卷第1期（1933年
　　11月）

「單刀會」的人生觀/李安宅/益世報（津）第56期（1933年12月
　　4日）

談《六月雪》與《金鎖記》T.S./北平晨報國劇周刊第56、57號
　　（1935年11月7、14日）

幽閨拜月演藝之研究/碧渠/晨報（平）國劇周刊80-86期（1936

年4月30日、6月1日）

趙輯拜月亭補遺/隋樹森/俗文學（申）第36期（1947年7月18日）

五侯宴非關漢卿作/嚴敦易/俗文學（申）第58期（1948年3月12日）

裴度還帶雜劇的作者/李哨倉/俗文學（平）第21-22期（1947年11月21、28日）

裴度還帶疑賈仲名作/嚴敦易/俗文學（申）第46期（1947年12月2日）

董西廂與王關西廂之比較/作舟/北京益世報（1926年5月4日、15日）

西廂記作者考/王季思/國文月刊第28、29、30期合刊

西廂記第五本關續說辨妄/馬玉銘/文學第2卷第6期（1934年第6期）

西廂記著作人氏考證/魏復乾/逸經半月刊第19期（1936年12月5日）

關於西廂記的作者/賈天慈/逸經半月刊第24期（1937年2月20日）

對於賈（天慈）先生意見的探討/魏復乾/逸經半月刊第24期（1937年2月20日）

《西廂記》的考證問題/謝康/小說月報第17卷號外

《西廂記》的批評與考證/張友鸞/小說月報第17卷號外

《西廂記》的本來面目是怎樣的/西諦/清華周刊第37卷9-10期（1932年5月）

《西廂記》研究/周越然/文藝世紀（臺）1944年第9期

㈣外文譯介及研究

竇娥冤/〔日〕宮原平民/日本東京近代社1926年版

竇娥冤、玉鏡臺、謝天香、救風塵、蝴蝶夢、魯齋郎、金線池、
　　望江亭/〔日〕鹽谷溫/《國譯元曲選》,目黑書店1940年版

竇娥冤（節譯）/〔法〕徐仲年/《中國詩文選》，巴黎德拉格羅夫書
　　局1933年版

竇娥冤（節譯）/〔英〕A.E.Zucker/《中國戲劇，美國波士頓利特
　　爾布朗公司1925年版

玉鏡臺、謝天香/〔德〕H. Rudelsberger/《中國喜劇》，維也納安
　　東施羅爾出版社1922年版

西廂記/〔德〕洪濤生/萊比錫、北京1926年分別出版

西廂記/〔意〕穆・奇尼/蘭恰諾出版社1916年版

西廂記/〔英〕熊式一/倫敦梅休因出版公司1935年版，哥倫比亞大
　　學出版社1968年再版（紐約、倫敦）

西廂記/〔美〕亨利・哈特/斯坦福大學出版社1936年版（加利福尼
　　亞）

西廂記/〔日〕宮原平民/東京國民文庫刊行會1920年印行

（以上譯作）

元代雜劇創始者關漢卿/〔日〕青木正兒/支那學第1卷第6期（1921
　　年）

讀「元曲選」記（六）：謝天香/〔日〕經學文學研究室/東方學報
　　（京都）第十二冊第四部分（1943年）

〈西廂記〉and Romeo andJuliet/〔韓〕丁來東/中國學報1967年第9
　　期

西廂記版本之研究/〔日〕田中謙二/東方學報1949年第1期

雜劇西廂記南戲化/〔日〕田中謙二/東方學報1934年第10期

三　現代：本世紀五十年代以後

Ⅰ、大陸部份

㈠作品整理

元曲選外編/隋樹森編/中華書局1959年版

新校元刊雜劇三十種/徐沁君校點/中華書局1980年版

元雜劇鈎沈/趙景深輯/古典文學出版社1955年版

全元散曲/隋樹森編/中華書局1960年版

（以上諸書均對關作進行了深力探考）

關漢卿戲曲集/吳曉鈴等編校/中國戲劇出版社1958年版

關漢卿戲劇集/北京大學中文系編校小組/人民文學出版社1976年版

大戲劇家關漢卿傑作集/吳曉鈴等選注/中國戲劇出版社1958年版

關漢卿戲曲選/人民文學出版社編輯部選注，1958年該社出版

關漢卿雜劇選/張友鸞、顧肇倉選注/人民文學出版社1963年版

關漢卿全集校注/王學奇、吳振清、王靜竹合作/河北教育出版社1988年版

關漢卿全集/吳國欽校注/廣東高等教育出版社1989年版

關漢卿散曲集/李漢秋、周維培校注/上海古籍出版社1990年版

Selected plays of Kuan Han-ching/Yang Hsien-i 楊憲益 &TaiNai-tieh（tr）戴乃迭/Pelcing, The Foreign Languages Press, 1958.

㈡研究專著

元代戲劇家關漢卿/譚正璧/上海文化出版社1957年版

關漢卿的生平及其作品/野馬等/湖南人民出版社1958年版

關漢卿研究論文集/古典文學出版社編/上海古典文學出版社1958

　丶　年版

關漢卿研究（第1、2輯）/戲劇論叢編輯部編，中國戲劇出版社
　　　1958、1959年版

關漢卿/溫凌/上海古籍出版社1978年版

關漢卿戲劇人物論/黃克/人民文學出版社1984年版

關漢卿戲劇論稿/鍾林斌/陝西人民出版社1986年版

關漢卿研究資料匯考/王鋼/中國戲劇出版社1988年版

關漢卿研究資料/李漢秋/上海古籍出版社1988年版

關漢卿傳論/張雲生/開明出版社（京）1990年版

關漢卿研究精華/張月中等編/花山文藝出版社1990年版

關大王單刀會（昆曲譜）/上海戲曲學校編/上海音樂出版社1958
　　　年版

關漢卿戲劇樂譜（昆曲譜）/楊蔭瀏、曹安和編/北京音樂出版社
　　　1959年版

關漢卿作品及有關資料編目/遼寧省圖書館編/該館藏1958年油印
　　　本

西廂記簡説/霍松林/作家出版社1957年版、中華書局1962年版

西廂述評/霍松林/陝西人民出版社1982年版

西廂記及其有關論著目錄/北京圖書館參考研究組編/該館藏1954
　　　年油印本

㈢專題論文

a.總評：人格、地位

關漢卿/馮鍾蕓/祖國十二詩人，中華書局1954年版第133頁

關漢卿論/周貽白/戲劇論叢1957年第2輯

關漢卿二三事/竺萬/新民晚報1958年18日、19日

關漢卿史料新得/趙萬里/戲劇論叢1957年第2輯

略談關漢卿/金逸人/天津日報1957年6月4日

偉大的劇作家關漢卿／馬鴻騰／解放日報1957年12月14日

世界文化名人——關漢卿／戴不凡／戲劇報1958年第4期

雜劇的代表作家——關漢卿／白堅／雨花1958年4月號

關漢卿——我國十三世紀的偉大的戲曲家／鄭振鐸／戲劇報1958年
　　第6期

中國偉大的戲曲家關漢卿／鄭振鐸／戲劇論叢1958年第2輯

偉大的元代戲劇戰士關漢卿／田漢／戲劇論叢1958年第2輯、又見
　　同年6月28日人民日報

關漢卿不朽／夏衍／戲劇論叢1958年第2輯，又見同年20日《文匯
　　報》。

關漢卿研究／周貽白／戲劇論叢1958年第2輯

我國戲曲史上的關漢卿／楊紹萱／戲劇論叢1958年第2輯

我國偉大戲劇家關漢卿／吳曉鈴／北京文藝1958年5月號

對譚著《元代戲劇家關漢卿》傳記部分質疑／洪素野／光明日報1958
　　年5月11日

論關漢卿／楊晦／文學研究1958年第2期

偉大的戲曲家關漢卿永垂不朽（社論）／戲劇報1958年第11期

紀念我國偉大的戲曲家關漢卿（社論）／劇本1958年6月號

關於關漢卿的通信／田漢、郭沫若／劇本1958年6月號

紀念元代偉大的戲劇家關漢卿／隋樹森／語文學習1958年6月號

關漢卿戰鬥的一生／王季思／人民日報1958年6月18日

關漢卿的愛憎／白堅等／新民晚報1958年6月22日

爲人民寫作的關漢卿／席明真／重慶日報1958年6月2日

偉大的戲曲家——關漢卿／黃楓／廣西日報1958年6月26日

人民戲曲家關漢卿／孟昭木／河北日報1958年6月26日

繼往開來大躍進——紀念偉大戲劇家關漢卿／馬少波／光明日報
　　1958年6月27日

偉大戲曲家關漢卿不朽／任桂林／光明日報1958年6月27日

紀念關漢卿／盧鴻沐／貴州日報1958年6月27日

學習關漢卿並超過關漢卿／郭沫若／人民日報1958年6月28日

紀念我國偉大的戲劇家關漢卿／熊佛西／文匯報1958年6月28日

向關漢卿學習／劉厚生／解放日報1958年6月28日

紀念中國最偉大的戲曲家關漢卿／楊晦／工人日報1958年6月28日

爲什麼要紀念關漢卿──答北京日報讀者問／關漢卿紀念大會籌
　　備工作組／北京日報1958年6月28日

人民的戲曲家關漢卿／鄭振鐸／中國青年報1958年6月28日

偉大的戲曲家關漢卿／張爲／戲劇研究1958年第8期

紀念我們偉大的前輩──人民戲劇家關漢卿／姜炳泰／陝西日報
　　1958年6月28日

中國古典戲劇大師──關漢卿／海含／陝西日報1958年5月8日

紀念我國偉大的劇作家關漢卿／袁世碩／青島日報1958年6月28日

學習關漢卿的現實主義精神／李明璋／成都日報1958年6月29日

從《關漢卿》看藝術家的道路／施克／南方日報1958年6月29日

紀念關漢卿／馬紀漢／河南日報1958年6月29日

關漢卿──十三世紀偉大的戲曲家／劉逸生／羊城晚報1958年6月
　　29日

關漢卿──和人民接近的偉大作家／駱文／長江日報1958年6月30
　　日

關漢卿研究中的一些問題／許之喬／戲曲論叢1958年第4輯

試論關漢卿的語言／吳曉鈴／中國語文1958年第6期

雜談關漢卿的創作態度／戴不凡／戲劇報1958年第八期

對許政楊先生講授《關漢卿》一章的部分意見／歐陽拔／光明日報
　　1958年10月5日

關漢卿學術研究座談會記錄／田漢等／戲劇論叢1958年第3輯

關漢卿的愛情哲學/謝伯良/書林1986年第10期

對關漢卿研究的幾點意見/吳小如/河北師院學報1987年第4期

元雜劇的奠基人──關漢卿/張春山/運城師專學報1984年第4期

處於文化交點上的關漢卿/貢淑芬、鄭雷/大舞臺1988年5月

建國以來關漢卿研究綜述/胡二廣、趙軍山/河北師院學報1988年
　　　第3期

《關漢卿全集校注》序/常林炎/河北師院學報1987年第3期

關漢卿研究資料索引/雒萬鈞/河北師院學報1988年第3期

讀吳國欽校注《關漢卿全集》/吳觀瀾、譚微中/汕頭大學學報1989
　　　年第2期

關漢卿民族意識問題辨正/任全高/淮陰師專學報1988年第2期

關漢卿簡論/戴不凡/《戴不凡戲曲研究論文集》第202頁

b.生平考辨

關漢卿行年考略/孫楷第/光明日報1954年3月15日

關漢卿的生平/蔡美彪/戲劇論叢1957年第2期

關漢卿生平續紀/蔡美彪/戲劇論叢1957年第3輯

關於關漢卿的年代問題──與孫楷第先生商榷/蘇夷/戲劇論叢
　　　1958年第1輯

關漢卿生年新探──從高文秀是東平府學生員說起/戴不凡/光明
　　　日報1958年6月29日

關漢卿怕「倒了蒲桃架」/阿梅/羊城晚報1959年4月15日

略談關漢卿的生卒年代/趙興勤/徐州師院學報1980年第1期

關漢卿生卒年考/乃黎/寧夏大學學報1980年第2期

關漢卿和杭州/江柳等/戲文1981年第3期

關漢卿和關一齋/黃天驥/文學評論叢刊1981年第9期

關漢卿生卒年新證/尚達翔/鄭州大學學報1982年第1期

爲「關漢卿祖籍河東」說援一例/王雪樵/山西師院學報1982年第

　　3期

關漢卿小傳/徐沁君/黃石師院學報1982年第2期

關漢卿籍貫考辨/趙景瑜/戲友1984年第2期

關漢卿名、字、號新考/張月中/河北大學學報1985年第2期

關漢卿的傳說/趙雲鴈/民間文學1983年第7期

關漢卿與「楊補丁」/鄧小秋/劇本1983年7月號

關漢卿的故鄉——安國縣伍仁村/張月中、許秀京/河北日報1985
　　年2月19日

關漢卿故里考察記/常林炎/河北師院學報1985年第4期

關漢卿故里——安國調查記/張月中等/戲曲研究1985年第16輯

關漢卿籍貫考/王强/戲劇（京）1987年第1期

訪關漢卿故里/劉雲芳/青春歲月1987年第3期

關漢卿籍貫考/王鋼/文學遺產1989年第1期

關、朱戲班南流臆測/孔繁信/山東師大學報1989年第3期

「初爲雜劇之始」符合歷史南實——關漢卿行年史料辨析/徐子
　　方/江海學刊1990年第5期

關漢卿生平作品推考/劉蔭柏/山西大學學報1992年第3期

關漢卿故里行/劉仲孝/中國青年報1992年10月18日

關漢卿生、卒年的再認識/王學奇/河北師院學報1992年第4期

c.創作綜論

1.雜劇：

關漢卿和他的雜劇/王季思/人民文學1954年4月號

對《關漢卿和他的雜劇》的一點意見/顧學頡/人民文學1955年第2
　　期

關漢卿雜劇源流略述/傅惜華/戲曲研究1956年第3期

關漢卿作品考/邵曾祺/光明日報1957年4月28日

關漢卿的劇作技巧/李長華/戲劇論叢1957年第2輯

略論關漢卿及其作品/馮鍾蕓/新建設1957年第6期

關漢卿劇作中的婦女形象/徐文斗/文史哲1957年第8期

關漢卿的創作道路/王季思/南國戲劇1957年10月

論關漢卿的雜劇/聶石樵/文學遺產增刊1957年12月第5輯

關漢卿筆下婦女性格的特徵/戴不凡/戲劇論叢1958年第1輯

關漢卿創造的理想性格/李健吾/戲劇論叢1958年第1輯

從劇作看關漢卿的思想/溫凌/戲劇論叢1958年第2輯

關漢卿及其劇作/戴不凡/文藝報1958年第12期

論關漢卿的雜劇/鄭振鐸/文學研究1958年第2輯

關漢卿雜劇的人物塑造/王季思/文學研究1958年第2期

關漢卿及其戲曲/胡忌/讀書1958年第4期

關漢卿劇作的時代精神——紀念關漢卿創作700周年/正奇/學術
　　月刊1958年第6期

關漢卿的時代及其劇作/周貽白/劇本1958年6月號

關漢卿雜劇的戰鬥精神/王季思/作品1958年6月號

關漢卿和他的雜劇/趙景深/光明日報1958年6月8日

談關漢卿筆下的妓女形象/胡仲實/光明日報1958年6月15日

關漢卿和他的雜劇/錢南楊/浙江日報1958年6月15日

認真接受和利用這筆寶貴的遺產——紀念偉大的戲劇家關漢卿/
　　張德成/重慶日報1958年6月25日

關劇雜記/戴不凡/文匯報1958年6月28日

談關漢卿的雜劇/柳文英/光明日報1958年6月29日

發揚關漢卿塑造人民形象,歌頌人民智慧的傳統/郭晉稀/甘肅日
　　報1958年6月29日

關漢卿和他的雜劇/顧隋/河北日報1958年6月26日

談關漢卿的雜劇/朱家鍾/羊城晚報1958年6月29日

關漢卿劇作的版本/叔英/文匯報1958年6月30日

對鄭振鐸先生論關漢卿雜劇的意見/鄧紹基等/文學研究1958年第3期

從研究關漢卿作品所引起的一個問題/仲平/光明日報1958年9月21日

看關劇演出周/戴不凡/戲劇報1958年第13期

關漢卿劇作的藝術特色/胡晨等/山東大學學報1959年第2期

論關漢卿的戲劇創作/鄧許健/文學遺產增刊第7輯（1959年12月）

論關漢卿和他的雜劇/屈守元/四川師院學報1960年1月創刊號

陳中凡教授談關漢卿雜劇的現實主義和浪漫主義/王永健/光明日報1961年6月14日

關漢卿雜劇中現實主義與浪漫主義相結合的範例/陳中凡/南京大學學報1962年第1期

關漢卿戲曲的用韻/廖英/中國語文1963年第4期

關漢卿雜劇的民主性和局限性/陳中凡/光明日報1965年8月22日

對關劇中清官問題的兩點看法/李漢秋/安徽勞動大學學報1977年第3、4期

被排斥在社會之外的一羣——試論關漢卿創造的三個妓女形象/黃克/古典文學論叢1980年第1輯

關漢卿劇作中的清官/鮮述文/重慶師院學報1980年第2期

試論關漢卿的創作觀/黃克/中國古典文學論叢1980年第1期

關漢卿雜劇瑣證（二則）/宇子/戲曲研究第1輯（1980年）

試論關漢卿劇作的藝術經驗/黃文錫/戲劇藝術1980年第3期

試談關漢卿戲劇的結構藝術/高帆/福建師大學報1980年第4期

論關漢卿戲劇的結構藝術/陳紹華/揚州師院學報1980年第4期

論關漢卿雜劇/陳維仁/書評1980年第4期

談談關漢卿部分劇作中的人物塑造/陳鍾凡/江蘇戲曲1980年第7

期

元劇大師關漢卿/思嚴/集萃1981年第1期

關漢卿及其雜劇的新評價/張志岳/古典文學論業1981年第2期

關漢卿與南戲/張永鑫/文學遺產1981年第2期

試論關漢卿劇作的語言藝術/丁建芳/鄭州大學學報1981年第2期

關漢卿筆下的性愛問題/黃文錫/百花洲1981年第2期

作家・時代・人民──關漢卿雜劇學習札記/田澗/陝西戲劇1981
　　年第10期

論關劇的結構/沈默/藝潭1981年第4期

略論關漢卿劇作的傳奇改編本/尚達翔/河南師大學報1982年第2
　　期

略論關漢卿劇作的藝術特色/王思宗/韓山師專學報1982年第2期

略談關漢卿劇作的語言風格/葉元章等/青海師專學報1982年第2
　　期

談關漢卿雜劇的結尾/程毅中/古典小說戲曲談藝錄1982年9月

試析關漢卿筆下的妓女形象/謝日新/中山大學研究生學刊1983年
　　第1期

塑造人物形象的大師──論關漢卿雜劇的藝術特色之一/張云生/
　　唐山師專學報1983年第1期

關漢卿及其代表作淺析/蘇利生/下關師專學報1983年第1期

關漢卿劇作淺談/劉茂東/戲劇論叢1983年第1輯

關漢卿劇作語言藝術初探/高帆/福建師大學報1983年第2期

多種藝術手段的巧妙結合──讀關漢卿雜劇偶得/曉魯/河北戲劇
　　1983年第2期

元代黑暗社會的一面鏡子──論關漢卿雜劇思想意義之一/張云
　　生/唐山師專學報1983年第3期

關漢卿及其雜劇/谷劍東/河北戲劇1983年第12期

論關漢卿雜劇中的喜劇形象/劉靖安/寧夏社會科學1983年第1期

試論關漢卿喜劇中的人物塑造/孫玖/山西師院學報1984年第1期

關漢卿筆下的反面人物/王學奇、吳振清/河北師院學報1984年第2期

田漢的《關漢卿》──談歷史劇的古爲今用問題/陳詩經/寧波師院學報1984年第2期

一個不容詆毀的「靈性」──關漢卿雜劇/魏輝洲/教學與進修1984年第2期

談關漢卿三個反映妓女生活劇的結尾/孫丕文/殷都學刊1984年第3期

史實與虛構之間──論關漢卿對歷史題材的處理和歷史人物形象的塑造/鍾林斌/社會科學輯刊1984年第5期

關漢卿雜劇中的婦女形象/李歆/并州文化1984年第9期

關漢卿、湯顯祖和莎士比亞/李深/學叢1984年第4期

淺談關漢卿雜劇的儒士形象/孔瑾/戲劇學習1984年第4期

論關漢卿戲劇的語言特色/鍾林斌/文藝論叢第21輯（1985年第2輯）

簡談關漢卿雜劇的思想內容和藝術特色/王世和等/武漢教育學院學報1985年第2期

關漢卿喜劇藝術技法探析/滿自強等/地方藝術1985年第3期

莎士比亞的「鬼」和關漢卿的「鬼」/滿自強等/地方戲藝術1985年第3期

試論莎士比亞和關漢卿的戲劇創作/張安國/固原師專學報1985年第3-4期

論關漢卿筆下妓女形象的社會意義/孔丕文/濟寧師專學報1985年第3期

略論關漢卿喜劇的特點/顧偉列/上海教育學院學報1986年第1期

論關漢卿的悲劇創作/索俊才/內蒙古師大學報1986年第2期

關漢卿清官戲中的法律問題/劉知漸、鮮述文/河北師院學報1986
　　年第2期

既同情人民苦難又維護封建秩序——關漢卿創作思想塵談/孫維
　　城/安慶師院學報1986年第3期

關漢卿之笑初探/周國雄/中華戲曲第2輯（1986年）

元代直譯公牘某些用語在關漢卿作品里的反映/藍立蕢/語文研究
　　1986年第4期

關漢卿劇中的婦女形象/傅希堯/天津師專學報1986年第3-4期

關漢卿筆下的妓女羣/武顯漳/玉溪師專學報1986年5-6期

戲曲舞臺時空形式在關漢卿雜劇中的最初表現/陳曉魯/曲苑第2
　　輯1986年5月

關漢卿戲劇的審美理想/陳其相/長沙水電學院學報1987年第1期

關漢卿雜劇與金院本、南戲的關聯/陳紹華/揚州師院學報1987年
　　第4期

歡笑著、鬥爭著的古代戲劇大師——談關漢卿的戲劇創作/謝柏
　　良/讀書1987年第6期

關漢卿及其創造的女性/馮沅君/馮沅君古典文學論集第213頁

讀關漢卿劇隨筆/趙景深/戲曲筆談第105頁

論關漢卿雜劇的浪漫主義/袁良駿/河北學刊1987年第5期

《關漢卿研究資料》簡介/鄧韻玉/河北師院學報1988年3月

論關漢卿的戲劇觀及其創作的社會機遇/惠連、盧彬/大舞臺1988
　　年第5期

論關漢卿戲劇結構的獨創性/王明煊/浙江師範大學學報1988年第
　　3期

閃光珠玉,光彩照人——關漢卿筆下的妓女形象淺析/朱家維/電
　　大文科園地1988年第3期

認同、幻想、表述——關漢卿的悲劇/周月亮/河北師院學報1988
　　年第4期

談關詞的「激厲而少蘊藉」/李平/文科月刊1988年第2期

淺論關漢卿與莎士比亞劇作的異同/張雷等/撫順師專學報1988年
　　第3期

關漢卿劇作版本的比較和選擇/馬欣來/河北學刊1988年第3期

關漢卿雜劇習俗脞說/陳紹華/揚州師院學報1988年第3期

關漢卿悲劇的特徵/陳其相、許復興/長沙水電師院社會科學學報
　　1988年第4期

關漢卿劇作在國外/王麗娜/河北師院學報1989年第1期

人道主義作家，現實主義歷史：論關漢卿劇作/常林炎/河北學刊
　　1989年第3期

關漢卿的修辭/王學奇、王靜竹/河北學刊1989年第3期

試論關漢卿喜劇的審美特徵/陸力/錦州師院學報1990年第2期

關、王、馬、白名劇在國外/王麗娜/河北師院學報1990年第2期

關漢卿在世界戲劇和文學史上的地位/徐子方/河北學刊1990年第
　　3期

關漢卿雜劇女性人格結構特質探析/葉松林/荊門大學學報1990年
　　第4期

論關漢卿的婦女觀/陸力/錦州師院學報1991年第3期

關漢卿雜劇人物形象初探之一：陰柔美的青年女性形象/文永成/
　　語文輔導1991年第3期

關漢卿早期戲劇創作臆說/陳紹華/揚州師院學報1990年第4期

2.散曲：

一齋的小令/胡忌/戲劇論叢1957年第3期

關於關漢卿的散套/鄒嘯/光明日報1958年6月15日

關漢卿散曲中的幾個問題/隋樹森/光明日報1958年11月9日

關漢卿的《四塊玉・別情》/趙景深等/文匯報1962年12月12日

關於關漢卿的散套/趙景深/戲曲筆談1962年

對關漢卿《不伏老》散曲評價的質疑/齊森華/光明日報1965年1月
31日

能這樣評價關漢卿嗎？——讀《南呂・一枝花・不伏老》/熊篤/北
方論叢1980年第3期

關漢卿套曲《女校尉》、《蹴鞠》校注/航秉果/徐州師院學報1983年
第2期

關漢卿散曲漫談/孔繁信/山東師大學報1982年第4期

一顆璀璨奪目的明珠——關漢卿的《南呂一枝花・贈朱廉秀》賞析
/陳永昊/嘉興師專學報1984年第1期

娛人和自娛——關漢卿劇曲和散曲不同傾向之管見/黃克/光明日
報1984年5月29日

論關漢卿劇曲和散曲異同——兼向黃克同志請教/李漢秋/光明日
報1984年12月11日

恣意縱筆盡傳神——關漢卿套曲《不伏老》讀賞/王星琦/名作欣賞
1984年第4期

關漢卿（雙調・沈醉東風）《別情》賞析/傅達/上海廣播電視1985
年第1期

一幅精美的冬景圖——讀關漢卿（雙調・大德歌）《冬》/侯光復/
文史知識1987年第2期

關漢卿《南呂一枝花・不伏老》賞析/寧宗一等/名作欣賞1989年第
2期

層次清晰、對照巧妙——〔雙論・大德歌〕《冬景》/鍾雲星/語文月
刊1989年第5期

也談關漢卿的《冬景》/侍問樵/語文月刊1989年第8期

書會人才自風流——《漢卿不伏老》賞析/李漢秋、陸林/河北師院

學報1989年第2期

雜劇之手筆，散曲之精品：略論關漢卿散曲藝術的審美特徵/趙
　　義山/河北師院學報1990年第2期

關、馬散曲及元散曲兩大思潮的殊途與同歸/田守真/河北師院學
　　報1990年第2期

對關漢卿散曲與雜劇比較的異議/熊篤/河北師院學報1990年第2
　　期

關漢卿散曲簡論/李世琦/河北學刊1990年第6期

關漢卿的人格與文格——關漢卿散曲的審美價值/江永源/西部學
　　壇1990年第2期

關漢卿散曲創作新探/汪正章/南開學報1990年第5期

關漢卿散曲的文化意蘊及審美價值/關四平/東北師範大學學報
　　1992年第5期

d.劇作專題

1.竇娥冤

談關漢卿的《竇娥冤》/陳志憲/光明日報1955年4月3日

關漢卿的《竇娥冤》/李束絲/文學遺產增刊第1輯（1955年9月）

《竇娥冤》是否有民族氣節問題/邵驥/光明日報1956年3月4日

談關漢卿及其作品《竇娥冤》和《救風塵》/王季思/光明日報1956年
　　8月25日

關漢卿和《竇娥冤》的幾個方面/楊廣平/語文教學通訊1957年第
　　12、13期

略談《竇娥冤》/沈祖棻/語文教學1957年7月號

讀《竇娥冤》的一點體會/顧學頡/語文學習1957年7月號

馬致遠的《天淨沙·秋思》和關漢卿的《竇娥冤》/王季思/語文學習
　　1957年11月號

關漢卿及其雜劇《竇娥冤》/朱以書/天津師院學報1957年第2期

關漢卿和他的雜劇《竇娥冤》/吳鷺山/中學工作通訊1957年8月號

關漢卿《竇娥冤》第三折的分析/兵述堯/中學教育1957年8月號

關漢卿《竇娥冤》/商丘第一中學語文組/語文教學通訊1957年8月
　　號

談《竇娥冤》/程硯秋/戲劇論叢1958年第1輯

《竇娥冤》和《東海孝婦》/香文/戲劇論叢1958年第2輯

談關漢卿的《竇娥冤》/徐文斗/學術論壇1958年第2輯

論《竇娥冤》/林鍾美/戲劇論叢1958年第2輯

讀關漢卿《竇娥冤》第三折/張真/劇本1958年6月號

關於改編《竇娥冤》的幾點説明/馬健翎/陝西日報1958年6月23日

《竇娥冤》及其他/伊兵/人民日報1958年6月23日

試論《竇娥冤》雜劇的創作方法/聶思顏/人文科學雜誌1958年第6
　　期

從《竇娥冤》看關漢卿劇作的政治感情/張真/戲劇報1958年第12期

略論《竇娥冤》/韓維清等/科學與教學1960年第1、2期

關漢卿的《竇娥冤》/何森/文學知識1960年6月號

竇娥悲劇形成的原因是什麼？/姚品文/科學與教學1960年第1、2
　　期

中山大學研究討論《竇娥冤》/韋勞昶/光明日報1961年4月7日

竇娥冤──悲劇性/李健吾/人民日報1961年7月4日

竇娥冤──插入的丑/李健吾/人民日報1961年7月7日

《竇娥冤》照原本演出/趙景深/文匯報1961年9月21日

關漢卿《竇娥冤》中蔡婆婆的形象/陳過等/山西日報1961年12月16
　　日

關漢卿及其《竇娥冤》/楊森/甘肅日報1961年12月20日

也談《竇娥冤》的改編/趙廷鵬/山西日報1961年12月23日

關於蔡婆婆形象爭論──電影《竇娥冤》改編問題來稿綜述/楊宗

勉等/山西日報1962年2月10日

把《竇娥冤》的討論深入一步/趙生/山西日報1962年3月10日

論《竇娥冤》/陳過等/學術通訊1962年第3期

《竇娥冤》的創作年代/劉世德/光明日報1962年6月18期

關漢卿的《竇娥冤》/劉世德/閱讀和欣賞第1集（1962年10月）

淺談藝術典型的幾個問題——從《竇娥冤》和《三關排宴》的討論中
　　所想到的/黎耶/山西日報1962年11月2日

也談《竇娥冤》的問題/高捷/學術通訊1963年第5期

《竇娥冤》評價中的幾個問題/金寧芬/光明日報1965年9月12期

關於《竇娥冤》的評價問題/陳毓羆/文學評論1965年第5期

怎樣看待《竇娥冤》及其改編本/馮沅君/文學評論1965年第4期

論關漢卿的《竇娥冤》/李漢秋/安徽大學學報1977年第3期

關漢卿和他的《竇娥冤》/沙鐵軍/長江日報1979年2月18日

談談對《竇娥冤》的評價問題/張德鴻/昆明師院學報1979年第1期

試談竇娥的藝術形象/楊智鵬等/寶雞師院學報1979年第1期

認真負責、秉公執法——《竇娥冤》觀後/時逸之/陝西日報1979年
　　8月20日

關漢卿和他的悲劇傑作《竇娥冤》/鍾林斌/中國古典戲曲名著簡
　　論，春風文藝出版社1979年版

感天動地——讀《竇娥冤》/高今/廣西大學學報1979年第3期

關於《竇娥冤》的評價問題——與張德鴻同志商榷/齊森華/昆明師
　　院學報1979年第5期

重評《竇娥冤》/張人和/吉林師大學報1979年第4期

試論悲劇《竇娥冤》/孔繁信/山東師院學報1979年第4期

關漢卿和他的《竇娥冤》/徐應佩、周溶泉/陝西戲劇1979年第4期

關漢卿與《竇娥冤》/黃竹三/語文教學通訊1979年第4期

在高潮中表現性格發展的飛躍——試談《竇娥冤》第三折的藝術特

色/吳健邦/廣州文藝1979年第4期

試論《竇娥冤》的戲劇衝突/沈繼常/江西師院學報1980年第1期

《竇娥冤》的悲劇力量/李漢秋/戲劇界1980年第1期

也談《竇娥冤》與《西廂記》的局限性/譚深盛/廣西民族學院學報
　　1980年第1期

黑暗王國的社會悲劇——談《竇娥冤》/廖全京/中學語文1980年第
　　1期

道德·鬼魂·清官一關劇《竇娥冤》三題/黃克/古典文學論叢1980
　　年第一輯

談《竇娥冤》第三折/劉宗德/德州師專學報1980年第2期

《竇娥冤·第三折》試析/沈繼常/教學與研究1980年第2期

讀《竇娥冤·法場》札記/張云生/唐山師專學報1980年第2期

《竇娥冤》（節選）注析/古典文學教研組/南寧師院學報1980年第
　　2期

一個真、善、美的竇娥形象/必成/教學與進修1980年第2期

感天動地竇娥冤——談關漢卿的《竇娥冤·法場》/徐應佩等/語文
　　教學1980年第2期

讀《竇娥冤》第三折/湯洵/語文戰線1980年第3期

感天動地竇娥冤——《竇娥冤》第三折小箚/姜漢林/語文教學研究
　　1980年第2期

《竇娥冤》的藝術管窺/齊森華/語文學習1980年第3期

關於《竇娥冤》/卞校/語文教學1980年第3期

深刻的現實內容，卓越的藝術手法——竇娥冤第三折試析/寧伯
　　浩/語文教研1980年第3期

略談《竇娥冤》/沈祖棻/中學語文教學資料1980年第3輯

談竇娥的反抗性格/文宇/書評1980年第4期

對吳小如先生評《竇娥冤》的幾點意見/周月亮/河北師院學報1980

年第4期

《竇娥冤》第三折簡析/翁敏華/四川師院學報1980年第4期

社會性的家庭悲劇——《竇娥冤》第三折淺析/譚垂祺/玉林師專學報1981年第1期

竇娥鬥爭性格淺析/白萬柱/內蒙古民族師院學報1981年第1期

不可多得的浪漫主義創作典範——《竇娥冤》第三折欣賞/石越/戲劇創作1981年第3期

談竇娥悲劇典型的塑造——學習古典戲曲編劇隨感/祝肇年/戲劇論叢1981年第4期

《竇娥冤》各類改本淺議/金乃俊/藝潭1981年第4期

《竇娥冤》藝術辨證法初探/任致中/文科教學1981年第4期

談關漢卿對竇娥封建貞孝的描寫/索俊才/語言文學1981年第6期

一空依傍，自鑄偉詞——關漢卿《竇娥冤》的藝術成就/李暉/蓼花1981年7月號

《竇娥冤》與現代戲/藍錫麟/重慶日報1981年8月10日

張驢兒何許人/于思/戲曲研究第七輯（京）1982年

《竇娥冤》的幾個問題/戴不凡/戲曲研究第七輯（1982年）

談談關漢卿《竇娥冤》的藝術處理/張傳良/常德師專學報1982年第1期

析竇娥/周建忠/寧波師專學報1982年第1期

驚天動地的吶喊一談《竇娥冤》的悲劇精神/寧宗一/語文教學通訊1982年第2期

一個刑場，兩把法刀/陳玉璞/古典小說戲曲談藝錄1982年9月

《竇娥冤》故事源流漫述/祝肇年/戲曲研究1982年第6輯

淡談《竇娥冤》/徐朔方/元雜劇鑒賞集第1頁，1983年

《竇娥冤》試析/黃克/元雜劇鑒賞集第61頁，1983年

來自生活，指導生活——談關漢卿對竇娥形象的塑造/張月中/河

北戲劇1983年第1期

《寶娥冤》三考/徐沁君/黃石師院學報1983年第1期

孝婦塚與《寶娥冤》/閻鳳鳴/柳泉1983年第2期

知其一其二還需知其三其四——與《北京晚報》登載的有關《寶娥
　　冤》一文的商榷/劉靜/電視與戲劇1983年第6期

談《寶娥冤》的戲劇高潮/廖彩烈/語文園地1983年第6期

感天動地因何在——《寶娥冤》與《于公高門》、《金鎖記》比較探討
　　/王永慧/川劇藝術1983年第4期

關漢卿和社會悲劇《寶娥冤》/霍松林等/中國古典文學第三十講，
　　陝西教育1983年第4期

《寶娥冤》地理概念考/王鋼/信陽師院學報1984年第1期

讀《寶娥冤》（節選）札記三則/董清潔/文科教學1984年第1期

關漢卿與《寶娥冤》/劉維卿/藝術研究1984年第1期

《寶娥冤》的現實主義成就/韓登庸/語文學刊1984年第1期

寶娥的節孝觀念/邱煒煜/上饒師專學報1984年第2期

《寶娥冤》是元雜劇中的典範之作/余德賒/紹興師專學報1984年第
　　2期

淺談《寶娥冤》中的鬼魂/姜小青/鎮江師專教學與研究1984年第2
　　期

關漢卿和他的《寶娥冤》/羅斯寧/語文教研1984年第2期

試論《寶娥冤》的結構藝術/史清/鎮江師專教學與進修1984年第2
　　期

談《寶娥冤》/李修生/自修大學1984年第6期

從《寶娥冤》談傳奇手段在戲曲中的審美特性/劉鈺/藝譚1984年第
　　3期

關於《寶娥冤》中的幾個問題/姜志信等/河北大學學報1984年第4
　　期

《竇娥冤》資料三則／胡昭著等／教學通訊1984年第4期

《竇娥冤》的藝術特色／劉秀雲／語文教學與研究1984年第4期

濃情重彩繪冤魂——淺析關漢卿筆下的竇娥形象／周濟夫／海南日報1984年12月13日

竇娥「節」、「孝」觀念摭議／陳若帆／河北大學學報1985年第1期

試析關漢卿筆下的竇娥形象／林仲偉／華南師大語文輔導1985年1-2期

《竇娥冤》辨證藝術面面觀／鍾揚／安慶師院學報1985年第2期

悲劇中的喜劇因素——《竇娥冤》藝術特色之一／鍾揚／黃梅戲藝術1985年第2輯

論《竇娥冤》浪漫主義手法的運用／劉靜蘭／語文園地1985年第2期

談《竇娥冤》中的無頭願／侍問樵／廊坊師專語文教學之友1985年第3期

《竇娥冤》札記／葉元章／青海社會科學1985年第3期

寫出理想的光輝——試談《竇娥冤》與《哈姆雷特》的戲劇結尾／林風／遼寧師大學報1985年第3期

《竇娥冤》第三折賞析／蔣松源／中國古典文學鑒賞1985年第5期

《竇娥冤》的悲和壯／李漢秋／安徽日報1985年6月19日

列之於世界大悲劇中亦無媿色的《竇娥冤》／竇永麗／河北刊授學院自學與輔導1986年第1期

《竇娥冤》第四折析疑／華世忠／阜陽師院學報1986年第1期

從《竇娥冤》的問世看民間文化與作家文學的關係／靖一民等／臨沂師專學報1986年第1期

淺談竇娥的悲劇美感／羅金遠／咸寧師專學報1986年第3期

《竇娥冤》、《單刀會》「左」的影響及其他／許建中／鹽城師專學報1986年第4期

《竇娥冤》新議/曹文心/淮北煤礦學院學報1987年第2期

談竇娥形象的塑造/王爲民/語文學刊1987年第3期

《竇娥冤》：舊時代的悲劇/金祖濤/語文學刊1987年第4期

讀關漢卿《竇娥冤》/王小猛/中文自學輔導1987年第4期

漫談《竇娥冤》中的角色/宋紹發/教學月刊1987年第6期

寒冬劫花，子夜火焰──析關漢卿《竇娥冤》第三折/趙德潤/文史
　　　知識1987年第4期

《竇娥冤》學習指要/廖紹基/中學語文1987年第6期

中國悲劇第一豐碑──《竇娥冤》/吳星飛/古典文學知識1988年第
　　　6期

竇娥形象及其社會意義/應守嚴/電大教學1988年第2期

談《竇娥冤》中的蔡婆婆/馬樹國/中學自學輔導1988年第12期

《竇娥冤》冤在哪裡？/倉陽卿、鍾小燕/中文自修1989年第9期

論《元曲選》本《竇娥冤》及其給我們的啓示/鄭尚憲/中山大學研究
　　　生學刊1987年第2期

竇娥非勇士辨──兼析《竇娥冤》雜劇的文化意蘊/楊棟/河北師院
　　　學報1988年第2期

竇娥悲劇成因淺探/張福德/北方論叢1989年第2期

《竇娥冤》三題/吳紹之/江蘇教育學院學報1990年第2期

《竇娥冤》發微/王毅/江漢論壇1990年第5期

從《竇娥冤》看封建禮教的殘酷性/王日新/雲南師大學報1990年第
　　　3期

偶像與幻像──《竇娥冤》中清官鬼魂散論/毛毳/鄭州大學學報
　　　1990年第1期

試談關劇《竇娥冤》的對比藝術/徐樹倉/青海師專學報1990年第2
　　　期

竇娥悲劇根源二重性初探/彭紅/四川教育學院學報1990年第2期

論《竇娥冤》的美學思想/朱光榮/貴州社會科學1990年第8期

竇娥的冤案與波希霞的審判/潘傳文/名作欣賞1990年第4期

蔡婆婆形象簡析/九平/語文學刊1990年第5期

集天下之大不幸於一身：悲劇《竇娥冤》的典型手法/企愚/劇海
　　1991年第2期

論竇娥性格的文化先定性/馮文樓/河北學刊1992年第4期

淺談竇娥的「節」與「孝」：讀《竇娥冤》箚記/張一木/東北師大
　　學報1992年第6期

竇娥是「節」、「孝」的典型嗎？/張一木/許昌師專學報1992年
　　第10期

《竇娥冤》、《雷雨》人物性格悲劇性之比較/（韓）具範/求是學刊
　　1993年第1期

2.單刀會及其它

關漢卿《單刀會》的前二折/李健吾/人民日報1957年2月5日

看侯永奎的《單刀會》/唐湜/人民日報1957年2月23日

《單刀會》的結構及其它/戴不凡/劇本1957年2月23日

《單刀會》的結構及其它/戴不凡/劇本1958年6月號

談關漢卿的《單刀會》/蕾子/安徽日報1958年6月17日

《單刀會》中的英雄形象/陳志憲/四川大學學報1958年第2期

讀劇小記：蒲仙戲《單刀赴會》/胡忌/光明日報1958年4月6日

談川劇《單刀會》的表演/張德成/戲劇報第16期

大聲鐙鞳，鬼泣神驚——《單刀會》第四折欣賞/炎涼/戲劇創作
　　1980年第6期

談《單刀會》/侯永奎/戲劇論叢1958年第1輯

讀《單刀會》箚記/劉知漸/戲劇論叢1958年第2輯

怎樣校訂、評價《單刀會》和《雙赴夢》：與劉靖之先生商榷/王季
　　思/戲劇藝術1980年

論關漢卿的雜劇《關大王獨赴單刀會》/寧宗一/天津社會科學1982
　　年第5期

豪氣、膽氣和勇氣的頌歌——淺談《單刀會》中關羽的藝術形象/
　　周濟人/名作欣賞1983年第2期

《單刀會》的情節安排和人物塑造/金志仁/名作欣賞1983年第2期

解鈴還需繫鈴人——《單刀會》第三折賞析/戴永明/春城戲劇1983
　　年增刊

歌頌强者的詩——讀關漢卿《單刀會》斷想/寧宗一/元雜劇鑒賞集
　　第35頁，1983年

蕩揚昂奮、蕩氣回腸——關漢卿《單刀會》曲詞賞析/顧之京/大舞
　　臺1984年第2期

關漢卿《單刀會》前二折在戲劇結構上的失誤/張皮棟等/江蘇戲劇
　　1984年第6期

民族正氣傳千古：論歷史劇《單刀會》關羽形象/孫占琦/朝陽師專
　　學報1984年第3期

民族氣節的頌歌/《關大王單刀會》淺析/彭飛/語文學習1984年第8
　　期

《單刀會》結構的獨創性/馮寶梁/錦州師院語文教學與研究1985年
　　第1期

《單刀會》戲劇結構與手法/李沙白/湖南教育學院學報1986年第2
　　期

《單刀會》第四折分析/竇永麗/河北刊院自學與輔導1987年第1期

《僞君子》和《單刀會》的結構比較/朱耀良/九江師專學報1987年第
　　1-2期

也談關漢卿《關大王單刀會》/蘇寰中/中國古典戲曲論集第72頁

《單刀會·雙調新水令》異文辨析/蔣星煜/山西師大學報1989年第
　　1期

《單刀會》與《天淨沙》音樂情韻賞析/鄧宗舒/河北師院學報1990年
　　第2期

淺析關漢卿的《單刀會》/楊道明/廣西師院學報1991年第3期

鋪墊蓄勢，抒情寫意：談談關漢卿《單刀會》的謀篇布局/郭明志/
　　文史知識1993年第2期

關漢卿的《拜月亭》/尚達翔/光明日報1957年11月7日

談關漢卿《拜月亭》第四折/劉逸生/戲劇論叢1958年第2輯

《拜月亭》別論/白堅/新民晚報1958年7月8日

談關漢卿《拜月亭》第三折/趙景深/語言文學1959年第2輯

對戲曲故事《拜月亭》的幾點意見/楊國瑞/河北師院學報1983年第
　　1期

雜劇園圃中的一朵奇花──淺談關漢卿的《拜月亭》/楊國瑞/文科
　　教學1983年第3期

《拜月亭》與《西廂記》思想性之比較──兼論關漢卿王實甫的愛情
　　婚姻觀/關四平/綏化師專學報1986年第1期

關漢卿《拜月亭》雜劇考釋/李春祥等/河北師院學報1988年第4期

談關漢卿及其作品《竇娥冤》和《救風塵》/王季思/光明日報1956年
　　3月25日

談趙盼兒的鬥爭/殷致/新民晚報1956年4月10日

關漢卿的《救風塵》與《調風月》/宗志黃/安徽師院科學研究1957年
　　第1期

關漢卿的《救風塵》/陳健/語文學習1957年11月號

《救風塵》與《倩女離魂》的婦女形象/黃敬/元劇評論1979年第3期

《救風塵》的人物描寫/辛人/河北戲劇1982年第1期

局巧、人有、趣俗──《救風塵》藝術談/顧偉列/中文自修1986年
　　第1期

試論鮑西婭、趙盼兒形象的異同/蔡湘陽/廣東教育學院學報1986

年第2期

戲曲史上的第一個俠妓——關漢卿《救風塵》中的趙盼兒/黃竹三/
　　文史知識1989年第9期

《救風塵》/王季思/玉輪軒曲論第285頁

《救風塵》的喜劇因素探析/周照東/劇影月報1990年第8期

雜談《望江亭》/關仲/長江日報1959年4月5日

關漢卿《望江亭》新探/李漢秋/安徽大學學報1982年第2期

一部絕妙的喜劇——關漢卿《望江亭》雜劇欣賞/王毅/武漢師院學
　　報1982年第2期

從李漁「非奇不傳」的喜劇觀看《望江亭》的審美特徵/李日星/湘
　　潭大學學報1985年第4期

「切鱠旦」試解/龍霖/吉安師專學報1986年第1期

關漢卿《望江亭》新探/李漢秋/《關漢卿研究精華》，花山文藝出版
　　社1990年版

談關漢卿的《魯齋郎》雜劇/王季思/光明日報1957年9月29日

也談關漢卿的《魯齋郎》雜劇/程毅中/光明日報1958年6月8日

《智斬魯齋郎》的改編及其他——爲紀念我國偉大戲劇家關漢卿戲
　　劇創作七百年而作/沈靜/黑龍江日報1958年7月2日

《魯齋郎》雜劇有民族思想嗎/李茂肅/光明日報1959年9月6日

説魯齋郎/陳汝衡/戲劇報1961年第9、10期

奇能合理，戲貴波瀾——談關漢卿《魯齋郎》的情節結構/吳調公/
　　江蘇戲曲1980年第10期

魯齋郎/嚴敦易/元劇斟疑上册第202頁，中華書局1960年版

雜劇《魯齋郎》作者非關漢卿辨/黃鈞/河北師院學報1990年第2期

與黃鈞先生商榷——《魯齋郎》雜劇的作者問題/王季思/藝術百家
　　（寧）1990年第2期

談《詐妮子調風月》/趙景深/戲劇論叢1957年第2期

《詐妮子調風月》寫定本説明/王季思/戲劇論叢1958年第2輯

關於《詐妮子調風月》/王大兆/光明日報1959年5月10日

讀《調風月》偶得/侯康乙/光明日報1960年2月14日

奴隸的抗爭──《詐妮子調風月》形象析/黃克/戲劇論叢1981年第
　　1期

讀王季思先生的《詐妮子調風月》寫定本説明/王學奇、王靜竹/天
　　津師大學報1986年第4期

積極的主題，動人的形象──讀關漢卿的雜劇《蝴蝶夢》/任三傑/
　　名作欣賞1985年第3期

重論關漢卿的《蝴蝶夢》/尚達翔/殷都學刊1986年第1期

關漢卿《蝴蝶夢》雜劇主題新探/任全高/淮陰師專學報1988年第1
　　期

蝴蝶夢/嚴敦易/元劇斟疑第336頁

生活的潛流──就《玉鏡臺》的評價問題與王季思同志商榷/寧宗
　　一/學術研究輯刊1980年第1期

玉鏡臺（翠葉庵讀曲瑣記）/王季思/玉輪軒曲論第271頁，中華
　　書局1980年版

在喜劇性和悲劇性的交叉點上──關劇《玉鏡臺》初探/黃克/江淮
　　論叢1985年第1期

關漢卿《玉鏡臺》發微/熊篤/重慶師院學報1989年第4期

關漢卿《玉鏡臺》雜劇的再評價/王季思/河北師院學報1990年第2
　　期

一本寫人的古典戲曲──從《金線池》看性格衝突/平海南/河北戲
　　劇1982年第4期

略論關漢卿的《金線池》/尚達翔/陝西戲劇1982年第8期

「裴度還帶」/嚴敦易/元劇斟疑（上）第86頁

辨今存《裴度還帶》雜劇非關漢卿作/李嘯倉/宋元伎藝雜考第109

頁

《裴度還帶》應爲關漢卿所作/尚達翔/中州學刊1986年第1期

《謝天香》（翠葉庵讀曲瑣記）/王季思/玉輪軒曲論第278頁

簡論關漢卿的《謝天香》/尚達翔/當代戲劇1985年第5期

另一種精神世界的透視——爲關漢卿《謝天香》雜劇一辨/寧宗一/
　　戲劇藝術1987年第3期

關於《謝天香》的通信/王季思、寧宗一/戲曲藝術1988年第2期

一部不應冷落的關漢卿雜劇——論《謝天香》的審美價值/周曉痴/
　　河北師院學報1990年第2期

「靜辦」辨正（雜劇《狀元堂陳母教子》第三折）/王雪樵/青海社
　　會科學報1982年第4期

《狀元堂陳母教子》不是關漢卿的作品/常林炎/河北學刊1988年第
　　5期

《陳母教子》與關漢卿的主體意識/黃鈞/求索1989年第3期

《緋衣夢》/嚴敦易/元劇斟疑上册第350頁

《劉夫人》/嚴敦易/元劇斟疑上册第121頁

讀《五侯宴》/馬少波/戲劇論叢1958年第12輯

關漢卿《陳母教子》雜劇管見/陳宗琳/貴州大學學報1989年第4期

《西蜀夢》考評/郭滌/曲苑1986年第2輯

3.《西廂記》問題

再論關漢卿——關漢卿與《西廂記》問題/楊晦/北京大學學報1958
　　年第3期

關漢卿作或續作《西廂》說溯源/譚正璧/學術月刊1962年第4期

《西廂記》應爲關漢卿所作/吳金夫/西北大學學報1985年第4期

《西廂記》雜劇作者質疑/周妙中/文學遺產增刊第5輯

關於《西廂記》雜劇的創作時代及其作者/陳鍾凡/江海學刊1960年
　　第2期

關於《西廂記》雜劇的作者問題（對楊晦同志「關著王續說」的商權）/陳中凡/光明日報1961年4月30日

再談《西廂記》作者問題/陳中凡/光明日報1961年4月30日

關於《西廂記》作者的問題再進一步探討/陳中凡/光明日報1961年10月22日

關於《西廂記》作者的問題/王季思/文匯報1961年3月29日

《西廂記》第五本非王實甫所作/藍凡/復旦學報1983年第4期

伍仁村人談《西廂記》/知人、發生/河北日報1985年6月18日

《西廂記》作者關、王二說辨析/董如龍/學術季刊（滬）1985年第2期

《西廂記》作者考——《西廂記作者關、王二說辨析》之再辨析/蔣星煜/河北師院學報1988年第2期

《西廂記》第五本不是王實甫之作/蔡運長/戲曲藝術1988年第4期

雜劇《西廂記》作者新探/孔繁信/東嶽論叢1988年第4期

關漢卿也創作過一本《西廂記》——兼論《西廂記》的王作關續說/陳紹華/揚州師院學報1992年第1期

Ⅱ、港、臺部份

㈠作品整理

元曲選外編校刊記/朱尚文/臺北書局1956出版

校訂元刊雜劇三十種/鄭騫/臺北世界書局1962年出版

中國歷代戲曲選/傅傲/香港上海書局1978年出版

（以上諸書均對關作進行了深力探考）

關漢卿現有雜劇校釋/梁沛錦/香港中大研究院1970年出版

關漢卿戲曲集/臺北宏業書局編校/該局1974年（民六十二）出版

㈡研究專著

《拜月亭》考述/朱自力/臺北嘉新水泥公司基金會印行，1969年

關漢卿考述/盧元駿/著者自費於1961年印行，正式出版於1977

　　年，臺北正中書局版

關漢卿雜劇的研究/黃瓊玖/1964年度《行政院國家科學委員會人
　　文及社會科學研究報告》

關漢卿雜劇研究/何美玲/臺灣1978年版

關漢卿研究論文集成/梁沛錦編/香港潛文堂書屋1969年出版

關漢卿現存雜劇研究/梁沛錦/日本橫濱大學1971年出版

元曲六大家（關、王、白、馬、鄭、喬）資料研究匯編/賴橋本/
　　臺南電勉出版社1978年出版

元曲六大家（同上）/薛德懋/臺北東大圖書公司1977年出版

元曲六大家（同上）/應裕康、王忠林/臺北東大圖書公司1977年
　　出版

粵劇《關漢卿》研究/黃兆漢/香港大學亞洲研究中心印行，1970年

關漢卿三國故事研究/劉靖之/香港三聯書店1980年版

關漢卿三國故事雜劇研究/劉靖之/香港三聯書店1983年版/關漢
　　卿傳記資料（七冊）/朱傳譽/天一出版社版

關漢卿/葉慶炳/臺北國家書店1971年版

(三)**專題論文**

a.**總評**：

祖國傑出的戲劇家關漢卿/紀維周/臺灣東海1958年6月號

關漢卿/鄭騫/臺灣中國文學史論集1958年4月

雜劇鼻祖關漢卿/韌庵/中國古代戲劇家第126頁，香港上海書局
　　1977年版

元劇大師關漢卿/恩嚴/海洋文藝（港）1979年第7期

中國的莎士比亞關漢卿/陳萬鼐/臺灣現代學苑1968年1月

關漢卿和元曲/司徒潔/合淝月刊（臺）1978年2月

元曲·關漢卿/石景清/自由談（臺）1978年11月

b.**生平考辨**

關漢卿評傳/司徒潔/華國（臺）1957年7月號

關漢卿考述（上、下）/盧元駿/國立政治大學報（臺）1960年12
　　月，1961年5月

關漢卿行年考辨/梁沛錦/香港新亞研究所刊行，1962年10月

關漢卿官職考/梁沛錦/香港新亞研究所，1963年2月

關漢卿生平著作考述（上、下）/武之珍/藝術學報（臺）1969年
　　6月10日

論關漢卿的年代問題/羅忼烈/抖擻（港）第20期（1977年3月）

關漢卿籍貫考辨/趙景瑜/抖擻（港）1980年9月

c.創作綜論：

關漢卿雜劇總目/鄭騫/大陸雜誌（臺）第17卷10期，1958年11月

關漢卿劇作中的婦女形象/黃波/文藝世紀（臺）1959年11月

關漢卿雜劇題識/梁沛錦/香港新亞研究所刊行，1963年10月

關漢卿及其劇作/康培初/東方雜誌（港）第2卷第3期，1968年9
　　月

關漢卿及其雜劇/汪志湧/東方（臺）1970年4月

關漢卿的戲劇藝能/柳無忌/幼獅月刊（臺）1977年5月

關漢卿的戲劇述評/謝武雄/臺中師專學報1984年第6期

關漢卿及其塑造的婦女形象/葉志君/中國文化學院戲劇學報第2
　　期

關漢卿的雜劇/鄭騫/景午叢編（上）第289頁

關馬散曲試論/陳志誠/學風（港）1961年第6期

關漢卿和他的散曲/羅忼烈/詩詞曲論文集，香港三聯書店，1982
　　年

關漢卿與《西廂記》/齊如山/學術季刊（臺）1958年6月

再談《西廂記》的作者問題/張永明/暢流（臺）1967年7月號

《西廂記》中的喜劇成份（上、下）/張淑香/幼獅月刊（臺）1977

　　年第5、12期

《西廂記》作者新考/鄭騫/幼獅月刊（臺）1973年第12期

d.作品專題

關漢卿《竇娥冤》雜劇異本比較/鄭騫/大陸雜誌（臺）第29卷第10
　　期（1964年12月）

從關漢卿的《竇娥冤》看元雜劇的特色/周永新/東方（臺）1968年
　　3月

一個戲劇的意義──試釋《竇娥冤》/夏傳書/幼獅文藝1974年3月

元雜劇《竇娥冤》之研究/牛川海/復興崗學報（臺）1975年1月

關漢卿的《竇娥冤》：一個通俗劇/張曉風/中外文學（臺）1976年
　　1月

悲劇：感天動地《竇娥冤》/古添洪/中外文學（臺）1976年1月

《竇娥冤》的悲劇的現實/唐文標/明報月刊第11卷第5期，1976年7
　　月

關漢卿《竇娥冤》賞析/張文綺/靜宜學報1977年6月

英譯竇娥冤之比較研究/羅錦堂/錦堂論曲1977年3月

《竇娥冤》之研究/鄭偉/藝術學報（臺）1978年10月號

讀關漢卿的《竇娥冤》/應裕康/幼獅月刊1979年1月

悲劇英雄竇娥/牛川海/中國戲劇集刊（臺）1980年10月/感天動
　　地──試析《竇娥冤》/黃美序/論戲說劇（書），臺北經世書
　　局1981年5月版

中國戲劇中道德主題的表現──以《馬克白》與《竇娥冤》爲例/趙
　　潤海/東海文藝季刊（臺）1982年11月

關漢卿《竇娥冤》四種英譯之我見/彭鏡禧/中外文學（臺）1982年
　　第12期

《竇娥冤》結構分析/容世誠/中外文學（臺）1984年第2期

《竇娥冤》的冤與願/黃美序/中外文學（臺）1984年第6期

讀黃美序著《竇娥冤》的冤與願/彭鏡禧/中外文學（臺）1984年第
　　6期

竇娥的性格刻劃——兼論元雜劇的一項慣例/彭鏡禧/中外文學
　　（臺）1982年第6期

關漢卿及其巨作《單刀會》/黃瓊玖/音樂戲劇論集，中華學術院
　　（臺）1981年9月

《拜月亭》的寫作技巧/朱自力/中華學苑（臺）1969年1月

試談《救風塵》的結構/方光珞/中外文學（臺）1975年12月

《蝴蝶夢》和殺人償命的問題和解決/周紹明/中外文學（臺）1977
　　年5月

論元雜劇《玉鏡臺》溫嶠性格的轉變/傅錫壬/淡江學報（臺）1980
　　年6月

《金線池》、《兩世姻緣》之分析/叢靜文/藝術學報（臺）1982年6
　　月

《緋衣夢》本事考/羅錦堂/幼獅月刊（臺）1977年5月

從《鶯鶯傳》到《西廂記》論中國悲喜劇的發展/朱昆槐/書目季刊
　　1991年6月

Ⅲ、國外部分

㈠作品整理（翻譯）

〔俄文〕

竇娥冤/〔前蘇聯〕索羅金節譯/外國文學1958年9月號

〔俄文〕

救風塵/〔前蘇聯〕謝馬諾夫、雅羅斯拉夫采夫節譯/東方文選第二
　　冊，1958年莫斯科

〔俄文〕

竇娥冤/〔前蘇聯〕斯別阿聶全譯/列寧格勒——莫斯科1966年出版

〔英文〕

竇娥冤/劉君若譯/〔美〕威斯康星大學出版社，麥迪遜，1952年

㈡研究專著

關漢卿：偉大的中國戲劇家/〔前蘇聯〕費德林/莫斯科1958年出版

關漢卿及其戲曲論文索引/中國科學院文學研究組/〔美〕密西根大
　　學東亞圖書館複制1959年

關漢卿及其作品研究/〔美〕杰羅姆・西頓/布盧明頓印第安納大學
　　1969年版

《竇娥冤》的研究及翻譯/〔美〕時鍾雯/劍橋大學出版社1972年出版

關漢卿及其雜劇面面觀/〔英〕威廉・多爾比/劍橋大學出版社1968
　　年版

《竇娥冤》題材的演變/〔美〕陳真愛/俄亥俄州立大學出版社1974年
　　版

戲劇中的關羽：兩個元雜劇的翻譯和評論/戈登・Ｖ・羅斯/德州
　　大學出版社1976年版

㈢專題論文

關漢卿的戲曲/〔日〕岡靜夫/藝文研究〔韓〕1964年第8-12期，
　　1965年1-3期

關漢卿現存雜劇研究/梁沛錦、波多野太郎/橫濱市立大學論叢
　　1975年第10期

關漢卿的再評價/〔日〕波多野太郎/橫濱市立大學論叢1966年第3
　　期

關漢卿的生卒年代論爭/〔日〕田中謙二/中國文學報〔日〕1960年4
　　月

略談關漢卿雜劇/〔新加坡〕劉玉濂/南洋大學中國語文學會年刊
　　1968年7月

關漢卿作劇法試探/〔日〕井上泰山/明治學院論叢1980年11期

關漢卿的戲曲《竇娥冤》分析/〔日〕波多野太郎/橫濱市立大學叢刊

1961年11月

關漢卿《竇娥冤》的倫理觀與天道觀/高輝陽/日本天理大學學報
　　1979年3月

元雜劇《拜月亭》考/〔日〕井上泰山/日本關西大學中國文學會紀要
　　1980年第12期

《拜月亭》雜劇考/〔日〕太田辰夫/日本神戶外大論叢第32期，1981
　　年8月

元刊本《調風月》考/〔日〕太田辰夫/日本神戶外大論叢第32期，
　　1981年8月

元刊本《調風月》考/〔日〕太田辰夫/戲曲論叢〔日〕（滬）第1輯，
　　1986年

關漢卿散曲析評/王忠林/南洋大學學報1972年6期

關漢卿劇作中的女性形象/〔日〕三迫初男/文教國文學第9期
　　（1980）、第4期（1981）

中國戲劇家關漢卿/李治華/〔法〕亞洲戲劇1961年

Küan Han-King, Ojciec/Tadeusz/Przeglad 58-4

關漢卿/〔美〕威廉·多爾比/亞洲專業第16卷第1期（1971年）

偉大的戲劇家關漢卿/〔前蘇聯〕索羅金/蘇聯文學〔俄〕1958年第2
　　期

關漢卿：偉大的中國劇作家/〔前蘇〕艾德林/文學報〔俄〕1958年6
　　月號

關漢卿劇作的特色/〔前蘇〕謝馬諾夫/東方學問題〔俄〕1960年第4
　　期

關漢卿：中國偉大的戲劇家/〔波〕塔杜什·茲比科夫斯基/東方學
　　評論1958年

雜劇《西廂記》的作者/〔日〕内田隆之/日本文學論究1974年11月號

Wang, Chi-ssu：Kuan Han-ching outstanding dramatist of

Yuan dynasty（Chinese Literature 1957：1）

Das Wertzimmer,（hrsg, von）Vincenz Hund hausen. Ein
Chinesisches singpieldes 13, Jahrhunderts. In deutscher
Nachdichtung nach den Chinesischen Urtexten des Wang
Sche-fu und Guan Han-tsching Mit 21 Holzschnitte
eines unbekannten meisters, Eisench, Erich Röth 1954,
355P.

幾點説明：

一、本索引編製以年代先後爲經，作品類別爲緯。由於條件
所限，所收範圍以大陸爲主，港臺次之，海外又次之。遺闕待日
後增補。

二、《西廂記》資料頗豐，這裡只收集與關漢卿有關的著作權
問題論著，較爲重要的作品性質分類方面的資料也酌量收入，餘
不贅。

三、本索引編製過程中吸收了雒萬鈞、梁沛錦、王鋼、李漢
秋、王麗娜、孫玫、何貴初等位先生的研究成果，謹此説明並致
謝意。

主要參考書目

《關漢卿戲曲集》（吳曉鈴等編校）

《關漢卿戲劇集》（北大中文系編）

《關漢卿散曲集》（李漢秋等校注）

《關漢卿全集校注》（王學奇等）

《關漢卿全集》（吳國欽校注）

《西廂記》（王季思校注）

《西廂記》（吳曉鈴校注）

《西廂匯編》（霍松林編）

《元曲選》（臧晉叔編）

《元曲選外編》（隋樹森編）

《元人雜劇鈎沈》（趙景深輯）

《古本戲曲叢刊》初集、四集

《陽春白雪》（楊朝英輯）

《樂府羣珠》（無名氏輯）

《全元散曲》（隋樹森輯）

《關漢卿研究》（一、二輯）

《關漢卿研究論文集》

《關漢卿戲劇論稿》（鍾林斌）

《關漢卿戲劇人物論》（黃克）

《關漢卿傳論》（張云生）

《明刊本西廂記研究》（蔣星煜）

《西廂記簡說》（霍松林）

《西廂述評》（霍松林）

《元曲六大家考略》(譚正璧)

《元曲家考略》(孫楷第)

《關漢卿研究資料匯考》(王鋼輯考)

《關漢卿研究資料》(李漢秋等輯)

《蒙古秘史》(道潤梯步譯注)

《新元史》(柯紹忞)

《析津志輯佚》(北圖善本組)

《元典章》

《大元通制條格》

《醉翁談錄》(羅燁)

《碧雞漫誌》(王灼)

《南村輟耕錄》(陶宗儀)

《少室山房筆叢》(胡應麟)

《堯山堂外紀》(蔣一葵)

《四庫全書》(影印文淵閣本)

《二十五史》

《元朝史》(韓儒林主編)

《中外歷史年表》(翦伯贊主編)

《中國通史》(範文瀾、蔡美彪等)

《中國思想通史》(侯外盧等)

《中國戲曲通史》(張庚、郭漢城主編)

《中國古代散曲史》(李昌集)

《中國古典戲曲論著集成》(一至十冊)

《中國古典編劇理論資料匯輯》(秦學人等)

《中國大百科全書‧戲曲曲藝》

《古典戲曲存目匯考》(莊一拂)

《戲曲文物叢考》(劉念茲)

《元劇斟疑》（嚴敦易）

《王國維戲曲論文集》

《吳梅戲曲論文集》

《元人雜劇概說》〔日〕青木正兒

《兩小山齋論文集》〔香港〕羅忼烈

《中國劇詩美學風格》（蘇國榮）

《編劇理論與技巧》（顧仲彝）

《詩學》〔古希臘〕亞里士多德

《美學》〔德〕黑格爾

《西歐戲劇理論》〔英〕阿·尼珂爾

《戲劇技巧》〔美〕喬治·貝克

《中國古典小說戲曲名著在國外》（王麗娜）

《中國古典文學研究在蘇聯·小說戲曲》〔前蘇聯〕李福清

《國外研究中國戲曲的英語文獻索引》（孫玫輯譯）

《關漢卿研究資料索引》（雒萬鈞）

《近百年海外古典戲曲研究介評》〔香港〕梁沛錦

《四十年來臺灣的曲學研究》〔臺灣〕賴橋本

《美國的曲學研究》〔美〕任友梅

《中國文學研究》（「北京圖書館」港臺及海外中文報刊資料專輯）

國立中央圖書館出版品預行編目資料

關漢卿研究 / 徐子方著. -- 初版. -- 臺北市
：文津，民83
　面；　公分. -- （大陸地區博士論文叢刊
；74）
　參考書目：面
　ISBN 957-668-220-7(平裝)

1.（元）關漢卿 - 傳記　2.（元）關漢卿
- 作品集 - 評論

782.857　　　　　　　　　　　　83005728

大陸地區博士論文叢刊

關漢卿研究

（1993年陝西師範大學博士論文）

著　作　者：徐　　　子　　　方
指　導　教　授：霍　　　松　　　林
發　行　者：邱　　　家　　　敬
出　版　者：文　津　出　版　社
　　　　地　　址：臺北市建國南路二段294巷1號
　　　　電　　話：（０２）３６３５００８
　　　　傳　　眞：（０２）３６３５４３９
　　　　郵　政　劃　撥：００１６０８４－０
　　　　登　記　證：局版台業字第5820號
中　華　民　國　八　十　三　年　七　月　初　版
印數：５００本

新台幣　３９０元
ISBN-957-668-220-7